总主编　李红权　朱　宪
本卷主编　李红权　朱　宪

近代蒙古文献大系

军事卷

◇第四册◇

中华书局

目　录

绥远抗战与南京谈判的因果

张健甫　撰

绥远抗战的血幕启了，无疑的，这是中国亿兆大众，对于日本帝国主义侵略之武装抗议的开始。中国大众绝对不能允许日本帝国主义再占领中国一寸土地——不，中国大众对于已经给日本帝国主义占领的东北四省，冀东二十二县，和察北六县，也不能让日本帝国主义永远占领下去。“收复失地”和“打回老家去”两种悲壮的呼声，在全中国境内已经融成一片春雷似的震响，成了未来新中国诞生前的第一声英啼！

中国大众更不能允许敌人以察北为根据，又作进攻绥远的尝试。在最近一年中，中国大众和绥远前线爱国守土的将士，以血肉为保卫领土的长城，于七、八两月，叠次击败了敌人侵绥前哨的伪军。而在最近期间，敌人因为南京谈判，在中国大众严重监视之下，其所提出的“华北五省独立”，和“中日共同防共”两项主要的要求，尚未获得充分的满足，于是又指挥其所豢养的汉奸走狗，如德王、李守信、王英、卓什海、包悦卿、张万馀，以及原驻热河的张海鹏等，率领四万余喽啰，并以某国正规军队殿后，向我兴和、陶林、集宁（即平地泉）、武川、包头一带、采四面围攻的战略，对准绥远防军的阵地猛扑。绥远是中国的绥远，绝对不容挂起太阳旗子，在“敌来即拼”（傅作义语）的口号和决心之下，绥远守军，绥远民众，就热烈的展开历史上最庄严的民族自卫神圣战争的一幕。因此，绥远抗战，决不是绥远一省的自卫战争，而是整个中华民族大规模抗战的开始！

在东三省既失，热河又陷之后，绥远和察哈尔同样是中国国防的最前线。不幸去年六月《何梅协定》成立，察哈尔省无形的又成为敌人的领土；今年一月，李守信等占领沽源、康保、宝昌、商都、张北、万全六县，察北的半壁河山，更由华北政权公开奉送敌人，由是而绥远不但单独的成为国防前线，并且是陷入国防前线的危城。察哈尔危急，已经使河北、绥远失其屏障，假令绥远再继察北之后而亡，南而山西、陕西，西而宁夏、甘肃，乃至青海、新疆，势必皆非我有。如是，东起辽东半岛，西至天山山脉，北抵大漠，南逾黄河之数千万方里沃野平原，尽为敌国所有，“蒙古大源国”、“华北国”必继“满洲国”、“冀东国”之后，次第出现于中国领土，中华民族，即欲局促江左，甚至溜到“堪察加”去，亦不可得。所以绥远抗战，决不仅是绥远一省存亡得失问题，乃是整个中华民族争死活的决斗。因此，绥远抗战的前途也决不是淞沪、长城两次局部战争的重演，必然是要掀起整个中华民族解放的怒潮，让侵略我们的帝国主义，从这个怒潮中间死去。

敌人侵略绥远，是有其历史背景的，即完成日本大陆政策的满蒙政策。所谓满洲政策，在一九三一年九一八沈阳事变，已经全部实现；一九三三年热河失陷和一九三六年春察北沦亡，日本帝国主义，又按照其预定的步骤，向着蒙古政策的前途迈进了。我们即放弃这些历史的阴谋不说，单就今年敌人侵蒙的事实来讲，如在阿拉善旗、额济纳旗设立特务机关，包头建筑大飞机场，以及派遣大批军事人员，循阿拉善旗、额济纳旗迤西深入甘肃、新疆、青海一带活动，并在沿外蒙边境建立大规模的战争工程，就可知道敌人侵绥的目的，是为完成整个蒙古政策。

不但如此，敌人侵绥，又与南京谈判有极密切的关联，换言之，即为威胁南京谈判的成功。因为侵绥的第二个目的，是为威胁华北五省独立和“共同防共”政策的实现。自从去冬香河事变，华北五省独立运动，即由有名浪人土肥原导演出来，其后因为全国群众救亡运动的开展，民族怒潮，熄灭了敌人分离的野火。然而冀东举叛旗，冀察政权成立，睦邻亲交政策的结果，反为敌人奠下宰割华北的基础，最近南京谈判，敌人提出四项要求，其第一项，即为创立冀、察、绥、晋、鲁五省的缓冲区域，并要求将这五省一切权利，如官吏之任免，赋税之征收，以及军事管理等等，皆须移交华北自治政府。同时对于冀察政权，亦想尽威胁分割的能事，如华北《中日通航协定》的签订，使日本在中国的空军根据地获得条约上的保障。如冀察政会的改组，齐燮元、曹汝霖、李思浩、章士钊等相继登台，乃至石友三亦做了冀北保安司令。最有力的威胁，是在冀察政权“明朗化”之后，南京谈判断续进行之时，敌人驻华北的七千余陆空部队，竟在我们的领土，举行空前大规模的操演，且公开以平、津为攻夺的目标。对于山西，除要求在太原非法设领（太原非商埠，不得设领），又制造和中事件，以为侵夺的根据。华北通航，和扶助汉奸登台，以及攻夺平、津的大操演，都如愿以偿，只有南京谈判，则因中国民众救亡运动有力的监视，直到现在，尚少显露的进展。因此，武装占领绥远，在敌人的侵略的意义上，当然是有必要的行动。假令绥远又很顺利的被其夺去，一面循大同南下以入山西，一面以天津驻屯军攘夺冀、察，同时以海军侧击山东，这样，华北五省独立，不就由既成事实，而可威逼南京谈判，取得合法的保障吗？这是一。

其次中日共同防共，也是南京谈判不能顺利解决的重大症结，“防共”原是广田三大原则“得意杰作”之一，它的目的，一面借此把日本军队开入中国的任何腹地，在中国任何腹地上面，成立不许中国驻兵的非武装区域，并要求中国军队，聘用大批日本军事顾问，变中国军队为李守信、王英、德王等一类的伪军；一面斩断现存的中苏亲善关系，把中国拉到国际反共的前线，做进攻和平阵线堡垒——苏联的炮灰。这样，中华民族不但沦为日本帝国主义的纯殖民地，并将陷入万劫不复，子子孙孙，永远做日本帝国主义奴隶的悲惨命运。近数日，日德同盟的恶耗，已经由传说成为铁的事实，法西侵略的意大利，也将加入这项同盟，国际侵略阵线反苏联的战争，无疑的，将要由日、德、意三只侵略饿老虎，舞爪张牙地表演出来。但在这时，日本帝国主义如果不能抓牢中国，把中国由和平之友，变成和平之敌，日本侵苏战争，是会发生切腹的危险的。因此，在南京谈判进行中，日本除坚持华北五省独立外，并坚持中日“共同防共”。然而“共防同共”，是中国一切不肯做亡国奴的大众所誓死反对的，因此，南京谈判，对于日本此项要求，也就不敢承认。

抑南京谈判，中国还是提出五项反要求，如取消冀东伪组织，撤退驻华多余的日军，有效的制止走私，取缔日机在中国领空自由飞行，日本不得干涉中国在绥东的“剿匪”。这五项反要求，也是日本帝国主义所绝对不允许的。南京谈判之成为僵局，该是当然的结果吧！

由于南京谈判成为僵局，日本帝国主义既以侵略绥远为造成华北五省独立的既成局面，也就以侵略绥远为促进中日“共同防共”的有效办法。尽管日本外交当局否认日本和侵绥伪军有关，可是日本报纸既公开袒护伪军，说伪军侵绥，是内蒙防止共产势力发展的必要行动，日本军部也表示日、“满”由于“共同防共”的见地，对绥远事件，不能不予以严重的关心，日本外务省又决定继续要求中国在原则上承认华北独立及“共同防共”的建议，并对各项悬案的解决，获得明确的妥协。我们丝毫不会忘记，今年五、六月间，日本华北驻屯军方面曾威胁冀察政权，签订《华北防共协定》，接着大批日本军队就开到平、津，占领丰台。但这项协定，只限于冀、察两省有效，自然不能餍足日本的欲望，所以南京谈判，日本外交当局又把“防共”问题，提上重要的议程。及至谈判不遂，侵略绥远的武装行动，就由关东军挥着指挥刀表演出来了。这是二。

复次，绥远事件本身，据说也是南京谈判的焦点。如上所述，中国五项反要求，绥远问题就是其中之一。虽则我们无从明白外交当局对于绥远事件的具体提议，可是绥远事件展开，表面上已使南京谈判陷于停顿了。据说：“我方自七月下旬起，曾迭向日本唤起其对于绥远事件的注意”，又说，“中日交涉，已受绥事影响，外交无从进行”（十一月十八日上海《大公报》）。不管中国怎样唤起日本的注意，南京谈判，目前陷于停顿，总是不可否认的事实。但是我们还得注意：第一，惯用关门政策相恐吓的日本外交当局，目前似不若从前的强硬，一面声明日本与绥事无关，一面仍派遣清水与高宗武作侧面交涉，并谓“中日谈判，未至悲观的程度”，故意把门户打开，使中国钻入网罗。另一面又谓“绥事如直接影响于日本与‘满洲国’的权益，日政府决不能袖手旁观”，借此威胁中国政府，使对于绥事不敢为积极的措置。这种一刚一柔的外交手段，也许中国将因此神经错乱，陷于不可救药的迷途。这是三。

总之，绥远事件，是敌人欲达到南京谈判成功之声东击西的办法，换言之，南京谈判，犹之医生的内科诊断，而绥远事件，则为严峻的外科手术。小时读《红楼梦》记得“风月宝鉴”的正面是王熙凤的俏影，反面是一具骇人的骷髅，毕竟吓死一个风流的贾天祥。我们希望新时代的中国风流才子，不要为了东洋姑娘的正面温柔和里面毒辣，致迷恋与恐怖交集，自陷于多情的杀身。

绥远事件，不是地方事件（敌人希望以地方事件来解决），不是李守信等二三傀儡欲建功立业的掠夺，而是侵略者与被侵略者争生死的大决斗。假如我们不否认敌人的飞机，在我们兴和、陶林、平地泉的天空大轰炸，假如我们不否认侵略绥远的伪军后面，有敌人的大队，伪军中间，有敌人在指挥，伪军的坦克车、化学队，是敌人所供给，假如我们更不否认李守信、德王、王英、包悦卿、卓什海是关东军豢养的几条狗，则我们决不能说进攻绥远的军队是“匪”，也不能把这个战争，变成“剿匪”的战争。我们应该明白宣布，大书特书“中华民族抗敌自卫战争”，“剿匪”二字，足以减低民众的抗敌情绪，也足以消灭民众的抗敌目标，充其极甚至可以使前线在战争，而后面碰香槟杯，结果，难免不重蹈淞沪抗战、长城抗战的覆辙，或者更悲惨的覆辙！

有人说，中国过去对于敌人的进攻和要求，只是打拱作揖，有求必应，从来不曾挥过一拳，踢过一脚；“吃耳光不陪笑脸”，要从这次南京谈判，特别绥远抗战为始。这虽不免过分抹煞性了过去中国民众和中国军队抗战的光荣历史，但事实上全中国普遍抗敌战争的发动，诚有待于绥远血幕的揭开。

谁也不能否认，“全国同胞的热血，都愿意奔放到塞外的战壕里”，募捐，节食，以一日贡献国家；买皮衣，买棉衣，买防毒面具；组先锋队，组慰劳队，组运输队，不是目前每一个人看作比吃饭还要紧的大事吗？请政府出兵，请全国动员，请冀察由后面作抄击，不是叫破了每一个中国大众的喉咙吗？“中华民族，不是绵羊，还是狮子”，这狮子已经竖毛怒吼了。尤其拥有锐利爪牙的许多武装狮子，他们叫出了“以抗战求统一”，“以抗战求复兴”，“打回东北去”，“打回老家去”的口号。尽管有些地方当局（如冀察），对此故作缄默，然而二十九军的士兵和干部，却表示非常愤慨（十二月二十二日《华美晚报》）。爱国是不犯罪的，也许二十九军将士，将如过去第五军将士参加淞沪战争一样，自动的参加绥远战争。又尽管北平市当局，为“维持秩序（?），禁止学生沿街募捐”，然而谁能禁止北平学生的绝食呢？一万件皮衣运动，数百名义勇队组织，不是已经将告成功，要浩浩荡荡的杀出关外去吗？就令二十九军的士兵愤慨有罪，而王英所属的苏美龙部八百余人，却不怕“犯罪”而哗变，冀东殷汝耕所属的昌黎保安第四大队，也不怕“犯罪”，而把其中的几个日本人监视起来。就令学生沿街募捐为有碍秩序，而阎锡山将军却首先“破坏秩序”，自己捐家产八十七万。爱国的中国人，已经不分阶级，不分贫富，不分老幼，不分男女，自动的站在一边，我们让少数的汉奸，在民族解放的洪涛中死去吧。爱国的中国军人，已经一致请缨杀敌，枕戈待命，我们看全民族大搏战的战争开幕吧。以中国全国上下及军民之力，我们保障绥远抗战的胜利，保障绥远抗战，一定是全民族抗战的先声，并且保障全民族大规模的抗战，定会使中华民族从血路中杀到自由独立的坦途上来！

一九三六，一一，二二，于上海

《世界知识》（半月刊）
上海生活书店
1936年5卷6期
（李红权　整理）

现阶段的绥远抗敌战争

张健甫　撰

绥远战争是敌人完成大陆政策之满蒙政策的最后一个阶段，是敌人由侵略我东北到侵略我西北的必然过程，同时也是胁威南京谈判，使中国屈服签订《防共协定》和华北五省独立条约的武装示威。所以绥远战争，决不是所谓偶发的地方事件，而是敌人作进一步饿虎扑羊的表演。因此，中国在绥远省境的抗战，也不是淞沪、长城两役的再版，而是整个民族全面抗战的开始。换言之，是中华民族解放的初步武装动员。从红格尔图的搏斗与收复百灵庙两役，已经充分证明中华民族自卫力量的伟大，充分证明中华民族决不是可以征服的民族。“中华民族还是狮子，不是绵羊”（罗家伦先生语），又得到一个事实的说明了。

绥远战争，从今夏七月开始到现在，为时恰为半年，八月半以后至十月底以前的两个半月中间，表面虽近似沉寂，其实只是敌人对我大屠杀的加紧准备。现在我们把这个战争，分为三个时期，叙述于下。

第一个时期，为从七月底到八月半。这时期完全是敌人对我的试探战，所以战线仅限于陶林、兴和的边鄙，战争也没有主力的接触。原因一面由于敌人不明了我方的抵抗力量，故不能不作军事的试探，一面由于敌人欲袭过去以伪蒙保安队占领察北的故智，以为李守信、王英等狗鼠，一入绥境，我方守军，就几如曩昔察北的守军一样，向后撤退。不料我绥远当局，竟抱卫国守土的决心，“敌来即拼”，终至李守信、王英等不能不狼狈遁去，这个太出于敌人意料之外了。所以敌人除将王道一叛首枪决泄愤外，并指定李守信、王英等部，集中商都训练，企图为第二次的进犯。第一个时期的试探战争，就这样草草结束了（参阅本志四卷十二号《日伪军侵略绥东的透视》）。

伪蒙军集中商都以后，经过两个月的训练，不仅军队的数量大有增加，质量上也大有改变，敌人又以为可用了，乘成都、北海、汉口、上海各地不幸偶发事件之后，中日关系紧张之时，于是又嗾使李守信、王英、德王、包悦卿等大批汉奸为第二次的进犯，这样绥远战争，就进入于第二个时期。

第二个时期的绥远战争，详言之，又可以分为两个阶段，第一个阶段，从十一月初至十一月半，红格尔图的阵地战争以前，双方还是哨兵接触，从红格尔图的搏斗起至收复百灵庙止，则转入于阵地的争夺战，也就是双方主力的战斗。

这个时期的第一个阶段，虽仍是哨兵接触，但其性质，与第一个时期的哨兵接触，迥然不同。前面说过，第一个时期的哨兵接触，敌人一面不明了我方的情形，一面又存轻敌幸进的野心。这个时期，敌人已决心准备大规模的进击，所以开始不即为主力战争者，因为知我有备，知我亦有抵抗的决心，同时又知我守备兵力不厚，故以哨兵多次进扰，盖欲使我由军心扰乱，到军力疲惫，然后彼乘疲而击之。同时又用声东击西的战略，潜移匪伪军的主力于百灵庙，由绥北以压迫绥东，使我战线延长，而兵力愈弱，彼即直扑平地泉，以与侵略绥东之股会合，乘势而下我绥远全省，此即利用所谓“敌疲我击”的兵法也。

可是事实完全出于敌人意料之外，我绥远守军，并不因敌人多次进扰，失其沉着，失其壮健，同时也不因战线延长而失其集中。

这原因，由于我国全国上下，系为抵御敌人的侵略而战，为争取民族的生存而战；我有全国民众团结一致的不可抗的威力；我能杀敌则生，否则即死；我没有退路，我们最后的归宿，就是城存与城〔存〕，城亡与亡。从兵法上讲，这是所谓“哀兵必胜”，从民族上讲，这是死里求生。同时我傅作义将军，知道守则我为被动，进则我为主动，守非全线有雄厚的兵力配备不可，进则可以集中兵力，突破敌人一点而动摇其全阵线，因此决采主动的“攻”的战略，由是而踏入第二个时期的第二阶段。

自红格尔图开始阵地的争夺战，我方即采攻的战略，于十一月十四、五两日，先后猛力击破敌人的伪蒙军进犯部队，并乘胜长追，捣毁王英的司令部，一面巩固了我军的阵地，一面寒了伪军的贼胆。而二十三日乘敌伪军由百灵庙进犯我武川、固阳的时候，我军一面向敌主力作肉搏的冲锋，一面以骑兵绕道敌军之后，直扑百灵庙，并计毁敌伪军百灵庙的无线电台，断绝敌军的后援，我军遂于二十四晨完全占领百灵庙。这两次主力的战争，诚然是我民族复兴的起点，值得我们大书特书。

这两次战争，表面为我与伪蒙军之战，实际可说是我与敌人的直接战争。因为敌人不但把原驻热河的伪军，开到察北作后援，不但以空军帮助伪军作战，轰炸我军阵地，不但供给伪军以大批的坦克车、钢甲车、重机关枪、钢炮等新式武器，不但准备对我施用毒气化学的屠杀，并且伪军的干部，都由敌人自己乔装充任，伪军士兵中有将近半数的敌人的士兵，实际上即等于敌人亲自向我作战。据十一月二十五日上海《大公报》所载归绥加紧专电，有“蒙伪军及某国人皆逃散蒙古草地中”一语，就充分暴露敌人亲自作战的事实。又传敌人欲在蒙古建立“大源国”，以百灵庙为首都，建国全部经费，达四万万元之巨，数月以来，在百灵庙积草屯粮，招兵买马，以及建筑工事等，所费已逾五千万元，故我军收复百灵庙，所获弹药、枪支、粮秣、足供数月之用，可见其野心的一般了。

这是完全不足异的，敌人规画建立“蒙古大源国”，在占领我热河省时，即是此种计画的第一步实现。伪满洲国成立以后，敌人在我东蒙（敌人制造的名词）境内，设立“兴安省”，开办蒙古青年军事训练学校，嗾使德王等汉奸，倡言高度自治，在百灵庙成立由敌人训练的蒙古保安队，去年底今年春，又嗾使德王等蒙古保安队，及李守信叛军占领察北六县，并擅改年代，妄称成吉思汗若干年，成立伪蒙古自治军政府，自制四色国旗，盖早已不复承认蒙古为中国的领土了。此外为深入西蒙计（实际指我西北各省），又在绥远包头建筑大飞机场，及在归化、包头、阿拉善旗、额济纳旗设立特务机关，企图完全由高丽北部起沿苏联及外蒙边境而抵新疆的侵苏灭华的军事大防线。包头特务机关有敌人军官六人主持，内有无线电台，可与长春通电。据伦敦《太晤士报》驻平记者所说，今年七月中旬，某外人在绥西一带，遇见某方特务机关人员一队，乘兵车向宁夏方面进行，又另有特务机关人员一队，已向接近新疆省境的区域前进。难道这还不是证明敌人建立“蒙古大源国”的野心吗？因为如此，所以敌人对于侵绥战争，自第二个时期起，就以全力贯注，一如狮子搏兔似的。

然则敌人何以失败呢？我在前面说过，我们是为抵御敌人的侵略而战，为争取民族的生存而战，所谓哀兵必胜，死里求生。但主要的推动，为我有全国爱国的民众做后援，在战争展开的前夜，我们全国民众不分贵贱，不分贫富，不分男女，不分老幼，一齐为抗敌而兴奋，为抗敌而牺牲，各竭其能，各尽其力。捐款的捐款，请缨的请缨，毁家纾难，不但有堂堂将军的阎锡山，也有荆钗裙布的乡妇，连孩子可以不乞糖果，而不能不援助绥远，一个乞丐，一个娼妇，也以讨来的、出卖皮肉来的钱，送给前线的将士。上海某女校为织军用绒线衫而辍课三天，北平各大学，有的制造防毒面具，有的实行军事演习，有的请宋哲元出兵，有的到前线慰劳。在全国民众一致热烈援助拥护之下，我们前线的将士，都变成了生龙活虎。傅作义将军，也就大胆采用攻的战略，甚至卧病后方的伤兵，看到热烈同情的慰劳队，也高喊“裹创杀贼去”。而敌人呢，仅是德王、李守信、王英等几条瘦狗，几个僵尸，尽管匪众如何多，军器如何利，背景如何伟大，飞机如何轰炸，终于经不起我全国军民融合一片的爱国武力的一击，于是沦陷经年，敌伪军根据地的百灵庙，遂为我国所收复，把战争的防线，由平地泉、卓资山而推展到大青山（即阴山）以北的平原。

从百灵庙收复以后，直到现在为止，可说入于第三个时期。这个时期，战争虽还没有具体的开展，但我以为至少要以收复滂江，收复商都，为其终点。而在战略上，我们也不能坐待敌人的来攻，应以更积极更勇敢的姿态，采取攻的战略。目前值得注意的事情，有以下数点：

第一，百灵庙收复以后，伪蒙军各部，大半心惊胆碎，无力再战，可是难保敌人不恼羞成怒，亲自出马，采主演的地位。关东军二十七日发表的声明，谓“对内蒙军（指匪伪军）之行动，为多大之关心，而愿其成功。同时万一‘满洲国’之接壤地区，受此战乱之影响，治安为之紊乱，累及‘满洲国’，或发生中国全土濒于赤化之危殆的事态时，关东军将不得不讲求认为适当之处置”，这就暴露关东军参战的决心了。同时因为我军射落敌人在天空投弹的军用机一架，敌人竟向我提出抗议，说应该认明“太阳型”的国徽，这种无理取闹的行径，尤可表明敌人之将借故滋事。汉奸王英败后还恬不知耻，公然要求我方在二十四小时内撤退土木台的驻军（十一月二十九日《华美晚报》）。败军之匪，有此狗胆，显然是出于敌人的指挥。关东军二十八、九两日叠次会议以后，驻满第一、第四、第七等三师已奉令开往察北，其特种兵，即坦克车、装甲车、炮兵队也都向张北移动。据传敌人大军集中商都者数近两万，多伦、宝昌、张北一带尤夥。

第二，关东军和华北驻屯军数度会议以后，决定对宋哲元军予以严重的监视，即不准让宋氏出兵收回察北。据日方宣称，宋哲元已有中立的诺言，连日绥东北战争甚为紧张，而宋氏却如秦人视越人的肥瘠，按兵不动，虽经全国各方的请求，亦置若罔闻。反之劝宋哲元不要“特殊自居”的独立评论，则遭封禁。种可亡，国可灭，所谓特殊地位，不能放弃，对于冀察当局的行动，我们诚不能无所怀疑。如果冀察当局还承认是中国的官吏，承认官吏有守土的天职，那末收复察北，不但是冀察当局的职责，而且也是冀察当局过去放弃察北的最好补过机会。可是“冀察特殊当局”的表现如此，这是很可影响，——不，很可妨碍绥远的抗战的。

第三，敌人在青岛登陆，显然是袭“一二八”扰乱后方的故智。当“九一八”事变，马占山将军在嫩江桥抗敌的时候，敌人在上海暴动起来，结果，因上海战争，而影响黑龙江抗敌的失败。现在绥战如果再度恶斗，也许敌人要在青岛表演“一二八”的一幕。冀察的按兵不动，已使绥战的后方，发生险恶的可虑，又加上青岛为敌人所控制（实际应说占领），其危险更不堪设想了。

敌人争夺青岛，这在一九一四年欧洲大战，就发生强占的一幕，其后虽经我方收回，顾实际主权，仍操敌人手里，现在又恢复一九一四年的情势了，历史的重演，使我们嗅到当日的血腥。日来盛传青岛问题，将近解决，解决的内容：党部改组，社会、公安两局长撤职，这个如果属实，那与去夏冀察事件，如出一辙，城下之盟，我们能说青岛还是中国的领土吗？最奇怪的，同盟青岛八日电称，“青岛事件收拾困难，将由韩复渠〔榘〕主席调停，亦未可知” （十一月九日《时事新报》）。这显然是对韩复渠

〔架〕将军的侮辱。韩将军是山东的守土长官，只有守土卫国的责任，并是当事的主要人物，绝非第三者的外国人何得居间调停？否则韩复渠〔榘〕将军自己置身何地，又置青岛于谁属？我们希望青岛不要继淞沪、塘沽之后，成为新的协定区域。至于“一二八”血幕的重启，在整个民族抗争的前提下，是不可避免的，我们尤用不着畏缩。

以上三点，是绥远战争严重化的说明，然而截至今天止，绥战还未扩大者，则因敌人惧我武装抵抗，复想从外交方面，使我们屈服，以收不战而胜之效。这是敌人一贯的狡狯政策。

最近南京谈判成为僵局，“防共”与华北独立两项问题以外，绥远战争，要算也是最大的症结。本来绥远问题，就是敌人所以达到“防共”与华北五省独立的另一手段，所以报载我方屡次先要求解决绥远问题，而敌人反以绥远为地方事件，应就地方解决。本月三日因青岛事件，我外交当局召请川越商谈，又因绥远问题，中止谈判。事后川越匆匆离京，双方发表声明，似乎外交之扉，快到关合的时候。可是川越既谓谈判非决裂，亦非停顿，我方也切望障碍状态，早日消灭，于是构成山重水复，柳暗花明的一幅天然图画。我们看此图画的，真如身入公园，惊叹东洋艺术之美。这种稍堪告慰的，是我外部的声明书，较之历来各种声明不同，同时对于敌方宣传我已承认的五项问题也非正式有所暴露，对于川越留置的备忘录，也声明不能做参证的根据。我们希望外交当局，百尺竿头，更进一步，在目前国际同盟外交围困之下，应该有积极自主的外交政策，与绥远的战鼓呼应起来。

关于现阶段的绥远抗战，因为篇幅所限，只能说到这里，但我仍热烈的期待这个战争，能扩大为中国全面抗战的战争。在目前的情势下，敌人已在我全国各处布置完了，特别冀、察和青岛等地，随时有发生扰乱我后方的可能，我们就想限于局部战争，恐亦非事势所能允许。而且这个战争的前途，我们事事处于优越的地位，即就匪伪军内部的动摇，集团式的输诚，王英部旅长石玉山的投降等等看来，也够证明匪伪军部下人心的向背。谁非中国的子孙，除非天生贼种，稍有知觉的人，谁肯做出卖民族的汉奸！读十一月廿五日上海《大公报》王英部下一封书，可见匪伪部众倾向祖国之诚。假令战争开展下去，伪满洲国、伪冀东政府的部众，都会一变而为为国杀敌的前驱。仅是这一点，就是我们全面抗战绝大胜利的保障！

《世界知识》（半月刊）
上海生活书店
1936年5卷7期
（李红权　整理）

以全国力量支持绥远的抗战

晓云　撰

当中日两国外交官吏正在南京进行着“亲善”、“提携”、“邦交调整”的第七次会议时，绥远战争已经爆发了。我们知道，李守信、王英等匪军之一再向绥边侵扰，最近更作大规模的进犯，幕后完全由于日帝国主义的操纵指使。目前敌人的所以一面与南京政府进行谈判，一面与冀察当局杯酒言欢，一面又大举进窥绥省，造成这种光怪陆离的矛盾局面，确如《大晚报》记者所说：“是因为在日帝国主义的心目中，并未把中国看成一个统一完整的国家，它只把中国看做一群零星割据的部落，各部落为唯利是图的酋长所盘据，只名义上拥护着一个虚有其表的政府，所以它以为鞭挞了这一角那一角决不会感到剧痛而发生反响，维系了这一角那一角或许会发生歆羡而自动的献身。”中国如果不是敌人心目中那样一盘散沙式的国家，中国政府当局如果不甘愿像敌人所认识的那样落后与可笑，那末就应当立刻表现出统一完整的国家姿态，就应当迅速消灭这种矛盾的局面，像《大晚报》记者所建议的，当局者应当以事实纠正日帝国主义对中国认识的错误。实际上，在敌人不放弃东四省，不取消过去一切丧权辱国的协定，而仍继续其一贯的侵略中国政策的时候，中日关系，是绝对没有调整之余地的。

其实，五年来的惨痛经验，已足够使我们了解敌人的得寸进尺，贪得无厌的野心了。自“九一八”事变以来，东四省的丧失，热河的沦陷，冀东、内蒙在敌人胁迫之下变成了傀儡第二，冀察亦步着冀东的后尘而成立伪自治，华北经济权的被攫夺，各地日本特务机关的设立，华北的增兵以及“特殊贸易”的推行，都在在足以证明敌人的目的，在吞并全中国。当中华民族未完全变成亡国奴的时候，敌人的侵略行动是决不会停止的。

现在政府虽然一再声言抱着领土主权完整的决心，在不丧权不辱国的条件下与敌人进行邦交的调整，不接受敌人在大恫吓不成之后所坚持的“华北特殊化”、“共同防共”两个条件，然而事实上，华北——尤其是冀、察两省在敌人操纵威胁之下，已逐渐如敌人所期望那样地日益“明朗化”了。例如这次冀察政委会改组之后安福系的曹汝霖、齐燮元、章士钊等，都一跃而为冀察政委会的要人，老牌汉奸陆宗舆接办龙烟铁矿，石友三任冀北保安司令，《华北中日航空协定》的签订，沧石铁路的兴筑，大沽辟港，汇业银行的复业以及华北驻屯军公然拉伕筹饷作夺占平、津的空前军事大演习，“九一八”纪念日在冀、察境内禁止下半旗和举行纪念会，凡此等等，都可证明冀察政权已更进一步的汉奸化，整个华北在敌人运用威吓利诱的分化手段和实行各个击破的战略之下，实际上亦已日渐危殆而走上所谓“特殊化”的道路了。

所以我们认为，当局者所标榜的确保领土主权的完整和不承认华北特殊化，不应当只是口头上的嚷叫，而应当从实际方面来实践二中全会时的诺言，敌人现在正企图以南京谈判的烟幕来掩蔽它在华北积极制造既成的事实，以便再迫使我们作合法的承认。在华北危急日益紧迫、绥远抗战的烽火已经燃起的现在，一个统一团结的国家，是绝不应在敌国的铁骑已在蹂躏自己的边疆的时候，而还闭着眼睛和敌人大谈亲善调整，在绥省的军民已用他们的热血来捍卫自己国土的时候，一个统一的政府更不应丝毫不关痛痒的听任边省的将领孤军抗战！在这样危急情势之下，我们再不应抱着苟安一隅的幻想，把绥远的战争认为地方的战争，想使它局部化，以致重蹈丧失东北四省的覆辙了。我们应当深切的理解：绥远的危殆是整个中华民族的危殆，因为绥远是华北的锁钥，绥远一失，不仅晋、陕、宁、甘根本动摇，鲁、豫等黄河以北的数省陷入四面受敌的险境，就连华中、华南，也势将不保了。所以在目前这样危急的情势之下，我们不应当再事容忍，眼睁睁听着敌人一块块吞噬宰割了！我们应当认为绥远的战争是大规模中华民族自卫战的开始，是牺牲已到最后关头的号炮。在这时，我们认为华北各实力派应当立即作密切的联络，开放民众爱国运动，与人民协力一致保卫华北领土，共同以武力抵御敌人的进攻。尤其是身处危境，有抗敌光荣历史的二十九军，更应当立刻发动抗战，消灭华北敌军。至于中央政府，我们认为更应当立即对敌人这种继续侵略的行为提出严重的抗议，并在经济、军事两方面对绥远的抗战作切实的援助，集中全国一切的人力、财力、兵力，作整个民族御侮图存的最后总决斗！

《妇女共鸣》（月刊）
南京妇女共鸣社
1936年5卷11期
（丁冉　整理）

日本侵略内蒙的真相

李逆守信居然自称“蒙古国”的首领，多伦、张北、百灵庙及滂江已皆修筑机场

作者不详

近数月来，一般人的视线咸集中于某方在河北省的行动，因而反把他们在内蒙实际的侵略淡然之。惟依近自该地南来外人口中所述，则内蒙是已迅速的走入第二“满洲国”的命运，岌岌可危了。

现时察哈尔一部的行政系统，某方固已视同俎上肉，而且高瞻远瞩地将他们的铁蹄更跨到邻境的绥远省去了。绥、察两省省界之分，本属人为的，而且划分的时间不久，仅在地图钩〔勾〕上几条界线。严格上讲，自蒙古人视之，并不大理会有疆界之存在，所以从未关心；于是某国人也就不分泾渭，无孔不入的，急速扩伸势力到绥远境内。

李逆守信自创一国

蒙古的首领为热籍蒙人李守信，现时已在张北设立政府，并自建国号曰“蒙古国”。他的部队往西侵到商都，该处离平绥线上的

平地泉不过五六十哩，甚至深在绥远境内内蒙自治委员会所在地的百灵庙，也驻扎有他的“满洲国”军队百名。

外宾举止傲慢不经

那里某国的军官和侨民，是所在皆有。一个访员曾对记者说：“我几乎误以为身在东京，因为左右前后所听到的无不是某国方言。”这些外宾不见得都来自上等阶级，所以举止都傲慢不经，很露骨的表示出他们主人翁的身份来。

在许多方面，某国人是把他们在“满洲国”的办法如法泡〔炮〕制。他们在张北开办一个学校，限制所有蒙古住户，一共选送十五岁到二十五岁的青年五百名，到那里边受教。但蒙古人多是小家庭，而且习惯上家中常要把男孩一名舍给喇嘛庙，结果许多喇嘛俱被迫还家料理家务。这学校，名义上是师范学校，实际上乃一军事训练机关，用以养成将来蒙古军队的人才。种烟也是和“满洲国”一样，所有的察境六县中的农民概强迫播种。某国人来后，惟一的反响，就是蒙古民众反抗他们。

南运货物值百抽百

某国人囊括内蒙之第一步手段，即先把海关控制了去，借以坚强它和“满洲国”的经济连锁。由多伦向东出口货物完全免税放行，独向南运销张家口的货物则按货值百分之百课税。例如，皮货即要征税三角。从大连及多伦免税入口的载重汽车，比由天津运入的车费卖价要低三四百元之巨。

汽车运输的生意，原先为中国人的专利，于今已让某国人夺去，因为：第一，中国经营运输的商家须担负很重的税赋，而外来经商则不必负此义务；第二，这些外商洋行用油仅需出价七元一桶，入口既多免税，运输又有某军无偿的代劳，中国商人则非十一元一桶莫办矣。

机场、铁路次第建筑

飞机场在多伦、张北、百灵庙及德王行辕之滂江各处均已次第修建，并贮有大量油料。据传承德到多伦间之铁路工程，业经开始，此外并准备由多伦向西敷设之轨，穿越察哈尔以与绥远线西首的百灵庙互相衔接。

上面所述的几种图谋，对于天津商业将有何等的影响，当属有目共睹。但按熟习蒙情人们的见解，某方深入内蒙的主要目的，不全是商业的，而毋宁是军略的。

某方经略内蒙所给予外蒙的威胁，外蒙的人未尝不深感切肤之痛的。边境防军据说是陆续增加。去年被雪阻断的通库伦的公路，现在也恢复通行。

伪军尚未轻越雷池

中国输入外蒙的物品，大宗如汉口砖茶和皮靴、烟叶等项，目下均须绕道海参崴，顺西比利亚铁路以运抵马尔坎乌定斯克，途中加了多少麻烦。

截至现刻止，内蒙边地并没有发生何项纠纷，因某国人，或者说“满洲”军队，尚没有企图轻越雷池。内蒙与外蒙间的疆界，非似察、绥两省界的情形，是一个很显明的鸿沟，蒙人无不知之有素，虽然事实上界线是蜿蜒于一大平坦的高原上面，大间断处，偶有数堆山石为志而已！

不几年前，外蒙当局曾将他们沿边三十里范围以内的居民，完全迁徙一空，用意可知。

内蒙此时最迫切的问题，即德王和他的自治委员会将来是怎样的打开出路，以言他个人的处境，可称困难已极，在他本境内已无异阶下之囚。他的根据地滂江，是包围了无数某国间谍与顾问，不断的威迫利诱的让他外附。

自保无方，岌岌可危

不久以后，他势必迫于甘心投降，与入山造反的两条路中间择一而行。按他今日实力之单薄，第二条路是没什么希望。那末，最终他要走的一途，岂不是多少注定了吗？

海拉尔蒙古之官员被戮，更进一步的清醒了他们的视线，并使他们有畏惧之心。无如处在这外援无助、孤立支撑局面之下，只有更自馁于能力薄弱，自保无方。是故近来有智识的蒙人分子咸抱一种强度失望和沮丧的观念，前途是非常暗淡。他们未来的归趋，或许要走到受“文化”淘汰之一途吧！（译自上海《字林西报》北平特约通讯）

《东望》（半月刊）
西安陆军第六十七军参谋处
1936年5卷18期
（李红权　整理）

侵入察北匪军实行毒化政策

作者不详

察北多伦、沽源、宝昌、康保、尚义、商都六县，自去岁被伪军强占后，即造成一种特殊情势，并实行毒化政策，以戕杀察北民众于无形。一般为虎作伥者，逢迎某方之意旨，勒令农民种植鸦片，作为伪军饷糈之资源。当开种鸦片伊始，每亩先缴鸦片税五元，即此项收入，已属可观，农民既种之后，复屡加附捐，每亩合计不下十元，迨烟苗长成，比将收割之际，伪军又复通令各县种户，每烟地一亩，须交官烟三十两，每两发给官价六角，此项官烟，大半均系供给某方制造毒品之用。至察北各县本年鸦片，因天时关系，烟苗既不茁茂，收割不丰，最苦者为一般贫农，所有地亩，本已不多，因希图近利，均舍稼穑而改种鸦片，冬春两季食粮，惟烟是赖，今遭遇如此，莫不蹙额叫苦。倘每亩所收不足交官之三十两，则须由伪军收买，每两即按官价六角，再由伪军以每两一元转售，一般农民以税捐苛重，剥削重重，殆将无噍类云。

《蒙藏月报》
南京蒙藏委员会
1936年6卷1期
（朱岩　整理）

绥远抗战的意义

陈其田　撰

绥东一役，击退敌军；绥北再战，直捣敌巢，而收复百灵庙。这两次小试，虽然是未来民族大战争的序幕，只能当做两军对垒的前哨战看，最终的胜败未卜，但此次抗战自身已经有重大的意义存在。

我国近百年来对付帝国主义武装侵略，不外三种方法：（一）局部抗战。因军械不好，将兵训练不好，没有计画，没有组织，逞一时意气之争，终至丧师失地。鸦片战争、英法联军、甲午之战等，属于这一类。虽然失败，却是已经抗战。（二）不战而退。“九一八”是个恶例。（三）免战而让。若冀东伪组织成立，察北放弃，华北权益奉送等是也。这是中外古今未有的奇辱，民族沦亡，以此为极。物极必反，绥远抗战是民族争生存的一大转机。我们向敌人宣布，最后牺牲的时期到了，“宁为玉碎，不为瓦全”。万众一心，同仇敌忾，民气如何奋兴，“恐日病”已经给绥战治好，从此不“病”也不“恐”了。

从来对外抗战，未有若此次绥远御敌这么团结。地方守土军队，冰天雪地，奋勇杀敌，中央军队殿后，前敌士气为之一振。蒙人带路，汉军跟踪，汉兵冲锋，蒙兵截击。战地民团，参加作战，后方全民竭力援助。这样看来，绥战不是一隅之战，乃是民族的战争，全国的战争。前敌死事甚烈，无名英雄的血，灌溉民族复兴之花。这种抗战是富有历史意义的战争。

大战的序幕已经开揭，光荣的开揭了。更沉痛、更轰烈的第二幕、第三幕……行将来临。就最近几天报纸所载，伪匪方面及后头的力量，似乎侧重绥东，大有死守商都之概。我们要保绥远，非收回察北不可。欲收回察北，则商都方面一场恶仗，是免不了的。万一因为天气酷冷，停止行军，则敌方可以从容建筑防御工作，明春大战，将更暴烈。前线将士为民族生存，沉着应战，我们后方民众，镇静援助，大家团结，共赴国难。

最后一点，对于后方民众捐款，慰劳前线军兵，有所提议。前几天问山西某军官对于慰劳捐款的用途，以甚么为最适当，最能直接帮忙前敌兵士，他的回答是以送纸烟、糖果、饼干和酒为最好。这话初看来，似乎有点不妥，但细想起来，其中有至理在。试想“一二八”沪战，人民送给十九路军的金钱，最少有几百万，恐怕是肥了军部瘦了兵。他们虽有公积金，可是报上曾登载过有无人救济的伤兵。送皮衣、皮帽、手套、耳套等物，似乎是比送钱好，但是这都是在给养范围内，应当由中央负责，人民尽可督促政府速为办理。只有香烟、糖果等消耙〔耗〕品，既不在军队正式给养之内，又可直接帮助前线战士，用意甚深甚善，希望后方负有捐输责任的同胞，再三致意。

《固阳》（刊期不详）
北平绥远固阳旅平绥同学会
1936年6卷2期
（朱宪　整理）

绥远在军事上的重要

诚良　译

由这次日本公然不避的侵犯绥远看来，可以知道绥远在军事上的重要。绥远是日本军事计画中建立帝国的枢纽，要想包围或威胁中国、苏俄甚至英国，绥远是一个非常重要的根据地。

占据绥远，就可以威胁大英帝国，骤然看来，好像是耽于空想，可是事实上却不是这样。因为目下在蒙古境内，英国仍有很大的势力存在。譬如，蒙境某旗有一个英国人还是该旗的首领（duke）呢！假使日本要是进占蒙古，那么与占领满州〔洲〕的一定一样，英国的势力当然要被驱逐去的。

不仅这样，几年前我国南洋报纸纷纷登载日人势力已潜入阿富汗（Afghanistan），大量的日货在中亚细亚（Central Asia）已找着销售市场，并且派遣考察团到这些地带内，作考察的工作。

同时，本国报纸亦纷纷披露，日人在新疆大肆活动，并派送他们国内的回教徒，经新疆、阿富汗、伊兰（Iran，按伊兰亦名波斯，即古安息国）等地到麦加（Mecca）进朝圣地，同时印发许多回文宣传品，从事提倡回教徒的幸福宣传。我们知道回教徒在新疆省人口中占得比例数很大，而阿富汗人口几乎全部都是回教徒，此两地有一部分彼此接壤。从这两点看来，我们即可知道日人在这些地带内活动的用意了！

假使日人的势力伸张到新疆以至于阿富汗，而借阿富汗为根据地，侵略印度北境，那么大英帝国新〔所〕受的影响，可想而知了。如此日本势必更进一步，由陆上路程直达印度，同时印度国内又有许多待机动作、怀恐惧政策的革命党人，另外日本海军军官，想乘英国海军舰队没有集中于新嘉玻（Singapore）之先，重演其过去在亚塔尔港（Port Arthur）一战大胜苏俄的策略，而同样施之于英国。这个计画如果能够成功，日本就可以在北面封锁印度的陆路，南面封锁他的海口，这无异给大英帝国在东亚殖民地的一个大的致命伤！

这种论调又好像是妄想，那么他征复〔服〕世界的野心，岂更不是成了梦想吗？可是事实已经告诉我们，最近几年来日本正按照他们预定的步骤，一步一步的实行其征复〔服〕全世界的计画，就是他们国内的政治家与新闻界，也公然承认了这种计画。这样看来，大前提既然正确，那么结论也不至有错，所以至少日本对谋略新疆、阿富汗，一定是有很大的可能性！

新疆与内蒙间有甘肃、宁夏、绥远三省，事实上日人在这一带区域内已有很大的潜伏势力。他们在这些地方内，所以不能够完全经营成功，是因为他们所活动的地方与他们的策源地相距太远，有运输不便利的困难，这也就是他们为什么不顾牺牲，而坚决的向西推进，以达到他们的目的地——新疆、阿富汗。这次侵犯绥远如果成功，那么英国在内蒙的势力，一定被消灭，甚至因为日本逐渐的向西发展，给大英帝国一个致命伤，也未可知！

日本图谋我国西北及中亚细亚的策画，还没有昭然若揭的暴露出来，而他们对二次日俄战争的计画，竟宣扬于本国新闻界中，他们的军事专家认为满州〔洲〕是他们的生命线，而西伯利亚（Siberia），至少也是西伯利亚的东部，又是满州〔洲〕的生命线，所以要想雍〔拥〕护他们的生命线——满州〔洲〕寿命的无恙，迟早一日必须占领西伯利亚东部。日本一向的政策是先虎〔唬〕

人，想不劳而获。但苏联在没有一个你死我活的战争决定〈之〉先，绝不丧失寸土尺地，所以第二次日俄战争，又恐怕难以避免了！

日俄战争爆发后，日本要采什么战略？他们的军事家都一致认为大战爆发后，先放弃北满而固守中东路稍北的第二道防线，这样可以避免无谓的牺牲，同时也比较安全一点。可是他们又想到这种策略与帝国的传统政策相背悖〔而〕的，同时人民也不谅解，结果一定引起人民的不满。他们不愿意国内的人民发生误解而引起公恨，所以认为“在敌人境内袭击，在敌人境内爆发战争”是最好的策略。要想实现这种企图，一个最有效的方法，就是威胁俄国的后防。如果日本只要统治了内蒙，他们就可以随时出兵侵袭外蒙，万一成功即可从俄国后防施以攻击，即便失败，也可以分散俄国的军力。再，苏俄的战略是什么？一般日本军事专家的推测是：俄国要利用大规模的空军力量，轰炸满州〔洲〕、朝鲜军事、商业的重要城市，可能时也许轰炸日本本部，假使这些空军的轰炸，还不能完全破坏日本的军力，动摇前防的军心，然后苏俄一定放弃西伯利亚东部，而让日军进占其地，当日军进占西伯利亚后，他们一定没有充足的兵力保卫后防，这时俄国可以由赤塔（Chita）、恰克图（Kiakhta）及伊尔库次克（Irkutsk）经戈壁沙漠而由绥远、察哈尔进袭日本的后防——热河、满州〔洲〕。日本为避免这个［的］可能的威胁，所以必须首先占领内蒙。

以日本一国的军力来连接如此长的防御战线，同时还得供给那些为光荣而战，为开拓帝国领土而战的［那些］兵士的给养，这真是一件庞大惊人的事情。对于这件事情，他们国内的设计人，也深思熟虑过，他们计算得的结果，在平时至少每年需日金五〇，〇〇〇，〇〇〇圆，来维持交通、防卫等事宜，那么在战时所需，一定与平时不同，需多需少全看前方战事如何而定。

这局斗争虽然没有什么眼看的便宜可讨，可是在日本军人的眼目中，毕竟还值得顽一下，所以才有现在的绥远战事发生。如果我们推断这个世界征复〔服〕者——日本，将止于绥远而不西进新疆与中亚细亚，那就是我们的看事不透彻，也就是我们的拙直。假使以为日本侵犯绥远，对大英帝国是一个间接的恫吓，而对苏俄是一个直接的威胁，不论二者孰是，但当前直接而受损害的是中国，这是没有疑问的。

日本想在华北鲁、冀、晋、察、绥五省范围内，建立一个脱离中央关系的独立政府，也就是他们所谓的“理想地带”或“特殊区域”，这件工作现在他们不再保守秘密了！目下的察北、冀东根本是在日人的势力统治之下，而此两省的其他地方日人所要求的目的，也都圆满的达到。山东呢？日人可以由海路直接达到，不久以前青岛市市长沈鸿烈否认大量的日本军火武器运到青岛，可是他言外却承认有零星的船货及分散的装载，并且他说〈这〉些东西已上陆运到青岛市内。

河北、察哈尔、山东的情形是如上所述［有］，现在我们再看看晋、绥两省的情形如何。这次绥远的被侵犯，并不仅仅是绥远一省受了直接的痛苦而已，而同时是日本想〈进〉一步威胁山西不战而降服，如果这种企图要是成功，那么日本可以由晋北袭击，立即可下山西全省。

这里我们不妨讨论讨论日人自“九一八”事变后对于我们的战略。只要对他们过去的策略，有一点的了解，那么他们目下的动作情况，更是明显而且清楚。兹以过去黑龙江、热河，以及长城［的］战的情形，作为一个检讨。

第一，一九三二年秋天，马占山、苏炳文、李海成，分由东北、西北、南部三面反攻齐齐哈尔（即龙江县），其中以苏炳文的军队为最强，日军乃派出一联队专攻兴安县，及至占领兴安，苏炳文部背后乃顿受威胁，于是前线军队完全溃退，黑龙江的一点最后抗战力量，结果也寿终正寝。

其次，就是一九三三年春，热河的失陷。当义勇军与热军正在东南之北票与东北赤峰二地抗拒日军时，日军乃派出很少一部分军队，潜入乡村，突如其来的对省城承德施以攻击，承德于是垂手而得。据说日军还未到承德时，汤玉麟惊慌错愕，早已逃之夭夭了！

最后，就是喜峰口二十九军的抗战。当日军被二十九军宋哲元军队击败后，他们并不因此反攻，而施其个别击破政策，先攻某一部部队，攻克后，再攻另一部部队（可惜我们的军队，彼此没有联络，真如一盘散沙，残余的封建恶习，在关系国家存亡的战争中，还不能去掉，我们不禁为忠勇的牺牲将士们痛哭一声——译者），一直到宋部侧面、背部受了威胁，结果不得不急遽后退，否则全军覆没，徒然牺牲（译者按：我国的局部抗战，说来真令人痛心，如果当时长城各口的部队，能在一个统一指挥之下作战，我想当日的长城未必能变成今日的长城，更哪有今日的“冀东”傀儡政府呢！）。

甚至于目前的绥远战事，他们仍是使得〔用〕过去那套故有伎俩，这是很显然的。当我们得到他们第一次攻绥失败的消息后，听说他们计画着又要用包围式的推进方法，攻取绥远，以白灵庙为根据地，经过相当时期的准备，于是前线下攻击令，分三路进攻：（1）绥东陶林、兴和；（2）绥北、白灵庙及武川；（3）由北路同时威迫绥西之固阳及包头。但是因为国军收复了白灵庙，这些计画已经完全失败。

这仅仅是表明日军一向惯有的策略而已。此时二十九军宋哲元部，如果能再打起抗日的旗帜来，同时绥远还在我们手中，日人势力一定不能达到山西。但是绥远要是被日本占去，不仅山西北部受其攻击，就是冀省背部也受威胁。假使宋哲元拒绝不了日军假河北境内攻击山西，但绥远仍在我们手中，晋军可以集中兵力在东部与敌迎战；如绥远一但〔旦〕失去，则晋北、晋东俱有受攻击之危险了！所以无论保华北，无论保全国，绥远是绝对要出全力保守的。

我们如果明白了日本一向的战策以后，那么他们现在的动向，更容易看出来，因为他们的成功，无疑的是在华北占了优势。如果绥远被日本取得，无疑的又给日本在内外蒙［的］一个更大的统治力量。换句话说，也就是给苏俄在西伯利亚东部防御线上一个重大的后防打击，同时英国的势力也必被消灭无疑，甚至可以从而发展成了封闭英属印度的根据地。对于中国，那就是整个华北的断送，因为他们占领绥远，就是占了一个要害之地，然后凭借这种要害之地的优势，可以向南下直取山西，进袭冀省的后防，再加上最近运在青岛的军火武器，及利用由海路直达鲁省的便利，双方一夹攻，这么在华北产生一个“理想地带”，这是很容易而且没有阻碍的一件事！华北既沦亡，中国等于失去一半，这时日本就可以计画征复〔服〕世界更进一层的步骤了！

但是，他们的军事策略及其计画，我们的最高军事当局也已看清。同时他们第一次的企图，已经失败，现在要紧的问题是“他们最后能否成功”？

译者按：回答这个问题，我认为如果我们仍采取已往的局部抗战政策，一面炮火连天的血战，一面握手谈判亲善，敌人成功，我们失败，这是毫无疑问的。如果能发动全国整个的抗战，各军人将领，不袖手旁观，不隔岸观火，更不分畛域，在统一的政府指挥之下，勇往直前，我想最后的成功未必属于日本，因为他们国内的情形也非常复杂，久战是绝对不允许的，我们乘他们这个弱点，或许也能做到收复失地的壮举。过去的失败，完全属于前者不统一的局部抗战，这次绥远抗战的没有失败，可以说是属于后者指挥统一的实惠！

二十六年元旦日

《固阳》（刊期不详）
北平绥远固阳旅平绥同学会
1936年6卷2期
（朱宪　整理）

绥远大战声中全国智识分子应有之工作

澍 撰

绥远战事已经正式开始了。举国各地的爱国士女们都呼号奋起，为绥远将士节衣节食，解囊指囷地量力输将，甚而有一部分尤其平、津学生且扩大募捐，集少成多地捐助。这些完全表现大部分的中国人已经醒悟了，已经知道在后方的人们对前方将士是有援助的责任的，他们的捐助与募捐就是为得尽他们为国民的天职，尽他们援助的责任，这种举动实令人钦感莫铭！但后援的工作不只是捐几个钱就算完事，居领导国人地位的智识分子更有较重大的工作待他们去作，更有较急迫的担子要他们去担。我们要明白我们应有的工作，非先分析分析敌我各方面情势不可，分析清楚敌我的形势，我们的工作才有指针，我们的工作才能事半功倍，所以我们的工作就寓于这分析之中。

我们知道我们的敌人的吞食中国是处心积虑数十年的，自九一八事变后他的侵略更积极了，它看破了中国人的弱点——不抵抗，当然不会放松。所以一步紧似一步地，不费一兵一卒地，很和平地就连续着占领了热河、冀东、察北，抓住了冀察人民的生命权——经济的独占。今年的进犯绥远，它满想仍如从前那样容易地到手，所以在夏季用很少的汉奸寇袭绥东，谁想傅主席颇不易与，竟然出兵击溃那些倭狗。此次它重振旗鼓，盛怒而来，其意在必得绥远与雁北，以达其蚕食的目的。我们知道它的蚕食中国的领土是鲸吞中国的另一步调，它的侵略的对象是整个的中国，它所以不一下子鲸吞，只是因为它的咽喉小，不能一口把偌大的中国咽下去的缘故，绝不是因为它没有这个野心。它今既倦〔卷〕土重来，则我们不得不更完备的应付，近几天他没有得到胜利就是因为我傅主席事先防备的周到的缘故。可是我们不能因此而满意，因为敌人自己的兵力尚未与我们正式的接触，它现在正在准备中，正在运用他们自己的兵来袭击中。主力战尚未开始的时候，我晋绥军准备得虽有相当的把握，但何以能说操必胜之势呢？敌人有的是飞机，有的是坦克车，有的是炸弹、大炮，有的是最残忍毒瓦斯，有的是丧心病狂的汉奸，他的进犯绥远是比长城战、上海战更猛烈的。可是反观我们的晋绥军，精神虽好，而物质方面则太感缺乏，尤其数目不多，何以能应付如鬼如蜮的敌人呢？为详细说明起见，兹分段叙述如下。

晋绥军各兵结合起来统共不过七八万人，除骑、炮、工、辎重而外，为作战之主力的步兵，仅不过五六万人的样子。雁门关以南既须有兵驻防，而雁门关以北更须有重兵备战。所以目下在绥远的，西部有王靖国军长的部队防备敌人的扰乱，这方面虽可以无忧，而东北部即最近敌人侵犯的区域内，仅有兵二万左右，虽益以蒙古军及地方保卫团，但极其少数，且缺乏训练。以这样的兵力与蒙伪及我们的敌人抗，诚不啻以卵投石，纵我军不怕战死，不惜牺牲，其如众寡之势不敌，我军的热血如何能换得尽敌人的炸弹、炮弹呢？何况最近蒙匪包悦卿向西推进，则绥北不久亦将发生激战，敌人声东击西，乘虚攻弱，而我军则往来救护，疲求〔于〕奔命，是我已为敌所制，已入敌人之囊中，虽欲不败，岂可得乎？所以为今之计，只有请求中央派大兵增援绥远，既可使现在在前线上的将士有休息的时间，又可使敌人知道我们中国是真正统一的国家，庶乎其野心可以稍敛，其战气可以稍馁，而我军则勇气百倍，岂只能以一当十。澶渊之役，宋军所以军心大振者，也只因宋真宗的御驾亲征，以实力增援，良为激励士气的唯一妙法。二十日天津《庸报》载：蒋委员长允以十万大兵助战。虽其言出于挑拨行为，但我们诚愿意其为真实，在现在尚未实现之前，我们举国智识分子当就其所近联合起来，分头敦请中央从速遣兵援绥！

我们敌人的飞机是无数之多的，他的炸弹也是无限之多的。最近在绥东简直毫无顾忌地实行低空侦察，用机关枪扫射，最残忍的是投掷炸弹，动辄数百，投掷夷烧弹烧毁民房。这很明显地证明我晋绥军没有高射炮可以击落他，没有飞机同他作空中战，所以任他为所欲为。最近风闻新运到高射炮二十四门，但如此小的数目，何能把敌人的飞机击落了？我们中央在近年来对于作战的准备据说很有相当成绩，尤其自二十二年发行航空公路建设奖券至今将满四年，美国飞机的输入国又以中国为第一，则我国政府不但军火充实，即飞机也相当的增多了。我们智识分子当集合全国民众的力量，请求中央火速运大批的高射炮于绥远，以应付敌人无数的飞机，火速派多架飞机飞绥远，以扼止敌人无数的飞机，纵中央有所吝惜，也宜请［未］将近来国人献给的飞机尽量的派遣出来。关于这个要求，平、津各报纸的社论中多已提及，我们诚希望中央不要因吝惜而使举国人士失望，而断送绥远抗战的将士以及战区人民的生命财产，而断送整个中华民族的前途！

太原虽有一个兵工厂，但规模极小，只能制造马步枪及子弹，充其量而言之，亦只能制造手掷弹、拍击炮弹而已，于大炮则根本无所生产。敌以大炮攻，我以马兵步枪还击，此种利钝，虽妇人小子也知道是不能抗的。我前边所说晋绥军中也有所谓炮兵，只不过记其有而已，其质则最落武〔伍〕，其量则最无几，炮兵司令周玳也只是司令而已，其所部属，其作战之能力，其不等于零也几希。故此次晋绥军之抗敌，仅凭那一腔热血，不甘心偌〈大〉的中华民族任人鱼肉，不甘心与不共戴天之敌人言调整，言亲善，言经济合作，言平等互惠，他明知道以他一隅之力以抗贪如狼、狠如虎的凶暴的敌人是必要的，但他竟毅然决然地挺身硬干起来。据最近报载，不但防御而且进攻，甚且捣毁匪司令部（二十日《世界晚报》），击落匪机前后共三架，这都表现我晋绥军的勇敢，我晋绥军的为国家为民族牺牲的决心，这是我中国百年来所少有的。从前国人都以为山西的山药旦子（蕃殖〔薯〕的俗名，国人鄙视山西人称之为山药旦子）不中用，而今竟干〈出〉这样惊天动地的事来，我们真如何钦佩奋慨呢？我们诚如何援助这真正的民族英雄呢？所谓真正的民族英雄是对不真正的民族英雄而言，从前的所谓民族英雄，现在因为时过景迁，不配我们再称为民族英雄了，所以我认为他们不是真正的，是不真正的。而晋绥军此次孤军奋起，以弹丸之力敢与众多的军大〔火〕威力强大的敌人抗，这才配称为真正的民族英雄呢！我们智识分子对这真正的民族英雄自然同情，当然爱戴，当然援助，当然要请求中央接济以大批军火，以充实晋绥军的武力，以增强晋绥军的杀敌的力量！

我们敌人的吞食中国惯用的手段就是威胁政策。他施行政治的侵略老伴着有武力的行动，他一面交涉，一面进犯，既与你一个恐吓，又与你一个屈服之路，务使军事方面得到广大地域的占领，外交方面得到撰〔扼〕制你生命的利益，以往事实，昭昭在目，今年又何尝不是如此？南京进行调整国交，冀察进行经济合作，而同时绥远而进行武力侵犯。这主要的原因就是我们执政当局为得偷安苟安，为得得过且过，不整个的对国交有所筹划，不整个的对国防有所准备，所以易为敌人利用。目下南京方面好像已看透了这一点，好像不再为他的一面交涉、一面侵犯的恐吓手段所一误再误。所以将来交涉要以绥事为主题，绥事不解决，决不进行调整的谈判，可是这种主张是于我国不利的。敌人的谈判也只不过为得取得利润而已，敌人既不放弃其侵略政策，则无论由外交由战争只要能达到其侵略的目的，他是都乐于为的。虽然外交比较和平些，可是他由外交得不到利益时，何惜不采取战争的方略呢？而我国则谈判停止即停止矣，不再进一步整个的计划防御方法，这只表面的不承认敌人的要求，而以“不抵抗”三字却暗地里默许了敌人的侵犯，于我国和民族都非常无利的，非但无利且有大害的。我们现在的唯一要求是绝对停止一切谈判，全国上下一致抗敌，绝对不许政府再订立什么《塘沽协定》、《上海协定》、《何梅协定》一类的，丧权辱国的，出卖国土与主权的，不论其为成文的或不成文的［的］任何妥协，绝不许国内的任何一个地方高唱睦邻邦、敦友国的，及以平等互惠为原则的，一切欺骗国人而出卖人民的生命财产的卖国行动！

以上所叙都是由分析敌我两方各方面的情势所得的结果，我们的工作就因这一分析而更明显地流露出来。我们要监督政府及各地方执政长官的与敌人妥协的一切行为，我们要督促政府及各地方执政长官一致抗敌，要他们把所有的实力完全使出来，用在抗敌的身上，不但要出兵，而且要迅速地接济前线战士以一切的一切！这些工作极其重要，是我们中华民族的任何一分子都要负担起来的，尤其全国的智识分子，更要极积地工作起来，不但要领导民众以增强我们的力量，以求我们目的的实现，并且要更进一步之从事更切实际的工作。固然以上所述都是切时病的，都是迫不容缓的，但同时仍有很应从速工作的工作正待我们去作，这个工作无疑的就是组织“战区服务团”，他包括的工作很多，我们可分条来说明：

A．敌人已运大批的毒瓦斯到商都了，虽自今尚未见使用，但不久的将来是非使用不可的。我们现在所募捐的钱固然要买皮衣，但同时更不能不买大量的防毒面具，更同时不能不从事制造大量的防毒面具，固然要分配给抗敌的将士们，但在战区内的居民也是我们应当注意到的，我们如能把防毒面具也能分配给每个战区内的居民则更善矣。否则我们就应当组织战区服务团，以一部分人到战区各乡村，把简单的防毒方法告给居民，以救我数百万的可邻〔怜〕的父老兄弟姊妹们！

B. 此次对敌作战，我方将士本是凭一腔热血奋勇肉搏的，所以死伤一定不在少数。死者死矣，我们对他虽然十二万分地表示敬意，但为国捐躯也是无可如何的，而伤者则急待人们救护。我们知道军队中也有军人医院，但他们救护伤者只限于比较轻点的，关于比较重点的，还有五成活的希望的，他们就熟视无睹了。这不是他们忍心不管，实在救护的人太少有些顾不过来。所以我们的战区服务团中，要特别抽出大部分人来组织救护队，不但救护轻伤的，并且救护重伤的；不但救护受伤的兵士，并且救护受伤的战地居民；不但救护受枪炮伤的，并且救护毒气伤的。如此我们的救护队才有更大的意义，才能救护我们受伤的亲爱的同胞！

我们应有的工作当然多得很了，不过最主要的就我这简单的头脑想来，当以上述为第一第二。因为输将及募捐为国人各个都应尽的责任，现在这件事已干得轰轰烈烈了，无须乎再让我饶舌。至于参加到军旅中服务固然也是战区服务中应包括事项，但我自觉得没有军事知识，只好付诸阙如，这是我很抱歉的。总之，绥远战事不是一隅的战事，不是剿匪的战事，而是整个中国，整个中华民族的战事，而是整个中国要求独立，整个中华民族要求解放的战事。中国的存亡，中华民族的盛败，在此一举。我们用老话来说，“孔曰成仁，孟曰取义”，现在实是时候了。我们知道敌人，是绝不会冷却其吞食中国之野心的，是绝不会放弃其侵略中国的政策的，是绝不会撤退侵犯绥远的兵卒的。我们不能让它一面交涉一面进寇，双获其利，我们不能再守着一面交涉一面抵抗的欺骗国人的卖国政策，我们要“挽狂澜于既倒，障百川而东之”，我们要奋斗到底，牺牲到底，要为中国争自由，要为民族争生存。我们只要能作殊死战，打倒敌人是不成问题的，希我国人起来吧！希我智识分子起来吧！

十一月二十一日

《固阳》（刊期不详）
北平绥远固阳旅平绥同学会
1936 年 6 卷 2 期
（侯超　整理）

绥远抗战之检讨

丁逢白　撰

一　今日国防第一线的绥远

现在的绥远，已经变成了国防第一线了！这就是说，某方对于绥远的侵略，已到了最后的严重关头，其危险处还不仅是外力压迫之加紧，而是绥远版图的变色。慨自去年察北六县相继为伪匪侵占以后，绥东问题，立形严重，有识之士，早知敌人志在夺取内蒙，而次第完成其侵华的满蒙政策；所以敌人之必然要夺取绥远，殆已显然。今年七月以来，果然在某方的策动之下，绥东警讯频传，某方利用李守信及王英等匪部积极犯绥，使我绥、晋两省，均受了莫大的威胁。十月以来，某方又复在我国各地大做其自买自卖的捣乱工作，目的在威迫我中央政府，使之对于绥远问题早就范围。所以赓续多日而迄未解决之中日外交谈判，自张群、川越七次会谈过后，已成外弛内紧之局，而某方全部的注意目标，可以说完全集中在绥远问题之解决。非常显明地，外交谈判之没有结果，证明我中央政府，拒绝了某方的无理要求，并未受其威迫；某方在碰壁之余，只有加紧其对绥远的武力侵略了。

在最近一二月来，某方便利用一面交涉一面进攻的手段，把大批军火，源源运往匪区，大批军事技术人员，分派到绥东一带，以指导匪军之进攻。十一月以来，李、王等匪部，便开始向西作大规模之进攻，在陶林等地，晋绥军已开始抗战。最近复在中央政府的指导之下，已把百灵庙收复，王、李等汉奸匪部，业已东溃，目下正由某方直接督促整理，准备作更进一步的大规模之反攻。可知绥远的危机，确已到了最后的严重关头，来日的大难，全赖全国的民众对敌人作有力的抗争，才可以挽救绥远的危亡。

今日国防第一线的绥远，其严重的意义不只是绥远一省的丧失，而是关系着中国整个民族的生存。如果绥远一旦沦没于某方之手，我国整个的民族，都会要受着莫大的威迫，到了那时，我国民族会要丧失抗敌的勇气，某方因以更得长驱直入，华北五省之吞并，亦是意料中的事。所谓蚕食鲸吞，中国就会要在无声无气之下灭亡。有人以为某方之图绥远，不过在完成其满蒙政策，一面遮断中苏两方之联络，一面对外蒙取大包围之形势，以为进攻苏联之准备。我以为此种认识，不无偏颇之处。我们应该明白向国人指出：某方之图绥，不过在完成其满蒙政策之下，准备着对中国作更进一步之进攻而已。我们应知道，与其说某方夺取绥远的目的，为的是进攻苏联之准备，反不如说他是为的要更进一步征服中国来得确切些。何以言之？因为某方之要出于有力有效的进攻苏联，势必在彻底征服了中国以后，换言之，就是在夺取了中国广大的土地与富源以后。某方如果不达到了如此一定的饱和状态时，绝不会发动这种含有国际性的战争。何况以目前中苏两国间的国势而论，中国是弱者，苏联是强者，狡诈的某方，他绝不会舍弱者而不侵略，却专和强者来作对抗的道理。于是我们便得出了如下的结论：某方之图绥，主要目的并不是在苏联，而是在中国。这样更显示出了绥远在目前的重要，确为今日国防的第一线无疑。

二　绥远与西北国防

如果说，自东北四省沦陷后，我国东北并无所谓国防，因为此种天然之国防已经丧失了；则绥远如果一朝丧失，这对于我国西北的国防，影响是异常之大。我们简直可以说，绥远的丧失，就是西北国防的丧失。

为什么呢？我们即以目前争夺的焦点绥东而论，绥东在地位上与民族上都各有其复杂之关系，对于国防之意义上尤为重要。这是由于绥东五县，及边疆之锁钥，西北之门户，在整个华北或西北之地形上，有其特殊之重要性。何况该五县又据平绥铁路之要冲，为绥远全省政治之骨干，西控包、原，可以直接威胁宁夏；南控晋北，有高屋建瓴之势，故在敌人的整个军事计划上，他们之必争夺绥东，实有其绝大之意义。如果绥东丧失，则山西势亦可危，西北的甘、宁、陕……等省，亦立即感受莫大之威胁。所以目前保卫绥省的主要中心点，第一步即在保卫绥东，因为保卫了绥东即无异是保卫了绥远全省，保卫了绥远全省，即无异是保卫了西北。

这次敌人之进攻绥东，不过是其满蒙政策中之一部分。某方的一贯政策，是要把察、绥、宁、甘、晋、陕……以及新疆等省均次第征服，联成一气，一方面可以作为对俄作战的根据，一方面可以控制华北乃至于全中国。这可见丧失绥东即无异是丧失绥远，〈丧〉失绥远即无异是〈丧〉失我西北国防，西北的国防既失，中国的门户洞开，而某方过去田中内阁所计划的完成满蒙政策以控制中国的企图，可以说便得了全部的实现了。

我们又从过去历史上去看，绥蒙一带，与整个中国有重大的关系：秦始皇重兵戍守长城以防匈奴，汉武帝时代也以内蒙控制边塞，唐代则以绥远降服突厥、回纥，因以底定西北，满清则以满蒙为基础，遂入主中原，可见绥远这块地方，与中国民族的生存有重大的关系。

某方对绥省之处心积虑，垂涎已非一日。自东北四省沦亡后，绥远的危机，即在潜伏滋长。某方以为仅夺取了东北，还不足以控制中国，故必先更进一步夺得军事的优越地带，庶几对华方可起高屋建瓴之势，由包、宁直下甘、青以至新疆，由绥顺平绥路及黄河南下，可以包围山、陕，以至中原各地。待其满蒙政策次第完成后，便可以不劳而得中国的全部了。所以某方近来和中国的一切交涉，最足令人注意的，便是要求我国在华北承认他们的特殊利益，以及所谓共同防共的阵线。某方之所以出此，是在垂涎我国西北诸省，一方面可以无限扩大其驻兵权，一方面可以借防共为名，随意进出西北，这时，对于侵占绥远，更是易如反掌了。

绥远在中日以及远东的和平上，确有其极大的重要性。我国在此时若不倾全力以保卫绥远，便不啻自己斩断其生命线，何况某方与我国的问题，已达到了最后的关头，我整个民族的生与死，已经是最后决定的时候了！所以保卫绥远，巩固西北的国防，在目前确是非常重要的！

三　保卫绥远与民族复兴

上面已经把绥远对于西北以及中国的重要性都谈过了，现在进而来谈保卫绥远与民族复兴的关系。

溯我国自九一八事变以还，国难之严重化，已达到了空前的阶段，其危险不单是中国的国土有沦亡之虞，即我中华民族的整个生存问题，已达到了异常危殆的地步。民族复兴的呼声，于焉大炽。很显然地，所谓民族复兴的意义，主要的就是对外来强权之抵抗。如果复兴民族的意义不是对外，则中华的弱小民族根本无从复兴，因为目前困难之严重，外患之迫切，断不容许我们有徐图复兴的机会；反之，我们惟有抵抗强权，抵抗外来的一切侵略，结合全国各民族成为一条伟大的战线，才能使我中华［的］民族，从衰落的深渊当中复兴起来。

这样，复兴民族的意义既然着重在对外，就现阶段的国难之严重的形势来说，反对某方的武力之侵略，是为中华民族复兴的基点。我们必须对我们的友那〔邦〕之无理压迫，表示不退让和不妥协，实行以血洗血，惟有武力才是最后的公理，才能永远保障我中华民族的生存。

现在，绥远问题的紧急，不啻告诉我们：国难的最后关头到来了！我中华民族如要永远维持生存，只有以武力来保卫绥远的安全，救绥远即所以救中国，救中国即所以维持中华民族的生存。所以目前民族复兴的意义，是与保卫绥远紧紧地相联系着。如果绥远不可保，我国民族的复兴可说非常困难，或者简直可以说要渐次断送了最后一线的生路。可见目前绥远的存亡问题，确为我民族复兴的最大关键，保卫绥远与民族复兴，应该是一个问题的两方面。

现在中国已经统一了，国基已经粗定了，对于目前的绥远事变，我们的政府已经出于强有力的抵抗。目前绥东的轰轰炮声，不是中国已经在开始民族战争的证明么？百灵庙的克复，不是中国的民族在开始复兴的表征么？总之，中国再不会忍辱求全了，再不会过于示弱了。因此，我们不仅是要抵抗，而且还要报仇、雪耻，和收复失地；保卫绥远，已经是我民族复兴的基点，我们当如何的努力以促进此一伟大的运动呵！

四 保卫绥远必须组织民众

我们为了要保卫绥远，必须发动一次伟大的抗敌救亡运动。不过，救亡并不是容易的事情，决不是一时的高调和感情的冲动所能胜任的。就时间方面讲，这次战争并不是短期斗争，而是较长期的抗战。就空间方面讲，也决不是某几个地方的民众参加抗战所能成功，必须联合全国的民众，集中整个的力量，才能完成这历史所赋予的使命。

近来随着绥远战争的爆发，举国的抗敌情绪又复高涨；可是这种情绪固然可喜，但却有些不正确的倾向，不能不指出：第一，有一批人似乎专在口号上去注意，忽略了组织民众，才是救亡运动的基本工作。要知道跑马路，作宣传，或写几篇抗敌的救亡文字，这固然有其相当的意义，但我国民众对于某方的认识，其阴狠毒辣之处，可以说有如司马昭之心，路人皆见了。因此我们的救亡运动不应该止于宣传，而应当求实践的运动，不要单以宣传来表示救亡，要以行动来表示救亡。基于这个原则之下，便应该多用功夫来做组织民众的工作，要有组织才能发生革命的伟力。第二，有一批人对于救亡运动，是以五分钟的热心来维持的！这纯是一种感情冲动，而忽略了救亡运动，是非以苦干的精神和毅力去实行是不会成功的。要知道，救亡运动就是一种民族革命运动，任何革命，除了继续不断的努力奋斗而外，决不能说，单凭感情的冲动就能成功。此种缺点，尤以学生分子最为显明。比如每当国难到来之前后，他们便高声疾呼，几乎作了民众的救亡运动之领导，然而曾几何时，他们的呼声，便如那晚秋的寒蝉，再已提不起嗓子来唱高调了。这正如日本松石少将对于北平学生运动的批评说："……北平学生运动，只凭一时的感情冲动，毫无力量可言……”。救亡运动是要有坚强的意志和理性的把握，感情冲动是不能作较久战争的！第三，还有一批人是盲目的乱拼主义，如血魂团、锄奸团……等一类团体属之；他们以为到了敌人侵略最深刻化的现在，只有不顾一切来和敌人乱拼，作一种彻底的报复。这种见解，在表面上看去似乎很有理由，际实〔实际〕上是陷于过激主义的错误。他们不明白救国不能从冒险当中得到成功，不是简单的报复就会了事。这样，结果不但作了无多大意义的牺牲，而且表现出救亡运动的不一致。

上述几种错误的倾向，都是我们要应当极力避免的。目前要以我全民族的力量来保卫绥远，应该把整个中华民族坚固的组织起来，步伐一致，力量自能扩大，否则简直是等于乌合之众，怎能和敌人作长期的抵抗呢？所以用组职〔织〕全民众的工作，才能改正过去一切错误的倾向，使目标一致，力量集中，这样才能切实有效地把救亡运动推上正轨，才能保卫我们国防第一线的绥远，才能复兴我中华民族！

《蒙藏月报》
南京蒙藏委员会
1936年6卷3期
（朱宪　整理）

后套兵屯概况

张玮瑛　撰

本文取材系自绥区屯垦督办办事处编印之《绥区屯垦第一、二、三年工作报告书》三册，为民国二十二年春、二十三年春、二十四年冬次第出版者。第四年工作报告书，本年冬将出版，最近情况，惜不能纳于本文中，尚待补叙。

一　兵垦缘起及其组织

后套南临黄河，北负狼山，地势平坦，土地肥沃，蕴藏富美。清光绪二十九年贻谷始办垦务，丈放蒙旗地亩。民元设垦务公司，四年改设垦务总局，十七年设六处分局，分辖土地丈放。据廿二年《绥远概况》统计，绥省面积一百四十九万方里，三十年来丈放土地二十万顷，蒙荒未报者二百五十万顷，除沙碛、盐碱外，可耕地尚有一百七十万顷。

民廿年阎主任百川倡屯垦西北、造产救国，与傅主席宜生、七十师师长王治安、垦务总办石华严、七十二师师长李舒民等，成立绥省垦务委员会，编《绥区屯垦计划纲要》。廿一年春商定由七十、七十二、七十三三师各拨兵一连，组成三队，直辖于绥远垦殖联合办事处，设于包头，由办理屯垦之各团体组成之。其组织设处长一，石华严任之，副处长一，下设总务、机要、经济、垦殖、水利五组，其经费由该处暂垫，以后由新村收入赢余偿还之。屯垦队设队长一，分队长四，垦目八，垦丁九十六，各带原薪饷暨应携之枪械、服装。三月至四月间，队长受军训农村教育一月。五月十二日，三师队开往临河冯家圪坦、同元成、祥泰魁三地。该办事处于八月五日绥区屯垦督办办事处成立后，即行归并于内。次年处址改设于新村百川堡内，以事务繁多，增设有正副处长、会计、庶务、文牍各一人。

继起者为军官屯垦三队，该队专为救济尝随军旅有年而以特殊及正当原因，如缩编编余者，被俘及请假离职者，因而失业之军官。其优待办法为由公家各授地百亩，所需款项概由公家贷给：第一年百元，第二年六十元，第三年四十元，其后五年各将贷款偿清。其应缴粮赋得豁免二年，第三年与普通民户同。所属机关曰晋绥兵垦试办处，设于包头，由绥靖公署、绥远省政府、绥远垦务局各派员组成之。其组织有处长一，石华严任之，副处长一，处员二，书记二。报到军官有三百余，编为三十组；每组十二人，成三大队。由该队向垦务五、六分局选垦地二处：一在五原董国隆，为第三队垦地；一在临河永安堡，为一、二队垦地。该处于八月间亦归并于督办办事处。次年以军官分子复杂，不易统驭，再添派二员分理三队事宜。

八月五日成立绥区屯垦督办办事处，其组织有督办一，阎百川氏任之，会办三，傅宜生、王治安、张桐轩任之，坐办一，石华严任之。督办办公室下设文书、技术二科，总务处下设庶务、经理二科，垦务处下设工程、农作二科。筹备事宜有荒熟田地之开辟整理，河渠、道路之开启修筑，村堡林园之设计建筑，农具、肥料、农事副产之计划改进，各有专才，分头筹划。九月五日于五原设驻五办公处，有正副处长各一人，下设工程、农作、水利、测绘、经理、庶务、文书七股。次年于临河设驻临河办公处，由五原派员组成之。

屯垦办事处直辖除三师军官屯垦队外，有四团，即四〇九、四

一九、四一〇、四〇七四团，二十一年原有部队，为七十师四〇七团第二营编成四队，四一〇团编成十二队，七十三师四一九团第三营缺第十二连编成三队，四〇九团编成十二队，各团机炮连及步兵组织一混合连担任警卫补〔辅〕助工作，不在编制内。第二、三年编制均有改缩，第二年新村大部分建成，各营部暨诸连分垦于四区内各乡，第三年将每营缩编之一连改编为七个队，尚有四一九团第三营，及四一九、四一〇团之一、二、三营，共为二十七连队。兹将各区新乡屯垦部队，二十二、三年之编制，暨原地各列表如下：

<table>
<tr><th rowspan="3">区</th><th rowspan="3">新村</th><th colspan="3">二十二年</th><th colspan="3">二十三年</th><th rowspan="3">原地名</th></tr>
<tr><th colspan="3" rowspan="2">团营连</th><th colspan="3">团营连</th></tr>
<tr><th colspan="3">屯垦队</th></tr>
<tr><td rowspan="3">第一区</td><td rowspan="2">敬生乡</td><td rowspan="2">四一九</td><td rowspan="2">三</td><td rowspan="2">营部
十
十一</td><td>四一九</td><td>三</td><td>营部
八</td><td rowspan="2">南牛坝</td></tr>
<tr><td colspan="3">屯垦第七队</td></tr>
<tr><td>占元乡</td><td>四一九</td><td>三</td><td>九</td><td>四一九</td><td>三</td><td>七</td><td>通兴堂</td></tr>
<tr><td rowspan="6">第二区</td><td rowspan="2">负暄乡</td><td rowspan="2">四〇九</td><td rowspan="2">一</td><td rowspan="2">一
三
四</td><td>四〇九</td><td>一</td><td>营部
一
三</td><td rowspan="2">新公中</td></tr>
<tr><td colspan="3">屯垦第一队</td></tr>
<tr><td>折桂乡</td><td>四〇九</td><td>二</td><td>五
六
七</td><td>四〇九</td><td>二</td><td>营部
四
五
六</td><td>增盛茂</td></tr>
<tr><td>道五乡</td><td>四〇九</td><td>二</td><td>八</td><td colspan="3">屯垦第二队</td><td>白头圪堵</td></tr>
<tr><td rowspan="2">觉民乡</td><td rowspan="2">四〇九</td><td rowspan="2">二</td><td rowspan="2">十一
十二</td><td>四〇九</td><td>二</td><td>营部
二
八</td><td rowspan="2">任保子圪旦</td></tr>
<tr><td colspan="3">屯垦第三队</td></tr>
</table>

续表

<table>
<tr><td rowspan="3">区</td><td rowspan="3">新村</td><td colspan="3">二十二年</td><td colspan="3">二十三年</td><td rowspan="3">原地名</td></tr>
<tr><td colspan="3" rowspan="2">团营连</td><td colspan="3">团营连</td></tr>
<tr><td colspan="3">屯垦队</td></tr>
<tr><td rowspan="11">第三区</td><td>子厚乡</td><td>四〇九</td><td>三</td><td>十</td><td>四〇九</td><td>三</td><td>七</td><td>三拒圪堵</td></tr>
<tr><td>乐善乡</td><td>四〇九</td><td>三</td><td>九</td><td>四〇九</td><td>三</td><td>九</td><td>刘福全</td></tr>
<tr><td rowspan="2">良忧乡</td><td rowspan="2">四一〇</td><td rowspan="2"></td><td rowspan="2">营部
一
三
四</td><td>四一〇</td><td>一</td><td>营部
一
二
三</td><td rowspan="2">五分子</td></tr>
<tr><td colspan="3">屯垦第四队</td></tr>
<tr><td>宪智乡</td><td></td><td></td><td></td><td>四一〇</td><td>三</td><td>营部
八</td><td>祥太裕</td></tr>
<tr><td rowspan="2">广盛乡</td><td rowspan="2">四一〇</td><td rowspan="2">三</td><td rowspan="2">营部
五
七</td><td>四一〇</td><td>二</td><td>营部
五</td><td rowspan="2">八代滩</td></tr>
<tr><td colspan="3">屯垦第五队</td></tr>
<tr><td>寿轩乡</td><td>四一〇</td><td>三</td><td>八</td><td>四一〇</td><td>三</td><td>六</td><td>苏台庙</td></tr>
<tr><td>贵生乡</td><td>四一〇</td><td>三</td><td>六</td><td>四一〇</td><td></td><td>四</td><td>那直亥</td></tr>
<tr><td>通三乡</td><td>四一〇</td><td>三</td><td>九</td><td colspan="3">屯垦第六队</td><td>公产地</td></tr>
<tr><td>可言乡</td><td>四一〇</td><td>三</td><td>十二</td><td>四一〇</td><td></td><td>九</td><td>崇发公</td></tr>
<tr><td>第四区</td><td></td><td>四〇七</td><td>二</td><td></td><td></td><td></td><td></td><td>同兴东</td></tr>
</table>

二　垦地之选定

土地之授与各屯垦队，其办法为：凡土地已报垦者，由垦务局丈量，确定顷数；其未报垦者，如包租地等由屯垦办事处会同该蒙旗丈量，并由垦务局随同办理，应交租金，仍交蒙旗。故各乡土地除永租地外，皆系向垦务局依章领得者，向蒙人包租得者，或由公家拨给者。

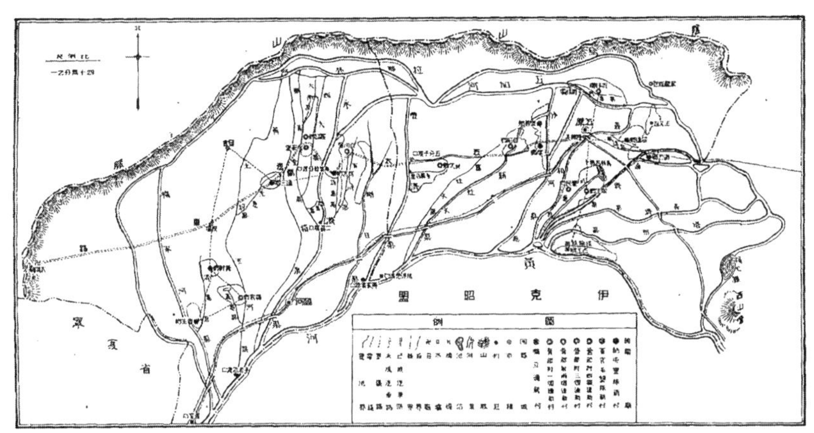

绥西垦区略图

调查垦地情况为各机关屯垦计划之重要步骤。调查一、土地荒熟地亩、灌溉区域；二、水利、河流及灌域情况；三、土壤适否种植；四、农作、产量、气候、牲畜等情况；五、地方情况；六、选新村址，须高燥，近渠道、泉井，适易防守，交通便利。调查毕，即分配各部队于各垦地。垦地面积小大不等，故以一连建成一新村之计划，变而为独立连新村或营部附二至四连之新村。

督办办事处为丈拨机关，垦务第五分局驻五原，第六分局驻临河，为发照机关。其由五分局丈拨土地者为威远乡、六分子、老赵圪坦、东门外大营盘、觉民乡、白头乡、王又吉、折桂乡、子厚乡、乐善乡、通三乡、良忱乡。由六分局丈拨土地〈者〉为靖远乡、勤远乡、可言乡、广盛乡、寿轩乡、贵生乡。由该处向蒙人包租者为占元乡、敬生乡、负暄乡诸地。折桂乡原为西公旗后套地，其余均为伊盟之达拉特旗及杭锦旗地。各团授地暂以一千二百顷为度。

甲　七十、七二、七三师垦地

临河祥泰魁本为民十四年王鸿一氏主办之山东移民之垦地，其计划建鲁仁村等八新村；其后以管理不善，无一成功者，而欠贷甚巨，遂由公家收回，另放与屯垦队，以刚目渠为界，渠西归队，渠东归移民，有地五百六十顷。该队抵垦地后，即利用旧有墙围，再加修茸〔葺〕，可以居住，唯〔是〕年冬即建成新村百川堡。垦地界于永济、刚目二渠间，旧有支渠、子渠均淤积失修。年冬开成百川渠，水势顺利，灌田五百顷。

乙 军官屯垦三队垦地

临河永安堡，本旧移民地，今拨第一、二队屯垦，共丈土地五百四十顷，内有民地一二百顷。历年土匪蹂躏，民多迁徙，队即就空房修整以居住。垦地在永济渠西，东有西大渠，西有乐善堂渠，又有大南渠流经垦地，但渠口多淤废，其年修浚大部，浇地可百顷。

五原董国隆为第三队垦地，丈地一百七十五顷。除董国隆圪坦边界有少数民买地外，全为官荒，土质良好。北有义和支渠，南有通济渠。是冬挖成威远渠，自义和渠引水，灌田九十顷。威远乡亦于冬间建成，为安、五交通孔道。

丙 四〇九、四一〇、四一九、四〇七团垦地

1. 第一区

（1）敬生乡　原名南牛坝，为沙灌庙膳台〔召〕地，面积五百顷。二十二年归该处租种。西邻觉民乡，东界通济渠，北尽沙梁，南至通济渠，地势平坦。二十二〈年〉修川惠渠纵横其间。同年建乡，交通便利，为五原城南各村会集之中心。

（2）占元乡　原名通兴堂，系杭锦旗马场地，有地约千顷。南临黄河，扼渡口，北界塔布渠，中有摇头娃渠灌溉，渠为二十年修者，自黄河引水，灌地四百顷。

2. 第二区

（1）负暄乡　原名新公中，在五原县城西四十里，为达拉特旗地，二十二年由该处包租。东邻沙河渠粮地，西连达旗旧灶火地，南界曹柜地，面积二百顷。新灶火渠由黄河引水，土质肥沃，为后套冠。营部初利用新公中旧址为村公所，二十三年建新村。

（2）折桂乡　该段包括刘硕圪堵、增盛茂、张朋林、郝拴宝等村，面积五百顷，二十一年由该处承领，位于五原东北，南临五加河，北负沙梁，地势平坦，土有碱性。干渠为柯惠渠，由五加河折桂坝西引水。二十三年新村落成。

（3）道五乡　原名白头圪堵，在五原东北二十里，东临通济渠，为安、五间要道。二十三年建新村，并引威远南渠水灌田。

（4）觉民乡　在南牛坝任保子圪坦〔旦〕附近，五原南三十里，东邻敬生乡，南界通济渠，西界义和渠，面积五百顷，二十一年承领，土地肥沃。二十二年开川惠渠，渠除浇灌敬生、觉民二乡垦地外，其梢灌六分子，即义和渠粮地，有五十顷。白头、王又吉附近地，原为达旗地，二十二年领得，拟交道五、折桂二乡屯垦，并延长川惠渠，借以灌溉。

（5）子厚乡（6）乐善乡　原名红柳圪坦，二十二年领得，距五原十里，西邻新公中，东界沙和渠，有地三百顷，分南北二段，即成二乡。乡于同年建成。子厚乡，干渠为沙和渠，自黄河引水，归五加河。乐善乡渠由鸭子兔渠引水。

3. 第三区

（1）良忱乡　原名五分子，二十二年由该处承领，东邻达旗旧灶火地，西界丰济渠，南至察罕脑包，北至拉僧庙、宝格代庙，地势极平坦，土质肥沃，有地五百顷。有改兰淖、多罗台等渠可资灌溉，干渠为丰济渠，水势畅顺。该乡南有杨福来，二十二年租得，归四〇一团第二连屯垦，亦引丰济渠灌田。

（2）宪智乡　原名祥太裕，东距百川堡十二里，交通甚便。二十二年修挖乐成渠、浚骆鸿儒渠等。二十三年建新村。

（3）广盛乡　原名八代滩，为黄土拉亥河西岸最高之地，历年未曾开辟，面积三百顷。二十二年领得，开义惠干支渠，同年建房百余间。交通便利，为西部会集之中心。

（4）寿轩乡　原名苏台（一作太）庙，一名苏龙贵庙，二十二年由本处领得，西滨老谢渠，东至准噶尔堂，北至苏台庙，面积百顷。同年建新村，开寿轩渠，引杨家河水。

（5）贵生乡　旧名那直亥，西滨杨家河，南距准噶尔堂五里，控绥、宁交通孔道。面积百顷，地势稍高，干渠为边渠，沿杨家河开，引河水，二十二年建新村。

（6）通三乡　旧名公产地，距临河北五十里，东临蓝锁渠，西通黄土拉亥河，交通便利，二十二年领得，面积百顷，有光惠渠灌地。同年建新村。

（7）可言乡　旧名崇发公，二十二年领得，东界百川堡，西界永济渠，南至沙梁，北至双盛隆芦草地，面积九十余顷，地势高亢，多有沙丘，旧有杨柜渠已废，拟引百川渠水洗挖。二十二年建新村。

4. 第四区

东大社即同兴东，二十二年拨与四〇七团第二营垦种，面积七百顷，在包头南，东界乌梁素七分子，西界乌拉沟，南至沙河梁，北至西大社。该营驻防河西，兼事屯垦。以旧渠多淤废，二十三年始从事修渠，尚未建新村，亦未正式编入屯垦队内。

屯垦区土地保管设有土地经营监督委员会，由该区团、营长组织之，统筹道路、渠道、村庄、牧场、森林之地形设施。各连自到垦地后，除择自种地外，余均由该会招人租之，各花户均须依法承种。

三　水利

黄河暨十大干渠：永济、刚济、丰济、沙和、义和、通济、长济、塔布、黄土拉亥、杨家等河，灌域万顷。套中垦殖，以雨水稀少，非赖河渠溉灌，不能种植，故“黄河百害，惟富一套”。整理水利，为开发后套之先务。惟关于河流之流量，水位断面含泥量，往昔皆无记录可资参考，而黄河含沙至巨，渠口往往因淤澄而渠废，水涨则近岸有冲刷之虞。退水渠惟五加一河，而乌梁素海水位有时低于黄河，有倒灌之势，退水益失而〔其〕效用。凡此地形、渠道之支配疏畅，皆宜有统筹之计划，全部之测量工作尤为必要。按照计划以划分各渠所灌地域，以调整出入水量，以制定渠槽背口形式，以规定水位高低、水流急缓。若自行开挖河渠，紊乱渠线，不知操纵，孰〔决〕非久远之计。

各垦区水利工程，不外开挖新渠，疏浚旧渠，修筑桥梁、闸坝等。年需款十余万元，施工之后，短期使用，亦颇畅适。新开渠有长数里至数十里者不等，固望其堪作大计划中之支、子渠也。初期垦荒，需水甚殷，盖前所未辟，土地坚硬。有谓年年得水灌地，将土深耕，翻动数次，二十年后，可无需水雨，自能生殖。各区地土多有碱性，须借伏、秋水冲刷，俾碱质融于水中，由退水渠排出，始能耕种，故各区视退水渠极重要。新渠未开前，皆由水利专员视察后，派工开凿，或由各队自行施工。至水利保管，除各乡自理外，水利局者皆负专责。

各乡开浚渠道情形如下。

甲　七十、七二、七三师

百川堡二十一年开百川渠，引永济渠水，长六十余里，宽二十四尺，深五尺，用款万五千元，可灌地千顷，为永济渠支渠之次大者。支渠共七道：东支渠由干渠引水，梢通刚目渠，长四十里，二十一年挖。一至六号支渠，长数里至十数里不等，二十一、二年挖。渠水颇畅，惟渠背较低。有利用天生壕处，湾曲较多，特须修理。

乙　军官屯垦三队

（1）永安堡　干渠为乐善堂渠，渠为永济渠最大干渠，灌地最广，在二喜渡口自永济渠开口向西北流，东归头道壕，全长六十余里。然其渠路多利用回曲之天生壕，故其势不畅。民国十八年二喜渡口闸厢损坏，该渠废置，渠口淤垫尤甚。乐渠有大小支渠百余道，大支渠即大南渠及西大渠。西大渠自苏大圪旦开口向北流，长五十余里，灌地八百余顷，亦湮废。大南渠在王虎子开口东北流，长三十里，亦随乐渠而湮废。二喜渡口闸厢原专为乐渠建筑，自十八年损坏后，迄未重修。

二十一年工作为筑闸及洗挖二项，将乐渠渠口提南与百川渠口相对，将闸厢筑于两渠口北，两渠均可利用。闸厢码头各宽三丈，中宽二丈，提高水位三至五尺，用款二千元。乐渠口淤塞甚厚，洗挖困难，故另辟一段长里许，又洗挖旧渠七里，惟渠湾处多宜裁直。西大渠渠口至吴四圪坦一段长二十七里，淤淀几与地平，计挖一万二千余土方，用款一千七百元。

二十二年勘察全渠情况，测量渠底、坡变、断面、水位、旱台以及渠背等。以乐渠新渠线由乱坟湾起，向北直归头道壕，裁湾取直，缩短八里。西大渠出稍至五加河。大南渠出稍至头道壕。九月屯垦会议决定西大渠归四一〇团十一连，乐渠、大南渠归军官第一、二队管理。年冬竣工，实洗西大渠二十里，挖乐渠五里。

二十三年在乐渠归五加河处筑闸厢一。西大渠继续去年工作洗至头道濠，长十二里，用款二千元。大南渠去年被河水淹没，今年动工，长十三里，用款千余元。三渠完成，水势畅利。

闸厢旧日做法，以埽捧、哈木尔黏土等，惟埽棒易被水冲毁，遂改用哈木尔黏土，加压大桩，以期坚固。该堡此后修理计划尚有四点：一、修筑闸厢、退水码头及引河——将旧码头重建，与闸相厢〔厢相〕若，以便修闸时，永济渠可由码头通过。原有引河距永济渠太近，有冲刷码头之虞，拟再挖一里许；二、修挖百川渠、退水渠及筑码头；三、洗挖乐善堂渠退水渠及筑码头；四，闸上下游筑拦水坝两座。全部工程完竣后，退水码头功用与闸厢同，皆可任意启闭，调节水量。

（2）盛远乡　威远渠自义和渠引水，宽十八尺，深三尺，长五里，二十一年开挖。支渠有北、中、南三条，各长七里、五里、十三里。子渠共八道，同年修。该乡在义和渠畔，引水较易，灌溉情形良好。

丙　屯垦四团

1．第一区

（1）敬生乡　川惠渠原为咸丰年间万德元所开，光绪中叶王同春再事挖展，名义和渠，其后失修，因而废弛。二十二年四月，屯垦处王技士文景率测员勘查后，由黄河直接引水，即川惠干渠福泰长南，东西支渠分出，在垦地南汇入干渠，东支梢达义贞吉海子，另有一梢达六分子，西梢连三蛮子渠。干、支、子渠共长八十余里，开工费时五旬，工作人数，日达千人，子渠续修一月，共用款一万四千元。渠成，已浇生熟地二百顷。尚拟通梢至五加河，以便吐纳。

（2）占元乡　干渠为摇头娃渠，二十一年修，自黄河引水，北梢达鲁光濠，渠长六十里，宽二十二尺，深四尺。筑用闸坝提高水位五六寸，灌地四百顷。二十二年挖支渠三道，分布于垦地之内。渠水位既低，宜将渠口移西，渠身加宽，并挖退水渠。二十三年开第四道支渠，乃马带支渠一道，洗第一、二、三三道支渠，并修理河坝。

2. 第二区

（1）负暄乡　干渠为新灶火渠，由黄河塔儿湾引水，梢达和硕公中，全渠长九十里。渠身较直，水势甚畅。惟梢至五加河处，排泄不易，致淹田禾。垦地内有支渠五道：西渠长五里，已淤，二十二年洗挖；三合公渠，长十三里，浅淤；鸭子兔渠长十二里，洗挖全渠；巴汗和少渠，长八里，浅淤；天生濠渠，长十二里，洗挖全渠。子渠五道：陈五渠、赵东望渠、贾三仁渠、王蝉生渠、平官渠；除五渠外，余本年均洗挖。二十三年通新灶火渠西梢，洗东梢、巴汗和少渠、贾三仁渠、三合公渠、油房圪堵支渠、天生濠支渠，并筑支渠口闸门九座。

（2）折桂乡　干渠为柯惠渠，长八里，由五加河折桂坝西引水。近增盛茂，分南北干渠，北干渠达折桂乡，南梢达垦地，均长十二里。总干渠有南北支渠、退水渠各一道。南干渠分支渠十道，北干渠分四道。另有南北渠一道，系构〔沟〕通南北两干渠之支渠。南十号支渠又分子渠二道。自五加河引水，河水位低于垦地，不能上水，须筑拦水坝以提高水位。旧有坝长一千二百尺，已坏，今招工修复。柯惠渠仅宽二十尺，可引水量甚小，多余之水，均应由退水渠退去。五加河水本系各大渠排泄之水，带有碱性，不宜浇地。二十三年筑有防水坝一道，引河一道，即退水渠，闸门一座，草坝二座。

（3）子厚乡　干渠为沙和渠，自黄河引河，正梢、东梢皆归五加河，长九十里，横贯垦地南北，长十五里。支渠共十道，南有七号，北有三号。水源有两处，即沙和渠及鸭子兔渠，惟沙和渠渠口不稳。二十三年洗支渠三段，开子渠四段。

（4）乐善乡　干渠为乐善堂渠，由鸭子兔渠引水，梢通沙和渠，长三里，水势尚佳，惟嫌不足。因乡地面稍高，不能从沙和渠引水，支渠四道，布置未见整齐，渠水流向不定，易淤渠道。二十三年修洗支渠三道，修桥一座。

（5）道五乡　引用威远南渠入营三濠为干渠。

（6）觉民乡　由二连牛坝东川惠渠开口，至达字渠支渠一，北长渠西开支渠二，地堰共五道。

3. 第三区

（1）良忱乡　干渠为丰济渠，由黄河引水，梢归五加河，全渠长一百三十里，在垦地内十五里，为后套十大干渠之一。下游较低，不免溢漫之患。支渠有三：福盛隆渠、多罗台渠、彭官渠；子渠有六道。二十三年加修渠背一段。杨福来干渠为丰济渠，筑有闸箱以提高水位。支渠有二，子渠四道。

（2）宪智乡　二十三年洗挖乐成渠及骆鸿儒渠，并各筑码头。乐成渠长十三里，两渠浇地二十余顷。

（3）广盛乡　乡居黄土拉亥河西，地势高亢，南北界于沙梁，引水不易。旧有微细沟洫，不足遍溉。二十二年水利人员，规定由黄土拉亥河引水，是为义惠渠，长六里，渠至垦地分三支，共长四十余里，开成子渠十八道。又建埽厢二，桥梁三座。拟再挖退水、总支渠各一渠，绕沙梁而北，仍泄归黄渠。

（4）寿轩乡　干渠为寿轩渠，二十二年由该乡与当地居民合开，自杨家河引水，长十余里。支渠有三：寿轩支渠，长五里，亦新开者；乔柜及班大二支渠，系旧渠，本年洗挖。该渠以经过沙沟一段，河水小时，灌满沙沟，需时半月；河水大时，渠小易决口，宜修老谢渠。按老谢渠原为杨家河旧梢，水势颇顺，浇准格尔堂苏台庙一带，约六百顷。自杨家河通梢至五加河后，老谢渠及边渠皆淤塞，故洗挖老谢渠及筑闸厢，为寿轩、贵生二乡要务。

（5）贵生乡　干渠为边渠，自杨家河引水，梢达哈拉沟，长十里。因地势高亢，在杨家河内筑临时草坝始能上水。渠口二十二年洗挖，支渠三道，皆旧有之渠。

清惠渠，民二十三年，为寿轩、贵生两乡所合开，由杨家河引水，总干渠退水渠长凡三十余里，贵生干、支各渠及寿轩各支渠亦长三十余里。杨家河筑大闸厢，总渠口筑护口闸厢，干渠交点，筑叉口埽厢两座，共用洋九千二百元。渠口取老谢渠口南富茂圪旦附近，由杨家河湾处开口。其热水期，水位最低，含沙最少，最宜浇溉青苗。

（6）通三乡　干渠为光惠渠，自黄土拉亥河蛮会坝南开口，中一段为三大股渠，经过垦地，稍达东界，全渠长二十三里。支渠有四，分溉全地。有退水渠。

（7）可言乡　干渠为诗惠诗〔渠〕，二十三年开，自百川渠引水，开新工二里，入杨柜渠，沿该渠蔓延北行，经公中庙，直达乡南沙梁，即分支渠两条，可浇垦地四十顷。动工凡二月，用款二千五百元。脑包濠垦地，原系共和堂地，旧由魏家渠浇灌，二十二年以乐善堂渠［渠］退水渠一道，将该渠水源打断。二十三年该地由四一〇团第九连即本乡屯垦，遂再筹开润惠渠，由乐善堂渠引水，东引入魏家渠，至寡妇圪坦东北，分为东、西两支渠，干渠长二里许，东、西支渠皆可退水入永济渠。

4. 第四区

同兴东　安惠渠位于包头东南，引沙梁南山水灌梁北沙碱地。二十二年山洪暴发，东大社城堡全被冲毁。二十三年拟修干渠二道，预估灌溉面积五百顷，渠身共长三十七里，开支渠五道，分布于东、西两大社，长三十五里。工程伊始时，建筑临时透水坝以分杀水怒，并建筑土式天然贮水库以延长河水流期，计其全盘工费约四万元。

丁　预定工作

至二十三年冬为止，垦区所开新渠，计有百川渠、威远渠、川惠渠、义惠渠、寿轩渠、清惠渠、诗惠渠、润惠渠等，连年修浚旧渠，开挖支渠、子渠若干道。二十四年预定工作，拟修安惠渠，川惠渠通梢，洗三合公渠，改柯惠渠渠口，开川惠支渠、丰济支渠等，因时制宜之工作，则有加高渠背、筑桥坝等。

四　交通

绥区为西北重地，宁、甘之门户，交通之建设，于政治、经济、文化各方面，皆占重要地位。三年来垦区在交通方面进行之工作为计划与测量，碍于垦区修渠之繁忙，未能正式从事修理。

后套交通建设有四项：一、铁路，二、公路，三、航运，四、电政。

铁路建设计划为延长平绥线，自包头经后套以至宁夏，于民十四年业已勘测，命名曰包宁铁路，然以经费无着，迄今未能动工。

公路原有二道：一曰包乌汽车路，由包头起经西山嘴、五原、临河，过五加河而入宁夏，全长六百里，民十四年兵民合工筑成。惜年来路政失修，其间多硬土沙，高低不平，桥梁颇少，又破坏不堪。另一绕乌拉山后，为由包至安北之大道，惟不便于汽车，伏汛期间，更难行驶。

二十二年屯垦办事处拟定两项工作：一整理包乌汽车路，一计划五原至太阳庙之汽车路。包乌全路为风雨侵蚀低洼不平之路凡三百里，结冰地有七处，西山嘴附近多大石，五临一段地势洼下，所经渠道凡百一十道，仅有木桥二十二，其余木桥质料脆弱，皆急待整修。工程分土工与桥梁二项。由包头至张油房梁及自五原至扒子补隆，预定以两营兵力五十日完成之。凡沙路则两旁种树为篱，以屏风沙；碎石路则捣石铺平之；下湿之路则提高路基，排出浮土，垫以新土；坡路均改为八分之一之倾度；曲半径最低限为四十米；其余均仍旧路。桥梁重新建筑，凡一米达以上者均修木桥，水流甚速之渠道，桥梁木工亦加倍坚固。河之两岸排打直柱以代桥础。水位较缓者，拟两岸以雉鸡草、短桩、枕木为之，桥上设施均同。

五太汽车路　自五原起经过新公中、五分子、百川堡、永安堡、永嘉村、陕坝补仑，沿狼山南至太阳庙，长三百六十四里，其间有开山工程十五里，其余均为土工。拟提高路面平均二尺，均宽二十五尺，计工费十七万九千元。开山工路面宽二丈，均高三尺，十五里需数三万余元。每大渠建十二尺木桥六孔，桩板架梁，十一座需费一万九千元。中渠建一丈木桥两孔，木板、电杆，五十三座需费一万八千元。小渠上修砖碹桥洞，一六九座需费三万余元。建过水平桥五座，用四千元。

航运由宁夏至包头，民船木筏，转输利便。各大干渠于汛期中亦堪吐纳。水运期间，最多八个月。冬季冰冻封河，尝试以冰筏行驶，每筏一人载重五六百斤，日行百二十里，较之车、驼，迅易数倍。冰层厚约尺余，峻嶒不平处，经修理可无碍，行驶成绩良好。

电政，五、临、安、包均有专局，有无线电台、电报、电话，各垦区村堡之电政，尚在计划中。

五 建筑

各垦区分建新村，意在使农村都市化，以军队为主体，实行集团生活制，渐次扩张至就近居民与其他村落。新村之建筑系根据一定计划，包括村公所、官兵房舍、农场、菜圃、医院、学校、合作社、运动场、大路等，均能计划周详，无畸形发展之弊。

民国二十一年以后三年中建有新村共十七处，以先后建筑计划不同，形式亦略异，尚有未建新村者，大约分配较迟，渠工较忙，尚未动工。按照《屯垦计划纲要》，本拟以一团建成十三村，即每连各建一村；其后改变为一营建一新村，即三连一村制，面积为三百七十亩，中心四十亩预留公用。惟至第三年结算，垦地面积本大小不同，参加部队未能平均集中，故新村大小不一，所建房舍亦多寡不同。计独立连新村为占元、道五、乐善、子厚、寿轩、贵生、通三、可言八乡；一个营部附一连新村有宪智乡；营部附两连新村有敬生、广盛二乡；营部附三连新村有负暄、折桂、觉民三乡；营部附四连新村为良忱乡。各村建筑皆由内向外发展，一连建一新村者，将连部建于村公所内；营、连合建一村者，将营部建于村公所内，而以连部房屋建于民户地内，以后再引〔行〕扩展。

建筑形式皆以村公所建于环中，四周房屋分排，排各若干间，分别为房室、仓库、棚栏等。各排前后相距数丈为道路。适中隙地凿井。外周或筑土挖濠，置炮台。第三年《新村计划改进》，关于建筑形式之改进说明四点：

1. 新村全面积南北长二百八十六丈，东西宽二百十八丈，计地十顷三十九亩有奇。每户授地一亩六分三厘，可容住户三百九十二，除道路约占三顷九十一亩六分，及村公所用地五十四亩四分外，住户共占六顷三十九亩。

2. 东西南北四大马路均宽六丈，南北四纵路及公用地，南北顶头之东西二横路均宽五丈，各户东西相隔各三丈，为便于汽车行走，及为两旁栽树。

3. 村公所建房四十五间，学校、医院各建房四十七间，碾、磨二房各建二十间，共计一百七十九间。

4. 以村公所为中心，各户建筑皆切近中心，平均向外发展。

垦区同时建房数千间，招工不易。故队内泥工瓦匠皆参加工作。大批砖瓦皆为部队烧窑自造，制成千块材料费八元。土坯系就地打做，一万块需费七元。从安北西山嘴烧窑烧石灰，每元得七八十斤。惟木料当地缺乏，由宁夏顺水路运下，木料原价甚廉，而运费则所费不赀。

百川堡除建村公所、学校等与上述诸乡大致相同外，又建有垦殖联合办事处办公所，并百川公园。百川公园位于堡中心，面积十七亩，全园道路排成“百”、“川”二字，附设图书馆等。堡外拟开商场，将成为繁华中心。

除新村建筑外，尚有二处当言及者，一为包头之绥区屯垦督〈办〉办事处，一为五原之农事试验场。前者占地十四亩，共建房八十一间，分东、西、北、中四部，中部为办事处，东部为医院，西部为住室，北部为卫队及储藏等用。二十四年业已工竣，形式极为宏壮，陆军第七十师师部亦在焉。农事试验场，在五原东门外，占地五顷，以“亚”字形建房六十间，西隅建工房、牛马棚圈，南门内建士兵厨房。由宁夏购木料，由北平购玻璃、油漆。由张化若氏任场长，张氏系法国勤俭工〔工俭〕学生，极富经验，刻苦耐劳，工作成绩，极有可观，当于下文再一并叙及之。

六 农事

绥远土质肥沃，以河水多年冲积而成，无须肥料，无须耕耙，自能成长，农产品大率为糜米、莜麦、小麦、谷，亦产大宗红柳、药材。屯垦处关于农事之整理，不外求其质与量的增进，对于素来不施肥料、不事耕锄之农事习惯力求改进；糜米产量最高，而价格不及小麦，则设法调整之；大宗工艺产品亦尽量提倡利用。农事除耕垦外，尚包括牧畜、森林。牧畜占西北经济生活极重要之一部分，尤以对蒙民为然。但牧畜毫无定法，任其自然繁殖而不事改进，足以减低牧畜之生存率与强壮性。森林之种植在防沙压与荒旱，亦系极要工作之一。垦区颇能注意于农事之改进，并提出若干农作物，培植试验，以为将来改进之准备。

垦区以二十二、三年为第一期，拟定工作凡八项，其略如下：

1. 扩大耕地，引用农机，大批产粮，得向外输售。

2. 试种牧草，改良畜养。

3. 试种工艺作物如烟草、甜菜、亚麻、黄豆等，以期农产商品化。

4. 设农产贸易合作社，以期农村经济流动。

5. 育成十万杨、榆、柳树，以实现初成造林计划。

6. 设农事训练所，增进屯兵、农业知识及技能。

7. 设立农事试验场及测候所。

8. 修筑、疏浚垦区水陆干线，以利交通。

请逐次检讨如下。第一项扩大耕地，按全部垦区共垦荒地达二千顷，二十三年播种亩数共为一，三五八顷，内自种六五〇顷，花户半种七〇八顷。一切播种、收获尽用人力与畜力，限于经济，未能引用农业机器。农始期在三四月间，小麦、扁豆三月下旬播种，莞豆、大麦、燕麦四月中旬播种，葫麻、马铃薯于四月下旬起，播种后耕犁一二次。七八月收割夏田，高梁〔粱〕、谷、豆、糜、黍逐渐成熟，九月中旬所有小红荞麦都已成熟。十一二月各队忙于碾扬、筛晒、屯积等工作。播种顷数以糜子占最高位，次为葫麻、莞豆、小麦等。该地两年以来水旱为灾，二十二年七月水灾奇重，损失殆半。二十三年四月连遭阴雨，五六月酷旱，七八月河水涨溢，淹没田地，就中四一〇团第七连，田亩全数淹没，损失至巨，诸乡平均损失占百分之二二。二十三年统计收获数量，以糜子占第一位，次为莞豆、小麦、葫麻等。各项变价总计为八万六千七百元，以特种作物烟草售价最高，糜米、莞豆、小麦次之。

二十三年全垦区作物实存种植面积、产量、价格比较表

作物	播种亩数（略计）	百分比	收获数量（石）	百分比	折价（元）	百分比
小麦	一三,〇四四	一六·八四	一,四〇八	一三·二七	一一,四五七	一三·二一
燕麦	一,五九三	二·〇五	一五〇	一·四一	六九七	〇·八〇
莞豆	一二,〇七二	一五·五七	一,八九七	一七·八七	一一,五一九	一三·二九
蚕豆	一,九八四	二·五六	二九二	二·七五	一,三九六	一·六一
扁豆	二,七八四	三·五九	三二三	三·〇五	一,三八〇	一·六〇
黑豆	三,一五七	四·〇七	三一九	三·〇一	一,六一四	一·八六
糜米	一九,九二八	二五·八九	四,四六六	四二·〇七	一八,七六〇	二一·六四
谷子	三,四一二	四·四〇	四三六	四·一一	二,〇八五	二·四〇
黍子	一,〇二九	一·三三	二六一	二·四六	一,一一〇	一·二八
葫麻	一一,七四〇	一五·一四	八四九	八·〇三	四,〇九四	四·七二

续表

作物	播种亩数（略计）	百分比	收获数量（石）	百分比	折价（元）	百分比
特种作物	四,二〇八	五·四三			二八,五四八	三二·九三
租金					二,六三六	三·四〇
其他	二,五八六	三·三三	二〇七	一·九七	一,四〇三	一·六二
总计	七七,五四三①	一〇〇·〇〇	一〇,六一二②	一〇〇·〇〇	八六,七〇六③	一〇〇·〇〇

屯垦第五队获粮最多，达一千四百三十石，第三队最少，仅及一百四十石。初期开荒，经验缺乏，水旱灾害，更足影响产量，故所获仅足自给，不能向外输运。第二项牧草，由试验场试种紫花苜蓿，生长成绩颇佳，可为改良饲料之用。其牧养家畜除引用各国良善配种、改良牲种外，并注意牲畜日常生活条件，如洁净厩房、防备疾病、放牧有时等。第三项工艺作物概见试验场之工作，详于下文。第四项消费合作社已于二十二年在包头成立，至五原各新村均相继设立分社，并信用合作社，采买货品，举办低利贷款等。第五项植树，各村堡内外已植树若干株，并筹辟苗圃地址，每年每连播种幼苗两亩。第六及第七两项，见试验场工作内。第八项开渠、修路，见前水利与交通诸项工作。

五原农事试验场之组织：设场长、主任各一人，助手、工头若干人。下分作物、畜牧、森林、训练四部。

1. 作物部

（a）试验区——改良后套农作方法，并试栽价值较高之各种作物。

---

① 应为“七七,五三七”。——整理者注

② 应为“一〇,六〇八”。——整理者注

③ 应为“八六,六九九”。——整理者注

（b）经济区——分别栽植各种作物，使其产量增加，质量优良，用费低省。

2. 畜牧部

（a）整理土种——就原有家畜施以科学管理与饲养。

（b）改良土种——鉴定优劣，慎审取舍，引用各种优良畜种，纯化西北畜牧。

3. 森林部

（a）苗圃区——培养杨、柳、榆树，并试种松柏。

（b）植树——利用沙梁咸〔碱〕地及渠畔道路，实行植树造林，以救木荒，以防水患。

4. 训练部——统属训练队士兵六十人，由屯军每连选二人，定期为二年，施以农业科学智识，及实地操作之训练。

作物部二十三年试验结果：冬麦有种植可能，产量在春麦之上。后山小麦完全成熟。蓝〔燕〕麦有三种特征，耐旱性强，土壤要求甚少，与抵抗黑穗病力强。四种优良莞豆为青莞豆两种，大玉莞豆一种，狼豆一种，发育良好，品质优于套莞豆。高梁〔粱〕有红白，可代替莞豆充作饲料或造酒精。五种禾本料〔科〕蓿根牧草，可供家畜。玉米及日本黑大豆产量均可观。试验排水去碱，春水洗刷功效在伏水之上。其前二十二年试以春水地种夏田，以为可行。碱地可种合碱性物。洋犁由该场监制，效用在土犁之上。其他，试种玉蜀黍、苜蓿，燕麦与莞豆合种，亦有相当成功。

畜牧部二十三年用美利奴羊、宁夏滩羊与后套羊配种，饲养方法须择高梁〔粱〕之地，冬天不宜剪尾，成绩良好，将来在后套之发展，必有可观。

森林部原定苗圃面积五十亩，二十二年以采种困难，仅用十八亩六分，先试种榆苗占地五分，侧柏五分，椿树一亩二分，洋槐一分五厘，中槐五厘，合欢木一厘，结果，以榆树成活最多。沿河杨柳栽培最易，二十三年由包头购杨柳种数百本，椿树春夏所生，秋冬则不致冻枯，训练其耐寒力，五六年后越冬可无困难。其他树木皆在试验期中。

七　新农村组织计划

屯垦目的不止于开荒辟地，尤在建树新农村，以改善人民之社会生活。新农村组织原分政治、经济、教育、公益、卫生、公安六项。

（1）政治组织计划：新村编制以每五户为邻，邻有长；五邻为闾，闾有长；四闾为村，村有长；在新村未完成前，依照军队组织编制之。新村内机关有五：一、村民会议，选举村长、村副及各委员会委员，决议村中兴革事宜、法令公约等；二、村公所为执行村务之机关，执行者为村长、村副；三、调解委员会调解两造争议；四、监察委员会清查村财产，监察办事各机关；五、经济建设委员会，兴办各种公营经济事业。

（2）经济组织计划，原则约有三点：一、平均发展，实行均产制；二、生产、消费、分配合理化；三、倡兴合作事业。组织之实施有四：一、信用合作社，主持全村金融；二、公营贸易所购置供应品及消费品，销售村中生产品；三、农业经营合作社，主持农事、农具之分配，种植之计划，生产品之保管、贮藏，及工作记录等；四、协立集团信托农事试验场，联合邻村合组试验场，以改进农事为原则。

（3）教育计划：作重的特点为全民教育、终身教育、互相教育及国防教育。

（4）公益计划：建筑村内外道路、桥梁，开辟渠道、水井，设置公园，培植森林，举办社仓，抚养孤寡老幼，料理天灾人祸善后事宜。

（5）卫生计划：个人注重清洁，公共清除街道，检查病疫，设公共医院。

（6）公安计划：非自卫不能安居，凡在村中二十至四十岁之壮丁，一律受军事训练，任清查户口、守望巡逻、剿匪、防御水火等职。至其详细情形，要皆失之琐细，不便缕述。

总之，后套兵屯，为期不过四年，而事业规模，蔚为大观。曩昔阎百川氏力倡土地村有之制，虽其理论及实施不无可议之处，然仍不失为改革土地私有制之有力方案，正宜假绥西垦区，实地试验。复次，经营后套移民屯垦者，不止绥西兵屯之一种组织，然以人材、设备、资力规模而论，则无可与之相颉颃。深望当其事者，一本已往数年中努力创业之精神，领导后套开发事业，如大规模水利之整顿与交通之兴建等等，并应注意土地之分配，新社会之建设，则其前途之发展，吾人于有厚望焉。

《禹贡》（半月刊）
北平禹贡学会
1936年6卷5期
（朱宪　整理）

绥远之军事地理（附图）

方挹清　撰

一

绥远为我塞北四省——热河、察哈尔、绥远、宁夏——之一，东界察哈尔，西界宁夏，北界外蒙古，南界山西、陕西。全境面积约三十万方公里，等于江苏省面积之三倍。全省人口，据民国二十四年之调查，为二百三十万人，仅当江苏人口百分之七，平均每方公里不到八人，与东南各省之每方公里由数百人多至千余人者，相去甚远。

绥远全境，约可分为四部：阴山以北，戈壁以南，称为绥北，大部分为乌兰察布盟蒙旗牧地。阴山以南，黄河以北，称为绥中，为完全建设县治之农耕区域。黄河以南，河套以内，称为绥南，大部分为伊克昭盟蒙旗牧地。集宁以东至察哈尔高原，称为绥东，亦为完全建设县治之农耕区域。至论此四部之面积与人口，则绥东、绥中之农耕区域，不足全省总面积三分之一，而人口达二百万之多，占全省总人口百分之八〈十〉强，且十九皆为汉人。绥北、绥南之蒙旗牧地，则占全省总面积三分之二以上，而人口仅三十万，不到全省总人口十分之二，汉、蒙人各占其半数。

绥南之伊克昭盟蒙旗牧地，虽与绥北之乌兰察布盟蒙旗牧地，在政治上为同一盟旗制度之组织，但以其地与察北不相连接，不易受外来势力之威胁，而盟长沙克都尔扎布（即沙王），及副盟长阿拉坦瓦齐尔（即阿王），皆深明大义，不为外人利用，故于此次匪伪侵犯绥远之前后，始终拥护中央，与中央及晋绥当局站在同一战线之上，是绥南伊克昭盟蒙旗牧地，其态度与立场，对于国家民族以及此次绥远剿匪军事上，殊为有利，故本文略而不论，附图亦略而未绘。

二

绥中与绥北，以阴山山脉而分野，阴山山脉为大青山、乌拉山等之总称，拔海在二千公尺左右。阴山以南之绥中地形，为一广大之近代冲积平原，东曰归绥平原，西曰河套平原，自归绥至五原，连为一片，东西长约四百公里，南北长自三十公里至一百公里不等，拔海在一千公尺至一千二百公里〔尺〕之间，不仅低于阴山山脉约七八百公尺，即较之绥东、绥南，亦低至四五百公尺。著名之绥远民生渠，即为引黄河之水，灌溉此平原之地，故不仅为绥远精华所在，抑亦我国西北部最重要之农业区域也。

阴山以北之绥北地形，则为一侵蚀甚久之高原，即所称蒙古高原是也，拔海平均在一千五百公尺左右，即高出绥中平原约四五百公尺不等。此高原形势，有一望平旷连亘不绝者，如由归绥越阴山北行，初则北望高原，颇觉山势峻峭，继则山愈高而地愈平，极目远眺，一望无涯，既不见峰峦之蔽，亦不见沟壑之隔，昔既便胡马之长驱，今复见汽车之驰骋；而回首南望，则见平原之内，沟渠纵横，丘陵起伏，黄河中流，百川旁汇，山口土坡，皆被刻划，与高原形势，大不相同，一线之限，景象顿殊，诚天下之奇观。此阴山以北，戈壁以南之蒙古高原，所谓“天苍苍，野茫茫，风吹草低见牛羊”，又为我国西北部最广大之牧畜区域，与阴山以南绥中平原之农业区域，在经济上有分工合作互相调济之用，在国防上有居高临下，唇亡齿寒之势也。

绥东指集宁、兴和、陶林、丰镇、凉城五县，此五县原属察哈尔管辖，民国十七年改建行省，则划归绥远省，其地东北连蒙古高原，南接山西高原，故其地形，亦为一高原形势，惟山脉错纵，谷岸较广，与阴山以北之高原，略有不同，然其地位之重要，关系绥中平原及山西高原之安全，较诸绥北有过之而无不及也。

三

平绥铁路自北平至包头，长约八百二十公里，为我国西北部交通之干线，关系军事、国防至为重大，沿线军事重地如万全（张家口）、柴沟堡，属于察哈尔省，大同属于山西省，集宁、归绥、包头三地，则属于绥远省，为［为］此次剿匪军事之重镇。

集宁即平地泉，东通商都、多伦，北通滂江，计划中之张库铁路（张家口至库伦），以张家口至张北间之大坝，工程至为艰巨，故改自集宁为起点，称为平库铁路（平地泉至库伦），全长约一千公里，现已可通汽车。平库铁路在国防上具有特殊之意义，盖在我国沿海被人封锁之时，欲得以欧亚交通之孔道，以此路为最便捷，惜自察北沦陷，此路已不能通。由集宁南至大同——大同者，山西之门户，晋省援绥军队之大本营也，由此接同蒲铁路可至山西省会太原，及潼关黄河对岸之风陵渡，更可由正太路东通河北省之石家庄，此次中央援绥军队，殆多由此北赴集宁，转开前线。集宁不仅为交通之中心，且为绥东五县农产集中之地，每年由此出口之粮食，约七八十万石之多，故粮栈极多，有西北粮都之称。

归绥为绥远之省会，清初康熙帝平定西北，置将军于此，以资镇摄，固已视为军事重镇，此次剿匪军事之策划，除洛阳、太原二地外，傅作义将军之运筹帷幄，发号施令，即以此为中心。归绥又为商业中心，称为西口，以别于张家口之称为东口，其贸易远及外蒙及新疆。自民国二十二年新绥汽车路筑成，自此经武川、百灵庙，再西行横跨戈壁，而至新疆省会之迪化，全长约三千公里，从前由归绥至新疆之货商，用骆驼运载，往返需时恰为一年，今则用汽车运载，往返需时不及一月，开新绥交通之新纪元。其地冬季虽冷，但在夏季则极凉爽，附近麦浪如海，杨柳荫浓，诚为塞外之可爱且至重要之都会也。

包头旧为萨拉齐县之一镇，后以交通便利，商业日盛，乃独立设县，其地扼水陆交通之要冲，陆有平绥铁路，东通归绥；包宁汽车路，西通五原、宁夏，北则经固阳可至百灵庙，南则经伊克昭盟可通陕西。水有黄河舟楫之利，“黄河百害，惟富一套”。黄河上流甘肃、宁夏、青海三省之货物，大都由汽车或水运来集包头，转运平、津，故为皮毛、牲畜聚集之所。至于河套平原之粮食，亦以此为转运之中心，贸易总额年达三千万元，较归绥尤盛。若我西北部队开赴前方剿匪，则必由水陆两路，来集于此。是集宁、归绥、包头三地，既为经济中心，又为交通中心，谓为此次绥远剿匪军事之三大重镇，不亦宜乎！

四

固阳、武川、陶林、兴和四县城，据阴山山陉而筑，为由绥中平原北通蒙古高原之孔道，我军最初防备匪伪军侵犯之要塞也。固阳北高南下，在地形上对于北来之匪，颇为不利，但我军终于克服此困难，击败匪军，并越过阴山，攻下百灵庙。武川县城已进到阴山北口，谓其已进入蒙古高原亦无不可，故在地形上南高北下，对于北来之匪，处于有利之地位。武川以南二十公里处，有蜈蚣坝者，北高南下，极为险要，好在我军早已在武川设防，否则，武川若失，匪军南移，则蜈蚣坝之险，敌我共有，于地形上又不利于我方矣。陶林县城在集宁西北约五十余公里，红格尔图在其东北，为陶林县属之一天主教民村落，临近察北之商都，无特产，只有广大肥沃之耕地，前次匪军首先进犯，当被我驻军及保安队击退，至今仍在我军坚守中，此地之存亡，颇关陶林、集宁之安全。兴和距集宁亦仅五十余里，河北省之永定河，其上流即在兴和附近，以是山陵、溪谷，合为一体，故地势颇为险要。兴和东北有大青沟，临近商都，东南有南壕堑，毗连张北，为匪伪侵犯绥东之前哨。要之，自匪伪酝酿侵犯绥远以来，我中央及晋绥将领，对于此沿阴山山陉之险地，如兴和、陶林、武川、固阳等地，早已完成要塞工作，于军力配置，亦有充分之准备，故匪伪军屡犯屡败。今则我剿匪军除由武川、固阳发展至百灵庙、大庙、乌兰花以北外，而兴和、红格尔图、陶林间之阵线，则屹然未动。

五

百灵庙位于绥北，为武川县属之一巨镇，南距归绥百十公里，汽车五六小时可达。其地拔海在千五百公尺以下，而其四周则在千五百公尺以上，冈峦环合，清流萦绕，实为阴山以北蒙古高原中偶有之局部盆地，故最宜于屯兵置垒。前清康熙帝平定外蒙及新疆乱，曾驻兵于此，建喇麻庙，赐额鸿鳌寺，俗名贝勒庙，音转百灵庙。百灵庙不仅地势险要，且扼各方交通之枢纽，就对内而言，一路经武川通归绥，一路经固阳通包头；就对外而言，一路经外蒙通西北利亚，一路经新疆通中央亚细亚。日人处心积虑，觊觎此地，已非一日。民国二十二年成立之所谓蒙古自治政务委员会，即设会址于此，该会主席虽为乌兰察布盟长云王，但实权则操于秘书长德王之手，德王乃察哈尔境锡林郭勒盟副盟长，其所以越入绥远境要挟云王出任傀儡者，实以某方策动之结果，而其企图乃在设会址于百灵庙，盖以此为根基，南可进窥绥中平原，北可以控制外蒙，西可打通西北，屯粮积弹，极为丰富。故我军于十一月二十四日之攻克百灵庙，其意义实异常重大，盖不仅消除外人对绥北之威胁，且断其西进之路。我国民知其重要，故今后必须深沟高垒，防卫森严，永绝外人觊觎之心。

绥北除百灵庙外，尚有乌兰花、大庙、滂江三地，在军事上略有价值。乌兰花为武川县之一小镇，位于县治与旗王府之中途，为农牧互市之所，商业颇盛，自我军克复百灵庙之后，乌兰花亦随之收复。大庙即锡拉木楞，在张乌汽车路旁（由张家口至乌苏雅里〔里雅苏〕台，无定期行车），附近有锡拉木楞河流入察罕泊，盖高原之地，有水始有草，有草始有牧，水草兼备之地，即为牧畜繁盛之区，大庙附近即为此种区域代表之一。自百灵庙收复后，匪伪乃退集于此，希图以此为反攻之根据。然大庙地势平坦，无险可守，故我军不血刃而相继收复。滂江在大庙东北约百余公里处（附图未能绘出），沿张库汽车路，系戈壁沙漠中之局部水草地，南距匪伪根据地之嘉卜寺，商都，约二百五十公里，除以此为根据之空军颇足以威胁我绥北阵线外，无足称述。

六

照目前情形观察，我军除一面肃清或收容绥北残匪外，乃为如何收复商都、张北、嘉卜寺，换言之，即如何收复口北六县，及锡林郭勒盟蒙旗牧地。凡此虽属察哈尔省范围，但察、绥同为蒙古高原，且同为我国之领土，在地形上及国防上，有不可分离者，故论绥远之军事地理，亦不能不述及焉。

原察哈尔之范围，包有十六县、八旗、四牧群，及锡林郭勒盟蒙旗牧地。万全、宣化、怀安、阳源、龙关等十县在长城张家口以南，故亦称口南十县，以别于口北六县（张北、商都、康保、沽源、多伦），今人每多称口北六县为察北六县，实则察北之锡林郭勒盟牧地，其面积约等于口南十县及口北六县总面积之和，今称口北六县为察北六县，似若此六县以北即无察省土地者，不亦谬乎？自热河沦陷，日人复侵占多伦，锡盟以地势关系，首当其冲，所受日伪之威胁利诱，自较他盟为尤甚，然某方尤不足，除一面威胁德王协同乌盟云王组织蒙古自治委员会外，更着手编制蒙古保安队，侵占口北六县，使察省政权，仅及于长城以内。口北六县，在军事上特别有关此次匪伪进攻绥远者，则为多伦、张北、商都及嘉卜寺。

七

嘉卜寺南距张北约七八十公里，东北距多伦约百五十公里，嘉卜寺蒙语为山沟之意，并非其地有伟大之喇嘛寺，民国二十三年设化德县（合化德计之，口北实有七县），于是汉人前往开垦土地者日众，我政府对于嘉卜寺，本有经营之意，乃自察北事变，德王、卓什海等与李守信结托，竟于今年六月于此建设所谓“内蒙防共自治军政府”，至原来在百灵庙之蒙古自治委员会，以绥境内各蒙旗王公之反对，早已名存实亡。所谓“内蒙防共自治军政府”之组织，除日本顾问外，即以德王为伪总裁，李守信为伪参谋部长，吴鹤龄为伪参议部长，卓什海为伪保安队长，并改化德县为伪德化市，设市公署隶于伪府下，俨然变为匪伪之政治及军事中心，较之内蒙自治委员会时代之百灵庙，实有过之而无不及也。本擒贼先擒王之义，必需收复嘉卜寺，毁其巢穴。然欲收复嘉卜寺，必先收复商都及张北。

商都在嘉卜寺以西，南距张北约百十公里，西距陶林、集宁约百公里，西南距兴和约五十公里，其地县城建于高原平坦之地，无天然防守之屏障，但我军进攻商都，应由陶林、红格尔图东进，及由大庙南下，不应由兴和北上，盖兴和南有南壕堑，北有大青沟，不仅为高原较为险要之区，抑亦匪伪集中之地，故兴和宜主守，若能将商都攻下，则大青沟之匪伪军，失其凭借，自可不战而退。

张北南距万全即张家口仅五十公里，东北约百公里至沽源，再百公里至多伦。欲攻张北，本以从张家口出兵为宜，然张北与张家口，我军与匪伪皆深沟高垒，按兵未动者，实皆有其苦衷，盖此战线一动，则必牵动华北，日方之不欲即刻发动华北战事者，以其将破坏华北之资源开发，我方之不欲即刻发动华北战事者，亦有其理由在，兹不欲赘述。要之我军若能攻下商都，则东向取嘉卜寺，南下收复张北，如此兴和之围解，绥东之线，察北之防，可以暂告无虑矣。

虽然，尚有策动指挥，及匪伪军总兵站所在之多伦，必需收复。多伦居滦河上流，上都河之旁，总理实业计划中预定为开发西北及东北之中心地也。实业计划第一计划为北方大港，自北方大港沿滦河河谷筑双轨铁道至多伦，计长四百五十公里，自此向东筑一铁路至黑龙江省之呼伦，向西北筑一铁路至外蒙古库伦，是谓三伦政策，在军事专家及实业专家指导之下，将革命成功后被裁之百余万军队，移殖于此，平时则从事垦殖，一遇有事，则投锄执戈，以御强寇。总理在几十年前，即若预知有“九一八”事件发生者，其伟大孰与伦比。可惜自北伐成功，多伦实际上为中央力量所不能完全到达。多伦不但现在居重要之地位，即在历史上亦足资回忆，盖元代盛时，以北平为大都，多伦为上都，夏来多伦，秋返北平，车驾行幸，岁以为常，至今上都河畔之行宫陈迹，故址犹有可按，其时并曾议自滦河挽舟而上，直至开平，遣郭守敬勘察，既不可行乃罢。明洪武二年常遇春等克开平，建卫于此，冀北悉平，永乐帝亲征漠北，往来由之。明代中叶以运粮路途艰险，始移卫治于独石口（在长城内），蒙人复居开平旧壤，所谓朝发穹庐，暮薄城郭，京师之北，长城仅有，明室之亡，即由满清先占多伦，制内蒙，以抚榆关之背，北平遂不能守，殷鉴不远，岂可忽哉。故收复多伦，恢复察北之行政完整，对于绥远、华北，以及整个西北之安全，实为最少限度之需要。

八

气候在军事地理上，亦占一要席。绥远纬度约介于北纬三十八度至四十四度之间，且距海较远，故为绝对之大陆性气候，雨量稀少，冬尤酷寒，如归绥一月间之平均温度，为摄氏零下十二度（南京一月平均温度为二·七度），全年温度在零下者计有三个〈月〉之久，各月温度在十度以上者，计有五个月，七月平均温度高达二十四度，较南京仅低三度，故塞外夏季颇热，而冬季之寒，则远过于南方。此犹就归绥而言。若在阴山以北之蒙古高原，常较此为尤烈也。日人谓匪伪生长塞北，颇占天时，实则我晋绥军亦习于此气候，况我军爱国情绪紧张，热血沸腾，足以克服此困难也。又塞外之地，夏多东南风，冬多西北风，我军自克服百灵庙、大庙之后，则由此东南向攻察北，适与风向相同，敌人如以毒气进攻，则多少可借风力吹向东南，以毒攻毒，反可予敌人以不少之损害。唯有一点为我方不利者，即当此冬寒肃杀之候，树木既稀，高粮〔粱〕、筱〔莜〕麦等作物，又不能生长，其坦荡空旷处，无所隐蔽，故难逃飞机之侦察。然匪伪受良心之责备，但〔胆〕怯气馁，我军受良心之追使，勇气百倍，盖精神国防，远较飞机大炮为利害也。语云“天时不如地利，地利不如人和”，实则我军初占人和，以攻克百灵庙，今则人和之外，更占天时地利矣。

九

绥远农牧繁盛，已如前述，唯此尤有注意者，即马匹是也。盖马匹为军队所必需，今若全国以陆军六十师计，平均每师需马二千五百头，即共需马十五万头，即就每年补充比列二成而言，亦须马三万头。绥远产马著名，我军队之马匹殆多来自绥远，归绥城垣，每年举行一次盛大之赛马会，即为提倡改良马匹，以供我军备之用，若绥远不守，则马匹之来源断绝，其结果影响军事，诚有不堪设想者。至于皮革、羊毛，无不与军事有关，北平军政部织呢厂，其原料即来自察、绥二省。反之，蒙古、新疆等地，又为茶叶运销之最大市场，归绥尤为转运之中心，新绥汽车路运新货物，即以茶为大宗，而返绥货物，则以皮毛为大宗。茶为我国秦岭山脉以南特有之产物，以肉为食之游牧人，酷嗜尤烈，以东南多余之茶，易西北雄骏之马，极合经济原理，然无绥远，则此经济原理，恐不为我运用矣。

绥远固不仅农牧繁多，即矿产亦颇丰富。全省煤之储量有四百七十六兆吨，大青山一带尤多，如固阳县属之石拐沟，距包头约二十余公里，为绥远产煤最富之区，每年产煤四万吨以上，若将来包石铁路成功，前途发达必有蒸蒸日上之势。又百灵庙西北五十公里处之白云鄂博，产磁铁矿，储量约三千四百万吨，矿石含铁百分之六十五以上，矿床暴露，适于露天开采，如能由此筑铁路直达包头，并利用大青山之煤，在包头附近设立钢铁厂，尤为我西北军事地理上，奠定国防之基。

抑尤有进者，我国有关国防之重要矿产，多分布在北方。就铁矿而言，全国总储量一千兆吨，而辽宁一省占全国总储量百分之七十八，察哈尔占百分之十一，察省铁矿在宣化龙关，即所称龙烟铁矿是也。该矿临近长城，今虽为日人觊觎，但主权仍操在我，若绥远不守，则口南十县亦难幸存，如此虽欲合资开采而不可矣。就煤矿而言，全国总储量约二十五万兆吨，其中山西一省占全国总储量百分之五十一，陕西占百分之二十九，二省合计占百分之八十。又就石油而言，虽无详细之统计，但陕西油田，在我国各省中，分布之广，油苗之众，当推第一。晋、陕之屏障为绥远，绥远存，则二省存，绥远亡，则二省亡。故绥远之存亡，不仅关系绥远省之富源！

十

目前绥远已经开垦之地，只占全面积百分之五，据专门家之估计，该省可耕而未耕之地，尚占全面积百分之十一。绥远省为一有希望之移民地带，已为周知之事实。边疆移民事业，当参以军事之组织，此在我国古代谓之屯垦，绥远境内，汉设四郡（云中、定襄、五原、朔方），唐置安北都护府，屯田旧事，详载史乘。最近绥省包头设有屯垦督办办事处，以三团兵士在河套五原附近实行屯垦，其组织极为严密，成绩亦极可观，此事于军事、国防，皆有价值，愿于绥远、察北完全克复之后，扩大此屯垦之范围，寓兵于农，则日人欲制造伪蒙古国之迷梦，将永无实现之可能也。

最后，有不能已于言者，即余草此文甫毕，乃西安张逆学良竟率部叛国，劫持我全国最高统帅，使绥远正在“剿匪”军事，失其重心，愤痛之余，忧心如焚，将来“剿匪”进展，是否有如余所期者，实有不忍言也。惟有延颈北望，祝我全国最高统帅，及早恢复自由，行使指挥“剿匪”之权能，则幸甚矣。

民国二十五年十二月十三日于南京

《黄埔月刊》

南京中央陆军军官学校黄埔月刊社

1936年6卷6期

（李红权　整理）

绥远战争的正视

辉　撰

被践踏出来的烽火，又在我们国土的一隅绥远生长起来了！

照一般新闻纸所传出来的消息，绥远还只是匪伪的滋扰，那是错误的。我们知道，所谓匪伪，是敌人的“中国人打中国人”的毒恶政策的运用，他们利用利禄薰心的汉奸，作他们的前线，以随〔遂〕其“不损伤帝国力量，征服全中国”的野心。这是敌人玩惯了的把戏。

所以绥远匪伪的迫扰，只〔便〕是敌人的迫扰；我们的抗战，便是对敌的抗战。

绥远，是我们中国的土地，国土的被侵犯，是我们应该以全国的力量发动全国的抗战以谋保守。过去的“嫩江之役”、“一二八之役”、“长城之役”终不免于失败，主要的是我们把它看作了地方的、部分的，没有尽情的发动全民族抗战的原故。我们现在要宝贵这血的教训，用全国的力量进行战争，惟有这样的战争才能保障我们的国土，争得我们全民族的解放与自由。

姊妹们，我们如果自己还承认是中国国民的一分子，对于这次的绥远的抗战，便不能忽视，我们应该尽我们的力量，来响应援助那些在辽远的边疆抗敌的卫国健儿!

《玲珑》(周刊)
上海三和公司出版部
1936年6卷47期
(丁冉　整理)

国人对绥战应有之认识及今后努力之动向

程维城　撰

一　引言

中国之积弱尚矣！中国之衰微久矣！而中国之阽危，至今已达极点矣！中国政府与人民，苟不于此危急存亡之秋，险象丛生之时，前路险巇之日，下最大之决心，努无既之力，与侵我土地者，危我国命者，亡我民族者，作最后之挣扎与奋斗，则今后之中华民族与国家，绝无生存之余地！其不为野心之敌人所侵吞，所泯灭者，未之有也。国人乎！其不速起奋斗也何求!? 求国联乎? 梦想！其不自行拼命努力者何乞?! 乞友邦乎? 徒然！往事既已可鉴，来者犹在彷徨疑豫之中，模棱两可之间，尚不速行果断，确定计划，以快刀理乱麻之方，走向生存之途径，诚所谓自掘坟墓，坐待其刀俎也！反之，倘能于此最要关键，最后关头，上下戮力一心，各地方政府与中央政府同心一德，军民共同合作努力，咸怀破釜沉舟之志，皆持敌亡我存之心，作殊死之战，为自强之争，则敌虽玩〔顽〕抗，我又何畏何惧！土地纵被其攫，奚虑其不交还！而国家之强，民族之兴也，可立而待！但努力则努力矣，不决定努力之动向，是谓“盲目”！而于努力之先，不对目前中国之情况有明确之认识，是谓“模糊”！以“盲目”与“模糊”之努力，则为“骚动”！“骚动”又焉能生效，徒作白白之牺牲也。故吾于此绥战爆发声中，期吾国人先对斯战具明确之认识，然后决定努力之动向；何则？以绥战之重要，关系于整个中国之存亡，与夫民族之兴替；易言之，绥战亦即中国现势演进之綦要阶段也。因感于此，遂草斯篇。兹分论于下。

二　对绥战应有之认识

1. 绥战之重要性：绥战究为某方所谓纯系中国内部之战，抑系含有国际性之战，吾想当今之人，皆能洞若观火，自不待言，而为含有国际性之战争，虽三尺之童，亦知某方所谓纯系中国内战之言，为欺世者也。夫既为含有国际性之战，则当重视也无疑！然重视程度至于何？此须首当对绥战之重要性，有明确之认识后，方能增高重视之程度也。绥远固为西北重镇；在今日，又为华北之门户，国防之最前线也！何则？自冀东之所谓“自治化”，察北之匪伪占，则整个之冀与察，亦陷于悲观之境；而欲挽此悲观之局势，并赖以控制敌人侵我者，惟有晋、绥两省。今也，匪伪进扰绥东，是不啻断我冀、察、绥、晋之联络线也！故绥远一失，联络线随之而断，华北之不保也无疑！即我华南，亦曰殆哉！况乎我国之海军落后，确为事实，无可讳言者也，敌人攻我以海军，我则抗之以海军，殊不易取胜也。而惟一补救之法，取胜之道，即恃乎我奋勇耐劳之陆军也。而以吾国之地势言，我陆军抗敌之途，其最适宜地带为西北，西北之绥远又为其最前线也。苟绥战一告失败，则我之陆军亦不易前进也。由上以观，目前之绥远，以地位言，以用军言，其重要之极，可以知之矣。是以绥战关系于中华民族之兴替，中国国家之存亡，诚可谓至深且巨。

2. 绥战爆发之前：东邻侵我，可谓至矣！以时间言，无时或已；以方法言，文武齐用；以地理言，南北俱有；再以急迫之程度言，则为得寸进尺，日迫一日！其显著事实，远可推之于甲午之役，及廿一条之要胁；进〔近〕则更多多矣！溯自沈变以来，始而有沪上之迫，继而有长城各口之威胁，以及冀东事件，津门之乱，北海、成都、丰台、察北等事件，在在表现其政治的、经济的、军事的侵略之野心也，而其一贯的侵略方法，则为以军事威吓，实行其政治的、经济的统制，以达其分裂我国之企图，以便于其之侵吞也。此次之绥变，亦即其利用汉奸张海鹏、匪首王英、李守信等作军事之要胁，而促其近年倡言之"华北特殊地位"以及"共同防共"之目的也。吾人知之，在绥战爆发之前，某方与我政府开始谈判时，即提出无理之要求，而我政府始终在不丧权不辱土之正义原则下，不能允许其无理之要求，遂致谈判数次，毫无结果；彼则在此时期之中，更驱使匪伪侵扰我绥之计划积极矣！以至谈判陷于僵局，且见我两广事件和平解决，中国真正统一告成之今日，彼则唯一不二之法门，即利用匪伪侵我绥东、绥北，使我政府允其无理之要求也！故其在绥战爆发之前夜，唆使德王致电我绥省傅主席，故作无理之要求，虽我傅主席以肝胆之言，箴劝德王，而陷于五里云雾中之德王等，终被其利用而开始率匪前扰我绥矣！而我傅主席在守土有责之原则下，奋勇率部抗战，于是乎绥战爆发矣。

3. 绥战揭开之后：自从绥战揭开之后，吾人可知匪伪进扰之途，不外绥东与绥北两方面。其所以由绥东进攻者，意在截断我交通线。其所以进扰绥北者，乃谋向西蔓延，以利其夹攻也。但事实何如也？在绥东方面，红格尔图一役，经我傅主席、赵司令督率锐师，将匪痛击一散；商都边境之战，又经我精兵数千，逐匪远逃，并剿袭匪首王英之老巢；其他绥东边境，又赖我达司令之骑击，匪伪亦未得逞。在绥北方面，匪伪德王等部盘踞于百灵庙，进而南犯，旋经我傅主席等指挥各将士奋勇前进，喋血数百里，彻夜鏖战，终将匪伪之根据地百灵庙克服。而百灵庙之克服，既得匪伪之给养甚多，复获某方年来在内蒙活动之计划材料不鲜。是以就军事上言，绥战揭开后，我方节节胜利，而考其所以致胜之由，其一则为我傅主席自从察北六县被匪伪占据后，能在政府与长官领导之下，对绥边之防御，有充分之预备；其二则为我方将士能在朔风凛冽，冰天雪地，在各长官统率之下，一鼓作气，奋勇杀贼；其三则为我各地民气之旺盛，或为精神之慰劳，或为物质之援助。即就政治上言，自从我军克服百灵庙之后，各地政府与人民，愈能在中央政府领导之下，作共同之努力矣！外交固已较前得力，团结尤形巩固。总之，绥战揭开后，我方之种种表现，皆可使敌人有所惊惕！

4. 绥战前途之展望：以目前言，绥远境内之匪伪，虽大部已被我军逐逃，但商都一带与百灵庙附近，犹在匪伪时侵时犯之中；且匪伪近来之急于增援，忙于调度，将于集中力量时，自不免再事反攻。而同时我国方面，为保持国防起见，亦不能不对匪伪更行痛剿，以至于扑灭尽净也。故在此我之进攻也必然，匪之反攻也可断之情形下，绥战之延长也无疑。但其前途之演进为何？易言之，即其胜利也终将谁属？以吾观之，我则终能操胜。何以见之？此可从两方面观之：一、就我方面观之：以我军之数量言，现在除晋绥军有数万之外，尚有继开到之中央军数师，合之不下十万，至必要时源源开往援助。以防御言，我绥东有充分之预备，有良好之工事，我绥北军占极重要之百灵庙。以将士之奋勇言，不屈不挠，必能作殊死之抗！再以民气言，各地民众，踊跃援助。二、就匪伪方面观之：以其匪［四］伪之数量言，德王、李守信、王英以及其他，充其量亦不过三〈四〉万耳；而此数万之中，亦不能同心合作，只好同在某方驱使之下，作盲目之骚动，且自被我军击败之后，匪首顿现消极，部下纷纷反正，故由此两方推之，我军终可操胜。或曰："某方对绥战，出其正式之极大多数力量而援助之!"此言骤闻之，似有理由；其实不然！要知目下某方之最大利益所在地，尚未达于绥也！彼决不肯以最大之牺牲，来助斯役也。再就国际方面言，某方亦不欲于此时，损失其对俄之力量也。其仅不过以物品助之于匪伪也。但我方将由绥战之胜利，以至于实行收复察北及东北四省时，则亦直接影响于某方之利益，时至也，其出全力之抵抗也无疑。由上以观，绥战固将终归我胜，而同时绥战胜利之后，亦即我方与某方正式冲突时期，渐渐接近也。吾国上下，当认清此点，努力应付未来之大难，作收复失地之准备。总之，吾人绝不当以绥战可胜，而稍有懈意也！未来之成功，全恃今日之胚胎。

三 今后努力之趋向

1. 确定唯一之领袖信仰心：今日之中国，已告真正统一矣。而所以能成斯统一者，固有赖于国内一体之努力，要之领导之功劳，不能不推之于坚苦卓越、精明强干之蒋委员长也，事实昭然，非我故作捧赞之言！际此国事日急之时，民心厌于内乱之日，绝不稍容野心家再事称雄割据，再作萁豆之争，破坏统一！唯有在最高领袖之指挥下，共赴国难！是以今后之国民，首须确定唯一之领袖信仰心，然后始能迈步前进，发出有效之力；使欺我之东邻，不得发其野心，以达其侵略之目的也，庶乎国家之复兴有待，民族之前途有光！全国各界同胞，宜速努力于斯——确定唯一之领袖信仰心，勿犹豫，勿稍懈！

2. 打倒欺世窃位之"特殊化"的迷梦者：溯自九一八事变以来，东四省既已被敌所攫，亦即其第一步计划完成，其第二步计划，即造成所谓华北之自治，以便于其实行其瓜分中国之企图。而造成之借口，则曰为“华北特殊地位”，并提出“共同防共”之要求！原我华北，本为中国领土之一部，其民族文化、生活习惯等，自无异于中国其他各部，焉得谓为“特殊”！至于“共同防共”，更为无理之要求！中国之事，自有中国自行解决，奚用他人之越俎代庖！故明知此种要求，乃我东邻故作口蜜腹剑之言，表里异样之词，欺我中华国民，我政府自不能允许也；但有少数之欺世窃位之奸人，为一己之私，情愿与敌携手讲好，遂于无形之中，默认许敌人要求之所谓“特殊化”的条件！事实昭彰，具有常识者当可知之。岂不知“特殊化”者，乃“特死化”也！对整个之中国固为大不利，即就与敌人实行“特殊化”者之奸人言，又亦有何利哉！敌人侵我，无时或已，今如先默认其种种条件，在事实果真造成所谓“华北特殊地位”，请问继此而敌人作更进一步之要求，此与敌携手，以至默认敌人之要求者，将以何法应付？不亦更来允许乎！否则，在已入敌人彀中之时，实无法摆脱其利用也。不观乎现在之德王，彼既已上敌人之彀，今纵欲摆脱而自为之何能！故其受敌之摆布，日甚一日！今之与敌倡言实行“特殊化”之奸人，势必亦将处于既无于置已，复无颜于对国之德王相同也！是以吾望今之患所谓“特殊化”之迷梦者，速醒！不今之图，来将焉可！倘仍恬不知耻，日益趋近敌人，则惟有吾四万万民众速起而打倒之！附和敌人之奸人乎，速醒！万勿苟安一时，贻祸国家于将来。国人乎！瞅着！观其动静！

3. 作有效之后盾与实际的援助：所谓有效之后盾，即全国人民当一致诚恳的作政府之后盾，使政府乘着全国人民之勇气，对敌作有效之交涉！其次，则为全国各军事领袖，对我前方抗敌将士，作一致之后盾！如此，则我对敌之法，亦能文武并行，双管齐下，不乃有效之后盾乎！所谓实际的援助者，即望各界人士勿作不着实际之举动，如绝食也，节食也，固可稍事表示，以唤醒全国国民之注意，但日吼此种调子，将必陷于空洞也；夫绝食之时有限，节食之可能甚微！以此有限与甚微之力量，助之前方抗敌将士，诚戋戋之补也。故望今后各界之援助，当于实际方面行之，即如学界同胞而论，长于文史者，可将敌人侵我之计划，或敌人侵我之历史，以通俗之言编为小册，散发于民众，使个个人皆了然敌人侵我之情形；长于理科者，可从事于防毒工作；长于工者，可制造战时所需之物品；长于医学者，可组战时医院或救护等等，以及农民之自卫训练，商界之国货运动，皆实际之援助也。总之，全国人民，皆能各就所长，以献于国家，以尽国民之责，即俚语所谓“八仙过海，各显其能”，务使抗敌之力量，分担于整个中国国民，勿仅赖于一部分前方牺牲之军士也。

四　结论

国人如对绥战有明确之认识矣，亦同时决定努力之动向矣，则可速行迈步前进！尤当此绥战告捷，百灵庙克服之今日，举国上下皆宜以此为努力之起点，勇往直前，走向复兴民族，收复失地之途！善夫蒋委员长之言：“百灵庙之克服，为中华民族复兴之开始！”任重道远之国民乎，勉旃！

一九三六，十一，廿九日

《绥远旅平学会会刊》（月刊）
北平绥远旅平同学会
1936年7卷2期
（李红权　整理）

绥远旅平同乡同学会前线慰劳代表报告辞

乔介林　撰

绥东战事暴发后，旅平同乡以关怀故乡，故推定代表，返绥慰劳前方将士，我是代表中之一，所以于上月就先从平绥铁路出发了。去的时候，所带的慰劳品，除旗子之外，尚有手套之类的东西，说起来，东西虽然不多，但是这是我们绝食余下的钱买的，对于在冰天雪地的将士们，以这种东西，能不能济他们的急需，我们不管，只希望把我们的这一种热忱给他们献上，鼓励他们奋勇杀敌，就达到我们的志愿了。

由北平起身的那一天，西北风吹的很利害，我们坐在车上，还觉着冷，但是士兵们居然在这严寒之下，冒险守土，看来，真使的我们惭愧，亦真使我们佩服，他们的这种无畏的精神表现，处处显出来我中华民国的复兴的日子临到了。同胞们，我们每个人，都要仿效前方士兵们的无畏精神，往前干吧，我们的光荣快降临了。

车到平地泉站的时候，正是晚十二时左右，四处黑暗带〔无〕光，只有车站上的几盏灯，在冷风吹来时，发出残淡的白光，向着在站台上的几位忠勇的士兵们，微笑着，好像是说你们的光荣的日子来到了。

从平地泉开车之后，经过四五个钟点，东方渐亮，快要天明了，我们在车上听到了各地发出来的军号声，层层不断，壮哉！

恐怕这又是与敌人挑斗的声音吧？我是如此的想。到次早七时，车乃抵绥站，我们先到牛桥街小学校休息，各事安置妥当，又过了二天，各代表均集齐了，大家都住到省农会，开始进行工作了。我们因去两礼拜之久，每日总是忙来忙去将〔的〕努力工作，但是没有多大的收获。

在平起身时，我们预计要到绥北、绥东看一看，可是因为在省垣的工作忙，不能早日离开，在最后的一个礼拜，开了一次结束会，推定陆锦春等去白灵庙，王绥之等去包头，张铮去平地泉，我在这个时候就返平了。关于调查最近前方的情形，自有诸位代表报告，现在，将我个人所见到的，写在下面。

现在前方的士兵们，在冰天雪地里为我们的国家奋斗，经过的艰难困苦，实在是难以笔书，但是他们所享受的物质生活，可说是苦痛极了。我们欲解除他们的痛苦，只有多捐助给他们慰劳品。按他们最需要的物品，即：

A. 毛袜、手套之类的物件；

B. 纸烟；

C. 饼干之类的食品。

除以上所举几种物品外，关于防毒面具，更是迫切需要的，因为毒气之赦〔释〕放，在最严寒的天气里，不能使用，可是绥地乃属沙漠性之高原气候，天气之寒暖变化，均无一定，过正午左右，天气温暖时，很容易使用毒气。为了这样，前方的将士们，不但个个要预备一副防毒面具，而且后方的民众亦应当人手有一副。在现在看起来，是很小的问题，可是敌人一旦利用毒气进攻的时候，我们预先不准备，恐怕到了临时，就无法应付艰难了。所以我希望本省当局，对于此层留意。

绥东战事稍停以后，而白灵庙激烈的战争就开始了，在上月二十三日整打了一夜，至次日正午九时左右，才把白灵庙收复回来。

两方参战之人数，总计不过二万人，而我方受伤的士兵，约有二百多人，运到省垣时，乃感医生与看护的不足，至于医药品，更不够用。我们大家知道，白灵庙之接触，乃小接触也；换句话说，乃自己人打自己人的接触，但是受伤的士兵，已感到看护的不足，将来同敌人正面冲突，发生大战时，受伤人数，当然要比这一次多，如果在这时候，不预备此项人材，将要更感不足哩。但是政府对于此点，当然有准备，而准备至如何的程度？我们是不多管闲事的，但是为收效广大起见，人民亦应当速组此项工作，准备将来服务，尤是本省学生界，更应当赶快的负起这种责任来，大而言之，全国同胞，均要负起来这个责任，所以我们诸位同胞们提出来：

A. 女同胞们，应速组看护妇女团体；

B. 男同胞们，应速组看护士的团体。

受伤的士兵们，在医院里，当然比较前线好些，但是他们的生活，亦很痛苦，为要安慰他们的时候，只有从物质方面着手，所以希望各界人士，如果援助绥东、绥北前方将士时，不要捐助现款，最好的办法，要捐助物品，最合适用的物品，即：

A. 饼干之类的物品；

B. 水果之类的物品；

C. 棉褥之类的东西；

D. 纸烟。

在绥省，除正式防战陆军之外，尚有壮丁队之训练，所得成绩颇好，在第一期，训练的额数有三千，第二期亦是三千，均毕业散归各乡了，现在正是训练第三期的时候，额数亦是三千，以前两期毕业的壮丁，各返本乡，担任着保卫交通的责任，每日勤苦奈〔耐〕劳的，向各方传递消息。由以上观察，全绥省的治安，不遇大的变动时，总有办法。

绥省的民众，对于防空防毒的知识，可以说毫无所知，除希望政府向这方面努力外，我们全省学生界，应当至各乡，把这种知识，告诉给他们。

《绥远旅平学会会刊》（月刊）
北平绥远旅平同学会
1936 年 7 卷 2 期
（李红权　整理）

本会致中央请兵援绥电文

绥远旅平学会　撰

国民政府、中央党部、行政院、军事委员会钧鉴：溯自九一八事变以来，东三省以不战而沦陷，热省因失援而弃守，津、沪受胁，冀、察被侵，奇耻巨祸，相继而至，将陷吾国于万劫不复之深渊，坠吾民族生命于绝路。凡有血气者，亟欲横刀跃马，效命疆场，以雪我耻，以复我土。惟我国民，时至今日，深知非信任政府之领导不足以御侮，含垢忍辱，沉俟政府之整个计划，以取救亡图存之一致动作。而日来察北伪军骤集，绥东形势告殆，倾城覆土，系于旦夕。敝会数百同学与同乡，负笈在外，目击家园之将毁，讵忍缄默而待亡，托迹异地，安敢坐视其陆沉！本良心之驱使，用特以国防前线国民之立场，敢请政府速派重兵，增援绥东，以固防次，庶乎绥省免步东四省之后尘，国防赖之以坚巩。不胜翘企之至。绥远旅平学会叩。齐。印。

《绥远旅平学会会刊》（月刊）
北平绥远旅平同学会
1936年7卷2期
（丁冉　整理）

收复百灵庙之前后与善后

文琇　撰

一

今日之百灵庙也，非上月廿四日以前之百灵庙矣；亦非四月前之百灵庙也。四月前之百灵庙是兵变后，狼籍不整，杂乱无章之概。兹后继之而现者，即某方之鹰瞬觊觎，与匪伪之麇聚践踏；繇是，日趋阴霾，瘴气渐炽；大好草原，一变而为魑魅逐鹜之野……直至上月二十四日，方将群蛊荡平，收复该地。至收复该地之前后经过如何，愿就所知，略述如次。

二

百灵庙为内蒙"圣地"，抑亦内蒙政教枢纽。当民廿三时，内蒙自治成立，会基奠定于斯。一时朝气蓬勃，大有不可一日之趋——上怀千金买骨之志；下有愿为廛氓之情；人烟嘈嘈，不胜繁荣。第至去冬以还，庙方顿改往曩常态，妙想新词，不时嚣诸尘上；终至内部演成保安队之反正，西蒙各旗之义脱。外启某方之加强窥窃，怂恿离背中央……今夏以来，某方极尽煽惑能事，扐捏军政府于化德，编练土匪军于商都；建元立号，喜剧频传，竟使赫赫伟壮之庙蒙会，一堕遥遥而与冀东丑类相埒；事之演变，良为可慨！

事逮今岁，入冬以来，匪伪麇集张北一带，摇旗张鼓，欲作跳梁之试。最可恨者，某方除大批供给饷糈外，枪火炮弹，尽量输倾；飞机加至十数余架，坦克、毒气，相继运发。匪伪借兹势焰益炽，而绥远有似不可终日之倾！俟于十一月十八日，我方不能忍，终于红格尔图之大战爆发矣！此一战也（国内各报，均有细详批〔披〕载，此处恕不词费），绥军不惜数四肉搏，终获最后胜利；匪伪一败，溃不成军，——打拉村当日拔薤，商都城为之震动！

是役也，匪伪残〔惨〕败，已臻不堪收拾。且因绥东防预森严，殆无隙窥，爰乃不能不改途另谋，绕道滂江，直犯百灵庙方；盖百灵庙位于绥北，为武川县辖，原野漫漫，一眼无垠，匪伪据此，可以南控绥军，西取新、宁。惟王英匪军多为民二十前之绥西土匪，既无军纪可言，率以抢劫为能，拨〔抢〕掠绑榨，极尽残迫之事，蒙民不堪其扰，商旅顿为裹足。庙中原有喇嘛二百余众，唪经拜佛，素不问外事，匪军光顾，喇嘛尽为强迫编入军伍；蒙民认为羞耻，敢怒终不敢言。报载“蒙民因不堪匪扰，群请德王设法撤退匪军，然终罔效云”等消息，据知确有其事；惟今日之德王，似非昔日德王之比矣，蒙民之呼吁声，如同东风吹马耳！据绥方来人谈，该地牛羊，几乎尽数被匪宰杀，则此时蒙民之痛苦，不言可以想见。

德王既愿为虎作伥，蒙民不得不请求绥方派军收复百灵庙，借解倒悬。云王初为盟旗长者，今又为中央委员（本喀尔喀右翼札萨克）；是时坐守达尔罕贝勒，徇蒙民之情，秘密遣人，将请兵之愿，达意绥方。绥方乃于十一月二十三日夜九时许，策运大军，夤夜而戈指百灵庙前；士卒披星作战，七作进退，对方因有某方武官之指挥，作战颇为得力，飞机、炮弹，如雨齐下，绥军前仆后继，奋不顾身。经过彻夜恶战，黎明匪焰已杀，终于东遁，百灵庙竟告收复。

三

收复百灵庙前后情形，略如上述。惟当匪军逃遁之时，大纵回禄之殃，祝融一发，尽为焦土——房屋一焚殆尽，牛羊扫数烧死；原野压肉，衢巷焦僵！据此次师大教授熊梦飞先生由百灵庙慰劳将士归来言："匪之临去，大纵其火，所建筑之庙蒙会办公处，亦被火化！收复该庙之翌日（二十五、六），×机曾数次轰炸该地，所掷之弹，巨有百二十磅重者！死人约六七百之多……"云。呜呼！蒙民何辜，罹此巨灾！若是兵燹之殃，国内亦属仅见，亟望政府方面，迅速设法赈济焉。

尝知政府"剿共"以来，历数年于兹矣，初则由赣之戡定而逼闽、湖，继由蜀道"进剿"康、滇，国军所到，无不所向披靡；第凡"共匪"所过之地，无非千疮百创，靡烂不完。政府为久远安民之计，莫不亟为设法赈济。最近"共匪"窜扰西北，秦北、晋西，痛遭蹂躏，虽经大军救平，然地方已或巨创难医——大户至无儋石之余，小家已失瓮牖之栖——中央一仍同仁旧例，设法为之赈救。此外各省各地自行捐赈者，为数亦颇踊跃。我国古有拯民之事，当今尤为中央德政；微此举，"共匪"过处，尽成墟矣！

今日之百灵庙也，已属我之百灵庙矣；而百灵庙罹此空前巨灾，政府援拯民之例，不应熟视无睹。尤甚者，值此绥事万急之秋，而百灵庙正扼军事要害，若不就其蒙民内向有意之今日，速为拯之水火，彼为谋生计，为避灾计，在在莫不有向外倾之虑，此点国人与政府方面，应当熟加考虑焉。

吾此所谓百灵庙者，盖统指达尔罕贝勒（喀尔喀右翼）、乌拉特前旗（西公旗）、四子部落及茂明安等各地而言，非专区区一庙所指。匪军之骚扰乌盟各旗，本已历一载奇矣；此次焚炸百灵庙，乃最后之一段耳。截至此段为止，乌盟各旗，负灾已至不能复胜之地——老弱死于沟壑，壮者四散流亡，凄残之状，胜于内地“共匪”所过之区。中央素所推恩足以及禽兽，既有赈济共区之策划，必当亦有赈济蒙灾之施行，望政府一仍同仁德政，即刻采纳舆情为是。

此外，绥远政府方面，向与庙方各旗有唇齿连系，亦应仿诸救济晋省共区之法，集捐而赈济之。如此，则庶几蒙民借可生存；生存而感政府之德，则内附绝〔决〕心永久而不可渝矣！言微义重，察诸，中央与绥政府！

《绥远旅平学会会刊》（月刊）
北平绥远旅平同学会
1936年7卷2期
（李红权　整理）

几个防备毒气简单的方法

——为着农村中的大众们

玄德　撰

我们底敌人，节节来犯，国防前线的绥远问题，将来如何决定命运，已成了国家“危急存亡”整个的严重问题。飞机、大炮、坦克车，已无情地向我前线进攻，向我忠勇的守土英雄们，两面的袭犯来杀，我们委实是处在忍无可忍、耐无可耐的阶段中了！我们为保全领土完整、主权存在，也只有在精诚团结巩固联合阵线底条件下，不迟疑不松懈地与敌人周旋，来求国家与民族之复兴基础！我们一般地主张：政府如果有抗敌决心的话，对于绥远国防援助——精神与物质——固然要彻底地充实，给敌人以迎头痛击的打灭；然对犯绥的策源地——察北问题——亦要下最大的决心收复解决，以遏乱萌；同时对于走私的掩护区——冀东伪组织区域——更要督促就近驻军的实力者动员收复取消，恢复国家与民族的颜面！四万万阿斗们，只有引领而望之焉！

前方底英雄们，奋勇杀敌，后防大众们呐喊声援；而惨酷的敌人，以毒弹来加惠我们，无疑地总有这么一天。我们为了农村中大众们，防备毒气浸临，想了个最经济而且最简单的方法，供献给我绥远的民众们，作万一之准备：

（1）在敌人放用毒弹时，可用日常洗面毛巾浸清水后，遮在口鼻以呼吸，可防较轻之毒气。

（2）在敌机放用毒弹时，可用普通肥皂——如洗衣用品皂料水浸湿毛巾后，遮掩鼻口，可防轻〔较〕重之毒气。

（3）若用炭酸钠及硫酸钠少许，分用清水调匀，再加用甘油调和后，用药棉花或用毛巾浸透，遮口鼻，可防最多量最重毒气（炭酸钠，硫酸钠，甘油药品，各地西药房均行售买〔卖〕，价甚廉）。

以上所述各法，均可由民众自由从用，法简方便，既不费时间，又可省虚糜巨费，诚属平民化之防毒方法也，望我绥人广为宣传之！

一九三六，十二，四，于北平中大

《绥远旅平学会会刊》（月刊）
北平绥远旅平同学会
1936年7卷2期
（李红权　整理）

本会致傅主席请坚志守土电文

作者不详

绥远省政府主席傅钧鉴：比来察北伪军集中商都一带，意图大肆西侵，绥东顿呈危殆，国防亦告吃紧！举国重视，绥民皇皇。顷阅报载我公谈话：“本人服务边疆，矢守二旨：（一）凡属上级命令，绝对服从；（二）力完保民守土之责，凡扰害绥民治安者，不论伪蒙匪共，决心不顾一切予以剿击”等语，敝会等数百同乡、同学，托迹平、津，逖听之下，感佩弥增！缘我绥远，不惟西北门户，亦为国防要冲，存亡系于国命，得失为民族生命攸关。我公矢志救亡图存，诚国家与民族之万幸，敝会等率数百同学、同乡，誓死作为后盾，望我公不屈不挠，完成夙志，将见再造伟绩于边疆，为民族之英雄。谨诚披词，借表忱悃，不胜翘企之至。绥远旅平学会叩。齐。印。

《绥远旅平学会会刊》（月刊）
北平绥远旅平同学会
1936年7卷2期
（丁冉　整理）

东北青年剿匪义勇队成立参战

——附友人致该队员信

作者不详

东北旅平有志同学李符桐、张威、陶然、王树钧、朴拙等组织之“剿匪义勇队”前日晚由平地泉来绥后，昨日下午三时李等偕赴省府晋谒傅主席，报告来绥目的，傅氏因事务繁忙，当派军民联合委员会委员潘秀仁代为接见，李等沉痛陈述救亡图存之意旨外，并请潘氏转达傅主席，请为分发前线工作。李等态度坚决，誓死剿匪到底，今日将再谒见傅主席请示出发准备。兹该友人所致之函件如次：

符桐兄：我懊悔没有送你到车站，亲眼看你登车，更懊悔没会一会那三位朋友，送你们出门后，我和叔叔回楼上谈了们〔好〕些英勇可爱的话，他老人家一些不用我安慰，他不但了解你们，并且他反安慰我。符桐，他真是一位伟大的老头子。今晨的天气是入冬以来第一天如此冷，天〔老〕天仿佛在试探、锻炼你们，因此也更证明你们的坚决英勇的精神！关于你们消息，平、津各大报均有刊载，有千万的人们被你们的〔所〕感动，更有许多东北同学，也开始筹备出发，你想我如何兴奋啊！你们到了绥远，有事可和望兄接洽，遇有困难的事情，请他帮忙，千万不要客气，符桐你是知道我们的友谊的。其他一切的事，你比我知道的多，不细叮宁了。儒林等四兄同此不另。敬颂安好！曼。

《绥远旅平学会会刊》（月刊）
北平绥远旅平同学会
1936年7卷2期
（丁冉　整理）

傅主席亲往医院慰问伤兵

作者不详

自伪匪进扰绥境以来，经我军分头痛击，所有绥境之伪匪，悉被我军击退，并于日前将伪匪之根据地百灵庙收复后，我杀匪负伤之将士，已运送绥垣，加以疗养。各界以此次负伤将士，为国家增光荣，为民族争生存，于朔风严号冰天雪地中，奋勇抗战，致被损伤，其金骨铁血之精神，殊为钦仰，连日以来，各界携带慰劳物品，分往各伤兵医院，慰问有加。绥省府主席兼三十五军长傅作义，特于昨（二十八日）亲往伤兵医院，一一加以抚慰，受伤官兵，对长官亲莅慰〈问〉，极端表示敬仰，甚有感德流涕者。有一士兵，腿部及胸部受伤颇重，当傅氏进屋时，该士兵忍痛立起，对傅氏致敬，傅当亲手扶持，用言安慰，该士兵即谓受军长恩惠，虽死不惜，稍俟伤愈，即赴前线杀匪，借报答国家与军长云云。

《绥远旅平学会会刊》（月刊）
北平绥远旅平同学会
1936年7卷2期
（丁冉　整理）

士兵自行陈辞请缨

语气忠诚　可歌可泣

作者不详

绥东、绥北战事发生，我军士气极旺，四百一十九团骑兵连士兵，函傅请缨，原信错字甚多，字句亦不甚通顺，但兵士一种抗战热情，已跃然纸上，令人读后尤为兴奋。兹将原文发表，一字不易，以存其真：

军长大人均启：四一九团骑兵连全连兵报告，现下国难临头，甚是危急，只因我团现已赴前线抗敌，因这次追剿伪匪，我连未赴前方参加战斗，请问军长，我们全连士兵甘心赴前线抗敌，这次我连未出发的原因，但不知担负何种责任前去，我们诸士兵是很惭愧的，因为我们吃国家，穿国家，到事临头，不用我们，我们公家白养活我们，若再有机会，望军长无论如何，我连参加就是我们全连诸士兵，愿为国家作牺牲，而不辞，自前下动员令后，昼夜准备，心中甚是欢悦，精神十分增加，至今未赴前方追剿伪匪，诸士兵感觉心中不悦，并不是我们怕死，就是我们全连士兵是很甘心牺牲，纵既牺牲亦是军人应尽的天职，请愿阵前死，不作亡国奴，这是我们全连诸士兵的目标，请向军长大人致此均安。暂编骑兵连军士代表田普珍、杨汉武、贾万宝、周武胜、刘宝兰、李子文呈。

《绥远旅平学会会刊》（月刊）
北平绥远旅平同学会
1936年7卷2期
（李红权　整理）

汤恩伯军全体官兵致书绥东、绥北战士书

作者不详

中央陆军十三军军长汤恩伯昨与所部第四师师长王万龄，第八十九师师长王仲廉及全体官兵，有书致赵（承绶）、傅（作义）两部绥东、绥北将士，并派员携礼物慰劳，原书兹觅录如下：

中央陆军第十三军全体官兵致绥东、绥北忠勇的战友书

骑兵军赵司令官印甫兄，骑兵第一师彭师长绍周兄，骑兵第二师孙师长凯旋兄，二十五军二一八旅董旅长其武兄，三十五军二一一旅孙旅长婉九兄暨绥东、绥北忠勇的全体剿匪战友们：神圣的民族“生存战”已经发动，而且获得首先胜利了。我们一国家在内忧外患交相煎逼的严重国难中，已渡过了五六个年头，在这五六年的惨淡光阴里，幸赖我革命领袖蒋委员长的领导感召，全国同胞的艰苦奋斗，在政治、建设、国防、民生诸方面都获得了长足的进展，民族复兴，已走上光明的坦途，举国上下，方进一步在集中国力，以图抗御，完成历史所许给我们的伟大使命，乃李守信、王英等无耻的匪徒，埋没天良的衣冠禽兽，他们竟忘了是炎黄的子孙，是中华民国的国民，只图满足一己的欲望，不惜出卖了祖国的利益，甘受奸人的利用，忍将自己的手来屠杀自己的兄弟姊妹，推究这种狂妄的自杀举纳〔动〕，无异是认贼作父，饮鸩止渴，要加速祖国的灭亡。但我忠勇战友们，为了争取民族的生存，确保国土与主权的完整，已在寒威凛康〔冽〕的冰天雪

地中，忍受着非常的劳苦，坚决地擎起正义之旗，将与那出卖了祖国与灵魂的匪军，不顾正义与真理的强盗，长期的苦斗下去。要以血的拼流和铁的咆哮来说明中华民国的伟大风格，以争取国家民族不绝如缕的一线生机。我们骑兵第一师和三十五军二一八旅忠勇的战友们，在红格尔图的风雪中，抗御着飞机与重炮的袭击，已首先击溃了进窥绥东的优势匪军，我们骑兵第二师和三十五军二一一旅忠勇的战友们，接着在蒙古的寒流中坚决地占领了匪军与奸人集中的百灵庙，使敌人失却了进犯的根据地。尤因我忠勇战友们抗战的激烈，更令狂妄的匪类丧胆落魄，奸人纵然阴毒，予匪以充分的支持，也不能重振其惨败的势焰，这种伟大壮烈的战绩，这种用战友们的热血写成的光荣不朽的史实，实足以增强我民族复兴的基础，加速我民族复兴的实现，且不啻给敌人以最具体而有力的忠告。我中央对战友们倚畀的殷切，以及全国同胞对战友们伟大事迹的欢慰，更无待这里多述的了。本军的全体官兵在战云弥漫的今日，已集中于我忠勇战友们的咫尺之后，并已取得了联接，随时准备加入战线，和亲爱的战友们共同奋斗。战友们用报国的热情创造的伟烈，光劳，不朽的勛〔勋〕绩，将昭耀于世界而永垂于史籍。我们在钦仰之余，略备了一些物品派员送来，借致慰劳的微意。潜伏于国家前途的危机正多着，但是我们有的是铁与热血，我们将以战友们在红格尔图和百灵庙抗战牺牲的精神，无情地歼灭任何进犯的匪类与侵逼的外来的势力，我们敢于相信惟有热血可以洗刷中华民国的耻辱，也惟有热血可以争取民族的生存与解放，历史决定下的苦难命运，我们已有了克服的保证，我们将在战线上会见了，这里谨先伸出我们诚挚的手，并祝战友们的健康和永远的胜利。中央陆军第十三军军长汤恩伯，第四师师长王万龄，第八十九师师长王仲廉，率全体官兵启。

《绥远旅平学会会刊》（月刊）
北平绥远旅平同学会
1936年7卷2期
（李红权　整理）

王英部下一士卒致彼友人信一件

作者不详

当我们乘了平绥车，走到张家口的时候，我们下车住了两天。在两天之内，听到的事情挺多。最重要的是王君朋友 D，他在此地做事一年光景了。他有一个朋友姓白，曾经当过连长。白有友人，现在正在王英部下充当兵士，前日给白来了一封信，白把这信让 D 看，D 又转给我们的。是这样：

展金兄：我们家里自遭天灾后，天天连吃的都有没〔没有〕。县里的租税总是逼着催。村里的村长很欺侮我们。今年水灾后，哀鸿遍野，多有数日不食，因此饿毙者不可胜计。现在我投于王英匪伙了！这是不得已的事，请你鉴谅。我自从于东北某校毕业，每思及祖国，企望南天，则未尝不三叹而流泣也，但上有慈母待侍，下有幼子俟扶，欲脱离则无策，缄默吞声，志在来日效命。今随王英侵绥，余奉慈命，弃家赴战，目的有二：（一）决牺牲一切在伪队中大施活动，煽导伙伴，待大战来临，期达反正，借遵慈命，俾割冤腹，展坦白之心，以献祖国同胞共瞻。（二）待国军到达失地时，余愿作密切向导，以便收复迅速。“为谁而战？”“为何而死？”伪军虽愚，三分之二尚明大义，叹未到时机耳。现在在绥伪军王英部仅千余人，皆乌合之众，所使枪械，全系某国人供给，大计及前方指挥亦某国人筹划与担任，空军亦系某国人驾驶，但多饰中服与伪军服。李守信、王英等，全系一傀儡废物，李守信效某国极忠，王英……伪军多受胁迫，而勉强为之，亦有为环境生活所迫，不得不随之滥竽充数，获小利以度日，战时动员令下，皆含泪裹足，不愿前趋，及将迫近，弹高射天空，废子弹为主义，稍支后即佯败退……（下略）

《绥远旅平学会会刊》（月刊）
北平绥远旅平同学会
1936年7卷2期
（朱宪　整理）

绥东前线一兵士来信

缕陈战情之残及所需物

作者不详

主笔先生大鉴：

鄙人系一绥东抗敌小兵，处身前线，颇多见闻，敢以微见献诸主笔先生。先生为舆论之主，民众所宗仰；倘蒙听取，公布于我国内爱国同胞，或可使我等奋战前线之士兵，受多少恩惠，则感激无涯矣。此次红格尔图之战，我士兵为敌人飞机炸伤者，比比皆是，如某部因集合于一院落，被敌机数架发现，炸弹纷掷，兵士不及避，被炸伤亡数人，汽车救来集宁，仓促之间既无负责医治者，更缺乏医药，敝部守卫此地，因暂未出发，乃被派看护，敝人目睹惨况，不觉相对痛哭。即少数之医药，犹属敝部所出，敝部尚留待自用，不能尽量拨用，行手术则器具无有，必待一二日始得转赴大同或绥远后方医院，试问人谁能待？国内热心援助吾等者，曷不组织救护，在此地救我为国牺牲之兵士？国内同胞，近奋起捐款援助我等，心实感激，然若使吾等得速受实惠，莫若捐赠我等最急需之物品，如毛衣，卫生衣，皮手套，毛袜，医药等等，若太笨重之大皮袄，一旦作战，势必弃抛，再一追击敌人，不幸受伤，虽得被救来后方，恐不及中途已被冻毙矣，故皮衣亦以轻暖者为合于适用。

再，国内同胞极应联合电请当局，速派飞机援助绥东将士杀敌，则我等幸甚，国家幸甚！

绥东抗敌一小兵启，十一月十九日

《绥远旅平学会会刊》（月刊）
北平绥远旅平同学会
1936年7卷2期
（李红权 整理）

参观二十九军实弹演习记略

佳之　撰

（十一月七日）晨六时起床，略事整饰衣服并用早点后，即到穆楼前集合，天色尚暗，寒风刺骨，只见黑压压一片同学正在整队出发，迅速跑进队伍中，经学生会主席略略报告后即开始出发，行至中途，T. H. 队亦赶到，过颐和园往北西行，穿青龙桥至山后平原，时演习士兵已至，何旅长于鼓掌声中讲演习情形及士兵编制、军械配置等，继乃开始演习。为参观便当计，将学生分成数队，并派长官领导参观。目标为青龙山，士兵先宣誓："用老百姓血汗换来的子弹打到我们的敌人——××人身上！"声音悲壮宏亮，由不得每个观者兴奋欲泪。后发命疏开前进，先是轻机关枪射击，枪声突突，振撼天地，空气顿呈紧涨，实若亲临战场，继用"枪桶"，声音更大。每于士兵前进时，观众亦尾随于后，远望山下（目标地）所有靶子（代表敌人），均中弹不少，并于将近山时，燃以烟幕弹，白烟弥漫，以混敌方视线，不数分，果将山头夺过，士兵勇敢灵敏，毫无畏色，足见其训练有素，后乃下山归原。只见西面炮车数辆，及近，何旅长略解：高射机关，购自法国，每艇值七八千元，每排子弹三十粒，每粒值一元，此皆中国不能自造。讲毕即开始西面高山射击，声音更大。演毕，二校同学整队，士兵亦集于对面，代表致词，望共同合作抗敌，并赠士兵毛巾若干条，继何旅长答辞致谢，并愿今后，仍本过去精神抗敌守土，鼓掌雷动，高呼口号，欣然而散，同学们因得此良机，一瞻我国军队之战斗情况，莫不喜形于色。在此得到些许感想：(1) 此次参加可说是军民大联欢，军民从此更能接近联合，自是意中事。(2) 看出每个士兵奋勇的精神，抗敌情绪的高涨，可代表一般士兵抗日的要求是如何急迫。(3) 中华民族只有在高压下各个分子紧密结合一致对外才有解放的一天，才有自由生存的一天。

《绥远旅平学会会刊》(月刊)
北平绥远旅平同学会
1936 年 7 卷 3 期
(李红权　整理)

中日谈判与绥远战事

行健　撰

中日谈判，近因绥远蒙伪匪军内侵而陷于停顿。返国请训之日本南京总领事须磨于十月卅一日到京后，张外长与川越大使之七次会见，乃于十一月十日举行，惟仍无结果，将来是否继续举行，当视日本对于绥战之态度以为断。在此时期中，日本华北驻扎军及我驻河北省之二十九军，相继举行操演；华北中日通航之惠通公司，亦已于十一月十七日在天津成立；太原忽又发生无照日人强租房屋事件，幸晋省当局应付得宜，未生事端。绥远战争发生后，日本关东军与“满洲国”外交部于十一月二十七日共同发表公报，称绥远局势危及“满洲国”之安宁与秩序时，则日本与“满洲国”当局，不得不取适当办法。吾外交部发言人，亦于二十八日发表谈话，称剿匪为国家主权，绝对不容第三者侵犯。绥东战况，自我军于二十四日克复百灵庙，即以天寒，转趋沉寂，以后发展如何，当于下期续志。

川越七次晤张外长　返国请训之须磨总领事，于十月二十八日由神户乘法邮船阿拉米斯号来华，三十一日上午抵沪，即于下午一时二十五分乘车晋京，晚间九时到达。下车后，即赴日大使馆向川越大使报告一切。据东京《中外商业新闻》十月二十六日所载，须磨携来之日外省新训令，其内容包含下列各点：（一）日本已定之政策，根本上并无改变。（二）日本所提出之各项要求，既以关于华北及中日联合防共之提议为其核心，是以欲求中日间之谈判有美满之结果，最低限度，亦必须对于以上两事，作原则上之妥洽。（三）完全尊重中国之态度，并须耐心向华人说明日本之要求。（四）某种迟延，虽属难免，惟中国方面，如有意［意］企图延宕谈判之进行，日方必须坚决反对之。（五）日本虽愿见双方之谈判，能获美满之结果，惟有企图曲解日本之基本要求，以阻谈判之顺利进行者，日本必须加以拒绝云。

须磨到达南京后，日使馆即于十一月一、二两日，举行会议，听取须磨报告日本政府对华外交之确实意见，并于今后之对策，作种种协议。三日午后二时，须磨至我外交部访亚洲司长高宗武，会谈三小时半，为张、川越第七次会谈之预备折冲。此次为须磨总领事返任后最初之折冲，故有相当扼要之议论，惟彼此意见，犹未一致。七日午后四时，须磨复至私邸访问高宗武，继前进行返任后之第二次预备交涉。会谈约二小时，为谋中日交涉之迅速解决计，曾经种种协议，惟迄未获得最后结论。至张外长与川越大使之七次会谈，则于十日下午举行。十日下午三时，川越赴我外部会晤张外长，继续交换调整中日关系意见，谈话二小时余，至五时二十分辞出。闻张外长仍坚持我方既定方针，会商结果，双方意见稍见接近，但尚未获得结论，将约期再谈。会谈完毕后，日使馆当局发表声明如下：十日午后三时，川越大使至外交部长官舍，会见张外交部长，言及须磨总领事返任后，三日及七日两次与高宗武会谈之情形，交涉亘二小时半。虽则若干意见已见结〔接〕近，但尚未达结论，故不久将再会谈。

我国驻日大使许世英，亦于十四日下午一时半往访日外相有田，谈两小时。许大使对我政府态度再作恳切明确之说明，于日本误解我国立场之各点，申述尤详，俾日政府得以充分正确考虑我国之地位。有田对许大使所述各节，似仍未完全了解，但允俟接获详细报告并重加考虑后，再为置答。十八日下午四时半，许大使再访有田外相，奉本国政府之训令，将张群部长在七次会谈，对川越大使说明内容，重加详细说明，以免日方误解，有田外相答以中国政府之真意，确已谅知。于是会见完毕，许大使即行辞出。

蒙伪匪军进犯绥远　中日两国外交当局正在进行谈判之际，华北日军，忽于十月二十六日至十一月四日举行占领平、津之大规模军事演习。我国驻在河北省之二十九军，亦于十二日至十四日举行操演，以资观摩。同时，太原发生无照日人武田末雄、田中义太郎二人，擅设和中洋行，强租按司街四号房屋案，幸晋省当局应付得宜，未生事端。而中日通航之惠通公司，亦于十一月十七日在天津正式成立。开辟航线三条，计天津至大连，每周往返飞行三次；天津至锦县，每日往返飞行一次；天津经北平、张垣至承德，每周往返飞行三次。十八日起，三线同时开航。

绥边蒙伪匪军王英、李守信等部，突于十一月十一日向我陶林、和兴〔兴和〕及红格而图等处进犯，驻军傅作义部，沉着应战，匪不得逞。二十四日，我军反攻，一举占领百灵庙，匪伪军望风披靡，溃不成军。现因塞北天寒，冰雪遍地，故双方固守阵地，战况沉寂。绥远战争发生后，中日外交谈判陷于停顿，我外交当局对谈判前途，深表悲观，将俟日方对绥远战事有明确态度表示，始确定是否继续谈判。

绥远战事发生后，日本外务省发言人于十一月二十日答各国新闻记者之问话时，对于日政府对绥远情势之态度有更明显之表示。其言曰：绥远战事，纯系中国在其本国领土之国内事件，不致影响满洲之安全。中国政府处置此种情势，有充分自由，即宋哲元参加防击内蒙军，日政府亦觉无反对之理由云。有询以内蒙军之飞机、坦克车、大炮从何而来者。外务省发言人答称：彼等苟不能自己制造此等军器，亦自可从国外输入，一如外蒙之由苏联输入军器者然。谈及南京谈判时，外务省发言人称：绥远战事，不致影响中日谈判，并谓川越大使与张部长将再会谈云。

纽约《泰晤士报》（New York Times），于十一月二十三日揭载日本驻沪武官喜多诚一少将谈话，承认日本军官援助蒙伪匪军进攻绥远。据喜多向该报记者称：日本与蒙古目的相同。日人拟将该省土地十一万七千方哩收归日本势力范围之内，迄未成功。日本在乡军官多名，已在察哈尔北部，设立军官学校，教练蒙古军。此项军官，概由蒙人出资供养，但不参加实际战事。并谓："苏俄已将外蒙军队编成机械化之劲旅，吾人为对付计，遂以飞机售与内蒙军，俾得充实实力。至谓此类蒙人无力购买坦克车、铁甲车及军火之说，实属不确，蒙人种植鸦片，收获甚巨，业以此种物产偿付吾人矣。"此项消息，与日本外务省及大使馆历次声明非常矛盾，中央社记者特为此事，于二十三日下午趋访日本驻京陆军武官雨宫巽询问真相。雨宫答谓：据彼想像，喜多武官不至于作如此露骨之表示。雨宫继复郑重声明两点：（一）彼不敢保证在蒙伪匪军中无日籍之指挥人；彼以为即或有之，亦不外日本浪人之流，可任凭中国正式军队自由处分。（二）现在蒙伪土匪所用大部分锐利之武器，即使出自日本方面之供给，亦必为一部分贪利商人之私运，中国方面固可随意取缔之云。记者复询将来战事倘蔓延至察哈尔时，日军部将抱若何见解？雨宫答谓：目下本人亦未明了，不过察哈尔乃中国之土地，中国方面固可随意剿匪。

我中宣部发表谈话　匪伪军进犯绥远，情势日趋严重，民情舆论，尤为潡〔激〕昂。中央宣传部发言人特于十一月二十日发表关于时局问题之谈话，大意为：（一）吾人要知一个独立国家，其国家之主权，无论对内对外，必须有充分自由之行使。简言之，即对内必使其主权为绝对，对外必使其主权为独立。中国目前问题，看来虽似复杂，然苟以此理为之纲领而贯通之，实为简单，中国现已完成统一，政令普及全国，仅西北极小部分匪区内之同胞尚未脱离水深火热之苦境。此种匪徒，其组织，其号召，其背景，已为国人所深刻认识，其为破坏国家统一与妨害民族生存，殆无疑义。而伪匪军又复内侵，其存心何在，背景何在，亦属有目共睹，而其为侵犯国家主权与危害政府威信，更无稍异。故不论其所居之名为匪为奸为盗为寇，其为害同，其为吾之敌亦同，站在国家与政府之立场，对此决不容稍事姑息，誓必尽力剿灭，盖已为今日之国是。（二）在南京进行中之中日交涉，时日推移，已逾两月，政府对此，早经我外交当局前后表明，即国交调整之原则，为平等与合理。近来国内及国际间之舆论，对于中日交涉，均谓中国政府及外交当局，已尽其应尽之最大责任，甚希望日本方面能充分认清中国立场，并使中国人民对中日邦交调整交涉，确能改善两国关系，达到弃嫌修好之愿望。此种论调，既能代表中国国民之心理，亦可见国际间共同合理之判断。今日中日交涉关键，亦在完全系乎日本方面。最近伪匪大举内犯，边氛日亟，国民情绪高涨，甚至注意绥、察军事之热心，远过对于进行之中日交涉，此中态度之歧异，实足为邻邦朝野极好之研究资料。（三）绥东情势紧张后，国民性〔情〕绪甚高涨，而态度极沉毅，腹地如此，边省亦然。因今日绥、察之问题，极简单明了，来犯者不论其为伪为匪，或其他任何势力，同为国家民族不共戴天之大敌，于此应付之方，惟有迎头痛击，惟有根本剿灭。地方疆吏于此有显明之表示，中央当局更有明切之指导，态度显明，毫无犹豫研究之余地。故数日来前方军讯，匪众虽屡次猛犯，无不惨败，此固由前方将士之英勇，亦赖中央之统筹主持，始有此上下相维内外一心之现状。全国人民若更能鉴于此种事实，以沉着镇静之态度，整齐统一之步骤，信任政府，共赴国难，匪寇之扫荡

歼灭，又奚待耆〔蓍〕龟。（下略）

十一月二十七日，“满洲国”外交部与关东军在长春共同发表公报，据称：如绥远之局势危及“满洲国”之安宁秩序，则日本与“满洲国”当局不得不取适当办法，以防患于未然。该公告详述“满”日军双方对内蒙军攻绥表示同情之原因，并述及中政府仍不愿与日合作共同反共等事。继称，内蒙军之在绥远作战，乃因中国共党及与共党组织有密切关系之中国军人团体压迫日甚，故不得〈不〉以此而自卫。内蒙之目的，与日本及“满洲国”紧急国策当吻合。该公告结语曰：“日军事当局因盼望内蒙之成功，故对于足以妨害‘满洲国’之安宁与秩序，或使中国全土布尔希维克化之事变，不能漠不关心。”

我国外交部发言人，亦于二十八日发表谈话，谓此次蒙伪匪军大举犯绥，政府负有保卫疆土、戡乱安民之责，不问其背景与作用如何，自应予以痛剿，此为任何主权国家应有之行为，第三者无可得而非议。师出以来，节节胜利，匪军消灭，当在不远。至国内“共匪”，经国军连年痛击，已告崩溃，残余之“匪”，政府仍本自力“剿匪”之一贯政策，继续努力，以期完全肃清。我政府遏止“赤化”之决心与成绩，举世皆知，断非虚伪之宣传所能淆乱。中国国民，爱好和平，我政府本自存共存之政策、亲仁睦邻，调整国际关系，以期对于世界和平有所贡献。惟领土主权之完整，为国家生存必具之条件，不容任何第三者以任何口实，加以侵犯或干涉。万一不幸而发生此种非法之侵犯或干涉，必竭全力防卫，以尽国家之职责也。词严义正，可见政府当局决心之一班〔斑〕。

《外交评论》（月刊）
南京外交评论社
1936年7卷5期
（李红权　整理）

国防前线绥远省保卫团实力

倪恃廉　撰

一　绥远形势

绥远毗邻内蒙，滨临察哈尔，旧为腹地，今则因察北已非我有，内蒙又时摇动，绥远形成国防前线地带，为山西之屏障！

绥远省包括十六县、两设治局，计为归绥县、萨拉齐县、包头县、丰镇县、五原县、武川县、集宁县、兴和县、凉城县、和林格尔县、清水河县、托克托县、东胜县、固阳县、临河县、陶林县、安北设治局、沃野设治局。除乌、伊两盟外，全面积六四六，九四六方里，有人口一，八二七，四一一人。

二　各县保卫团实力

绥远省各县保卫团之编制，悉依内政部颁发之《县保卫团组织法》编组，据民国二十二年一月，该省民政厅派员赴各县调查各县保卫团实力如下：

1. 归绥县有人口一八四，六三一人，保卫团三团，枪二百四十七支，子弹七千二百九十粒。

2. 萨拉齐县有人口三三〇，三九四人，保卫团五十九团，枪四百六十六支，子弹一万四千二百五十一粒。

3. 包头县有人口一二二，七二三人，保卫团十六团，枪一百六十六支，子弹三千一百九十四粒。

4. 丰镇县有人口二三九，六四九人，保卫团一团，枪一百八十一支，子弹三千一百一十四粒。

5. 五原县有人口三五，三六四人，保卫团三团，枪六十六支，子弹一千五百二十二粒。

6. 武川县有人口一四七，四八二人，保卫团十一团，枪四百五十一支，子弹六千三百五十五粒。

7. 集宁县有人口六二，五二九人，保卫团六团，枪二百四十九支，子弹六千八百零六粒。

8. 兴和县有人口九八，一二〇人，保卫团八十一团，枪五百九十六支，子弹二万二千一百粒。

9. 托克托县有人口一二九，二二四人，保卫团五团，枪一百支，子弹一千五百粒。

10. 清水河县有人口五八，九一一人，保卫团一团，枪四十支，子弹二千五百七十四粒。

11. 和林格尔县有人口九九，二一四人，保卫团五团，枪一百零二支，子弹八百八十九粒。

12. 东胜县有人口一九，五三七人，保卫团四团，枪四十六支，子弹六百九十粒。

13. 固阳县有人口八一，二八七人，保卫团一团，枪一百六十支，子弹五百五十七粒。

14. 陶林县有人口四二，三二九人，保卫团三团，枪六十支，子弹二千四百四十八粒。

15. 凉城县有人口一五六，三五五人，保卫团六团，枪二百一十一支，子弹五千六百三十粒。

16. 临河县有人口四六，五九三人，保卫团四团，枪七十一支，子弹五百三十粒。

17. 安北设治局有人口二七，八三〇人，保卫团三团，枪二十七支。

18. 沃野设治局有人口一七，六五〇人，保卫团一团，枪三支。

综计民国二十二年时，绥远全省有保卫团二百四十团，枪三千二百四十二支，子弹七万八千四百五十粒。在此时期，成团标准与每团人枪数额，均不一致。且各县保卫团就地筹饷，不免骚扰人民，故绥远民政厅特力加整顿。

三 各县保卫团之整理

绥远民政厅整理各县保卫团，以减少人民负担，不准骚扰地方，逐渐推行无给制为原则。并拟：（一）使全省民团逐渐养成由民政厅统一指挥之习惯；（二）裁汰老弱，使收支适合；（三）化零为整，使有横的组织，随时换驻本县各区；（四）采保证制，剔除不良分子，以树真正民众武力之根基；（五）无给制先由乡而县，逐渐作到。整理进行要点如下：

1. 统一名称 （一）各县保卫团一律名为某县保卫团，凡城防团、护路队、游巡商团等，一律改为县保卫团，以前名义一律取消。（二）各区保卫团以第一队、第二队等数别之，如某县保卫团第〇队是。（三）各排、棚则以第一、二分队，第一、二班等数别之，如某县保卫团第〇队第〇分队第〇班是。（四）统率者，称为总团长、副总团长、副团长、区团长、队长、分队长、班长、副班长。从前团董、保董、区副、排长、什长等名称，一律取消。

2. 统一编制 （一）以团丁十名为一班，外设班长、副班长各一名。（二）三班为一分队，设分队长一员。（三）三分队为一队，设队长一员。（四）集合各县各队为县保卫总团，设总团长一员，副总团长二员。（五）各县保卫团编成，以原有枪支及经费为标准，分为甲、乙、丙三种。（六）凡编成七队至十队为甲种团，五队至六队为乙种团，四队以下为丙种团。（七）各队编成，暂以区为单位，以每区编制一队为原则，如本区人数不及一队，则遵以下之规定，七十人以下编两分队，四十人以下编一分队，编成两分队者，得设队长一人，编成一分队者，设分队长，直隶于总团部。（八）总团部设会计、书记各一名。（九）队部设分队长三员，事务员、司书各一名，班长、副班长各九名，一等团丁三十六名，二等团丁五十四名，传达、号兵各二名，马夫若干名。（十）总团长由县长兼充，副总团长由公安局长兼充，副团长由总团长保荐富于军事学识者（但须回避本籍）三人，呈请民政厅核委，秉承总团长、副总团长〈之命〉办理县保卫团事务。（十一）队长以下官长由总团长就原有官长酌量编用，呈民政厅加委，将来队长开缺时，由总团长呈荐有军事经验与声望者三人，呈请民政厅核委，不得自行委用。（十二）团丁分现役、预备役两种，现役团丁以县、区、乡现有之有给团丁编成之，但须年在二十岁以上，三十五岁以下，在当地居住一年以上，带有身家，并须有邻右三家以上，或商号两家以上之保结者。不合此项规定之现役团丁，应予淘汰。预备役系照《县保卫团法》按户抽丁，不给薪饷，除依法特许免役外，无论何人，不得托词规避，由闾长充任牌长，镇长充任甲长，务使乡村治安，同有充丁自卫之义务，不以金钱作代价，以为将来替代有给制团丁之预备。

3. 标明系统　绥远各县保卫团，大多操诸地方豪绅之手，目光所注，仅在一隅，或仅在个人，遇有匪患发生，非各不相援，即以邻为壑，甚至团丁作为爪牙，以为武断乡曲之工具。总团征调，百端阻扰，县长惧其多事，亦不敢名言整理，故宜标明系统，统一指挥，其系统如下：

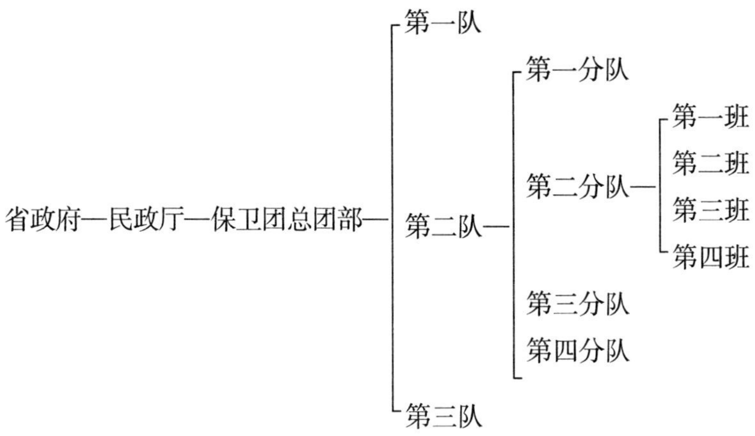

4．确定经费　绥远各县保卫团经费虽多指定由地亩摊派，但能按月发饷者，殊不多见。有每日发莜面二斤，而菜金、柴草均无着落，致团丁自行下乡勒索粮草，视为故常，甚至团丁假保卫团名义，放赌起捐，勒索滥罚，只知以不法收入，作筹饷之捷径，于本身原饷发放与否，反视为不急之务。嗣后应以由县财务局统收统支为原则，各县保卫团经费数额，应按照所编预算数目，由全县地亩公摊之，事先公布周知。

5．注重训练　绥远各县团丁，多者近千，少者近百，徒以缺乏训练，致未能发挥保卫地方之实力。该省民政厅甚为注意，特订定军事训练、政治训练办法。

军事训练课目如左：

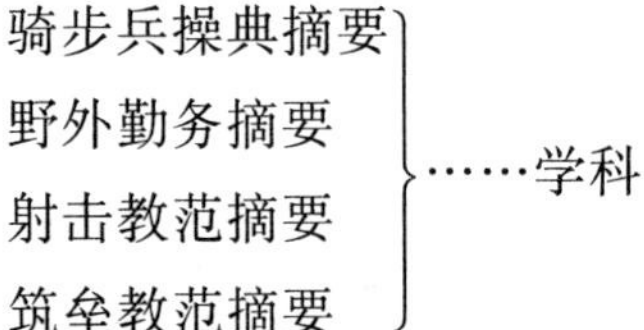

制式教练
战斗教练
土工作业
武　　术　……术科

政治训练课目如左：

党义浅说、政治大势、外交大势

6. 训练办法　（一）就各乡现役团丁抽调若干名，在区公所所在地由队长、分队长、教练员督同训练，以二个月为一期，输流抽练，周而复始，学术科每日不得少于四小时。（二）总副团长、教练员随时赴各队督练外，得调集曾受区训练团兵之一部或全部，集县训练之。（三）各县总团长为使学术科划一与迅速起见，得在总团部成立班长训练所，每班暂以二个月为期，人数由总团长定之，以班长训练完毕为止。（四）此外并在省会设立干部训练班，调集各县队长、分队长轮流训练。

7. 严密配备　（一）战时防匪配备，由总团长斟配〔酌〕当地匪情，划定警备区域，统率全县保卫团，分别扼要防堵，并相机追剿。其非警备区域，亦应酌留团队，为镇摄及增援之需。（二）平时防匪配备，由总团长就各县行政区综合配备，以每区分配一队为原则，再按该区实际情形，派出分队驻防。如此区兵力不敷分布，得令一队担任两区或数区之防务，至此队与彼队、分队与分队间，应随时会哨，并须互相调驻，以免再有私人把持之弊。

8. 团警合作　团队与警察同为地方武力，宜打成一片，彻底自卫，联系办法如下：（一）以县公安局长兼任保卫团副总团长；（二）以各区区长（即保卫团区团长）兼公安分局长。前者系以警联团，后者系以团联警，形式之接近促成，则精神之结合自易，较已往各自为政、互相漠视者，必有间矣。

四 各县保卫团教育计划

绥远省各县保卫团官兵，素乏训练，半受教育，绥远民政厅特拟定各县《保卫团教育计划》（附后），并按照计划，在省会设立保卫团干部训练所，第一、二两期，业经毕业。

绥远省保卫团干部训练所，第一期于民国二十三年五月二十八日开课，四个月毕业。预定实施之各种课程，均如期授毕，学员中有不识字者十余名，于各种课程，亦能明了。总计学员三十二名，全数毕业，其分拨回县服务办法如左：

1. 受训毕业学员，各县、治长（即总团长）不得随意撤换，如有重大过犯，须呈准上峰核示后，始得执行处分，以示保障。

2. 受训毕业之事务员，饬令各总团长一律擢升为分队长，以示优遇，而咨〔资〕激劝。

3. 受训学员回县后，各总团长须以其所学倡导部下，借收教学相长之效。

又据该省民政厅报告，第一期保卫团干部训练所自成立后，各学员初以不明真相，畏葸规避，不肯前来，致使预定受训之人数，未能如期到齐。迨至入所以后，经一再训导，渐明大义，深知不学无术，无以自立，故皆努力课程，专心向学，其中虽有不通汉语之蒙籍学员数名，亦欣然受教，至毕业时，犹能以汉语答述问题，其用功向上之心，至堪倾佩。

附绥远省保卫团教育计划：

第一章 总则

第一条 本计划系依照整组方案训练步骤第三项，参以各地情形规定之。

第二条 本计划系养成民众有系统、有技术，以充实自卫武力为目的。

第三条　本计划在寓兵于农，必使人民普遍受训，以达到全省皆兵为归宿。

第四条　本计划所列课目、程度系略示准标，至一切训练程序与细目，由各总团部另行制定，确实负责施行，并须于每期完竣后将实行结果列表，报告民政厅备查。

第二章　训练课目

第五条　训练，分军事训练、政治训练两种，其课目如左：

1. 军事训练：战术摘要、操典摘要、野外勤务摘要、射击教范摘要、夜间教育摘要、警察学摘要、制式教练、战斗教练、土工作业、武术。

2. 政治训练：党义浅说、政治常识、国家大势。

前项军事、政治课本，由民政厅编定白话问答，颁发施行。(此项课本未颁发前，总团部在不背前项课目下，得自选课本。)

第六条　除以上必修课目外，得因情况之需要，酌加选修课目，临时由总团长定之。

第七条　军事训练，由总团长督同教练员及各级官长担任之。

第八条　政治训练，由总团长指派县府人员，或聘请地方有政治学识者担任之。

第三章　学术科训练之要旨与课目

第九条　训练之要旨，在使团丁造就必要之军事、政治学识，增进自卫能力，俾能担任维持治安、排除强暴之工作。

第十条　军纪为团队之命脉，军纪之消长，即胜负所由，今故必须做到左列两点：

1. 命令之实行。

2. 规则之严守。

第十一条　军事学训练之目的，在使团丁确实了解战术之原理与原则，并能应用于实际，以养成战必胜之信念。

第十二条　术科训练之目的，在使各个团丁娴习制式教练及野外动作，以养成攻防之能力。直接任训练者，须随时随地摘讲典范令要旨，使其了解原则，以期学术可互相连系，能切实用。

第十三条　政治训练之目的，在唤起团丁之爱国心及敌忾心，使了解本党主义及国家大势。

第十四条　总副团长、教练员负全县训练之责，应各依其训练之职责，对于部下随时随地指导之，尤须遵守本计划之旨趣，缜密实施，以达到训练之目的。

第十五条　直接任训练者，须遵左列之方针：

1. 须将保卫团之地位、职责，随时随地加以解释，唤起团丁之爱群心与爱乡心，务以不能保民为可耻。

2. 在训练初期，各队讲堂设备容有未周，不妨寓学科于术科之中，同时并须赶设急造讲堂，但求适用，不求美观。

3. 训练事项，务求简单明了，使团丁易于了解，在实行初期，不必要求过奢与过骤，以免欲速不达。

4. 按团丁之程度，以启发其知识，遇有不能了解者，不妨以俗话出之，总使团丁不以受训为苦。

5. 须时时提起团丁与会，以启发其活泼之精神。

6. 须唤起团丁自己磨成之兴趣。

7. 须解说与命令并行，以期宽严得中。

第十六条　为实行兵工政策，及寓兵于农起见，除军事、政治课目外，兼行左列各事项：

1. 筑路及修桥事项。

2. 造林及挖渠事项。

3. 协助贫民耕耘及割刈事项。

4. 建筑公共堡垒事项。

5. 分期退伍。(其办法另定之。)

以上各项，除第五项外，在教育期间练习之，在教育完成后实行之，务使养成能耐劳、能生产、能与农民合作之精神，兼以废除以往怠惰骄横、不事生产之恶习。

第十七条 为施行上列事项容易起见，凡任直接教育者，于教育时应注意左列各点：

1. 务使团丁常存职业观念。

2. 不使团丁消灭对于职业之兴趣并增长之。

3. 供给职业之知识。

4. 使〈以〉自食其力为荣，而以依赖生活为辱。

第十八条 训练课目与要求程度详附表（1）①。其时间支配标准约计如左：

1. 典范令四项，每星期约合十二小时。

2. 战术摘要，每星期约合二小时。

3. 陆军礼节，每星期约合一小时。

4. 夜间教育，每星期约合一小时。

5. 警察学摘要，每星期约合一小时。

6. 政治常识，每星期约合一小时。

7. 精神讲话，每星期至少须一次（即一小时）。

8. 学科每日三次，每次以一小时为限；术科每日两次，每次以二小时为限。(野外实施时，得延长之。)

前项学术时间，各县如因特殊情形施行不便时，得酌量变通，但不得借口窒碍，故意将学术时间减少。

① 原篇未载附表。——整理者注

第十九条　各团每日起居时间详附表（2）①。

第二十条　各县除前项训练外，须于县城筹设班长训练所，以为划一教育基础，其章程另定之。

第廿一条　为使全省训练划一，于省会筹干部训练所，调集市县官长，轮流训练，其章程另定之。

第四章　训练组之编成

第廿二条　训练暂分为左列二种：

1. 区集合教练。

2. 县集合教练。

第廿三条　各县团丁因分防与勤务关系，得分期训练，但每期不得少于全人数三分之一。

第廿四条　区集合训练，至少以一分队人数为训练单位，此单位或各分队轮流，或各队抽丁由总团长按当地情形临时以命令行之。

（注意）前项训练各乡分驻之团不得除外。

第廿五条　区集合训练，通常于区公所所在地行之。（如另有地点较区公所所在地适当者〈亦可〉。）

第廿六条　训练期间以三个月为一期，以团丁轮流练完为度，每期期末三星期，应集合各队演习连教练，届时各分队集合于一地或数地（县城、公所均可），由总团长按全县人数多寡，就集合之便利酌定之。

前项连教练时，总团长、副总团长、副团长、正教练员，每日至少须有一人莅场监视。

第廿七条　每届三个月期满，由总团长校阅一次，评定甲乙，成绩优者，由总团长酌给奖品，或传令嘉奖，并通知各队

① 原篇未载附表。——整理者注

周知，以资鼓励。

第廿八条　县集合教练，至少每年举行一次，届时全县已受训练之各队，除于各该防地酌留警戒人员外，余均集合县城，协同操练，日期以一个月或两个月为限，由总团长酌量当时情形定之。

前项集县训练时，应将起讫日期呈报民政厅派员监临，以昭郑重。

第廿九条　本计划自各县总团部奉到之日施行。

五　整顿后各县保卫团实况

绥远省各县保卫团，经当局切实整顿后，编制业经划一，以一县组成一团，每县编成一队或二队、三四队不等，合计全省二十五队、六十五分队、三千余官丁夫员。枪支亦经检验，计全省共有能用枪支二，一四九支。马匹亦经确定，计全省共有二，二〇七匹马。保卫团经费，亦经按照地亩摊派，计全省每月经费二九，九六八元，全年三五九，六二七元。各事俱有轨道，绥远省之保卫团，至此始奠定基础。

绥远省各县保卫团编制、人员、枪、马、经费表

区分 县别	编制队数		官丁夫员名总数	枪枝总数	马匹总数	每月经费	全年经费	备考
	队	分队						
固阳县	二	五	二四六	二〇〇枝	一九八匹	二四七一·〇〇〇元	二九六五二·〇〇〇元	
丰镇县	二	五	二二九	一八四	一〇八	二〇四二·〇〇〇	二四五〇四·〇〇〇	该县前造经费预算因与

续表

区分 县别	编制队数		官丁夫员名总数	枪枝总数	马匹总数	每月经费	全年经费	备考
	队	分队						
								方案不合，经所驳回，尚未呈报。上项数目，系依照方案按该县人数计算
陶林县	一	三	一三四	九六	一〇九	九三一·七〇〇	一一一八〇·四〇〇	
归绥县	一	四	二〇〇	一五四	一五八	一九七九·〇〇〇	二三七四八·〇〇〇	一直属分队
集宁县	一	二	一〇七	五五	八〇	一二一八·七五〇	一四六二五·〇〇〇	
东胜县	一	二	七二	五三	六一	八〇六·五〇〇	九六七八·〇〇〇	
五原县	一	二	一〇一	七九	六一	一一三三·〇〇〇	一三五九六·〇〇〇	
凉城县	一	三	一二二	八八	九六	一二二〇·〇〇〇	一四六四〇·〇〇〇	
兴和县	一	三	一四六	七二	八五	一三二八·五〇〇	一五九四二·〇〇〇	该县预算现在令饬编造中，上项数目，系依照方案按该县人数计算

续表

区分 县别	编制队数		官丁夫员名总数	枪枝总数	马匹总数	每月经费	全年经费	备考
	队	分队						
托县	一	二	一四九	一二七	一一八	一五〇七·〇〇〇	一八〇四八·〇〇〇	
和林县	一	二	一〇三	八一	八三	一〇七〇·五〇〇	一二八四六·〇〇〇	
清水河县	一	二	七一	六二	二五	五九二·五〇〇	七一一〇·〇〇〇	
安北设治局	一	二	九七	五九	七五	一〇六六·三三八	一二七九六·〇五〇	
临河县	一	三	一四〇	一〇〇	一一七	一六一一·五〇〇	一九三三八·〇〇〇	
武川县	三	九	四五八	三六〇	三六〇	四六九七·四〇〇	五六三六八·八〇〇	
萨县	二	四	二一七	一三七	一六五	二一三一·三〇〇	二五五七五·六〇〇	
包头县	四	一一	四七九	二四二	三〇八	四一六二·〇〇〇	四九九四四·〇〇〇	
合计	二五	六五	三〇六一	二一四九	二二〇七	二九九六八·九八八	三五九六二七·八五〇	
附记	一、沃野设治局因情形特别未能编组。 一、每三分队编为一队。							

六　各县警察实力

绥远省地方武力，除各县保卫团外，尚有警察，其地位比较各省警察地位重要。省会公安局共有官警八百六十六员名、夫二百七十名。包头市公安局共有官警三百零七员名、夫四十二名。各县公安局共有官警七百三十员名、夫六十一名。绥远全省总计官警一千九百零三员名、夫三百七十三名，有枪约二千枝，每月支用经费十二万余元，实为民间自卫武力之一部。

《汗血月刊》
上海汗血书店
1936年7卷6期
（赵红霞 整理）

绥东战幕展开

礼侯　撰

记者于本刊上期，曾撰有《绥远问题》一文，其大意略谓日本帝国主义者，自东三省、热河等地相继失守以后，于是目光炯炯，由东北而移到西北，希图囊括绥远、宁夏、青海、甘肃、陕西等省，造成防共战线的大包围。而绥远因地位的关系，日本人正欲得之以为向我国西北各省进攻的大本党〔营〕，所以自九一八以还，绥远实际已成国防上第一道防线，日本人对绥远，势在必得，即我国人士，亦多早知绥远之必有大战也。今年九一八纪念日，国民政府特颁明令，奖励绥远省府主席傅作义氏，其文曰："绥远省政府主席傅作义，矢忠党国，夙著勋勤，比年主持绥省政务，剿匪安民，厥功尤伟，应予特令嘉奖，用彰令绩，而昭激劝。"不早不迟，在九一八纪念日，中央有此明令，绥远方面闻之，当然非常兴奋，而中央对于傅氏付托之重，亦可概见。不过有出于吾人意料之外者，吾人初以为中日外交谈判决裂之时，日本必大张旗鼓自绥省进攻，不料日本此役，仍是玩的傀儡戏，日本此种做法，自以为尽善尽美矣，并且日本政府负责人，迭次声言，绥东剿匪，是中国内政问题，中日谈判，断不因此而停止，不知绥东战事开始于中日外交谈判暗礁四布之际，日本无风生事，固习以为常，又谁能保证中日外交之不更趋严重耶？日本要求中国删改教科书，取缔排日运动，一至于再，何事又非干涉中国之内政问题耶？日本制造傀儡，供其驱使，而自己却躲在背后牵线，使其行止死活一握于彼之手中，有祸他人当之，有福我享其利，李守信、王英等，诚能占据绥远，日本正可以援用对东三省、对冀东的故技，谓系既成事实，要挟中国政府，承认其存在，即不能有所成就，亦足使中国边境骚扰不安。据吾人的看法，则以为傀儡戏的终场，不仅充傀儡戏者，终会要变主顾者的刀下鬼，有朝一日，傀儡击破了，牵线者，必然会要现身说法，转入漩涡的。吴三桂的借清兵，初起尚是主人自居，其后遂变成了清人的傀儡，惨死于清人压迫之下，何况李守信、王英之辈，根本是日本造成的耶。是故绥远剿匪问题，实是半面抗日的问题。据本埠各报十七日通讯谓：陶林、兴和、红格图连日经伪猛攻，某方始以飞机十余架轰炸我阵地，继以炮队、步骑兵猛冲，均被我军大刀队击退。又十八日通讯谓：绥东战事，迄昨晨至晚，均甚激烈，王英、李守信等，分兵三路，向我进攻，伪军重要武器，均已输送前线，并有某方军人巧装伪军军官赴前线视察指挥。又十九日通讯谓：日本供给匪部大批毒瓦斯弹，轰炸我后方防地云云。是则绥东之战，已超赴〔越〕国内的剿匪范围矣。吾人身居后方，默念前方将士，在此冰天雪地，奋勇杀贼，深觉赧愧与景仰，独以用大刀而当飞机，以肉搏而当炸弹，勇则勇矣，但未免失之于智。绥远省主席傅作义氏，虽尽忠为国效力，晋、绥二省长官阎锡山氏，虽指挥有方，然绥远剿匪问题，决不是绥、晋二省所独有的问题，而让他去自行解决，自生自灭，中央应该有完整之计划，与陕、甘、冀、察一带的驻军，尤宜有切实之联络。国家是一个有枢〔机〕体，决不是一只蚯蚓，让人斩了一节，也能生存，斩了两节，也能存在的。故绥远的存亡，即系西北的安危，差幸蒋委员长近已抵洛阳，自有完善之筹策，无［任］劳吾人之喋喋。

《砥柱》（旬刊）
长沙神州学社
1936年7卷14期
（朱宪　整理）

收复察省失地

淡云　撰

今日之中日关系已到了极端矛盾的状态，一面在南京坛站〔旃〕联欢，一面在绥远又兵戎相见，而日方犹曰剿匪中国内政事也，不碍中日邦交云云。察其用心，亦属畏首畏尾之徒，在此时尚不敢正式向我宣战。松室少将“以华制华”、“各个击破”之政策，即今日日人所奉为圭臬者；然问绥远之事，日本固图之甚急，而所采手段仍不外以匪伪试探中国防御力量，稳坐东京收不战而胜之功；苟我实力派诸同志，死力抗拒，日计之不逞乃意料中事也。兵家之言，唯战而后可守，惟守而后可和；东晋有祖逖、刘琨之捷，然后得偏安一偶；南宋有朱仙镇、黄天荡之捷，然后国基乃固；故今日我国宜乘百灵庙之捷，应亟亟图规复察北失地也！

察东地势重要，为我进窥东北之门户，察省之失，河北亦失其凭〔屏〕障，张家口为中俄通道，对于控制外蒙，尤有莫大关系；去岁十二月十六日伪军李守信部不折一矢，不损一卒，取我沽源六县，使我国防前线移至绥远，皆北平政务当局，在一九三三《塘沽协定》以后，偷求苟安之罪也。苟一如绥远当局之讨匪伪，国事又何至糜难至此哉！刻匪伪以察北商都为大本营，绥北经我收复，商都城门昼闭，不敢迎战；我军若一路由察南出，一路由绥东出，改守为攻，然后察北可图也！

抑有进者，内蒙为蒙人之内蒙，我等为求国家之统一起见，汉蒙二族唯有合作才可图存，分裂则召灭亡之祸，蒙古同胞亦应深体此意。溯本年六月关东军怂恿德王独立后，势焰日张，直到百灵庙恢复，德王欲归不得，良可哀也！顷阅德王致傅将军作义书，辞多指摘，汉人对于蒙事，未能顾及蒙人环境，已属无可讳言。此后鉴于内蒙之危亡，应如何对蒙人处处退让，精诚合作，不使第三者乘机利用蒙人，此为最切要之事也！

据张北二十八日电：某方接济李守信飞机二十架、坦克车三十辆，一俟热军全部集中，会同张万春、丁甲山等扩大①企图以商都为根据地，大举再犯陶林、兴和；是日贼不除，国难未已；察东不复，绥战方酣，我等唯有秉与贼共尽之心，奋起抗战，一鼓收复察东、商都等地；再徐图规复东北，皆意料中事也！刻匪伪因百灵庙一役，心胆俱寒，乘胜进袭，必可获胜，时乎不再，愿我邦人奋起图之。

《砥柱》（旬刊）
长沙神州学社
1936年7卷15期
（李红菊　整理）

① 原文如此。——整理者注

国人对绥战应有之认识

礼侯　撰

自日本帝国主义者，指使其走狗王英、李守信、德王等，在百灵庙间公然倡乱，叛背祖国以来，Δ〔绥〕远省政府及全省人民、军士，无不义愤填膺，誓卫国土，而傅主席作义，屡次敬告各同胞宣言，其精忠为国之精神，尤足感动人心而泣鬼神。吾人处于国防后方之湖南，日维消磨于醉 生梦死之中，设忆及Δ〔绥〕远作战之将士，诚不知如何自容。夫人莫不有死，所谓三王之圣焉而死，五霸之强焉而死，荆轲、庆忌之力焉而死。然豹死留皮，人死留名，彼文天祥之杀身成仁，颜常山之骂贼询〔殉〕国，史可法之忠心为国，史乘传名，流芳千古，孰与秦桧、吴三桂辈卖国求荣之被人笑骂，辱及祖先哉！日本之强占我东省，杀戮我同胞，侵夺我财产，损害我主权，可谓无所不至，而其外交官反满口中日亲善，直视也如小儿，如牛马，其侮辱我国之程度，已远过于朝鲜、印度，眼见五千年之文明古国，乃宗若祖之丘墓，日渐被人略夺蹂躏，吾人纵欲苟活含辱于兹世，宁不计及他日死后，无面目见祖宗于地下乎！乃者绥远战士，义不苟生，奋身杀敌，当此塞外草寒，朔风大起，挥戈血刃于冰天雪地之中，而不以为痛，堕指裂肤争胜负于危权〔机〕四伏之间而不以为苦。四万万同胞之国，彼少数将士，舍身以求之，五千年之文明古邦，彼少数将士，奋勇以拯之，成仁成义，彼已兼而有之，彼固有至乐存焉，夫复何痛苦之足言。虽然，此乃我国前防将士之心也，若夫我后方人民，应时时念及此刻绥远将士，舍身并〔拼〕命，奋勇杀贼，为我民族国家争一点人格，争一点地位，其与我国频年内战，其价值不可同日而语，亟应如何节衣缩食，以供前防需要，更宜唤起全国民众，为大战时动员之准备，以冀挽求〔救〕祖国于危亡之倾〔顷〕，愿我国同胞，盍兴乎来。

《砥柱》（旬刊）
长沙砥柱旬刊社
1936 年 7 卷 16 期
（朱岩　整理）

我军应即反攻察北

萧峻　撰

傅作义将军于绥乱发生之后，曾发表言论，略谓“本人不惹事，亦不怕事，生平不说硬话，但亦不干软事。今战端已开，决本中央意旨，死守绥远，不愿以寸土让人，以尽军人天职”等语。慷慨激昂，实为全国人民所敬仰，然而“死守”二字，愚意以为不甚恰当。盖事实已完全告诉我们：（一）我们如采死守之势，则敌人可以以小量兵力，延长阵线，使我方疲于奔命，必须以数倍以上兵力，方足应付；（二）敌人以逸待劳，得随时改变其进攻策略，先发制人；（三）敌人如胜，则可以长驱直进，不幸而败，亦足以退而休养，另图其他。根据以上三种理由，求死守而不进攻，实是弊多利少，傅将军大概也应该看清楚了。二十四日之收复百灵庙，却不是因死守而得来的，现在让我们回头再来看一看敌人敢于侵略我们的原因。

敌人从东北至热河，从热河攻察北，从察北进取绥北、绥东，长驱直入，毫无忌畏，他们主要目标，是想掌握绥远、宁夏和新疆，而后南下，并吞甘、陕等省，才好进与苏联抗衡，实现其大陆政策。在目前环境下，他还是不得不利用伪匪来作先锋，实行其逐步侵扰，所以这点我们要看清楚。敌人其所以敢于如此进逼，无非是认为我国内部不团结，不会抵抗，即使抵抗，也只有防御、不会进攻。上面都证明他已抓住了我们的弱点，假使我们再不计划准备极力反攻，养成其势力时，则恐怕几年后的太阳牌标帜，会要插在我们头上飘扬了。

中国人是好和平的，但是和平之障碍一日不去，则和平一日不得安全，我希望同胞们，一致团结起来罢，集中全国力量援助绥远将士，肃清残余傀儡，以及傀儡后之真正敌人，我们最低限度的要求，须得收复近几年来的版图失地。

《砥柱》（旬刊）
长沙神州学社
1936 年 7 卷 17 期
（朱岩　整理）

我们要求收复察北

非　撰

自从我军政〔收〕复百灵庙以后，各报用特号大字写着头一条标题："百灵庙被我军收复，举国民众欢喜若狂。"实在，这消息是带给内地民众以莫大的兴奋。绥远诸高级领袖和全体将士，以及当地民众的矢志守土，决心抗敌，也实在使我们表示钦佩。同时，各地援绥运动，日增热烈，连洋车夫、苦力都把自己血汗挣来的金钱捐给前线将士。各校战地服务团相继出发，海外同胞亦闻风继起，我们又可以看见，全国民众对绥事是抱着多么大的热望。

而在另一方面所听到的消息，是：中央军完全还在平绥路以南，按兵未动。在雪深三尺、零下三四十度的前线上，奋勇杀敌的，仍是晋绥军。在百灵庙收复之后，匪伪飞机曾向百灵庙大加轰炸，而我们的飞机虽经几次呼吁，仍不见露面，陈诚将军前几天发表谈话，却又说："飞机尚无需要。"最近又闻自某大报主笔："中宣部通令全国各报馆，对绥事纪载仅能言剿匪，不得言抗日或抗敌。"这使我们对绥事的前途，又不得不转增惶惑，恐怕绥事又将步上海抗战和长城抗战的后尘！

回顾过去的经验，默察当前的事实，这忧虑并非毫无根据的。

当然，我们所希望的，是我们的忧虑落了空。最近匪伪又在企图反攻百灵庙了，中央军为何还停在平绥路以南？报传：匪伪内部动摇，反正空气极浓厚。这时更好一鼓作气，乘胜直剿。我们要求中央军加入作战。

我们要求收复察北！

《燕大周刊》
北平燕京大学
1936年7卷17期
（朱岩　整理）

对于绥远战争应有的认识

胡洁　撰

绥远的匪伪军大举进犯，这无疑的是××帝国主义利用其“以华制华”政策的露骨的又一表示，同时事实上证明是很明显的，不但“以华制华”，并且自己也参加在内，施展其侵略的伎俩，这由我军在前线上击落所谓“皇军”的飞机，而“友邦”居然厚着脸皮，提出抗议的一点上，完全证明无余了，“友邦”此刻也不应再加掩饰了。由此看来，绥远战争的爆发，不但不能认为是我国的内战，而且要认为这是我们民族与敌人抗战的开端，所以我们对于绥远战争应该具有下列几项认识：

（一）绥远战争足以打破敌人侵略的野心　从报纸上及事实上我们知道××的最近对华侵略方针是要实现其所谓“华北五省特殊化”的目的，因为要达到这样的目的，所以不惜嗾使蒙匪，协助蒙匪，牵引伪兵来一个侵略，谁知我们的守土将士，偏偏要“拦住去路”，给与当头棒喝，匪伪果然“招驾〔架〕不起”；敌人侵略的野心，至少要打破一部分。

（二）绥远战争足以惊醒敌人“伪造”的迷梦　“九一八”以后××扶起了傀儡，在我东北制造伪满，这是使我们痛心切齿的，最近他又在迷梦着去制造出“大元帝国”，计划了四万万元的“制造”费，地域包括全部内蒙及新疆，不料我军出以猛烈的抗战，使得“制造公司”不到十天的工夫亏去了五千多万，这点对于敌人的迷梦，正足与以惊醒。

（三）绥远战争足以打开中日交涉的僵局　最近的中日外交谈判已经谈到八次之多，但两方的意见仍然未趋一致。这种情势，无形中陷于停顿的状态，我国政府在谈判停顿之中，自然是早已抱定牺牲决心。此时×方协助匪伪，扰我绥边，我政府准备之余，只有以“奋斗”求“和平”，以武力代交涉，所以中日交涉的僵局，不难因抗战而打开。

（四）绥远战争足以增进我国国际的地位　远东事件发生之后，敌人挟其锐利的武力，得寸进尺的入我堂奥，国际间虽有公论的制裁，但是于实际上又有什么益处呢？淞沪抗战虽挫敌不少，终于不能继续，反使敌人更甚猖狂，现在绥远抗战在数日之内，连克匪穴，接续胜利，这使全世界人士的眼光都要转换过来，我们的国际地位因而增进不少。

（五）绥远战争足以振奋我国全国的民气　自××侵华以后，×方便继续不断的在各地利用浪人，骚扰社会，引诱汉奸，同时一般卖国贼，由亲×、媚×、惧×，以至于见×叩头。这种心理，留存在国民的精神上，便生出种种不良的影响。这一次绥远抗战，一方面可以纠正汉奸的错误心理，一方面可以激起全国民众的抗敌的情绪。

绥远战争的意义，是如此重大而刻深，我们做老百姓的，对于他不能取旁观的态度，我们不但对于这次绥远抗战，要有深刻而明了的认识，并且要进一步把我们的力量集中起来，把我们的信念坚强起来，准备着流我们的汗洒我们的血到前线去，去和我们的民族的敌人××帝国主义作赌生死的角斗，我们要粉碎那破坏和平，穷兵黩武的世界公敌！

《汗血周刊》
上海汗血书店
1936年7卷23期
（朱宪　整理）

绥东炮火下的实景

若凡　撰

绥东的战争爆发了，绥东究竟在中国国防上占何种地位？在敌人的防线又具有何种意义？这是每一个中国民众所应该首先了解的。不仅如此，我们还应该立在整个中华民族的立场上，把握这个问题的中心，进一步的去认识假抵抗的作用，揭开无决心抵抗者葬送中华民族生命的阴谋。同时，我们更应该遵守胡先生“自力更生”的遗言，积极的唤起民众，以发动整个全国的真实抗战，去消灭一切假抵抗和不抵抗的欺骗作用。

最后国防线的绥东

贫瘠荒凉的绥远，自察北断送之后，本已有唇亡齿寒之感，倘仅有之富庶——绥东五县冉〔再〕继察北之后，其前途将更不堪设想可知。绥东五县所属的范围是：丰镇、陶林、兴和、集宁、凉城，在绥远省会的东部，其东、北两界俱和察哈尔省相交，南部与山西为邻，平绥路经过大同转角之后，就达到了丰镇和其全路最高瘠〔脊〕梁的平地泉（即集宁）。这五个属县都位于阴山内两麓，形成内蒙的中央地域，又当我国西北交通干线中枢，因而这一段地带不仅是我国华北和西北交通的枢纽，也是内蒙和外蒙相互联系的孔道，同时其南部紧接煤矿最富的山西，使绥东的地理关系，不论在交通上、军事上、实业上，都占有极重要的地位。何况自察北失陷之后，这九县又形成为国防的最前线呢！

在这种场合，日本帝国主义之觊觎自非始于今日，今日绥东战起不过暴露其野心之最高点而已。本来，日本帝国主义的“满蒙政策”，在过去的历史表现上，只是作了一个“满”字，“蒙”字还不曾见到完整的成绩。当日本帝国主义占据满洲之后，进攻内蒙原已是既定的计划，因而它说绥东五县原隶属于察哈尔的盟旗，施弄诡计来策动王公自治，要求和察北六县享受同行待遇。这个意义也就是强迫中国再拱手把这五县让给它，以完成其运用威迫利诱的“不战而取”的政策；然而不幸这个政策没有运用的巧妙，最后便不得不采取以有效的政策来满足其野心了。

因为绥远五县在地理的意义上，是内蒙和外蒙的交通枢纽，所以在物产的输运方面是极关重要的。中国古语有云，“黄河百害，只利一套”，河套的富庶已可想而知。河套的全区大半在绥远境内，虽然因地理的关系雨量并不十分充足，但以沟渠纵横之使，灌溉农田却是极便利的，因此，每当我们走到这片原野的时候，一般小麦、大豆，及稻米之类的作物，都使我感到“只利一套”的话是正确的，假若不遇到西北地理所特〈有〉的风沙时，几令我们感到这是置身江南了。同时在草野牧地中，牛羊成群，每年所产皮毛极丰，为绥远省最大的出口货。这也可以说，正因为有物产丰富、人口稀少的特征，才成为解决人口过胜的良好区域；也正因为有军事上的重要性，才成为准备未来国际战争的必取地带。虽然如此，但是战争固有其原因，掠夺亦必有所借口，日本帝国主义者进攻绥远的借口是什么呢？据本月（十一月）十六日同盟社电传：

绥东方面，自本月初旬起，内蒙政务委员会与绥远主席傅作义之纷争已趋于激化，其原因综合各方面的见解，大体如左：

一、在蒙政会支配下应有之事，中央现已承认，唯傅作义依然将察哈尔十二旗中，所在绥远省内的四旗，以武力占领之。

二、中央既已于二十二年，视蒙政会为内蒙之单一政治组织体系而承认之，乃中央与傅作义又对蒙政会之势力，实质的予以压制，欲因以溃灭之，并以武力使组织与蒙政会立场完全相异之绥远省境内蒙古政务委员会（即绥境蒙政会），努力去抹杀蒙政会。

三、傅作义欲谋蒙政会之分裂，致惹起百灵庙之蒙政会直辖军之叛乱。

四、绥远省内之王靖国军中，有多数莫斯科大学出身者，彼等为获得绥远军之指导势力以覆灭蒙政军，继续果敢的活跃。

五、今夏，绥远方面曾发现暗杀德王阴谋。

总之，绥东事件，相信为中央及傅作义欲颠覆蒙政会——致遭反对，结果遂酿成最近之情形云。

日本帝国主义的声明，是把一切所能够借口的资料都搜集来了，希望在这些口实之下能完成一个“不战而取”的胜利。因此，利用汉奸冲锋，以造成第二“冀东”局面，自己却立在背后说：“绥东战事，纯系中国国内事件，与日本无关，纵使有日本人民助蒙军作战，亦应认为个人行动，与日本政府，及日本政府军队渺不相涉。”这种睁着眼睛说谎，又有谁相信呢！

进攻绥远之真实的内容

根据上述的地理关系，日本帝国主义者为了军事上的需要，已不是绥东一隅的问题，而是整个的西北问题，这不仅目前绥东问题转变而为绥西问题，是个铁的证明，就是在日本帝国主义的言论看来，都已是既定的计划。如本年二月，土肥原在东京讲演日本大陆政策与“满”苏及内蒙之关系时曾说：

苏俄之武装外蒙，目的在包围满洲国，而将日本大陆政策根本推翻，故吾人根本应使内蒙坚固，包含于日本势力之下，以使俄国作战大感困难。

这点是在说明日本帝国主义者，于占领东北之后，又积极的夺榆关，攻热河，侵冀东，据察北，今更图绥远，并将进而窥取宁夏及疏勒河流域，都是他们在军事上的既定步骤。至于说日本帝国主义为何要采用这个步骤？他们也说的很明白，如日本的军事理论家平田晋策氏在其所著《日俄战中英美远东政策与战略的检讨》一书中，曾这样说过：

他们（按即指美国）如果采用普拉特大将独断的判断，我们的大陆政策，不论到哪里也认为是帝国主义的侵略，有行政治干涉的意义；那个意义，所谓大海军如果表现出来，最后必要诉之于武力干涉之一途的。

我们虽知道美国的经济帝国主义，大海军主义，远距离的海洋作战主义，都是太平洋政治不安的狂风暴雨之发祥地；在大陆方面也必须常常想到，还有使东洋政情不安的震源地——苏联。在苏联看来，苏维埃政权外的国家集团，都是一体的白色敌人，用所有的手段与方法和敌人连续不断的斗争，乃是革命政治的根本方针。

他们（按指苏联）深切根据恶辣的革命的战略方针，一方面与英美资本帝国主义相呼应，以行牵制作用。今后应当以此为必然的事而加以思考。

这样既然对于综错的太平洋关系“加以思考”，那末为了太平洋上的准备工作，在整个中国北部的边防上进行公开的战争准备，基于日本帝国主义的需要看来，自然也是极感必要的步骤。所以日本驻北平的特务机关长松室对关东军的报告上便说：

华北和西北是处在满洲国的外围，可以做满洲国相当缓冲。在军事上又有极重要的义意：

一、使一波未平一波又起，支那对日观念更加普遍，则收复失地的企望逐渐销沉。

二、断绝苏联和支那的联络，以切断其共同抗日的战线。

日本帝国主义的既定计划，不仅我们见到，即欧美人士亦早见及，例如本年六月英国《圆桌季刊》中，有《东亚之安定》一文说：

苏俄富源在欧洲与西北利亚西部，而不在西北利亚东部与大蒙古。日本经济目标不在海参威〔崴〕、库伦，而在天津、上海。盖日本大陆政策之目的在中国，不在西北利亚。特为实现其目的便利起见，必须在中国与苏俄间，取得一块土地，将中俄分开，并在蒙古树起军事边界，以防苏俄。

这话诚是透视日本帝国主义内心的见解，因为我们仅是单纯的把问题当作“人口过剩”来看就太狭猛〔隘〕了。日本帝国主义以马尔萨斯人口论为根据的大陆政策，所谓人口问题，在占有东北四省之后，其资源之富，地域之广，已能满足其充分繁殖的欲望，南进、西进都没有必要。但是在其整个大陆政策的观念说来，得陇望蜀，贪心无厌的日本帝国主义者，在不曾完成其整个的大陆政策——独霸东亚的野心时，绝不会休止的。在这种情势下，对于西北的工作，过去既已到了以百灵庙为中心，扼控张库交通，经营整个的内蒙；最近绥远军事问题的展开，其作用也就是以绥远为中心，进一步的控制整个的西北，置西北交通干线之平绥路于掌握之中，准备在未来的战争上，利用转运大军，北向库伦，企图截断西北利亚铁路东进之交通。同时，更能利河套一带的水运，及绥宁公路，进而侵入宁夏、陕、甘等省区。此种形势，北可威胁西伯利亚之侧背，南则控制中国整个的西北势力。唯其形势如此重要，始抱定必占绥远之决心。

以目下情况而论，日本帝国主义对于华北所进行的政策，大体是这样的：

一、强化冀察政权，尽量起用亲日分子，以巩固其在华北既得权利与地位。

二、开发华北的经济资源及一切工商业，以实施对华经济侵略。

三、为了进攻苏俄的需要，建立以满蒙为基础的军事防线（东起满洲，西连新疆边境），使中国与苏俄隔离。

这三种政策，前二者已成为既定事实，后一个亦已完成了大半，最近绥东问题之弛而复张，就是实现其第三次计划的必经过程。据日本军部方面的军事计划，远东军事重心点，并不在中国东北部的伯力、海兰泡及松花江流域一带，而在中国西北部的包头、绥远、张家口、多伦，及黑龙江之呼伦等地；正式的决战，亦不在海参威〔崴〕及松花江流域，而重在拜喀湖区一带。因此，日本帝国主义的行军计划，首先必要的就是切断西北利亚铁道，以断绝苏俄东西阵线的联络，并阻止其战时交通。为了这个工作的准备，绥远、包头等处之占据已成为其既定计划。日本帝国主义的计划如是，同时，本年三月十二日苏蒙军事同盟，也就是为防御日本进占拜喀湖的计划而缔结，苏蒙准备以苏蒙联军直捣察北、绥东、冀东各地，以破坏日本的防御工程，这在日本帝国主义也看的很明白，所以日本曾要求中国，准许由包头建筑直达新疆边境的铁路，也就是为了包围外蒙古而来。基于这个认识，最近绥东问题是为了实现其战争准备的计划而已；可是，话虽如此说，在这情势下的中国民族是个什么地位呢？

中国真要抵抗了吗？

当然，日苏争夺的开始，便是鱼肉中国民族的时候。据最近的情势讲来，在军事上所必争之地的绥蒙，南京政府已开到了几师人，据说这回真要抵抗了，我们真是愿意馨香祝祷的！但是事实决不如是的单纯，日本的声明和蒋委员长的发言，都没彻底作战的决心。在日本时常指责中国对于他们的策略，是“以夷制夷”，现在日本帝国主义对于中国是实施“以华灭华”。同时，我们的委员长也还不曾准备下彻底抵抗的救国大计，虽然绥远也开到了几师人，而主要的对象也不过是“剿匪”，何曾敢提到“抗日”！就在这种两不愿意的情势下，“抗战”两个字也就无形中消失了。

记得古文的《六国论》中曾有这样一段话：

> 今日割五城，明日割十城，然后得一夕安寝；起视四境，而秦兵又至矣！夫六国之地有限，而暴秦之欲无厌，奉之弥繁，侵之愈急。故以地和秦，犹抱薪救火，薪不尽，火不灭，斯言得之。

这一段适用在二千余年前的话，正是现在的中国政府一送东北四省，再送察北、冀东，终送绥远而仍不能压敌人之欲的写照。虽在如此场合。我们的委员长还说：“绥东蒙伪匪军之扰乱问题，其性质与关系，虽至为重大，现在吾人一切应以坚固宁静之态度，沉着处理。”在绥远半壁又将被人掠去的时候，还不敢揭示“抗日”的旗帜，究竟我们需要“沉着”到几时才去“处理”呢！有人说中央大军云集绥西，当然就是处理了。我觉得这是过于乐观了，实在中央大军之开绥远，决不是要发动抗日，而是在发生如下的几种作用：

一、大军深入晋、绥，在表面上是说“现在是抗了”，以安抚全国民众抗日的心理。

二、西北“官匪不分”的世界，已由传说而近于事实，与其说是发兵抗日，不如说是屯兵镇压这个“官匪不分”的世界较为切合实际。

三、晋、绥、冀、察、陕、甘诸省所存在的异己军队，较之任何省区都严重，这是蒋氏最不易解决的问题。因此，这些中央军的云集至少对于这些异己是不利的。

同时，我们的观察并不仅基此出兵一点，认为中央无抵抗的决心，就是在全国动员的准备上看来，也没有抵抗的准备。如果说不准备而能抗日，所谓民族英雄在早就完成了，如果说准备，我不知所谓准备在什么地方？我们始终应认清，抗日是整个民族集体战，一切局部的抗战都是必归失败的。现在日本的进攻已由绥东问题而转成为绥西问题了，并不见中央有何完整的救国大计告诉国人，平绥路是中国政府所有，而敌人的炮火却公然的能在平绥路上运输，这样“抗”究又何从说起呢？假若要免〔勉〕强认为是抗的话，至多不过是古北口表演战的重视而已！

全国民众所要求的是全国整个的彻底的抗日战争，决不是挂羊头卖狗肉的欺骗，我们希望政府对于绥远被侵，应该是中国的“最后关头”，应该是中华民族的“最后牺牲”，积极的发动全国所有的力量，坚决的彻底的在抗战中去求整个中华民族的生路。

附语：

当我这篇东西写完时候，在国防上又完成了一件和绥东问题相关联的，在整个中日问题上具有重大意义事，就是日德同盟的实现。这个问题据意大利所发表的消息：“德、日两国业已成立协定，由日本参加义、德两国所成立的反共阵线。除了加强反苏阵线的意义以外，同时还有其他的重大意义存在。”这在以东方霸主自居的日本帝国主义者，他的心目中也无非是在目前借着这个反共阵线的幌子，壮大其政治的声势，作为日本进攻绥东和内蒙的烟幕弹，以希求得国际和中国一部人士的谅解，却是他最内心的倾向，希望全国民众不要被蒙蔽了！

廿五，十一月十八日

《三民主义月刊》
广州三民主义月刊社
1936年8卷6期
（李红权　整理）

援助抗敌的绥远

厥夫　撰

绥东事件的发生，至今已有星期来日了；我们对此事件的发生，应该放开眼界瞭望一下。绥远是中国现存领土，国人应当以同族眼光看待，政府对绥远也应一样保护它；所以在这紧张声中，我们更须加倍援助和爱护！

绥远的险要形势和对中国的关系，我也要略叙一段：绥远是中国目前抗敌的最前线，同时也是中华民族兴复的策源地！这样我们已略知其对于中国的重要了。

它是首当敌人之冲的最险隘地带，而且也是敌方最难攻下的地方。绥远有操纵华北五省的生死，不，或者可以说有牵制整个中国可能，绥远是处在华北五省西部，它万一失守，敌军马上夺取五省，而且可以势如破竹，直到江苏的上海以至南京，而可以长驱入浙江，延及福建，这时敌军可很从容在任何地方蹂躏！且就西北部说，华北五省既失，他可进攻西北诸省，河南、陕西、湖北、四川等省随时受了威胁，整个国土无论任何地方都受到俎杀和蹂躏。同时可以侵占我们全国领土，毁灭我们的民族！中华民族的复兴，又有什么希望呢?!

我们已知道绥远形势的险隘和关系国家的重大，那么敌军的猛攻近郊，当不待言了！然而我们对此严重万分的绥远，应该极力援助，因为它是四亿人民的幸福和痛苦的最大关键。

绥东的存亡，完全由天寒地冻的将士的痛击、牺牲，和全民族的团结抵抗！绥远的生命财产，一切都维系在全民族苦战的将士身上。我们相信傅作义氏和阿王是党国柱石，为国家争生存，为民族求解放的一位健将！他们很坚决的抱着牺牲精神抗敌，担起他们悍〔捍〕卫国土的最光荣工作。为绥远彻底死守，为绥民永久保障，照他们坚决态度，大有与绥边共存亡的气概！傅氏就使败至一兵一卒，他当再接再厉的死抗，绝不顾及牺牲和灰心！

他不顾一切的亲临前方任指挥工作，他的决心抗敌的言词，很灿烂的在报端发表，我们无需多赘。在本月十九日的一小段激昂的言词，这是骑兵司令赵承受〔绶〕所发表："守土有责，决予痛击，任何牺牲皆所不惜！"这是何等激动人，多么雄壮的将军！我们的民族生命有所托了！绥东的领土，吾人可不必挂虑了。

然而，我们在这绥边严重，国患益亟的今朝，凡有血气的人，当尽国民一分子的责任，像一日贡献，节衣缩食的援绥。这也不过是人民血汗的百分之一而已，大家应急起直追；不然的话，何以对国家，以及东北的被难同胞呢？一般大地主、资本家、富翁巨贾虽受了报纸的鼓吹劝勉，冷嘲热讽，还是痴痴不悟，至死仍抱"守财主义"，这未免太使旁人替他们起了愧色！

再进一言给那些富翁资本家们："天下事惟其有德者，然后可以骄人。"假使像你们的拥巨金，和只求个人的快乐，为儿孙作马牛，着实是安乐不可得！你要想想，这有什么益处呢？国家万一倾覆，大众的利益既全盘丧失，那时就使你有美国煤油大王的财产，也是难逃迅速分离的惨痛；我为你们打算，与其将来化为乌有，无如此时拔一毛以利天下！

总之我作这篇文的目的和希望有三点：

（一）请求政府以充分军力增援前线孤军苦斗的将士，以大批军火接济，毋使缺乏，同时须勖勉一般士卒，使他们抗敌心愈坚，御侮阵线更巩固，救亡意识更具体，抗敌力量更集中，然后才能把敌人扑灭！

（二）希望一般资本家、大地主们，在这民族危机四伏，国难临头的当儿，尽一点国民天职，慷慷慨慨的乐捐。我们晓得国防最前线的将士，在这冰天雪地中英勇地苦斗，不惜牺牲生命，担起他们“守土有责”的重任，这算是中华民族解放的良好现象，我们认为中华民族的复兴，须靠全民族团结一致，单仗前线孤军的苦斗，是不能达到最后目的！

我们虽不能拿起枪杆，效命沙场，然而我们该担起一部分救亡图存的责任。前方的战争愈紧张了，站在后方的我们应该用物质和精神的援助，这切切实实是大众所应为的工作！大众们如能尽一日所得贡献国家，资助绥东壮士，那么你们的声誉当流芳千古！不然就遗臭万年！国患至此危急地步，国人尚不乐于好施，这岂是国人所为！

（三）各地大中小学校的学生，有的捐他们能力所及的金钱，感于无可能者，便以节衣缩食，甚至有绝食一日的壮举，充分表现他们的爱国心！同时更愿出发到各地方去，负起向各界募捐的工作，这十足显示他们爱国观念的深刻；其他如三百余名烟犯的绝食一日，更堪激动，失了固有的健全思想的人，尚能以爱国为前提，难道一般有意识的人还不如吗？所以我很切望于全国同胞，在这国事极度紧张时期中，尽国民天职，这是我最后的愿望！

线〔总〕括起来，绥远是中国抗敌最前线的要冲，我们应该死守；前方将士英勇抗敌，舍生悍〔捍〕卫国土，我们应该尽量做他们的后援，使绥远永远是绥远，中华民族解放斗争的最后胜利，终属于我们的！！

脱稿于崇中，十一，二二日

《公教周刊》
厦门鼓浪屿天主堂
1936年8卷34期
（李红权 整理）

日本势力深入内蒙

Japan's Penetration of Inner Mongolla, North China Star, June 4, 1936

Francis Fisher 著　奉生 译

如今内蒙完全在日本的掌握中，这是大家周知的事实。本文是一位美国合众社的记者于五月十八日从百灵庙寄出的通信，读后可知日本侵略内蒙的猛进和全部内蒙的危险，兹述其大意如次。

日本侵略内蒙的故事，主要的就是一个姓森岛的活动。三十年来他借着种种不同的职业，游历内外蒙，踪迹殆遍。最后在今年夏天，忽然以关东军驻百灵庙的特务机关长而出现了。

日本侵略内蒙的成功，可从下面的事实得到证明。内蒙东部已成日“满”的军营，近几个月来便不许第三者进入这个区域。但从各方面所得消息，知道日本在察哈尔北部已设立军火军需仓库、医院、飞行场、无线电台等。几千“满洲”军队改名内蒙军，防守该地，同时又传日军也进驻察省的东部。

目前日本进攻的目标是远在归化以西的百灵庙。一月以来，日军进占一座大喇嘛庙，建设无线电台，开始储藏石油和军火。日军的坦克车每天在绥远的平原上跑来跑去，访问蒙古王公的王府，测量道路，搜集材料。总之是为所欲为，毫无阻拦。现在在政治上，察哈尔、绥远两省的北部都由一个机关统治着，该机关直接隶属于关东军，不久经济的统制便要相继而来了。

内蒙情形有一很可注意之点，便是日本军队完全不参加，仅用极少数的“满洲”军队，内蒙便落在日本手里，蒙古人虽想反抗，但也毫无办法。

多少年来，森岛等人便在内蒙活动，和德王等结交，学习内蒙的语言、文字、习惯、政治等。自三年前，日本将热河并入“满洲国”后，他们的战略稍变。他们强迫德王等接受他们的援助，甚至于供给军火、金钱等，尽量找机会帮助内蒙王公，使王公好像有一种不能不替日本人服务的义务。他们一点也不放松。不久，日本医院便在许多军事要冲建立起来了，日本军官坐着飞机来拜访德王等，并送与德王一架飞机（和驾驶员），迫他非接受这礼物不可。最后在东部内蒙各王公的府邸里差不多都公然有日本人住在里面了。

日本人许给蒙古人，将来的制度是按着他们的愿望而组织的，但蒙古人对之却很冷淡。许多曾在日本统治的“满洲国”官僚政治过活的蒙古人，从德王等那里带来很可悲的消息。但是日本人在内蒙的势力日增，中国政府的势力便日减，蒙古人被迫，除了投降日本之外，便无法可施了。

这时一个作“满洲国”军官的蒙古人李守信，率部进占察哈尔省的中部，将蒙汉两族分开。蒙古和中国人的关系既被打断，又不能以武力抵抗东邻的侵略，只好和他们妥协。中国政府对付此种情势的最后手段，就是设立绥远蒙政会，并令德王将百灵庙蒙政会会址迁到察哈尔东部去。德王受人鼓动过甚，独立政府是随时可成立的。

《国闻周报》

上海国闻周报社

1936年13卷23期

（刘哲　整理）

内蒙问题与国防

张佐华　撰

一

诚如耶康托夫（A. Yakhontoff）所说："历史的进程使蒙古成功了威胁世界和平的一座新火山。"（注一）这火山现在已经到了爆发的前夕。这座火山是我们的领土，而受火山爆发影响，将作直接牺牲的，也是我们中国。本文仅就内蒙问题，对于国防的关系，一加检讨。

首先对于内蒙的疆域，我们应该有清楚的认识。内蒙包括哲里木（在吉林及辽宁省境内）、卓索图（在热河省境内）、昭乌达（在热河省境内）、锡林格勒（在察哈尔境内）、乌兰察布（在绥远省境内）、伊克昭（在绥远省境内）六盟五十三旗，察哈尔部（在察哈尔省境内）十二旗群，及归化土默特独立旗。

从辛亥以还，内蒙方面，便呈现危机四伏的状态。像一九一二年呼伦贝尔的独立，哲里木盟札萨克旗的变动，一九一三年西二盟的响应外蒙，一九一六年巴布札布的窜入郑家屯，以及一九一七年的富兴阿占据呼伦贝尔，一九一九年的达乌里组织全蒙临时政府等种种举动，都曾引起重大的注意。不过这种运动，纯系统治阶级主动，而以拥戴活佛、可汗与满清皇室为唯一目的，对于平民并没有关系，所以，也不曾有大成功。

日本一向认为，蒙古对于她有战略上的重要性。田中义一在他的奏章里，指出了：“日本欲征服中国，必先征服满蒙。”日本前陆相荒木也曾说过：“如果日本不能在满蒙建立势力范围，日本将无法实现其最大理想。”荒木承认在蒙古实行开化工作，比在东北要困难，不过他说：“无论哪一种敌人要抵抗日本帝国的扩张，我们得消灭她！”

什么是日本的“最大理想”呢？无疑地，日本最大的理想是战胜苏联，和征服中国！现在日本在我东北的势力范围，已经建立好了，那末，为了要实现其“最大理想”，自然要向蒙古建立势力范围了！由于日本对外蒙的威胁，日本在内蒙的活动，以及最近日本挟德王成立所谓“蒙古军政府”，而开始进迫绥东等事实，我们知道日本意欲侵入内蒙！如果日本得手，那末，她的“最大理想”，便将近实现了。

国人从“九一八”事变以后，便注意到内蒙问题。笔者去年暑期，曾到蒙古旅行，虽然日期不长，但所得的印象，却很深刻，回来以后，我得这样一个结论：“蒙古问题是西北问题的前提，因为蒙古对西北，占有极重要的地位，蒙古如安全，西北方能巩固。”笔者属文至此，回想去年此时，尚能在内蒙漫游考察，而在一年后的今日，内蒙的形势完全已非，而绥、察已成为国防的第一线，真是不胜今昔之感！

二

从“九一八”事变以后，日本以武力占领东北，便展开了内蒙的厄运！因为日本取得东北，是他们的大陆政策第二步的“征服满蒙”的第一阶段完成，接着便想完成第二阶段了！

在一九三三年热河失陷后，称作东蒙的哲里木盟、昭乌达盟、卓索图盟，便入日军的掌握。

东蒙失陷后，日本以兴安领〔岭〕为中心，划为四个“兴安分省”:（一）兴安东分省，以黑龙江省的布哈特地方为中心，派布哈特王鄂伦春为省长；（二）兴安北分省，以黑龙江省的海拉尔为中心，派前呼伦贝尔都统贵福之子凌陞为省长；（三）兴安南分省，以哲里木盟为中心，派图献图王业喜海顺为省长；（四）兴安西分省，以昭乌达盟为中心，嗣因蒙旗反对，仅将西喇木伦河以北的昭乌达盟六旗划入，在卓索图盟则设一蒙务局。以上四省一局，统归兴安总署管辖。兴安总署总长是哲里木盟盟长齐默特散帔勒，次长是日本人菊竹实龙。兴安总署隶属伪国务院，职掌兴安各分省的一切行政并蒙古旗务。兴安总署以下设总务处、政务处、劝业处、蒙古整理委员会。分省以下设总务厅、民政厅。旗公署以下设警务局、实业局、土木局、卫生局。

日本除在东蒙积极建设，以作为军事根据地外，更调查地质，开发富源，并励行鸦片政策与愚民教育。此外并以东蒙作为侵略西蒙的根据地，常常派出许多日本人，到西蒙各地从事活动。以后，日本并占领多伦，并把多伦划为“内蒙自治区”，设立特务机关。此外更笼络东蒙的王公、青年，作为引致西蒙王公、青年的糖饵，并怂恿独立，鼓励民族主义。凡此种种，都使硕果仅存的西蒙，感受极大的威胁。

三

西蒙的许多王公、青年，鉴于东蒙失陷，西蒙濒于危急，顺日既非所愿，呼援又苦中央无力远顾，因此遂要求高度自治运动。不过，这个运动，并不是受外来的支配。一直到一九三四年，德王与南京洽商的结果，于四月二十三日在百灵庙组织了一个内蒙地方自治政务委员会，这才告一段落。

关于内蒙为什么要求高度自治，这个问题，最好拿笔者旅行蒙古时，内蒙自治运动领袖德王对笔者所说的话去解释。德王说："我们感到外蒙所受的痛苦，和东蒙失陷以后，西蒙日濒于危急。那时长城战争爆发，中央无力他顾，故不得不谋自救办法。在二十二年六月在百灵庙召集蒙民会议，决定合锡林格勒盟、乌兰察布盟、伊克昭盟、察哈尔部、土默特旗，脱离绥远、察哈尔两省政府的管辖，组织自治政府，归中央直接节制，几经请求，乃于民国二十三年四月二十三日，正式成立了。"（注二）德王又说："内地同胞很误会我们，其实我们要求高度自治运动，很简单地，是在中央统制指导之下，以谋蒙汉民族的大联合，以保全蒙古民族的存在。加以近年以来，省县政府和盟旗时有恶感，绝没有合作的可能。这样如果我们没有一个组织，没有一个表示意见的机关，很容易被外人利用，所以我们要求自治。现在纵然有外人来威胁利诱说：'你们要独立呀，你们要组织政府呀。'我们也可以答覆他说：'我们已经成立了。'若不是有此组织，也许此地早就变了色，而有所谓'蒙古国'出现了呢。蒙古在前清的时候，与中央很为接近，不管清廷的出发点如何，他们总还不曾把蒙古放在一边不理。可是，一到了民国，我们随从中国也有二十多年了，什么利益没有得着，我们自己的土地，还被人家占去了好多。以前说的明明白白地开垦蒙古荒地给我们钱，可是，竟一文不给，而土地的所有权，后来也没有了。不但这样，现在还要受亡国奴的苦痛呢！"

从上面德王对笔者的这段谈话，可以充分地证明，内蒙的要求自治，并非受外人支配。

至于蒙古地方自治政务委员会的组织，根据国民政府二十三年三月七日所颁布的《暂行组织大纲》第四条规定：设委员九人至二十四人，由行政院呈请国民政府任用，并于委员中指定委员长一人、副委员长一人。委员〈长〉为乌兰察布盟盟长云端旺楚克，副委员长为伊克昭盟盟长沙克都尔札布，及锡林格勒盟盟长索诺木喇布坦，而在蒙政会筹划一切的，却是秘书长德穆楚克栋鲁普（为锡林格勒盟副盟长）。其内部组织有如下表：

蒙政会
- 秘书厅——下分文书、会计、编译、庶务四科
- 参事厅
- 民治处——下分三科
- 保安处——下分三科
- 实业处——下分三科
- 教育处——下分二科
- 财政委员会

此外在秘书厅之下，还附设一个无线电管理局、一个无线电总台，及无线电分台十处。在保安处之下附有保安总队，下分四个中队，每队兵士一百余人。更附有稽查处，有官兵共十二员。在实业处之下，附有汽车管理局，现有汽车七辆，并有一个建设委员会。在财政委员会之下，附有征收局，及征收分卡。

蒙政会的经费，每月由中央补助三万元，成立之初，拟注重蒙古的建设事业，及蒙古文化的提高等工作，因经费困难，也没有得着什么良好的成绩。虽然，蒙政会成立的本意，是在抵制侵略，但却正中了他人割断中国和内蒙的策略。同时内蒙独立的煽动，也不曾因为有了蒙政会的组织而停止。一两年来，我们就不断的听到许多的谣言传来。

东蒙既已失陷，日方接着便拟向西侵进。在去年九月间伪军李守信部率队西进，我驻军守土有责，沽源、宝昌一带战事曾延长十数日之久，其时交外〔外交〕上负责者，在平、津一带进行交

涉，往返议妥，察北沽源、宝昌、康保、张北、商都、化德（即加卜寺，察哈尔省政府改为新明，德王则改称德化县）等六县，我驻军完全退出，另编保安队驻守，维持地方治安。嗣后日本又要求察北六县，由蒙古保安队驻扎，六县行政权仍属我方。当时开至察北的李守信部伪军并未撤退，而形成一种特殊局面。日方并在察北六县改用康德年号（为伪满年号），蒙古保安队置日籍指挥官，和伪满的参事官相似，各县县长因无实力，不堪压迫，乃纷纷撤退。自此以后，日方便大踏步地向西侵进！

至去年十二月底，日本更借口察北六县应以外长城线为界，准备将蒙古保安队及伪军南移至张家口一里的大境门驻守，时蒙保安队及伪军，已进抵距张垣四十里的汉诺尔坝地方，张垣情势，又现紧张。嗣经我方一再向日方交涉，日方始允蒙古保安队及伪军退回张北。嗣后察蒙旗总管卓世海在张北开会，擅将察省四群改盟，在张北成立“察哈尔盟盟政府”，蒙古保安队归“盟政府”统辖，日籍指挥官改称顾问。

此后日人对于主持蒙政会会务的德王，更极尽威胁利诱之能事，日本飞机以及军队，更常到百灵庙去，德王被日人包围，行动已失自由，真确的表示不能达于外方，西蒙的危机，便愈迫切。

四

德王既被日人包围，无法摆脱，蒙政会的其他要员，便想脱离这个恶劣环境，遂有本年二月二十一日蒙政会保安处科长云继先、政治处科长苏鲁岱、教育科长贾洪珠、财会科长任秉钧、参事康济民等，联合职员百余人，率官兵千余人脱离百灵庙。这固然表示了蒙古人是不愿意受外人的支配，但却使德王处境，陷于孤立无援的地位。这样，为了解决这个纠纷，为了中国领土少失去一部分，终于从百灵庙蒙政会中，分化出来一个绥境蒙政会，在二月二十三日正式在归绥成立，并决定伊金霍洛（即成吉思汗墓地）为永久会址。

绥境蒙政会的成立的目的，根据该会成立宣言，以及该会要人的谈话，完全是为防止绥远盟旗的“赤化”，实则和百灵庙的混沌空气有关。日方说中国成立绥境蒙政会，是一种“先发制人”的工作，这倒有几分真实性。因为中国不再〔再不〕成立绥境蒙政会，连绥境蒙旗，该遭受同样的悲惨命运了。

绥境蒙政会的委员长是伊克昭盟盟长沙克都尔札布，而由国府特派阎锡山为该会的指导长官。委员长以下的重要人选如下：（一）“防共训练委员会”主席康王，委员石王、特王、车王、奇文英；（二）建设委员会常委图王、噶王、巴总管；（三）财政委员会主席鄂王，委员奇王、鄂总管；（四）秘书长阿王；（五）参事处长沙贝子；（六）民治处长林王；（七）保安处长潘王；（八）教育处长荣祥；（九）卫生处长孟总管；（十）实业处长额王；（十一）绥东四旗剿匪司令达密凌苏龙。

无疑地，绥境蒙政会的成立，是针对着积极侵略西蒙而设的，对于日本的预定计划，不无障阻，但由于绥境蒙政会是由百灵庙蒙政会分化出来的，所以，使德王更感到孤立，而益增其受迫组织傀儡政府的便利。

五

“德王没有脱离中央附逆的意思”，这是熟习蒙情的人所一致承认的，但是，由于外人积久的包围怂恿，国人又不但没什么帮助，更把他固有的势力分化出来一部，德王终于禁不住威迫，而成立伪组织。我们对于德王的处境，是不该责之过苛的，因为我们不曾有一个力量，能把德王由魔窟中救出。

酝酿已久的蒙古伪组织，终于五月二日在外人威迫之下成立，地点在加卜寺，名叫“蒙古军政府”，推德王为总参军，下分四部，计：军政部长李守信，财政部长卓世海，外交部长陶克陶，参谋部长包悦卿。军政部辖有四军，第一军长由李守信兼，第二军长由德王兼，第三军长由卓世海兼，第四军长由包悦卿兼。现规定每军四师，已经成立的有十三师，然按实在数目，每师至多不及三千，少者只数百人，并且大都没有衣服和枪枝，又少马匹。所以统计起来，人数至多二万，枪枝不及一万。

伪蒙古军政府成立之后，日方荐任军事顾问东风、财政顾问西其等十余人。伪政府的财政、外交、参谋三部的实权，便操在这些外籍顾问之手。

“蒙古军政府”成立后，国内报纸均有登载，德王曾数次致电辟谣，声明决不脱离中央，这固然可以表明德王的态度，但事实既已迫德王成立伪组织，德王等虽欲摆脱而不可得。那末，“蒙古军政府”成立以后怎样呢？无疑地，要在外人指导之下，去完成其“征服蒙古”的素志。

伪组织首先利用德王、卓世海等，在蒙古境内招兵，作为“征服蒙古”的主力。经多日之准备，始在本月初由少数伪军进犯绥东，经绥东四旗剿匪司令达密凌苏龙协同集宁彭玉珍部骑兵，飞疾兜剿，不出三日，即行扑灭。但据最近所得的消息，察北伪军，仍然是日有增加，总数已过二万人以上。

六

内蒙问题的演进，到现在已经到了最后的严重关头。那末，内蒙问题的将来怎样？这确是我们值得注意的问题。我觉得内蒙问题的将来，可分下列两种：一种是内蒙完全沦亡，而加入“蒙古军政府”；另一种是内蒙还是我们的领土。

使内蒙完全沦亡，而加入“蒙古军政府”，这是他人积年所企求的；但是，内蒙关系我们中国极大，内蒙一失，则西北边疆完全受人控制，所以，在国防上，内蒙是不可失的。

一九三六，八，二五，于北平

注一：见美国《太平洋月刊》第九卷第一期。

注二：德王谈话，曾发表于《新亚细亚月刊》第十卷第四期拙作《蒙古旅行散记》。

《国闻周报》
上海国闻周报社
1936年13卷35期
（朱宪　整理）

绥远在国防上的地位

何东　撰

今年九一八日，国府特令嘉奖傅主席作义，要义为“保固边圉，厥功尤伟”。在这日期，有这嘉奖，意义是非常重大的。现在绥远已列居国防的最前线，他的地位，非常险要。他已不是他人以华制华的方法所能应用，更不是不战而胜的政策所能驾驭，日本的大陆政策，到此已受了障碍，中日整个外交，亦在此展开一个新阶段。笔者居绥有年，乘这中日国交调整的时候，来探讨绥远国防的地位，说明他的重要，盼国人对他，多多予以注意。

一　绥远是蒙古内外倾的分野

绥远这块土地上，还存留着若干蒙古人，共为乌、伊两盟十三旗，以及绥东四旗，连上土默特一旗，合为十八旗。绥远虽然是一个省份，可是文化甚低，地利未辟，普通一班蒙古人，还度其上古时代的游牧生活。又加历年边官对于蒙旗治理，采取高压政策，蒙人对国家观念极其薄弱，对汉人治理，不甚欢迎。民国二十三年，蒙古发生自治运动，当时热河正失去不久，东蒙可算没有，只剩了察、绥蒙旗，中央慎审处理，允许自治。中央的原意，无非是根据民族平等原则，给与范围内的自治，冀其为国效劳；可是事实上，当时要求自治时，即含有与省分家意味在内。果然成立后，绥远省政府与百灵庙方面，不久即发生冲突，指导长官公署，有名无实，迄未成立。于是绥远省政府与百灵庙蒙政会间，纠纷日多，误会日深。从特税争执开始，继之以西公旗纠纷，一直到百灵庙保安队的哗变，省、蒙二方刻下了极大的裂痕，这非但未能达到共同御侮的目的，倒弄成增加一个为人利用的好机会。当去年九月西公旗事变再度发生时，某方借飞机与〔自〕百灵庙飞至西公旗散发传单，并示威吓，可为明证。中央一再考虑，蒙古自治，如此下去，一定是成事不足，败事有余。推究他的根本的大原因，实在是自治区域太广，难以统驭，非另行改组，不足以收防边的实效。乃在今春先后颁布明令，成立察、绥两境蒙政会，实行分区自治，集中蒙、汉两族的力量，减轻省行政与蒙自治的悖谬，为华北国防树一个新基础，这在中央可说是煞费苦心了。

绥境蒙政会的成立，在晋、绥方面看，是极其适宜，可是察蒙会不啻是百灵庙蒙政会的东迁，由大而小，由广而狭，心殊不满，把中央为他们减去其环境上的困难的苦心，丝毫没有想及。中央在当时亦只好顾到消极的预防，积极的进展，尚谈不到。因为这样分区自治一来，察蒙取消其指挥全蒙能力，以后察、绥国防，只是守土问题，而无蒙古问题在内打扰，消极方面究竟少了一个麻烦。谈到守土问题，绥远首当其冲，上月绥东告紧，即是守土与否的探试。虽然察蒙已无自主能力，听由某方计议，扩大组织，忘不了统制全蒙的迷梦，但是此种迷梦，已因绥远决心守土，一时不敢大喊出来，所以绥远现在已成为硕果仅存的西蒙内外倾的分野，敢说绥远一日掉不了，蒙古问题暂不至如何严重。

话又要说回来，绥境蒙旗，现在与绥省府，是非常合作的；但若时间拖延下去，局势又一日一日的严重起来，绥蒙各旗能否受他人的煽动，这是值得我们考虑的一个问题。我们现在即听说绥蒙各旗王公，在绥境蒙政会开会时，都是很高兴的出席，同时察蒙会的召集开会，亦深怕得罪人的派代表参加，这左右讨好的王公对外策略，颇有人为绥省虑。但实际考察起来，蒙人智识幼稚，自身又无力量，各旗近年来虽曾编制军队，既无固定粮饷，又无良好枪弹，更无训练可言，即如乌盟六旗通共只三万多蒙人，每旗平均只得五六千人，除去妇女老少、喇嘛外，壮丁能有几何，这样微薄的实力，自不敢倡言御敌。中央若欲救蒙古，亦唯有实力帮助这一条路。绥蒙各旗现力所能及者，只能做到消极的合作，我们目下所希望他的，亦只此一点。果他日边防实力充足，要蒙人积极合作，那是不成问题的。

二 绥远是保存西北的门户

东北掉了，来注意西北，这叫亡羊补牢，尚未为晚。西北的范围很广，包括绥、宁、青、甘、陕、新等省，这偌大的地方，因交通不便，隔绝中央，天高皇帝远，政治黑暗，达于极点，恕我不在此一一举例。《大公报》记者长江先生所著的《中国的西北角》一书内，已写得很详细，无庸我在此多占篇幅。如税款的特别加重，摊派的不计其数，高利贷至于百分之三四百等等，弄得人民多愿逃亡，苦痛情况，难以言宣，社会危机，可算到了尖端。加上西北民族复杂，各民族间又是互相猜疑欺骗，到如今又来了“共匪”的骚扰，眼看西北，即无外患，如何使他内治走上正轨，亦是煞费力量。可是某方特务机关，宁夏阿、额二旗，已有他们的足迹，其他特务人员在各地的往来，则更如过江之鲫，前后相踵，几使人怀疑西北天下，已有他的一份了。所幸绥远是西北的总门户，守土尚称尽责，门户虽开，尚未至“放”的地步，西北内部也就被保护的不少了。

西北与内地的交通有两路：一为经陕西的，一为经绥远的。陕西处在腹地，某方势力，尚未达到，某方现极注意绥远，就是为谋攫得进攻西北的大本营。现在绥远大青山后的草地，完全是游牧区，除固阳、武川、安北三处，已设县治，可驻重兵防守外，再向北百灵庙，因系昔日蒙政会旧地，不少的伪军侵占过来，绥军无法前去驻扎。只因百灵庙在伪势力下，于是乌盟草地遂为某方横行的区域，汽车直达阿、额二旗，转往其他各地，仅仅不过一个百灵庙为伪军势力所占，已使某方在西北显露头角，若整个绥远，全陷入伪势之下，西北危险，则更是不用说了。

有人说：某方攫取绥远，是在隔断中俄的连络，造成防共战线的大包围。但是除了隔断中俄的连络，造成防共的战线大包围以外，在我们中国人立场看来，是不是还有整个侵占西北的企图呢？我想：侵占我国西北的企图，说不定较防共大战线尤为重要，因为中俄现在何尝连络，外蒙与内地早已断绝关系，既未连结，又何用他隔绝？他的隔绝口号，是对世界作宣传用的，根本的用心，则在先征服全中国，然后才谈到对俄等等问题。要得征服全中国，必须先实现满蒙政策，换句话说，即是先攫取东北，后攫取西北，然后东北、西北，左右夹攻而进，据高临下，扼形势的优胜地位，如剥笋样的侵略中原，清朝即是用这样方法来宰制中原。日本对于中国历史，素有研究，他也早想到这点，所以他近来对绥远方面的工作，是非常的卖力向前干。初仅有羽山公馆，近又添设了一松田公馆，除此以外，在绥远饭店，不时有人往来，大北旅社则几为日人所包去，包头饭店悬某某出张所（按某方特务工作机关分三级：一为特务机关；二为公馆；三为出张所。我们切勿误会公馆是私人的住宅，与特务无关）。平时飞机日有来去，且欲在包头建筑飞机场，最近又有在绥垣设领事馆的意思，真是得寸进尺，得尺进丈，无非是想将我保守西北门户的绥远，把他打开，并达到大大放任的地步，以便他再进一步攫取西北罢了。

西北方面，内忧外患，相迫而至，只有促成危机的加重，尤其民族的分裂，更是可虑。宁夏额济纳旗地极荒凉，日方在那里，竟设了特务机关，这是想宁夏蒙古与宁夏省脱离关系，而宁、青、甘三省的回汉关系，又极其不和谐，能否共同合作御侮，又是一个大疑问，这些问题，至今未发生，虽有其他种种原因，赖着绥远门户尚未大开放，亦是其中原因的一个。我们且引九月三十日报载东京电一段文字：

外、陆、海三相，以中日形势日紧，除积极布置军事外，并拟扩充外交阵容，俾三位一体共同合作，以实现既定方针。其具体计划，业经三相议定，最近即可实行：一、增加驻华大使馆特派员；二、充实沪、汉、津、京、川、粤各地总领馆组织，扩张情报部；三、充实张垣领馆，扩充特务组织；四、在并设大使馆办事处；五、在绥设领馆；六、在大同、包头设总馆办事处；七、增设驻百灵庙德王府、宁夏、兰州各地特派员；增派留学生调查蒙古、新疆、西藏、青海各地情形。

八条中即有六条关于西北，可见某方对我西北屏藩的如何注意，而其最近动向，我们借此亦可推知其大概了。

三　绥远是中日国交调整的关键

绥远是中日国交调整的关键，这话或者有人以为将绥远看得太高，实际讲来，丝毫不高。中国内部，业经完全统一，无论如何，今后是再也不能退让尺寸土地，再不能签订丧权辱国的条约，所谓调整国交，最低限度亦当维持现状，维持现状，就应保守绥远。如何去维持现状，则非有武力做后盾，决难达到目的。空言和平，无实际力量，即是屈服的和平，决非调整的和平。绥东告紧数次，均因我方早有准备，故得保持原有状态，这就是说明我方对国交的态度，已非从前的屈服态度，因为再屈服，那就不成其为国了。

国交的调整，在普通国际情况中最好的办法，是订立不侵犯条约。惟欲订立互不侵犯条约，则须先有国界。中日国界现在何处？“满洲国”是始终未承认，“冀东”、“察北”非法区域，犹在交涉取消之列。既是中日国界线，现在颇难说，订立互不侵犯条约，自然也就不易。这样说来，中日国交，就应用何法调整呢？是不是日本的要求，中国完全承认这样的调整呢？抑是中国的希望，日本完全接受的调整呢？敢说这都不是。中日国交的调整，惟一的关键，在华北政权的日近中央，换句话说，华北应减轻日方的威胁。华北政权若是永远的不断的恶劣下去，中国政府是无法与日本政府开始调解谈判的。再进一步问，华北政权如何才能日近中央化，那就是一方面华北将领，力尽守土之责，另一方面，中央继续不断的为之后援。日方要求什么“华北缓冲区”的成立，用这种梦想来调整国交，那不是南辕而北辙吗！我们要看华北政权，是否日渐近中央化，只须看晋、绥当局的态度，以及绥东告紧时所采取的策略，这已表示中国政府绝无放弃华北政权的意念，也就是我国所抱调整中日的限度。日本明达的政治家、外交家，果能见及于此，我想中日国交调整，是极易的一桩事。

冀察政委会的成立，是中政府委曲求全的办法。既成立以后，冀东政府及察北非法区域，不能以外交方式取消，国交调整，尚复何望！外交方式，既不适用，逼得中国只好一面准备抵抗，一面进行交涉。今后中国如欲如愿以偿的与日调整国交，那只有国防前线的绥远开始准备起来，不叫伪军再行侵占，用最大的力量，维持华北的政权，亦惟有如此，中日国交方能调整。不然的话，绥远一不幸，蒙古问题随之发生，西北内部亦将掀起骚扰，到那时谈调整，那就更难了。只要想现在的情况，尚难调整，那时候谈判不易，还用说吗？我们标明绥远为中日国交调整的关键，亦即在此。如何使这关键好转，一在日方了解华方情况，二在中政府的好好准备。

末了，我们愿略述一述绥远国防现状，我们虽然住在绥远，知道较多，但涉及国防秘密，亦不便多讲。简单说起来，防御工程，全省各重要地带，已有准备，绥东平地泉等处，绥北武川等处，绥西包头等处，均驻有重兵。若论精神的国防，则昨今二年绥省府所创办的乡村建设委员会训练处，训练有将近千人乡村工作人员，分布全省各乡，宣说爱国要义。最近又训练防共自卫团常备队，已毕业了一期，共三千人，第二期又是三千，除技术的训练外，特别注意精神的训练，时间允许，打算训足二十万人，作边防上的自卫工作。绥当局早自命其国防地位，可作为中日国交调整的关键，成仁早具决心，中央为维持华北政权，自亦不容放弃丝毫领土，除实力帮助外，并于今年“九一八”五周〈年〉纪念日特令嘉奖傅主席。兹录其全文，以作本文的结语。

民国二十五年九月十八日，国府令：绥远省政府主席傅作义矢忠党国，夙著勋勤，比年主持绥省政务，剿匪安民，厥功尤伟，应予特令嘉奖，用彰令绩，而昭激劝。此令。

不早不迟，在九一八日，下此令，绥远方面听到这个消息，是非常兴奋的。他所表示的意思，让读者自己去思索吧！

《国闻周报》
上海国闻周报社
1936年13卷43期
（朱宪　整理）

匪军犯绥与中日外交

芸生　撰

这一周，中日外交无正式进展，许使曾两访日外相有田，为解释中国立场之性质，高宗武与须磨清水等也有数度接洽，大概也与大势无关。

东京舆论有停止交涉的呼声，日政府内也有这种主张。依现在的情形，我们中国的立场，其势也惟有停止交涉。

匪伪军自本月十四夜起迄十六晨起，迭次向陶林境内的红格尔图地方进攻，均经我军击退。

匪伪军以察北之商都为根据地，挟飞机、大炮及毒气等近代战具为武器，察北何地，伪军何自来？其背景不问可知。在我领土被武力扰害之际，还谈什么外交交涉。

守土将士正在冰天雪地中奋勇杀敌，全国人士都在风起云涌的作援绥运动。现在到了发挥国家力量的时候了，我们外交的成败，便要看我们守土的能力如何？

《国闻周报》
上海国闻周报社
1936年13卷46期
（朱岩　整理）

守绥远

录十一月十二日津沪《大公报》

作者不详

近日消息，绥远形势，更增紧张，为虎作伥之大股匪军，刻刻有侵入之危。以势卜之，无论在南京进行中之中日交涉，若何结束，要之绥远断不能无事。正如痈疽在身，终必一溃，此无可讳论者也。

华北各学校之师生，近旬以来，对于守护祖国，屡作沉痛真挚之表示。昨报载清华学生，绝食劳军，亦其一例。默察华北文化界之近状，其一般心理，实超越于一切政治理论或党派问题，即一切不论，专论卫国，万千智识青年，莫不掬其一片纯诚，以求贡献于祖国。观北平学生界最近之言论、行动，可知爱国青年之心理，视去夏去冬又进一步矣。吾人可断言者，北方同胞今日所尤一致急盼者，为善守绥远。此本当然必然之事，而政府重责在身，自亦有其相当之规画、巩固之决心，故关于防务上实际问题，姑不必论。兹所论者：第一，一般中国国民，注意绥东形势之程度，远过于对南京之中日交涉，盖以为调整国交云云，多属空言泛论，而绥远问题，则目前之实祸，安危之所关。第二，一般国民之中日关系观，最近日趋于最小限。即绝无高调，亦并不讲报复，但一致坚决主张，国事不可再误三误，以至于无穷之误。易言之，不论国力如何，及一切条件如何，总之不堪再蹈五年以来之覆辙，坐看国土之再被削侵。此种情绪，普遍于全国军队及智识界之间，不只北方也。第三，绥远问题，最受全国重视者，非重绥远而轻冀、察，故不可误解我国民心理之容忍冀察现状之为既成事实也。今日之国民心理，乃认识绥远为北方最后之壁垒，西北数省共同之门户，此而有失，即足导灭亡之祸。故以为守绥远即为守西北，不论有何困难，生何变化，必须善为守护，不使被侵。以上三者，国民一致心理也。事态如此，应更普遍的发扬此种心理，使形成军民各界巩固之信念，有此一致的信念，则守御之目的，必能善达，且惟有发扬此种信念，始可令野心者有所顾虑也。

吾人论及此点，不能不首先称赞晋、绥将士之忠诚，盖在此一年余北方时势恶化之中，国家得一贵重收获，即晋、绥将士受时势之锻炼，而更坚其为国守土之赤诚。半年以来，世人不复闻晋、绥之受勾诱，盖勾无可勾，诱无可诱。彼方认识既明，则浅薄纤小之伎俩，自不能不放弃也。晋、绥当局之于外交，当然守中央方针，竭诚尽礼，不求多事，但其守土尽职之精神，则如火之热，如铁之坚，大青山千里之间，无形中已建成精神的防御线，所需者，全国之积极后援耳。吾人审知，政府当局对绥远防务久为重视，近时紧急如此，度必有适当之设施。兹所愿者，全国皆为守绥将士作后援，更鼓舞其精神、增厚其实力，同时全国各界应俱以绝食劳军之清华学生为范，且俱宜以此辈青年之志为志。诚如是，将必能保卫全国，尚不止善守绥远已也。

《国闻周报》

上海国闻周报社

1936年13卷46期

（朱宪　整理）

绥战形势

作者不详

这几天的绥远剿匪军事，始终胜利着。星期二早九时半攻下百灵庙，更是决定的大胜。

红格尔图之役，十八、九日，将王英伪司令部踏平，王匪损失奇重，一蹶不支，这是第一幕。但接着，背景方面，派李守信伪军三师要攻兴和，眼看战局要展开，但我军以极神速的进兵，二十四日已攻下百灵庙，这是第二幕。

大青山以北，地广人稀，行军困难，百灵庙是一个军事重心，此地已下，国军掌握了绥北形势。匪伪各部，已无大举来侵之可能，所以就现在判断，如果背景方面自己不出头，那么绥远边防，已无忧虑了。

现在绥远防务的巩固，不是平时样子。中央新派去的劲旅有好几师，各军在中央指导与全国慰劳之下，都士气旺盛，决心巩固，所以军事前途甚为乐观。

背景毕竟怎样？现在尚判断不了，但可以这样说，惟有全国一致的巩固决心，才可以使野心家不敢轻于尝试。

《国闻周报》
上海国闻周报社
1936 年 13 卷 47 期
（朱岩　整理）

绥远军事的前途

知非　撰

从占领百灵庙到现在（星期二），绥东、绥北，暂无战事。绥省已下大雪，异常寒冷，败残的匪伪，忙着守商都，最近有反攻百灵庙的企图，尚未实现。从热河从察北听说续调了些伪军，大概背景方面，还不甘心。

不过这些都不是重大问题，因为匪伪，再来也是失败，现在绥防的巩固，更不是攻下百灵庙以前之比了。援绥的军队，早已到达，陈诚将军正在绥协同布置着。中国的决心，对于侵犯者一定打，不管是谁。军中士气一致的热烈，察北匪伪，纷纷有小股投诚，所以匪伪反攻得手的希望，丝毫没有。

背景方面怎么样呢？上星期四关东军忽然发表声明，公然说同情内蒙军，愿其成功，并且说绥事是因中国军队与共党勾结而惹起的。最后说如影响满洲，将要取有效的措置。这声明显然与日本政府所说不干中国内政之说，绝对矛盾，证明了内幕操纵的事实，最可骇的，是公然说与事实相反的话。在绥军队，都是直接负“剿共防共”责任的部队，绥远是防共最有效的省区，彼所谓勾结共党之说，显然恰与事实相反。

□声明的目的，有两种看法，一个是大举侵犯的先声，一个是对于我国军将要肃清察北的威吓。到现在止，大举进犯之事实，尚未揭开，而中国要肃清察北，亦不会因此威吓而中止。这里有一点特值注意，就是，日参谋本部课长石原莞二〔尔〕奔走长春、天津间开会，石原是该国陆军的智囊，官小而权重，有一种消息，他去长春是为防止扩大的。而按日本情形，似乎大举侵华，目前还不是时机，因为内政上很复杂，而且业已感到中国决心之坚，及问题之大。

我们政府，表明了防卫一切外侮的决心，蒋委员长在洛阳自然是为筹画及指导援绥的军事，详细情形，外间虽不能知道，但可以这样说：中国为紧急自卫，将不惜任何牺牲，所以根本上是防御。今后的演进，毕竟要看日本。

南京交涉，这一周依然停顿着，因为绥乱未终，关东军的态度又那样叵测，事实上无从进行调整国交的外交。这种停顿的形势，恐怕还要继续一个时期。

读者还要注意一点，从一种意义上说，中国比日本形势好，中国军心一致，守纪律，待命令，有完全的统制。日本内部，恐怕不及。我们要保住这个优点，沉着应付，一定能突破这个重大难关。

《国闻周报》
上海国闻周报社
1936年13卷48期
（朱宪　整理）

绥北大捷之意义

作者不详

国军二十四日晨收复百灵庙，为绥远军事一重要段落。兹将说明其意义，并致其希望于日本朝野人士焉。

截至百灵庙之役，国军新奉命入绥之各部队尚未参战，其突锋陷阵迅建奇功者，尚只属平时驻绥之一部分军队。匪方有飞机掩护，示威投弹，国军伤兵多为炸伤，但匪方伤亡超逾数倍，我空军尚在待机未动焉。今欲明国军胜利之意义，应知三点。其一，汉蒙人民之援助。世人论绥事，不可只注意军队，应注意人民，尤应知蒙旗官民援助国军，关系甚大，意义甚深。试观红格尔图之役，民团助守，蒙员导攻，故能以寡兵奇胜，袭破逆巢。又观百灵庙收复之后，达尔罕旗官民欢悦，争来慰劳。此足证国军胜利之一大原因，为军民合作，汉蒙一致。较之匪方违公意，扰地方，为人民痛恨者，适为反比例。其二，将士之决心。关于此点，不须多加说明，只简单相告。即中国今日，凡以军队名者，其为国牺牲之勇气决心，皆如自二十三夜冲锋肉搏以攻百灵庙者！吾人固感谢、赞扬此部队，同时则愿声明，凡国军皆如是。且不特军队，凡受训练之民团壮丁，其意气亦皆如是。夫此种决心何自而来哉？一言蔽之：中国人一致觉悟，不牺牲、不自卫，则将亡国；牺牲而自卫焉，则必兴国。简单明了，共信共行而已。此次在绥北荒原，冒严寒，彻夜猛攻百灵庙之战绩，足以代表新中国军人一致的精神，所以洛阳、太原之高级当局，通宵不寐，伫待捷报者也。其三，匪伪之无斗志。吾人日前有哀匪军一文，痛陈从匪祸国而死之愚。昨即偶得王英部下一信，凡所陈述，与吾人豫料正同。盖吾人坚信并无决心叛国之汉奸，中国人终是中国人。此种信念，定符事实。夫为国家为民族决心牺牲者之赴战，与受佣被胁不得已姑作尝试者，其勇怯自不可同日而语。况彼受佣被胁者，心中正有无限烦闷哉？国军之牺牲，为义也，匪众则并为利而不可得。况四万万同胞之呼声，无形中早已传至匪伪心坎，使彼等不得不悲悔以求光明。是以吾敢断言，不但王英等辈不堪再起，纵再调集一切匪伪，其覆败之速，亦将如百灵庙。吾人日前论匪军，曾问其为何而死？为谁而死？吾人深信此必为匪伪心中一致之疑问。若求其在同胞一致呼号卫国之时，而决心牺牲生命以战国军，此殆必无之事矣。

以上为对于绥北大捷之说明，今将转论中日关系。夫自绥事起后，日本官方，始终辩称与日本无涉。今事实上未至演成中日军队之对垒，则为东亚和平计，自应希望事态之从速收拾。吾人所见，目前殆为良机。夫中日关系调整之道，简单言之，为必须改正日本近年之对华理论。盖日本理论，尤其军人间流行之理论，太漠视中国国民统一建国之热望，及中国国家应守之立场。以为中国国土，可依强者之意，划为若干组织不同之区域，只为中国留其名，而事实上则以外力支配之。去年以来之北方问题，即此种理论所指导者也。吾人愿竭诚告日方人士：此种理论，亟须改正，因其不为中国国民所承认。中国人决心守护统一完整的中国，此次绥事所表现者，亦不外此种精神。苟日本有以国际常轨相待之雅量，则对于此种精神，绝无反对或阻碍之必要也。且自事实论，凡分割中国之政策，断不能成功。盖其方法不外以华制华，或武力实施之两途，前者之无效，此次绥事又证明之，再试亦无益。若依后者，则等于自行纵火于东亚，当亦为强者所踌躇也。吾人愿日本朝野同情中国之统一建国，诚有此一点同情，任何困难，皆可克服。因中国人乃求自立自卫，非求战争。日本与其钩心斗角于各种对华之策略，何不以诚求两大民族握手之道乎？吾人本此意义，望绥事之背景方面，鉴于百灵庙之役，从此收束，毋恼羞成怒，愈走极端。在此前提之下，则望两国外交当局，继续交涉。盖以为迄今为止，可谓尚无交涉。关于察北、冀东，关于走私，关于航空，凡中国为立国计必须调整者，闻交涉皆未得之。吾人为东亚大局计，甚望日本认识新中国的精神，制止援助扰绥之举动，而由外交交涉，求一新两国关系之道，此其时矣，此其时矣。

（录十一月二十六日津、沪《大公报》）

《国闻周报》
上海国闻周报社
1936 年 13 卷 48 期
（朱宪　整理）

日俄冲突与内外蒙古

蒋默掀　撰

一　日伪军侵扰蒙边

伪、蒙自哈尔哈事件发生，举行满洲里会议以来，双方关系迄未恢复常态，去年十一月二十五日满洲里会议之决裂，日方宣传为蒙方拒绝“满”方交换外交代表一举，俄方则谓“满”方在日指使之下自始即无诚意。去年十二月十九日日伪军与蒙兵复发生新冲突，据库伦公表消息，谓系日伪军突破外蒙国境，侵入外蒙哈尔哈湖西南布兰迪桑领土，击毙外蒙哨队副官长索索伯及四兵士所致，而日则称布兰迪桑系在伪国境内，十九日伪国国境监视队长，因拟在贝尔池西方乌拉火多加与布兰迪桑附近，配置监视所，与正向乌拉火多加附近进展之携有机关枪外蒙兵士约七十名发生冲突，即予驱逐出境，其时前赴调查该地方之永野骑兵大尉以次约三十名，亦由石无城参加战斗，而使敌方遗弃手枪约十支，向南溃退，是役日方并无死伤云。十二月二十二日外蒙外长向伪国提出抗议，要求谢罪赔偿，并要求保障以后不再发生同类事件。据路透社去年十二月二十六日息，继布兰迪桑事件之后，十二月二十四日伪国与外蒙又发生冲突案两起，闻伤日兵三名，死伪兵一名。华盛顿官方观察，以为日俄两国今日颇与四十年前两国争夺朝鲜时之策略相似，边境冲突及外交紧张，实为两国争欲控制东亚，互相包抄之行动，正面冲突，尚不致即刻发生，惟如意、阿争端蔓延及于欧洲，则当有正面冲突之可能云。

二　内蒙传受日鼓煽独立

内蒙独立，宣传已久，日在百灵庙设立特务机关，常川住有日人，现在察北沽源、康保、化德、宝昌、张北五县已有蒙古保安队三千名分别开驻，以上五县均伪军李守信所袭占转让蒙保安队者，伪军与蒙保安队实际已打成一片。当谣盛时，蒙政会于去年十二月二十六日电北平办事处辟之，谓："德王传檄内部〔蒙〕西部三盟，宣布独立一事，系某报所传之消息，本会与平、津两地电报往还，恐系传言之误，决无他项不幸事件云。"迄记者执笔时止，内蒙独立通电，传已发出，惟情势仍不明。日参谋本部中国课长喜多大佐去年十二月二十四日谈内蒙独立问题，谓："内蒙独立，在华北自治体之变革，与苏俄政府之对外蒙抑压，并露骨的向内蒙伸其赤化魔手之今日，此乃属当然之事也。"

三　日俄互暴露野心

伪、蒙与日俄关系，世所共晓，去年十二月十一日外蒙古共和国首相盖顿、陆军大臣台米德、内阁书记官长乌基端希尔及外务部局长那萨姆拉等一行抵莫斯科，盖顿并在俄发表谈话谓："去年日满军在蒙古人民共和国边境之行动，已足显示彼等侵略之本性及企图。蒙古人民以其巨大之代价、牺牲及艰苦奋斗，创造其自由与独立生活，迄今已十四年，余等从事于和平建设，致力于发展国民经济，并提高人民之文化水准及物质生活。伪满成立之前，余等向无边疆冲突，享受独立之和平生活，然自日军来满情势激变，日‘满’军竟攻击余等边境，掠夺蒙古人民共和国之土地，余等屡求和平生活，屡谋得一和平协定，但均失败。日本侵略之目的，首先为使蒙古人民共和国失去独立，成为第二‘满洲国’，以便继续向中国及苏联进攻；余等不愿屈服，但愿保障余等之边境及独立，余等可以预言，在蒙古共和国受日‘满’军攻击之际，必将引起其他各国更巨大之反响。”

日以蒙俄亲近，盛传俄蒙业已缔结军事联盟，但俄官方否认之。并反唇相讥，去年十二月九日苏俄《真理报》著文论“满洲国”与“蒙古人民共和国”间谈判决裂，指出此次谈判之如此闭幕，绝非偶然。该报谓“满洲国”之日本主人翁，尤其挟持之关东军总司令部，对于其本身所一贯制造之边疆冲突，绝无意使之圆满解决。在六个月之全进程中，此项谈判属〔屡〕为日本军阀习惯式的诈谋及挑衅所间断，此足证明除最后决裂外，吾人几不能希冀任何其他之结果。“蒙古人民共和国”之代表，曾表示彼等自始至终均准备从事于冲突之解决，如提议创设一边疆混合委员会之方法，即其显例，且此会议本身，实即依“蒙古人民共和国”之提议而召集者。而“满洲国”代表则与之相反，自始即显示其对于哈尔哈事件，仅视其可以利用为向“蒙古人民共和国政府”提出新要求之机会。兹者谈判决裂，既适值日本对于华北压迫重新加紧之际，则足可证明此时正在中国从事于伟大事业之日本军阀，定相信借此事遗“蒙古人民共和国”以相当时间之和平之印象，然而此种幻想，实为大错。该报继称：“蒙古之为日本帝国主义所重视也，不自昨日始。日本帝国主义者曾三次企图利用谢米诺夫将军、翁葛恩男爵及徐树铮，以侵夺‘蒙古人民共和国’。”《真理报》复指出自“满洲国”创立之后，日本对于蒙古问题之关心，尤为大增。该报又谓：“观于日本军阀大陆计画，则全蒙古之夺取，连‘蒙古人民共和国’及内蒙古不包括于‘满洲国’之部在内，日本已认为毫无问题，而认为确系今日而非明日之实际的课题。如此计划能顺利实现，则日本帝国主义即有利用‘蒙古人民共和国’之土地与富源之可能性，以为对于中国及苏俄双管齐下之阴谋作用。”关于谈判决裂后“满洲国外交部”牒文之辞句，《真理报》指其为直接威胁之声调。该报结论曰：“蒙古之劳动群众及人民革命党，必将准备排逐日本军阀侵夺彼等领土之第四次企图。然东京政府亦颇知此威胁之实质化，于彼亦为一极危险之冒险，故吾人希望其能及早阻止关东军阀也。”

四　英美观察一班〔斑〕

英美对远东事件之进展，备极注意，去年十二月二十三日《泰晤士》社论，谓日人现赶紧伸张其势力于察哈尔，该处所有冲突，当然双方互以武力侵犯相责，事未查明，而日本陆军部已将利用之矣。近来日人报纸秉承当局意旨，屡以华北与内蒙共产党活动为言，第借口于华北有共产活动，而遂欲其脱离中央，此种理由，未免大使人费解矣云。去年十二月廿八日美《史霍系》报纸揭载辛斯氏之论文一篇，其中谓据半官方面消息，现在有两大势力，包含全世界人类之半数，已呈渐趋冲突之势，日本在华北及内外蒙古行动，与“满”蒙西比利亚边境之接触，犹不过为表面上之纷争而已；辛氏谓日本半官方面深惧俄国在远东建筑铁路之计划，如佛纽定斯克至库伦之六百三十英里，巴拉汀斯基至乌里耶苏台之一千二百五十英里，及其他较短之三线，在军事上皆极为重要，而俄国对于日本在满洲、热河之公路及铁道建筑计划，亦颇为焦虑，日本已将俄国军略上之边境，逼退至贝加尔河〔湖〕，距太平洋海岸已二百英里，倘再控制库伦，则贝加尔河

〔湖〕之阵线，亦将受日本威胁，一旦西比利亚铁道在贝加尔河〔湖〕中断，西比利亚东部即不能再得外援，届时俄国欲取日本，唯有自俄属土耳其斯坦突出，而日本之设法多所制造反俄缓冲国家，盖亦即为防止该方面之危险云。

《时事月报》
南京时事月报社
1936年14卷2期
（李红菊　整理）

中苏关于外蒙之交涉

陆俊　撰

本年三月十二日苏联全权代表泰洛夫（Tairoo）与“蒙古人民共和国”小库拉尔（Small Khural）主席阿穆尔，及总理兼外长盖登（Guendun）在库伦签订《苏蒙互助议定书》，规定缔约国之一国受军事攻击时，彼此应互予援助，军事互助亦包括在内（全文见本月号“一月来之边事”栏）。

我国外交部得悉上项消息，以外蒙系我国之一部分，而在民国十三年五月三十一日签订之《中俄解决悬案大纲协定》第五条中，苏联政府亦明白“承认外蒙为完全中华民国之一部分，及尊重在该领土内中国之主权”。现苏联擅与外蒙签订议定书，显系侵害中国主权，违反民国十三年《中苏协定》，当于四月七日提出第一次抗议，声明不能承认，并不受其拘束（抗议照会全文见本月号“一月来之边事”栏）。

四月八日，苏联方面，即致覆照于我驻莫大使馆代办，于领土、主权各点，措辞既极闪烁，而于《奉俄协定》，则谓十三年订立之际，中国无任何抗议，尤属与事实不符（苏联覆照全文见本月号“一月来之边事”栏）。

外交部于接到上项答覆后，当更起草第二次抗议书，于四月十一日送交驻中国苏联大使馆。除对于苏联确证《中俄协定》仍属有效之一点表示阅悉外，更复层予驳斥，指明其事实上之错误，并郑重申明，我国方面，仍维持第一次去照内所表明之态度。略谓：

来照谓，《奉俄协定》之签订，并未引起中华民国政府之抗议一节，适于事实相反。查该协定在未经该处地方当局呈经中央核准作为《中苏协定》之附件以前，迭经前北京外交部于民国十三年九月二十五日、十月十一日，先前向彼时贵国驻华大使提出抗议，并经中国驻莫斯科外交代表向苏联政府抗议各在案。嗣该协定经中央政府核准，完成法律手续后，始于民国十四年三月间，通知苏联政府，作为民国十三年《中苏协定》之附件。此项事件，原为贵方违反国际惯例之不合法行为，经中国政府予以纠正，固不得援引为贵方有权向中国地方政府签订任何协定之先例。

此次苏联政府与外蒙签订之议定书，侵及中华民国之主权，与民国十三年《中苏协定》根本抵触，中国政府对于该议定书，不得不重申抗议，并维持上次照会内所表明之态度云（第二次抗议书全文见本月号“一月来之边事”栏）。

苏联方面，是否再予答覆，抑即此默尔而息，传说纷纭，最后结果如何，固尚有待于事实之证明也。

《时事月报》
南京时事月报社
1936年14卷5期
（朱宪　整理）

内蒙成立“军政府”

蒋默掀　撰

某方觊觎内蒙已非一日，近以蒙人治蒙口号，笼络蒙民，嗾使汉奸组织“内蒙军政府”，此次发动，在本年二月间，近乃扩大规模，具体实现。前于六月十日，据百灵庙蒙政会驻平办公处主任包悦卿氏离平时临行表示，谓其本人于上月中旬赴蒙，系向德王报告在平筹赈情形，后即随德王赴嘉卜查勘新会址，外间所传内蒙已正式组织“大元国”，实因德王所处环境，本极恶劣，其种种设施，亦实为一时权宜之策，内心则敢断言始终未忘中央之盛德云云。是内蒙独立组织，已非正式证实矣。

迨至六月下旬，“内蒙军政府”正式发出成立通电，由德王领衔，内容系说明该组织成立经过，以保境睦邻，建设蒙政为唯一宗旨。该军政府设于嘉卜寺，首脑为军长德王充任，内分军政、民政两部，军政李守信任部长，民政德王兼部长。部之下复设军事、财政、外交、交通、总务等各处及秘书、参事两厅，参事厅厅长系吴鹤龄，秘书长闻为包悦卿，顾问甚多，皆由日人担任。该府实权，均操于日人之手，德王等受人宰割，已完全失去自由，大有进退维谷之势。该府成立以来，积极训练骑兵，曾于六月下旬派包悦卿赴锦、热一带招募蒙兵，闻定额为三千名，编游击队六队，分防察蒙边界，所有枪械悉由某方供给，并无代价。其侵略步骤，首以察、绥、宁夏为目标，次则青海、新疆，最终当为苏联欤？故未来情势之演变，不知将伊于胡底也。

《时事月报》
南京时事月报社
1936 年 15 卷 2 期
（朱岩　整理）

绥蒙大会议决共同防守方案

朱景黎　撰

绥境蒙政会二全大会，于九月一日晨在绥举行开幕典礼，到潘王、荣祥等十七委员，会期共计四日，除讨论各旗共防，暨增进生产教育，及建筑新会址等事外，关于绥东最近形势，与西公旗纠纷，亦为大会中两重要议程。近据北平方面电称：绥蒙大会第二日议决：绥东五县原即蒙古四旗，今后仍由蒙、绥共同筹划防守，以杜匪军侵犯，庙蒙会大会因环境关系，若干蒙委不便参加，决定停开。又称大会自三日通过：（一）通缉西旗叛首曼头，并抚慰被灾难民，（二）训练蒙兵“防共”工作，及（三）派员督导盟旗教育三方案后，即于九月四日闭幕，该会新会址，决设西公旗境公庙子，不久即将修筑云。

绥东形势紧张

绥东问题，自去年察北六县在我政府放任及不抵抗状态之下，突被李守信伪部占据以后，即日益严重。最近自七月下旬绥东匪警消息传来，形势日趋危殆。兹汇察北匪众侵进绥东之各项消息，略述如下：

中央社北平九日电　某机关接归绥电告，绥东阳高铁路线迤北某地，七日晚又发现匪众三百余名，企图不逞，旋被驻军击溃，闻伪军李守信部队，仍分驻商都、德化一带。

中央社张家口九日电　张北西南五十华里地方公会村一带，目下集有多数番号不明之军队，冀图分窜察西四旗边境，现绥东五县暨察西四旗，情况颇紧张，交通断绝，正黄旗总管达飞〔密〕凌苏龙有被掳走毙命讯。

中央社北平十日电　关系方面息，察北匪军，进犯绥东，被驻军击退后，知难得逞，现仍在商都、和兴〔兴和〕边境一带骚扰。匪军内部极复杂，大部为王英匪部。王系河套一带著匪，声势甚大。此次匪军中携有新式武器甚夥，绥东驻军防范极严，地方尚安。

华联社天津十一日电　据张垣来客谈，察北伪军此次进犯绥东，事前殷汝耕及平、津各地汉奸，已有接洽，欲借军事行动，与殷逆扩大伪自治之阴谋相策应，以进行某方对华北之新企图。

中央社北平三日电　察北商都、保康一带，匪气日炽，勒索诛求，无所不为，人民不堪其扰，纷逃张垣及绥境避难，情形极为狼狈。

华联天津十六日电　张垣讯，自伪军李守信部集中商都后，积极招募匪众，从事扩编，并组织输送队，被募苦力已有千人以上，准备大举犯绥。热河伪军王静修部向东前进甚速，已于本月十日前后，陆续开抵沽源、宝昌，接填李守信伪军防地，准备合力侵绥。某方张垣特务机关近派大批浪人，由流比野三郎率领下，乃开始煽动土匪，接济军火。商都日军飞机场停有轰炸机九架，侦察机五架，并有坦克车七架。

《大公报》北平二十一日专电　绥省积匪王英，被某方收买后，积极啸聚徒众，声势浩大，绥西地方治安，极关重要，绥省各地驻军已严防。

《大公报》天津三日电　某要人谈，德王昨晚又往嘉卜寺返庙，召集李守信、王英、张海鹏、绥匪首苏万龙及匪部各师长、独立旅长等，在百灵庙开军事会议。今正式开会，企图积极犯绥。日特务机关长大杉，奉命飞新疆，主官方接张垣报，匪因我晋绥军在绥东防御颇严，无机可乘，变更战路后，察北、绥东一带，顿形安谧，绥西一带，顿呈紧张状态，宁夏阿拉善、额鲁旗北部及宁夏东部，亦时有匪秘密出没其间。闻匪企图占河套，以便进可以战，退可以守云云。

由上所载，则绥东问题，似不容忽视，否则绥境二百余万同胞，又将继东北四省而成釜鱼矣。

滇缅勘界本年内可望竣事

中英滇缅南段勘界问题，去岁已勘定一段，今春因山岚瘴气复作，遂暂告停顿。近据外交界息，中英继续勘查滇缅南段界务，我方委员梁宇皋、尹明德，英方委员柯立、冠若斯，均定十月各由本国启程赴户算齐集。国联中立委员尹斯兰则定九月底由日内瓦启程，十二月入山，如进行顺利，本年即可竣事。三方代表将于该项勘查手续完毕，各拟具一详细报告书，并在南京举行一结束会议，根据该项报告书成立中英滇缅南段界址新协定，以示此项划线之有效。至于北段勘界事宜，此时尚未提起云。

西公旗纷纠解决

乌盟西公旗石拉布多尔济，曾于去年四月间，因其从叔依〔伊〕锡大喇嘛及该旗前任将军加格齐、曼头等欲与石王争权，逞兵围攻王府，以致惹起纠纷，中经政府多方派员调解，直至去年十一月间始告平静。至本年八月六日，纠纷再度发动后，连日时战时停。迄至八月十二日，愈演愈烈。经石王调集旗兵勘乱后，公庙子即被石王军攻破。叛众首领伊大嘛喇，因逃至沟中，被石军生擒，就地正法，残众一部窜往乌拉山后，拟投百灵庙，亦被固阳及安北之保安队堵截，其另一部散匿山中，拟再操其劫掠生涯（此辈均系匪徒，被伊等收编后，均领有新式枪械），石王亦分兵搜剿之。其他藏匿匪徒，或逃或亡，业已尽数肃清，地方治安，亦渐告无虞。

班禅大师返藏

西陲宣化使护国宣化广慈大师班禅额尔德尼，已于前月率同全部仪仗及随从人员，拟由拉卜楞寺启程取道玉树径〔经〕西康而入藏。至护送专使诚允，业经辞职照准，已由兰飞京谒当局报告一切。新任专使赵守钰，为晋太谷人，过去在西北屡任军政要职，对西藏情况极为熟悉，与班禅大师交谊亦笃，本拟摒挡行装就道，但因在京旧职未御，故不克同行，近接大师于拉卜楞寺电召，将不经拉卜楞寺而直接赴玉树衔接途程，因班禅大师在玉树或有短期勾留，进行宣抚工作云。又前传达赖十四世有在西藏某处转世之说，兹经达赖驻京办事处称并未接任何消息，故此项传说或系不确。

蒙旗伊盟等处推定国大候选人

近据国大蒙藏代表选举平事务所负责人谈：蒙旗候选人已有伊盟等七处推出，其余乌盟、锡盟及察哈尔八旗群三处，正在推选中，蒙藏代表选举事务所一日已将七处候选人名单送国选总所审核，候其余三处汇齐后，即送呈国府圈定，发还复选。兹将候选人名单列下：（一）伊克昭盟：厄齐尔巴图、乌勒济巴音斯瑛郎、巴瑚朗朗、色令东固郎、沙珑汪楚克、沙楚克色楞、乌勒济巴图、图都巴色楞、青格勒巴图、朝克图巴雅尔、孟科吉勒噶、乌勒济巴雅尔；（二）土默特旗：昌森、常龄、经天禄、贺云章、康济民、云健飞；（三）阿拉善旗：陈爱尔得呢巴图、段巴图尔、李孟入吉柏格尔、杨艾尔德呢达赖、陈那笋巴图魏乌自司古冷；（四）额济纳旗：苏宝丰、们都巴雅尔、夏安电木、爪里哥利、托克图；（五）青海蒙古左翼盟：苏呼得力、札希税多布、滚噶环觉、索南札喜、齐木棍汪札勒拉卜旦、才拉什札布、札喜南木济勒、罗藏克周、僧格拉卜旦；（六）青海蒙古左〔右〕翼盟：太木巧羊桑加保、索南群派勒、索南木年木哲、索南木才让、巴玛旺札勒、庵古、耿他尔、拉纳斯德、多锐；（七）绥东四旗：贾鸿珠、潘迪、纪典永、富寿臣、英登额、武志忠等云云。

苏联摄制蒙古影片

列宁格勒塔斯社通讯云：列宁格勒“列影”（“Lentilm”）制片厂所出声片《蒙古之子》，已在苏联上映。该片之题材颇为特别，故事地域系现代蒙古，演员多数为蒙人，编剧人为苏联作家斯拉文·拉宾，及卡柴莱夫金，彼等采用蒙古关于青年英雄之传说，以表现现代之蒙古，及其新生活与古旧民族文化交织之情形。其中述及一贫农因被一喇嘛游僧所惑，遂远出寻觅无稽之乐园，以冀成为民间英雄，并获得其爱人之心，但在此古代故事中，今日蒙古之动荡生活，均被织入。该片系用蒙语制成，于蒙古人民共和国十五周纪念日发行，并成为增进苏蒙友谊之有力工具。蒙人对于该片均十分赞美，蒙古政府并以蒙古人民共和国之奖章，赠与该片导演特罗堡及副导演莎斯塔克云。

西南夷苗民众代表来京请愿

中央宣传部于九月四日假华侨招待所，招待西南夷苗民众请愿代表，并邀请新闻界、文艺界人员参加。到者共一百余人，行礼如仪后，旋由西南夷苗民众代表喻杰才、高玉柱先后报告西南夷苗民族现状等情甚详。至其请愿经过，约述如下：（一）请愿原因，苗夷民族因文化低落，生活简单，往往受种种摧残压迫，致引起民族间仇杀械斗纷争，夷苗土司，每横遭奇祸，败家荡产，老弱流离转徙，少壮挺而走险，边地纷扰，遂无宁日，外人乘机竞进，以小利小惠诱惑夷苗，肆行侵略，“共匪”西窜，“赤化”土司夷苗，兵连祸结，备受惨酷之苦。土司夷苗，痛民族之灭亡，忧边陲之危机，精诚团结，真诚拥戴中央，特推代表到京陈述民族痛苦、边防情形，请求中央救济夷苗民族，扶助其发展，以挽救西南危机，复兴国家民族。（二）请愿内容陈述要点：一、夷苗民族之沿革；二、西南夷苗民族概况；三、夷苗民族所受外患；四、夷苗民族当前危机。（三）请愿办法：一、请求中央补助西南夷族文化促进会，兼组织西南夷务调查团，宣传中央德意，实地考察夷务；二、请求政府在中央特设夷务机关，指导夷苗之教养卫事务；三、请求政府准许各土司夷苗在沿边一带组织夷务整理委员会，负责办理夷苗民族之一切事务，并请派员与西南夷族文化促进会，共同组织临时夷务研究委员会，筹备进行工作。（四）请愿结果，关于请愿意见，已蒙中央政府与滇、川、黔、康各省军政当局核议办理，所有呈请各院、部、会之呈文意见，业已先后奉到批示，或正在核办中。

《时事月报》
南京时事月报社
1936 年 15 卷 4 期
（朱宪　整理）

日本进窥蒙古

［美］埃德加·斯诺　著　王成组　译

原名“Japan at the Gates of Red Mongolia”，系斯诺（Edgar Snow）所著，载于一九三六年一月美国出版之《亚细亚杂志》（Asia，Vol. 36，No. 1.）。

为贯彻他们的大陆政策起见，日本的军事专家早已把满洲与蒙古看做一个单位，侵占满洲只是他们的全盘计划之初步。在中国政府实权所达到的境域之内，日本再三的采用一种简单方式扩充他的势力，四年以来，几乎无往不利。在已经被赤俄先占上峰〔风〕的外蒙古，看来还有一翻激烈的争执。收回中东铁路本是对俄挑衅的开端，日本的目标是想囊括满洲、蒙古，以及西伯利亚。苏俄的放弃中东铁路，并不减少日俄关系的紧张，但不过使得日本的势力推进到蒙古与西伯利亚的边界。

日本之所以汲汲于进窥蒙古有许多原因。如果日本能由沈阳筑一条铁路通到库伦，不但蒙古的各种富源可以入于他的掌握之中，并且可以由侧面袭击西伯利亚的贝加尔湖一带，进攻到伊尔库次克的东西两面，而割断苏俄与远东的联络。二则蒙古人对于东亚的历史变化，向来有重大关系。外蒙古的革命无异于使赤俄得一条便利的甬道通到中国，但在内蒙古截断这一条路线仍然不足以应付，因为最有才干的蒙古人是外蒙古与西伯利亚边境的居民。三则日本对于外蒙古的野心，还自以为是救援受制于西方人的弱小民族；而日本对于这种行为，同时很自信可以操必胜之权〔券〕。

总之日本的整个计划是在中国与苏联的全部疆域之间建立一带日本管领的屏藩，而同时维持他在海上的威权，使得欧美各国不能牵制他的行动。这样的计划当然要分几方面逐步进行：一方面要挟中国撤回在华北的军权，而把这一部分地方的政治、文化、经济状况都变成受日本的支配；一方面占据由蒙古南部以至于新疆的地域，操纵各盟旗的经济政权；一方面在南京运用他的权力使得中国的经济资源与军事设备都任凭日本利用，这些目标都已经次第实现。以后在国际大局适当的时机，再鼓动一次国民党的内哄，日本在全中国就可以横行无忌。下余的惟一严重阻力就是外蒙古，这里的争执在将来的几个月之中势必趋于紧张。

外蒙古的情形很有点神秘的意味，警戒冒险的人不得卤莽。居高临下把守在“满洲国”之西的这一大片未开发的区域，约计抵到满洲的三倍，而已经“赤化”。他对于徘徊在他们前的日本不断的挑衅，但是日本并不同他发生正式关系，所以守候着日本怎样使得由“满洲国”出面向“蒙古自治共和国”提出的条件发生效力，一定富有趣味。这中间包含着强烈的爆发性，但是日本的策略决不容许他自己再退让。

两国边境所发生的事故，已经多得不便细述。第一次严重的纠葛，还是远在去年的一月间。接触的地段以贝尔湖一带最为冲要。日本决计想由此侵入外蒙古使他接受“门户开放”政策。以“满”、“蒙”两方的名义召集的边务会议，自从六月三日开幕，延续到七月初旬，毫无结果。因为“蒙”方代表但肯讨论贝尔湖地带的划界问题，而“满”日代表坚持以承认“满洲国”与经济、政治、文化的合作为先决条件。七月四日，关东军代表突然向驻在满州〔洲〕里的外蒙代表〈提出〉更严重的条件，要求“蒙”、

“满”交换使节，派遣军事委员团长川驻扎库伦，以及在外蒙敷设电报线等项，于是外蒙代表仓卒西归。在他们回到库伦之后，外蒙当局对于日本屡次挑衅的阴谋，尽情攻击，而日本军阀对于进取外蒙的企图，也大言不惭，并不丝毫掩饰。双方感情从此更是恶劣。

日本要在外蒙古扩充势力，尽有许多机会。有爵位、有产业的蒙古人以及富有的喇嘛，非常反对俄人所掀动的新政，因为在初期过于残酷，有许多王公都逃避到“满州〔洲〕国”，随从的平民也不在少数，在他们的中间自然容易诱导反革命的密谋。日本军人对于喇嘛的赞助，花费若干兆日金修饰庙宇，提倡日本佛教与蒙古喇嘛教的合作，尤其含有重大意义。他们利用由外蒙逃避过去的喇嘛，在内蒙的喇嘛，据说还有留在库伦而暗中反对“赤化”的喇嘛。日本的僧人因此大为活动，居然是日本帝国主义的先锋。这些勾结，关东军决不能推诿并不知情。

外蒙古政府过于左倾，不合于缺少资本家与工人的社会，在一九三二年曾经引起大内乱。据他们的总理金登说，为避免集合制起见，蒙古民众自动残杀的牛群，在二一，〇〇〇，〇〇〇头之中，竟超出七，〇〇〇，〇〇〇。凭借苏俄的援助，以及断然改为右倾的政策，才能恢复秩序。日本如果在这时候就下手，大概早就可以达到目的，但是当时他们还忙于收拾满州〔洲〕。等到他们的眼光转移到蒙古，机会已经减少。然而他们以为仍然大有希望，因为他们觉得那一种新的政治、经济组织与游牧人的性格不相容，他们相信泛蒙古的团结足以号召全体的蒙古人，他们预料俄国不至于为保持他在外蒙古的畸形地位而冒险用武力。不过时机愈晚，困难愈多，因为双方都是在积极戒备。在日本方面既是忙于添设新航空场，联络王公、喇嘛，训练亲“满”的蒙古人，扩充边境的公路、铁路、电报线，并且在海拉尔建筑强固的堡垒作为军事根据地；苏俄也在西伯利亚建立铁桶一般的防御线，而外蒙古的领袖也急于布置经济、政治与军事的准备。

外蒙古政府在一九三二年之后，觉悟左倾的失策，就毅然采用缓和的手段。许多寺院的牧群与地产都让原主收回，运输的专利权撤销，商人回复营业权与选举权，许多集合组织都归于解散，而牛群就由平民分摊。但是苏维埃制的呼罗丹（Huruldan）以及较为重要的集合组织仍然保留。实在主要的改革是限于手段，由强迫民众接受社会主义变为任凭民众渐次浸润于社会主义。虽则多数的民众仍然不能了解或赞助社会主义，受教育的蒙古青年都醉心于马克斯主义。政府对于梅毒与宗教的处置，得到很多人的同情。

在这个缓和的时期，俄国在外蒙古的行动更其积极。蒙古的经济机构与苏联的关系愈是密切，小工业的创办，黄金以及其他矿产的采取，新式医院与学校的建设，都很有成绩。军事方面尤其注意，在外蒙古的好几百俄籍顾问之中，权力最大的就是军事专家。蒙古红军的人数约六〇，〇〇〇至一〇〇，〇〇〇，设备很完全。汽车路、电报、无线电等各处都很发达。据日本的消息，他们还在筑一条铁路从库伦通到西伯利亚铁路上的弗克拿定斯克（Verkneudinsk）站。蒙古空军传闻有飞机三百架，也许是由俄人驾驶。

在这些情形之下，如果日“满”出兵，外蒙古决不肯轻易屈服。不过成败的关键还是在苏联的态度。外蒙古并不是正式的苏联一分子，苏联与外蒙古也没有像日本与“满州〔洲〕国”那样订立军事互助联盟。苏联在外蒙古的投资，一九三〇年的实数只不过一二，二五〇，〇〇〇罗布，到一九三五年大概至多增加到两三倍。由这些情形看来，苏联未必会用武力作后盾。然而苏联在东方的声望、市场，包含着更大的权益，若要维持，就不能放弃外蒙古。在西伯利亚的边界，由东而西一直同日本邻接，也不是他所能乐于忍受。

《东方杂志》（月刊）
上海商务印书馆东方杂志社
1936年33卷5期
（李红权　整理）

逐鹿蒙古

葛布斯基　著　　李汉如　译

一

满洲为军事重地，山海关、辽东半岛，尤为天然险堑，自古为兵家所必争。蒙古毗邻满洲，世有满蒙之称，满洲既如此重要，蒙古亦因而发生问题。近数月来，日人在蒙边活动，更见努力，不幸事件继续发生，致引起苏联方面的反响，盖苏联素认外蒙为囊中物，内蒙为势力圈。据莫斯科消息，苏联已动员十六万大军向赤塔（Chita）出发，预备随时开到蒙边警备。日伪肆意引诱外蒙，脱离苏联势力范围，颇引起莫斯科外交界的重大杞忧。第三个逐鹿者，便是中国。一九二三年，苏联向中国表示，认外蒙为中国领土，现在呢，简直不再提及中国了。

我们均知道，外蒙与内蒙是分立的。此外，尚有第三甚至第四部分。第三部分由苏联坦由土瓦邦（State of Tannu Tuva）所组成。一九二一年九月，苏联承认坦由土瓦独立，但实际上，仍为苏联一部分。坦由土瓦首都 Khem Belder 居民至多二千，全国只有六万。苏俄与外蒙发生密切关系，远在欧战以前，为一九〇七年英俄条约成立所产生之结果。该约划分亚洲势力圈界限，以蒙古划归俄国。外蒙与坦由土瓦的地形似东向西比利亚，而坦由土瓦仅为 Yenisei 上流一区域，四周有 Sayan 山及坦由山脉（Tannu Range）为天然界限，与蒙古其他部分划开。

另一方面，外蒙环绕 Selenga 河上流，该河流入贝加尔湖，为阿穆耳江诸大支流之源。提到阿穆耳江，又叫我们想及满洲问题。俄国在满洲，特别是在北满的势力，一日不消除，则日人便一日不能侵入到蒙古。如今满洲在实际上已经属于日本，日“满”有了密切关系，于是内蒙便立即受到恫吓，因为戈壁高原的地形——戈壁与内蒙一般——伸展向满洲，便于日人的侵入。那常被人视为障碍的大兴安岭，实际上并不甚高，略有三数山峰。查满洲占据内蒙，远在满人克服中国之前。满清既得中国，满洲与内蒙的关系，便甚密切。那时甚至外蒙亦包括在内，满洲原来的家系制，遂一变而为封建制。

从那时起，从华北、北平，到内蒙的大道，就是经戈壁到库伦。这是一条著名的骆驼大道，如今从恰克图（Kiakhta）到贝加尔湖，及伊尔库次克（Irkutsk），仍走此道。曾有一个时期，此道为由亚洲用骆驼运茶叶到欧洲的惟一大道。现在从北平到张家口有铁路，从张家口向北去有公路。中古时代，这一代的生活比现在活跃。千余年来，从中国经中亚到利凡得的这条贸易大道，如今是没有了，一切贸易，均由便宜的海洋运输代替了去。这种变迁，逐渐使人不注意蒙古，于是蒙古于不知不觉中，从中国人手中，溜到俄人手中去了。中国不孚众望，因为中国农民，取道戈壁沙漠，浸入蒙古，占据游牧人的草原。

二

在欧战时代，蒙古又一度使人注意起来。一九一五年正月十八，日本向中国提出廿一条要求，其中即有请中国对日本在东蒙所处地位，加以特别考虑的意思。当时日本尚为俄之同盟国，故小心不提全蒙，只提毗连满洲的一部分。但日本所要的，却是全蒙的割让。

苏俄革命后，日本便马上揭去假面具，向苏联伸手要求。日本在西比利亚得了根据地，又利用蒙古与白俄合作，供给温革龙将军（Ungern-Sternberg）男爵反对俄国与中国。结果，男爵被红军所执，于一九二一年十月处死。后因欧美列强反对，日本在西比利亚乃逐渐让步，一九二二年十月廿五〈日〉，日本退出最后根据地海参岁〔崴〕，以待时机。苏俄与中国红军联络，日本乃有御敌计划，将从外蒙向西比利亚和西比利亚铁路施行猛烈攻击，西比利亚铁路有被截成两段的危险。

日本要得外蒙，是由于苏俄的铁路建设和计划所激起的。苏联所筑土苏铁路，将土耳其和苏联打成一片，其 Alma Ata 站颇与中国边境接近，甚盼中国筑一支路以贯通之。到如今，中国还只有一条横贯南北的铁路，即平汉、粤汉铁路，粤汉一段尚未完成。将来迟早要修一条平行线，经由 Dzungaria 要隘，以达黄河上部，由渭河平原与平汉路衔接。Alma Ata 有成为世界要城希望，此线即由此筑起。如此，便可使来中国的客人，免得走哈尔滨、奉天，只须由巴库（Baku）、里海（Caspian Sea）、土耳其斯但，或中西比利亚，立即可达中国中部。苏联与中国如此联络起来，将发生重大结果，日本的满洲铁路，因此必失其重要地位。

苏联占据外蒙，故能控制 Dzungaria 要隘，此地为蒙古疆域第四部分。苏联又计划沿原有的骆驼大道，修一铁路横过外蒙。曾于一九二五年九月廿日与外蒙成立协定，外蒙许可苏联从赤塔（Chita）到库伦修筑铁路之权，此线将来自然要伸展到张家口。在这里我们须得说明，一般人对于戈壁沙漠所抱的理想是错了。戈壁决不是如中国人所说的“沙漠”，也决不是纯全的荒地。尤其在东边，于时令风雨的影响下，戈壁有平原区，长着茂草，成为很好的放牧场。因此，外蒙政治大可以伸展到内蒙，社会的构造，既在急速的变化，戈壁的发展是必需的。

到现在止，以前的民众百分之四十到五十都是未婚的啦嘛僧人。今日苏俄已把这块王公、啦嘛地，设置一苏俄联邦。在事实上，共产主义已把啦嘛主义完全肃清。这样一来，很容易使人口过剩，因为，在使西藏和蒙古转向啦嘛主义的许多原因之中，人口的原动，是不可忽视的。在这些不毛之地，须设法防止人口过剩的危险。啦嘛改造家 Tsong-kha-pa 重倡不娶，也正为此。有人说，使野蛮好斗的游牧人驯良的便是啦嘛主义。更许啦嘛主义是成吉思汗和帖木儿所领导的战争流血所得的结果，因为蒙民的精华，给他们的战事摧毁殆尽。

总之，蒙古有一个比一般人所认为更丰富的将来。这或者，是蒙古有天然的富源。蒙古在军事地理上的优势，是无可比拟的，我们可以亲眼看见蒙古改变她的地位。以前在政治上，彼此不相关的地域，现在成了邻舍。

《兴华报》（周刊）
上海兴华报社
1936年33卷15期
（赵红霞　整理）

绥远大战爆发前夕

作者不详

【归化】三日来绥东小接触，系匪方武力侦察，经我守军悉数击退。十五晨十时起，匪以骑、步兵二千，飞机八架，山野炮十数门，向我陶林境红格图进犯。当地团队驻军奋起应战。匪机投弹八十枚，炮火轰击尤力。匪众于强烈陆空火力掩护下，进攻六次，均未得逞，我阵地屹然如山，迄午后六时方引退。十五夜大雪，恶战将继续进行。（十一月十五日专电）

《真光杂志》（月刊）
真光杂志社
1936年35卷12期
（朱宪　整理）

绥远抗战前途

达忱　撰

在绥远的前方将士正在执行着英勇的抗战的时候，援助绥远的呼声和行动已经布满了全国，差不多各较大的地方都相同地发生着大规模的募捐、绝食、战区服务等运动，这证明了抗战前途的胜利有望，和中华民族的未来光明。这证明了社会上的各阶层都已经被这问题引起了严重的注意，许多平素不大关心国事的人也都每天注视着报纸，而且大家都很兴奋地准备着尽自己的一份力量。

这当然是极可喜的现象，而且这也是发动一个抗战后民众们表现的必然现象，但这仅只是热情，仅只是个人的兴奋，虽有团体，也是很薄弱的组织（例如学校、单位等），对于整个抗战的帮助是有效力的，但是不够的，而且也没有能够发挥了它所能发挥的力量，这是需要每个人来注意的。

依财力说，民众所能够帮助的应当是补充的力量，而不是主要的力量，靠绝食、募捐的款来当作主要战费是谁也知道不可能的，我们并不反对这些运动，因为它的确有帮助，虽然并不是根本办法；而且绝食、募捐等行动的另一面的主要意义，还在于扩大它的政治影响上，这一些人的热情举动将会影响到另一些人，而谁捐了两毛钱也不单纯地是好像作了件慈善事业，这能够唤起国人对绥事的注意，能够号召起广大的民众力量。依这点说，这种意义都还做得不够，各地的募捐和绝食等运动都还仅只是限于教育文化界的领域，并没有使它扩大了和深入了各个阶层的民众，因而它的政治影响也就相当地削弱了。而且以这种行动来扩大影响是一种较低级的无力方式，它的作用是有限度的，所以在使全国民众都积极注意这事实和督促各方的抗敌决心说，各地已有的救国组织应当更发动和号召一个较有力的民意表示，仅只作募捐运动是不够的。

若就募捐、绝食等所得的财力而论，所能作的也仅只是一种补充作用，而且整个抗战的重要支持，还不仅只是财力问题。这些运动都是极有价值的，但须是在发动了一个全面的总抗战以后，民众所给与的可能物质支持上，而现在却还有一个更重要的先决问题，就是督促各实力派赶快发动一个全民族的总抗战。

依现在的军事情势说，虽然报纸上大字登载着我军进占百灵庙，但正如《大公报》短评所说，伪军背景愈来愈大，预料主力战将于最近展开，可见前途依然黯淡，胜利的把握还是谈不到的。而我方所采的策略，也还是局部的防守，政府已经派兵入绥远，这是事实，但仅只这也是不够的。我们希望的不仅只是派两师中央军入绥，而是由全国的各将领，各实力派，全部都来参加这一抗战，我们不但要求中央停止中日外交谈判，我们也要求冀察当局停止经济提携，鲁、晋、陕各方皆参预策划，我们要把这战争的范围扩大，我们要动员更多的力量，从这里发展为一个全民族的总抗战，在这阵线里少不了每一部分的已有力量。

这里重要的就是国内各实力派的态度，对中央说我们虽然也听见政府派军入绥，但我们同时也听见到拘捕爱国领袖，我们虽然也听到要固守领土，但同时也听到仍然在南京进行着外交谈判，而且往往不幸的一面却都是事实，这些政府当局自然有它的苦衷，但站在民众的立场上，却对一切都非常单纯，对政府如此，对其它各实力派也如此，只要有防〔妨〕碍立即发动一个总抗战的，民众都不能谅解。

这时的情势是非常明了，我们不但是能认识到，而且也能感觉到，这是我们求生的唯一机会，在这时期，我们无论对谁，一切领袖，一切党派，态度都非常诚恳，要求也极其单纯，就是齐一步伐，共同团结，为祖国而战。在这种前提上，为了保卫绥远抗战的前途，为了中华民族的前途，我们向各实力派，犹〔尤〕其是身当其冲的华北各将领，提出民众最低限度的要求。我们要求他们对这一抗战不要再采取坐视的态度，要在他们的权力范围内，立即与敌人以打击。我们要求晋绥军努力作战，同时也要求冀察当局马上乘此时收复察北和冀东，也要求山东和陕、甘的东北军都积极来动员参加，把这范围尽量扩大，动员的力量尽量增多，然后才会有胜利的希望。

如果把绥远的抗战仅只限于局部，仅只为了对绥远领土的消极防守，那么这次抗战是没有前途的，百灵庙的占领也仅只能作将来中日外交谈判的一个折冲条件而已。我们若拿一时的胜利来做了永远失败的掩护，将是如何痛心的事实。

所以我们不能盲目的为收复百灵庙而过分乐观，因为未来的一切将更其艰苦，也不能认为中央派军入绥就已经是发动了总的抗战，这样也可能陷入一种错误，因为全民族的总抗战是包括一切实力的，并不仅只是中央军，更不只是中央许多军队中的两师。

在悲观的一方估价，绥远抗战的暂时胜利很可能地作为一种中日间的新的妥协，这当然是最不幸的事实，但既不是绝不可能，则民众就不能不设法去防止它。

用民众的力量来推动一切实力派，一切将领，都积极参加这一抗战，使它的前途转向好的一面，是当前的中心任务。

《清华周刊》
清华大学清华周刊社
1936年45卷5期
（朱宪　整理）

绥远抗战的认识

高陵　撰

一

在讨论绥远抗战之前，我们忘不了田中首相的有名的折奏。“要征服世界，必先征服支那，要征服支那，必先征服满蒙。”在过去五年中，我们的东三省，我们的热河失陷了。接着冀东二十二县在第二个傀儡殷汝耕汉奸的领导下变了颜色，察北六县也给伪军占领，此外冀察政委会的成立，华北特殊化的呼声，无一非敌人处心积虑，谋我国土的表现。

此次匪伪军之进攻绥远，实在就是敌人大陆政策的一部分，是早就准备的计划。我们只要看敌在热、察、绥各地强设特务机关一节，就知他们的凶恶居心：

林西

西乌珠穆沁旗

苏尼特王府（特长松井）

多伦（特长植山）

张家口（特长大本）

张北（特长桑原）

德化（特长田中久）

百灵庙（特长盛岛）

绥远（特长羽山）

包头（特长樾川）

敌人除了设置特务机关，作军事侵略的先锋外，并引诱封建王公（德王），收买土匪军人，招集地痞流浪〔氓〕，在察北六县正式成立匪军（就是现在王英成立的所谓“大汉义军”），并供给军饷军火，以作将来指挥之用。香港《港报》最近曾登载下面一节消息，很可注意：

> 津日军部核准之日本军需品商会天津出张所，业务扩大，贩卖枪炮、火药、军装、军用汽车、挥发油、刀剑、皮革，一切军用物皆全。购买者，须各地日武官证明，军部许可，即包运至指定地点。绥、察方面土匪，大半由该会供给。该会顷常川供给之方面甚广。主人宫崎，系日陆军士官二十六期生，顷衔军部命，拟在塘沽购地建“支那铳炮火药制造株式会社”，资本百万，建筑费三十万，以供给从事特殊活动者需给为目的。顷陆军省兵器班长木村为此事，在津商洽中。（十一月十一日天津电）

我们对于汉奸的无耻，固然觉得惋惜，但是对敌人的恶毒手腕更觉得可恨。他们口口声声说我们用“以夷以〔制〕夷”的方法对待日本，而事实则刚刚相反，他们反是用了“以华制华”的方法的。直到绥东已发生小接触的时候，日方还是装聋作哑，假装不知。本月十一日南京日大使馆松村书记官说：“近日察、绥军事，乃中国正式军队与土匪军队间之事，完全为中国内政问题，与日无关。”匪伪军进攻失败之后，伦敦《泰晤士报》始发表驻华日本大使馆喜多诚一的谈话：“日本对内蒙现局确已参加……直拟将一七，〇〇〇方里之中国领土，置之日本统治之下。”此后日方虽有喜多不至有如是露骨之表示的申述，然而绥远战争的幕后指挥者之真面目到底完全显露出来了。

二

察北六县被伪军占领之后，土匪军队遂开始剧烈活动，在友邦的军火、金钱之下发展。日方并派大批中下级军官安插入匪伪军内，一方面尽督促之责，同时也防匪军之反正。

十一月初，南京中日会议正吸引着全国人民的注意，绥东形势日趋紧张。陶林、红格尔图暨兴和附近且发生前哨战，而德王治下的蒙古军卓世海、包悦卿部也改国号曰成吉思汗纪元七百三十一年，正式树起反叛的大旗，开始调动，准备进攻绥远。

在匪伪军大举进犯之前，华联社传出关东军参谋部的三项方略：

1. 如冀察军和晋绥军同时迎击，则日本驻屯军即为作战的主力，以伪匪军为辅，战事中心将在冀、察，平、津成为决死场。

2. 若仅有晋绥军迎战，则驻屯军监视冀、察，以匪伪军攻绥北和绥东，取游击式作战方策，使晋绥军疲于应付，然后再集中猛攻。

3. 目前作战以不引起冀、察战争为主，俟两个月后，形势顺利，再图发动。

同时路透社也传出一同样重要的消息。十一月一日察北匪伪军首领李守信、王英由通州抵津，七日离津，其间曾与日驻屯军司令会商一切。

在匪方从容布置进攻阵势的时候，我们为“睦邻”起见，只能等候着。十一月十一日，李守信指挥商都伪匪军部队由绥东北方向我防军攻击，同时某国飞机也参加作战，这是我军与匪伪军正式作战之始。十三日，日方颁下总攻击令，匪伪军乃于十五日开始大举进犯我陶林附近的红格尔图，敌方共约三四千人，带有精锐武器，在七架日机掩护之下，与我彭毓斌师作战，炸弹炮火甚烈。十六、十七两日仍有激战，十八日我彭师反攻，大败匪众。同时兴和方面也有小冲突。

绥战消息传布出来，全国轰动，各地都有募捐援助绥军的运动，山西阎锡山将军且将遗产八十七万捐出，作剿匪军用，我士气为之大振。

此后战争重心移绥北，匪伪军企图由百灵庙向武川、固阳进攻，然后直取归绥和包头，但这个计划也失败了。二十四日晨九时半，我曾延毅师攻下百灵庙，并击落飞机三架，庙中五千匪伪军及二百日本军官悉数退却，遗下粮食、军火无数。这是我晋绥军第一次反攻胜利，可以与冯玉祥同盟军时代攻下多伦相媲美的。

匪伪军退出百灵庙后，溃不成军，绥北紧张局势算告一结束，但同时绥东方面敌人又准备补充完毕，有再举模样。据近日报载，匪伪军挫败之后，即由某方督促整理，一切妥当后，势必再度倾巢来犯的，所待者大概就是关东军参谋部的一纸总攻令而已。

三

虽然我们有了红格尔图、百灵庙的胜利，但是这不过是开始，未来的胜负现在还不能决定。现在我把两方的形势作根据，来推测绥战的前途，虽然冒昧，然而不一定是妄言。

敌人不但是有长期的准备，而且是以全力来进攻我们一省的。这是我们的致命伤。因此敌人有飞机、坦克车、毒瓦斯来进攻，而我们只有士兵的血肉去抵抗，这之间的距离，未免是相差得太远的。近日报载：中央军汤恩伯、门炳岳部已开入绥境。这自然是好现象，不过这显然是不够的，全国人民鉴于民族危机之严重，深知非团结全国实力不足以驱逐敌人于境外，不足以收复失地。

淞沪之战、长城之战，中央军也曾出动了一部分，然而终于订城下之盟者，没有动员全国实力作殊死战是唯一原因，前车可鉴，国人非尽是健忘者。

其次敌人是以进攻为目标，而我是以防御为目标。十一月七日天津《益世报》张北通讯："晋绥军因防鼠忌器，除严阵以待外，似有匪不犯我，我即暂不剿匪之态度。"一个地方官的只能如此做，我们可以原谅，但是政府应该看得远一点，日方既不承认匪伪军是他们所指挥的，我们就可以早日的进剿，不必等匪伪军来攻击时再抵御，那么这些日来的牺牲是可以免掉的吧。《益世报》十四日的社论《绥远不是局部问题》对此说得非常沉痛："守吉黑、守淞沪、守锦州、守热河、守长城、守平津、守察哈尔、守内蒙古，五年以来，我们只听见这样的呼声，如今又听见'守绥远'的呼声，长此下去，必有守粤桂、守滇黔之一日。"我们还记得淞沪战争时，日军失败后就退到租界去准备，而我军追击到租界也就不进了。倘若十九路军继续追击，把日军的根据地占领了，"一二八"战事未始不可转败为胜吧。再如这次晋绥军在占领百灵庙后再收复察北六县，使匪伪军失去进攻绥远的根据地，那么我军之占优势，也是一定的。

总之，绥远问题不应看作局部问题，如只使地方当局抵抗，一定会蹈长城之战的覆辙的。而要保卫华北，必须先保卫绥远，而欲保卫绥远，必须收复五年所失去的土地，使日本帝国主义失其侵略根据地，使匪伪军失其凭借。倘因循苟安，我们真会有喊"守黔桂"之一日吧。

《清华周刊》

清华大学清华周刊社

1936年45卷6期

（朱宪　整理）

绥远抗战的前途——是和？还是战？

文蓝　撰

十几天来绥远的抗战，红格尔图的获胜，百灵庙的收复，的确使几年来弥漫全国的委靡退缩的精神，为之一振。凡是中国人，对于这次抗战的胜利，无不兴奋，鼓舞。

但，这抗战的前途究竟是怎么样？这是使这守土抗战变为全国抗战呢？是不扩大这抗战而得到暂时妥协呢？简言之，只有两个前途：是和？还是战？

要走上战的前途，首先我们要看日本，日本并不希望这战争扩大的；它对于绥远，并未用过极大的压力。因为：

第一，日本大陆政策，在今日的直接目标，尚在吞并华北，而不在和苏联作战。日德、日义协定虽成立，但世界上的强国，如英、如法、如美，对苏联的关系却日渐密切。苏联的第二年〔个〕五年计划，亦将宣告完成。以今日日本之国力与国际地位，尚不敢一撄其锋。它非得吞并华北甚至全中国，造成一个坚固的反苏的壁垒，才能直接对苏作战。在目前，它还运用声东击西的老法，进攻绥远，佯称马上进攻苏联，使得中国人目光群集绥远，博得国际上对于这东方宪兵的好感，而另一面却偷偷的侧重冀、察：如中国开采龙烟铁矿，建筑津石铁路，惠通公司的正式通航，廿九军的调往冀南，先在冀、察占有极大的优势，以便将来再解决绥远，以便将来吞并全中国。实在今日华北的危险，较绥远尤大。

第二，日本现在很害怕因为进攻绥远而引起全中国大规模的抗战。目前中国抗日运动正风起云涌，如日本更用大力攻绥，势必更加刺激中国抗日情绪，更加促进中国各实力派的团结，所以日本还是用着老方式："不战而取"；攻绥固是拟战而取之，但主要还是在于不战而取整个中国的总原则下来凌迟中国一部分土地。用全力攻绥，用实力粉碎中国各实力派的力量，松室少将早就说过："是不必要的损失。"

日本既不愿战争扩大，是不是绥远便没有战的前途呢？一般说来，好像和战前途，关键全在日本。实际上这前途还在中国；如果中国政府有抗战的决心，收复失地，日本是绝不会退让的。

和战前途，主要的既在中国，那我们要看一看中国政府的抗日决心究竟怎样？

我们看到报载中央军已有三四师赴绥，陈诚赴前线视察，中央飞机集中大同南边韦集镇，这种种都在表示着政府已经不再像过去无抵抗和屈服了。然而，过去的一二八之役，长城之战，叠获胜利，中央亦有援军，援军到后，却签订《上海协定》和《塘沽协定》。所以单是出师援绥，仅能表示抗敌，还不足以说是有抗敌的最后决心。

从什么地方来断定政府抗日决心呢？

第一，要看政府对中日外交的态度。现在政府对日外交，事实上已宣告停顿，张、川越的会晤，期尚未定，但外交上依然藕断丝连，十一月二日高宗武尚与须磨会商，这是总看出政府对于日本的亲善还不肯完全放弃。

第二，要看政府对于民众运动的态度。一个彻底抗日的政府，首先就要开放民众抗日的言论、集会、结社的自由，使得每个国民都可以自由发表救国意见，都可以直接参加抗战行动。现在的政府是怎么样呢？它虽对于各地民众援绥运动，尚未加压迫，但对于全国救亡领袖沈钧儒、邹韬奋、章乃器、沙千里、李公朴、史良等七人，却横加逮捕；对于最近北平学生请愿代表加以监禁；对于上海日厂一万八千工人抗敌大罢工，不独未能援助，反而去限制他们。

第三，要看政府对异党异派的态度。政府如彻底抗战，如欲获得抗战的最后的胜利，必得联合各党各派一致动员。过去政府解决广西事件，消弭内战，尝为国人所拥护。但至今日，绥战爆发，国势愈形严重之际，政府还调大批军队去西北“剿共”，政府在前线上军队的人数，比起“剿共”军队来要少得多。为什么不把这大部分军队来用在对外抗战而对内另寻和平方法来解决呢？

日本既不要扩大战争，中国政府的抗战决心，还在有讨论的余地。最近据各报纸所载：我军坚守百灵庙，日伪军亦坚守商都，中日两方对中日交涉均抱乐观，年内可望重开。眼见绥战已告一段落而为淞沪、长城两战之续了。

但一般国民的要求，如《大公报》坚称中央须从军事上力援绥远，冀、察应出兵夹攻匪伪。平、津各救国团体要求政府急调大军集中前线收复失地，政府立即对日停止谈判与停止所谓“华北经济提携”。全国人民还在督促政府扩大这光荣的抗战。

民众的要求究竟有多大的力量，政府究竟能否下最后的决心，这还要看我们的努力。那么绥远抗战的前途，现在仍是徘徊于二者之间：一个是光荣、英勇的战争，一个是耻辱、屈服的和平。

《清华周刊》

清华大学清华周刊社

1936年45卷6期

（朱宪　整理）

日本侵略绥远的分析

俞肇兴　撰

读过中国地理的人，总曾记得这一句话："黄河百害，唯利一套。"套是何套？是黄河自宁夏入绥远，再由绥远转入山西的一大湾曲的地方，在这个大湾曲的地带，即目前日本帝国主义者出动大军，用飞机、大炮正在猛烈进攻的绥远。

绥远是在中国的北部，连同宁夏、青海、甘肃、陕西、新疆称为西北。这个西北的名称，是和东北——辽、吉、黑、热的名称连带而存在的。在东北未失落以前，绥远这个地方，是鲜有外人足迹的内地，尚不失为今之所谓"堪察加"。迨东北断送于暴日以后，它在边防的意义上，便逐渐重要起来。到了热河继东北之后而又为暴日所吞灭，它就立时居于国防的前线。然而当时尚有邻省察哈尔做屏障，自冀察委员会形成以后，这个可当暴风疾雨的屏障，不知在何年何月何日，又被敌人取夺去了。于是绥远不幸的命运，也从此到临了，它也居然站于国防的第一线，可是它的实际力量，实担不起那防卫的重责，它是一个文化落后的地方，地利未开，边备且又不修，实在是外强中干，它终于变为敌人宰割的对象，而日在飞机底下、炮口前［所］发着战栗。

当日本攫取东北时，她对国际上的宣传，为“防共”进攻苏俄，结果是怎样呢？现在日本进攻绥远，又说是要造成“防共”战线的大包围，这当然也不过是个烟幕作用。日本帝国主义者想进攻苏俄，原也不过和德、英诸帝国主义者想进攻苏俄同其意义而已。——谁也都想陷害这个阻碍黩武的和平使者，谁也不肯先来动手。在苏俄国力十分充实而人民战线又日趋于巩固发展的今日，日本帝国主义者，绝对无力而且必即时向苏俄单独进攻的理由，就是现在《日德防共协定》已经签订，在日本的侵略政策上仍是不会敢于冒昧下手的。原来帝国主义者的侵略行为，不过是盗窃行为之一种，世间哪有为盗者，不取目前珍贵而且易取的东西，反而冒险拼命去抢那未可必得的东西？故目前日本帝国主义之进攻绥远，可以很肯定的说不是为着立时进攻苏俄，而是为着陷中国于更孤立无援的地位，而易于遂行其“满”蒙的略取，并进以囊括整个中华民国的企图。兹特分析其侵略的因素如次：

一、“欲征服世界，必先征服中国；欲征服中国，必先征服满蒙”，这是日本帝国主义者，自明治维新以来既定的大陆政策，在日本资本主义本身未崩溃以前，她的侵略方针，永是不会转变的，任凭胡适先生怎样亲切去哀告日本国民，怎样起劲的和室伏高信弄笔战，甚至于南京政府怎样发出敦睦邦交亲善合作的宣言，都是无济于事。而且日本资本主义，现在已走到它的死亡之期，它的经济体系，已经无可收拾地达于总崩溃了。她虽于欧战的时候，趁火打劫，繁荣一时，但是究竟她是个先天不足，资原〔源〕缺乏的国家，她为挽救她的已经达到第三期的总危期，她只有一面加紧的向她的国内劳苦大众榨取剥削，而另一面向着国外掠夺殖民地，从殖民地大众中榨取血肉精髓，来延续她的垂死的生命。可是世界上的殖民地，早就被老牌的英、法各帝国主义者分割尽了，硕果仅存的只有这个资源丰富，人口众多而地域又接近三岛的中国了。于是她便由蚕食朝解〔鲜〕、台湾，而进以鲸吞满洲，现在进攻绥远，这不但不是偶然的事，而且是他遂行其大陆政策中所谓完成满蒙政策的必趋的步骤。这是认识日本侵略中国问题中的一个大关键。

二、自广西发动抗日以后，尤以最近两月为甚，全国同胞，为了保护中国主权，反对无理要挟和蛮横侵略，便相继发生了四川、北海、上海等处的仇杀日人事件，即中日政府间之所谓不幸事件。原来这种仇杀行为，是为着我们缺残碎破的国家和任人凌辱的民族复仇的意念而引起的，决不是为着私利，为着个人，所以得到了全国群众普遍的同情，更刺戟起四方八面前仆后继的抗日救国运动巨潮。如上海华工独对日本工厂大罢工，青岛华工亦相继独对日本工厂实行怠工及罢工，使日本帝国主义者难于应付，疲于奔命。这种运动，部〔都〕是包涵有极浓厚的民族解放的政治斗争的重要意义。他如上海以及各地救国会之猛烈活动，廿九军与五十三军之在平大演习，张学良“打回老家去”之沉痛演说，阎锡山之毁家抒〔纾〕难，傅作义之决心守土，宋哲元之不屈精神，韩复渠〔榘〕之南北奔驰，冀东保安队之倒戈，上海日人高赖之又被杀，这种富有积极抗争意义的汹涌动态，都是“九一八”以来所仅有，亦即明示着我全国朝野上下在抗日救国的大前提下，是团结一致，向着非常显著的目标迈进。这种举国一致的救亡运动，无论中日当局的任何一方，谁也不可忽视，谁也不敢而且不能忽视，遂使此次一联开了七次的中日外交调整（?），对于日方所提之“划华北五省为独立区，中日防共军事协定，彻底取缔反日运动……”各案，未能如往日一样的顺调进行，而且能转趋于暂时停顿僵化之域，日本帝国主义者，在“硬”、“软”两面一体的外交政策应用之下，她便老套的暂时停止外交谈判，出其优越的犀利武器，向着唯武器的恐日论者实行威胁，使之柔顺就范，以遂其明抢暗夺的企图，这是此次绥远战事发生的一个重要缘因。

三、现在存于国际间的，有两条非常明显的阵线，一为求集体安全的和平阵线，一为从事黩武侵略的法西斯阵线，日本帝国主义，为要积极的向外侵略，来补救其贫乏垂亡之国脉，于是就必然的成为法西斯阵线的主要角色之一。它看意国侵略阿比西尼亚得了相当的成就（?），德国废弃《凡尔塞合约》及进兵来茵河也都顺利进行，德意两国在俨然公开的形态之下，以军火资助西班牙叛军，占据了许多重要地市〔方〕，在军事的观点言，胜败已极显然。乃日在高喊集体安全，建立人民战线的主柱——法兰西，对于苏俄力主积极援助西班牙人民政府的行动上，竟尔违反《法苏协定》积极的精神，明白表示不能赞同，一任西班牙政府军陷于军火缺乏的极度苦战的境地，而举足大有左右时局之英吉利，对于西国政府，也只是袖手旁观而已。日本帝国主义者，便兴高彩烈，趁火打劫，借“防共反苏”之名，行分割噬肥之实，赶订日德军事协定，并邀意国加入，而遂行其侵略的野心。绥远战事之在此时发动，这也是其缘因之一。

四、日本近年政治之推演，以军部居于指导的地位，这是不可掩讳的事实。军部的统制派中分为“急进派”与“合法泒〔派〕”——即“肃正军纪”泒〔派〕，现任陆军大臣的寺内寿〈一〉，即合法泒〔派〕中之老手。“二二六”事变发生，他在广田首相树立“庶政一新”的降旗下入阁主政，一面高唱“广义国防”，以迎合急进泒〔派〕之口胃，一面于不动声色之下，陡然地将事变首犯十七名，全数处了死刑。同时制定《陆相任用法》，使非现役之急进泒〔派〕领袖真崎、荒木两人，永无东山再起的机会，更改订《陆相用人特权》，使得尽量培植其本系的人材，所有被认为不稳分子，都在排斥之列。不特此也，在新近它又用其肃军的铁腕，请求日皇下令，改组急进派之大本营——“在乡军人会”，将该会监督实权，归于海、陆两相管辖之下。现在急进泒〔派〕为恢复其势力计，自不能不拼命挣扎，采取反攻的手段，在对内则多方攻击现内阁对华外交之软弱与失策，在对外则摹拟“九一八”之故智，积极对华用武，把事态扩大，希图大获，而取悦于国内资本家，并借以倒图〔阁〕。在这里我们固然不能承认现内阁是反侵略的，它们的矛盾是不能一致的，不过在其各个侵略集团的政策应用上，实有或缓或急的不同。目前对绥远军事之积极行动，这就不能不认为是急进泒〔派〕之另一企图了。

我们看了上述侵绥的各种因素的分析以后，我们就可以知道敌人对我的侵略，无论是基于资源的贫乏，商品的推销，经济恐慌的救济，无论是基于国际情形的变动，或中国国内政情的激化，它都是朝向着侵吞中国这一条路途迈进。如果我们想解脱束缚，不愿做亡国奴，只有发动全民从事普遍的抗日决斗，像今日绥远的局部抗战，中央不加援助，其结果必为热河、冷口、古北口之属，弹绝粮乏，人亡地失，惨败下场！

《创进》（半月刊）
桂林第四集团军总政训处
1936年新1卷1期
（朱宪　整理）

从绥远战事谈到农村合作的特殊任务

骆军　撰

这次在绥远守土将士对蒙伪军的战争，实际上，就是整个中华民族开始对某帝国主义的抗战，不是一个绥远局部的小事。

这个反抗的血战，是要一天比一天更严重的开展下去。

某帝国主义者，自从强夺我们东北四省以后，五年来，仍是一天也不间断的在那里杀戮我们的兄弟姊妹。杀戮的手段是比以前更凶恶。我们如果不愿做亡国奴，不愿我们的子孙永远被人虐待，忍耐了五年的中国人，应该有血性的觉醒起来，直接间接的都要参加这次绥远的抗战。

前线英勇的守土将士，虽然是一再的打败了蒙伪军，但还没有把蒙伪军完全剿灭。这并不是我们的防守军打不过三千蒙伪军，而是因为蒙伪军有某帝国主义接济他的枪炮、子弹、飞机、粮食、金钱，并且派了许多某军武官到蒙伪军里指挥蒙伪军，侵我绥远，企图灭我中国，所以蒙伪军才敢大胆的来攻击我们国土的守卫军。现在蒙伪军虽然败了几仗，而还敢东扰西乱，在冰天雪地中，天天想来作顽强的反攻，总希望能取得整个绥远，取得整个华北，甚至取得全中国，就是因为有我们的生死强敌在后面帮助。这样看来，我们就知道叛乱的蒙伪军，不是一天两天，或是三仗四仗，就可把他肃清得了的。而是应该有长期抗战的坚实准备，准备赶速开始更激烈的反守为攻的追剿战。

蒙伪军与我们的强敌，为什么要来先攻绥远呢？这是因为绥远在军事上、在经济上，对中国、对外敌，都是很重要的。绥远是我们西北的门户，华北的前卫，整个中国之前卫的前卫。就军事上说，绥远的东边靠着察哈尔，南边靠着山西、陕西、宁夏、甘肃，西边靠着新疆，北边靠着外蒙，是平绥路的重心，由腹地到新疆的北路大道。平地泉做了这道路的枢纽。若绥远的平地泉失掉了，敌人就可以沿平绥路经同蒲路直攻山西的太原。假使太原又失了，再南就可以威胁河南、陕西，沿正太路东上，又可以夺取河北和察哈尔。若从平地泉向西去，可以下归绥，取包头，攻打新疆；再向西南去，就可以沿包宁路直取宁夏，再得甘肃的兰州。假使由平地泉往北走，就能取得外蒙古，切断中俄的交通。再就经济上说，绥远是我国西北塞外唯一的沃土，占有河套的大部，水利非常便利，便于耕种，可以灌溉数百万亩土地。同时，由蒙古往内地的畜类、皮货，和由腹地运往之布匹、茶叶，都以归绥为其集散的地方。因此，绥远失了，不但丢了这个内蒙唯一的商业重心，而且失去了军事的屏障，黄河以北的地方都有失去的危险。第二次世界大战，也有马上暴发的可能。因为敌人得到绥远，向东南可以夺取中国，向西北可以进攻苏联。苏联如果因受西欧的德国和东亚的日本两国夹攻而起来抗战了，那末，世界的大战，就容易从此掀发。

绥远既然这样重要，蒙伪军与强敌，又不是一时可以剿灭得了的，那我们应该怎样？无疑义地，我们是应该牢记一点的，就是绥远这一战，是决定我们中国生死存亡的一战。在此，我们就可作肯定的答覆，在这绥远抗敌战争万分紧张的时候，全中国的人民，无论男女老幼，农工商学，都应该全般的武装起来，誓死保卫绥远，保卫任何一块中国的领土。不仅要保卫，而且要督促和协助我们前方守土的英勇将士，反守为攻，把强敌追出我们的国土之外，收回我们数年间失去的领土与主权，使同为中国人的蒙伪军，反正归来，加强我们抗御外敌的力量。

要取得和保持绥远战争的最后胜利，一句武装抗战的空话是不够的。我们要更切实的从精神上去鼓舞前线将士的抗敌热情，尤其要在物质上，涌潮似的去援助前线将士的给养——武器与粮食，使战士们在火线上都无粮饷器械不足的忧虑。同时，更要坚实的巩固后防。现在都市里的工人、商人、公务人员、智识分子，及其他自由职业的人，都在洪流一般的实行“一日运动”，把每人一日的所得，全部拿去购买粮食和武器，供给绥远抗敌战士的应用。也买一部分武器留在后方，巩固后防的阵地。许多的男女学生，都在那里节衣缩食的购买皮衣，织制棉衣、绒衣和可以防避子弹打入的丝棉衣，送到绥远去犒赏前方的将士。许多在家中的妇女，都在那里做鞋子送去前方。还有许多在学校或在家庭中的小朋友，有许多很有志气，每人床头藏了一个钱袋，准备蓄下钱来去援助前线的将士，剿灭我国领土内的蒙伪军与外来的强敌。我想中央政府，也会把一切的军队，一切的武器，开运到前方去捍卫我们的国土。总之，大家都在那里有力的出力，有钱的出钱，唯一的目的，就是在要永久保存我们民族的生机，要保卫我们民族生机滋生地的国土。

然而，占全国人口最大多数的亲爱农民，在这绥远抗敌战争的高潮中，又应该怎样呢？当然的，在一向以农业生产为主要的中国，农民是中华民族的精华，大家都在抗战中为了保卫这个精华而努力。身受精华保卫的我们农民，自然也不敢落在人后，坐听无闻或者坐视无睹。虽然，我们在农村做农民的人，拿不出钱来送去前方，也没有什么多余的东西来犒赏英勇的将士。但是，我们的农民，是有愈用愈出的苦力。拿这个创造的苦力，在现在农村合作组织之下，更结实的去运用，举起日用的农具做武器，一面坚守我们后方的阵营，好像绥远农民义勇军的一样有力，一面

就用这种伟大的集体力量，更加倍的努力一切农作物的生产，

使生产物的数量较前增加，将增多的生产物——无论谷麦及一切杂粮，都拿来充实长期抗战的食粮给养，一点都不浪费也不落在敌人手里，这样，可以使抗战的力量真实的持久下去，抗战的胜利也容易取得和保持。在中国，因为农民的力量是广大的和普遍的，聚立在国土的任何一个角落上，并且可以用这个力量在每一个角落上，给敌人以有力的打击与阻遏。把这个力量汇合起来，又是一个汹涛的民族力。只要能够英勇的坚实和运用这个民族力下去，是可以抗拒任何凶顽外敌的侵略。

从此，我们可以认识一件事，就是现在林立在中国各个农村里面的农村合作组织，是应有其特殊任务，应该勇敢地把这个任务担负起来。现在将农村合作所应担负的特殊任务写在这里：

第一、唤起民族意识：农村合作组织的基础，是建筑在农民身上。从人口与生产力说来，农民是中华民族的精华。民族的精华对于这个民族的集团如果不加以认识与爱护，这个民族的存亡前途就可想而知了。大多数农民，现在都做了农村合作社的社员，农村合作社以训练社员的姿态，把民族意识贯输到社员农民的头脑里，并且培养起来，是绝对可能，而且格外有效的。农民有了正确的民族意识，那末，爱国情绪和抗敌决心也会油然而生。所以，这个民族意识的传布和唤起，农村合作的主导者千万不可忽视，而是应该切实的负起责任来的！

第二、编练广大农民：农民原来含蓄有伟大的力量，这是从历史上与现实中都可以了解得到的。不过，因为中国历史的传统与农业生产技术的零碎，农民的力量也是各自分散的在那里，向自然界和恶势力想法子去克服，这种方式，就是不失败也会收效很微。因此，要使农民的力量能发生伟大的作用，这是需要一番严密的编练工作。农民大众的编练，若由以农民为社员基础的农村

合作社去担任，自然更能胜任愉快。因为在农村合作组织下的农民，已经受了第一步“编”的组织，现在的工作，是要积极的对农民作“练”的开始和进行。把每一个有力的农民，都由农村合作加紧的编练起来，成为民族的劲旅。无论在生产上或军事上，都能够集体的或各自的来肩起民族救亡的工作，坚勇的守卫后方和上前线去抗敌。

第三、增加生产的效率：中国的生产，至今仍是以农业生产为主体，农业生产占中国整个生产收入的百分之七十。年来因为天灾人祸的袭击，农业生产时有锐减的表现，全国农产物的供给，也不断的要向外国买来补充。这种情形，在战时的现在延长下去，是非常危险的。因为国民的粮食和军队的饷给，在这非常时期还须依赖外国，巨大金钱的流出，当然不必说的，如果一旦外国断绝了我们不足食品的接济，我们的抗战军队，国民的生活和国家的安宁，不是更要受到影响，甚至还有失败和灭亡的危险吗？要挽救这种危难，唯一的方法就是从增加农业生产着手。由各地农村合作社领导农民，组织农民，在合作方式下进行联合生产，减少生产成本，增加生产效率。或由农村合作社从改进生产技术，充实生产资金着手，去帮助农民的个别生产，使个别耕作的农民，也能得到各种作物数量的增加。全国人民日常最需要的农作物的数量增加了，丰富了，然后我们就可以稳扎稳打的来做长期的救亡抗战的工作。

第四、统制消费与分配：战时对于物品的消费与分配这个问题，比平时自然是要严重的。就是拿来与战时的生产问题对照一下，从表现上看来，消费与分配的问题也是要比生产问题更严重的。因为战时物品的消费与分配，如果不合理，就容易发生浪费和不均。物品的分配和消费有了浪费和不均，纵使有更多的生产物，也会发生缺乏或不足的忧虑。因此，对于战时物品的消费和分配，不能不作有效的统制。在统制之下，去求合理的消费和适度的分配。但消费与分配，不能不有一个主持统制的组织，这个组织，就目前中国的现实说来，要以农村合作社最为适宜。农村合作社是一个以人为主的组织体，以平等为原则，不以营利暴富为目的。在中国，农村合作的组织早已普遍在各地，政府如能将战时物品的消费与分配，交给农村合作社统制，不但能使物品——如日用的粮食、油盐、布匹等——不致居奇涨价或有浪费和垄断的现象发生，而且能够便利国民的购买和避免有钱人的多买，使战时的经济生活能够有条不乱的去支配。同时，一切日常需用的物品，大多数是向农村取来的，我们在他来源的地方去统制这些物品的消费和分配，自然又比用别的方法来得容易和有效。所以，我们对于战时物品的消费与分配，由农村合作社来统制，实在是有必要的。这在第一次世界大战中的欧美各国，是有不少这种的先例。

战争好像农民耕田一样，最后的胜败是有一定的时期，不是马上可以决定的。在这个一定时期还没有到来以前，也得像农民一样，先要有充分的耕田准备和耕种工作。农民的耕田准备自然是种籽、肥料、农具、土地、资本、人力的购买，和犁田、插秧、戽水、收割等等工作。我们的战时工作，最主要的是把一切国民日常用品——如粮食、盐、布等——的生产、消费和分配，予以严密的统制和合理的处理。换句话说，就是把全般的战时经济加以有力和有效的全般统制。同时，还要做到全部战士的意志统一和坚定，而且精强的把他们编练起来。这些工作就是目前中国的农村合作应该担负和完成的特殊任务。

《江西合作》（半月刊）
南昌江西省农村合作委员会
1936年新1卷3期
（朱宪　整理）

绥战的透视和复兴民族

怡然　撰

在去年十一月初，绥东爆发了民族抗战，接着是节节的胜利。这给长久呆眠着的睡狮，以清醒的刺激。经它这一声狂吼，全国民众，都像注射了兴奋剂一般，每人的血液马上急速的奔流起来。把数十年来沉消怯弱的心情，化成了沸腾热烈的怒潮，举国上下，无不相信这次抗战，是复兴民族的第一声号炮。大有从此在国际间吐气扬眉，走上光明之路的情势。

我们知道，蒙匪犯绥，并不是自动的行为，背后却有拉线人在指使着呢！那末，敌人既有并绥的贪欲，为何不作直接掠夺，而站在幕后演傀儡剧呢？这是敌人一贯的巧智，他见蒙匪爪牙可用，更有伪满的羔羊，能供牺牲，所以才用这“以华制华”的毒辣手段，想不费一粒弹，不流一滴血的坐享华北的肥脂。

日方侵绥的动机

说到日本侵绥的原因，这和敌人向来政策，有莫大的关系。日本自从“九一八”后据有了我们的东三省，更吞蚀了热河。他在这利源滚滚的地域里，虽也刮得无量数的肥脂，同时也受到相当的损失，于是非继续侵略华北，夺取利权不可。这虽是日方执政者不得已的苦衷，也正是帝国主义者内在的矛盾。为了解决这矛盾，因而造成饿狼似的吞并与掠夺。察其动力的因素，约有下列几项：

一、我们深知日本是帝国主义的国家，经济的命脉，握在几个资本家手里，有支配政治的力量；而下层的苍苍蒸民，只有在饥饿线上挣扎，毫无力量可言。自从割据了东四省，资本用金融的摩〔魔〕手，经营开发所有的富源，很能获得些利益。而一般贫苦小民，离开祖国到东省来为资本家效力生产，仍脱不了贫苦交加的马牛生活，解不了倒悬的苦痛，所以逃遁的事件常发生，并且东北有的是热血火烈的义勇军，在各处作着反抗的斗〈争〉，敌人为了消灭这伙顽民，费去很庞大的力量和金钱。刮得［苦］的肥头入了资本家的私囊，而糜费的却是国帑（是民众血汗的结晶）。如此看来，日本这份生意是蚀本了。为了弥补这些亏空和支撑社会现状，不得不向华北侵略。绥远首当其冲，且是西北的一块肥美的佳肴，很能引起馋饕敌人的垂涎！

二、日本自命为东亚反赤的急先锋，与中欧德国成崎〔犄〕角之势，遥相呼应，频频向他们的公敌（苏联），放着狰狞的怒视，造成包围欧亚的阵线。这种反赤的峰〔烽〕火，可说已将达到发火点了。既然有这样的雄心，就必须作未雨绸缪的准备。欲想冲毁赤色阵容的严整，则满洲边上势必布满戍卒，而苏俄的远东根据地，是在东海滨省。此地与欧俄联络的路途，在西伯利亚的恰克图、赤塔一带，而外蒙又是西伯利亚的屏藩，扼住这个要害，将来与俄国在远东作战方有把握。日本为了威胁苏俄，哪能不包围外蒙，以图截断敌方的联络？所以必须抓得内蒙及华北的主权，并可用华北的棉花，和察、绥、晋的铁和煤作供给军火的原料。更有顺字号的汉奸，填充敌人的炮眼。这样一来，既可加强进攻赤色阵线的力量，又能减少自身的牺牲，聪明的倭奴，早就瞧着了。

三、自从土肥原倡华北五省分离运动后，敌人无时不在作此种实现的推进，于是才造成了殷汝耕的冀东丑角，更诱惑蒙民以及察北口外的匪徒王英等倡乱于绥东、察北，希望制成包平津、制漠北的长城；而绥远省则地处于华北北部，是通西北的桥梁，窥外蒙当自此处进趋；且该地有"唯富一套"的黄河平原，所产稻、豆、高粱〔粱〕等，年产不下百万石。至于矿产，主要的为兴和、陶林、包头、大青山一带的煤，茂〈明〉安旗的铁，其储量据西北科学考察团的估计，有十三万六千九百余万吨。此外有□马、牛、羊等，牧畜业与毛皮业为华北冠。这许多辉煌富足的宝藏，哪能不引起敌人的注意呢?!

四、就交通地势而言，平绥路为平、津、察、绥的大动脉，据此可以控制察、绥及晋北的交通，西北能进侵甘肃兰州，东南面直穿平、津达于海上，为夺华北的网罟，控制漠北的铁索，所以是敌人必争的目标。

为了实现以上各目的，和延长行将崩溃的帝国主义的寿命，所以才勾结蒙匪进犯绥东，希望制成与"满洲国"为昆仲的"大元帝国"，以满足他独占华北市场，柞〔榨〕取原料的野心。谁知刚一出马，便碰到当头棒喝。百灵庙被夺回了，大庙子也陷落了，金宪章、石玉山等又相继反正。匪方势力越现出瓦解冰消的败家〔象〕，看看已经达到筋疲力竭的程度了，适逢我国出了不幸的陕变，这场轰轰烈烈的民族战争，竟化成不堪回首的陈迹。

绥东现况与将来的危机

就绥东近况而论，则自陕变发生后，由德王通电停战后（这并非是他不愿趁人之危，实是困兽喘气），双方陷入停滞状态，而敌方仍是调兵运辎，冀卷土重来，而我前线上的戒备，也并没有一毫懈怠。表面上虽现弛缓，实危机日深，难免大战一场，好像春风下的河冰，终有破浪冲堤的潜能。近来据报载：伪匪有弃察北保多伦的模像〔样〕，又传有日方退回察北的呼声；这并不是敌人甘心将吞入口的肥肉吐出来，其实无非是保持他那不战而胜的原则，改弦另张啊！他绝不肯放弃他那侵略的野心的！所以这不足为中华庆，却可为民族前途深加忧虑呢！

有人说绥战正在激起狂烈的爱国情绪，趁着这士气蓬勃的时候，大可加强战斗力，为民族复兴流一下碧血，但如果真个一鼓作气的背城而战，未尝不能打开樊笼，飞跃在自由的天空呢！

从实力推测胜负

说到全国抗战，则胜负究属谁手呢？这须从客观的形势上，透视一下才能收“知己知彼百战百胜”的功效。

军事行动的能否歼灭敌人，全看精神物质两方面来决定。按敌人实力，据最新的调查：他的常备陆军有三十四万五千人，“预备役”、“后备役”动员数在二百二十万人，“补充兵役”和“国民兵役”可调动的有一百八十万，总计不过四百三十万人。在“一二八”战争中其军事损失为百分之三十。若我军尽量发挥其战斗力，并加强飞机火力等效能，则其损失可达百分之五十。在沪战三十五天内，死伤二万人，按此比例，则敌人是经不得一打的。

在经济上视察，他也自有其不可支持的地方。我们知道，日本是工业资本国家，全赖工商业支持国家的重任，而其大市场及原料供给地是华北，一旦战起，其工商业自然摧毁，第一年有他预储的金钱和战时用品，可以使用，不经二年后，则军费即行竭蹶，国内的民食等必需品定要陷于绝境，社会的不安定会应运而生，这却是他的大致命伤啊！

敌方的空军，海陆共计有二一三〇架，每年生产不过六千架，民间私机很少，力量也很薄弱，最大的速度只有二九〇启罗米突——战斗机的代表者如尸亻九一型——其自造机艇，也很容易损坏，所以威力并不大。

在军事工业上，原料缺乏得很，如棉花、煤、铁、橡皮，全仰给外方。至于制造军器所用的轻金属，铜、铝、锌、锰等可说等于零。中国虽然不能封锁他，但是他由于经济的贫乏，也有相当的困难，等到战云腾起，保不定鹿死谁手呢?

回头看看我们自己的威力吧！这须以全国合作为前题〔提〕，军队的实力，合计各部各色的军队有三百万，加上“民团”、“保卫团”、“红枪会”、“义勇军”等足够四百多万，若临时更加紧训练民众，尤可得庞大的军力。采取游击战略，敌人深入内地，四面皆与敌对，其“不成军”是在意料之中的。

我国还是农业国家，在战时内地农民，仍能照常生产，再加华侨的资助，军费和辎重，不致受大影响。所有各大工业，全集中在都市，即不幸变成焦土，也不致牵动大局，若要设法保护其生产力，自可帮助军事工业。至于军需原料品，如钢、铁、煤、棉等，纯为本国产物，足能供给所需。石油虽不敷用，而能以煤代替，也能支持下去。军火工厂有汉阳、石井、太原、成都、南京、上海等处，再加以扩充，则重机关枪、高射炮、坦克等，均可自给。

说到空军，据总计有二千七百多架，本校校长客岁在南京受训参观军事所见号码如此。据云不止此数，再酌为增加，就够用了。防空在南京及杭州有极新式的设备，前线可用的，有最新的苏鲁通，能在一分钟内发二百击，绥东战时，屡遭敌机轰炸而损失不大者，实是它的惠与哩。

军心和民气，也是决定胜负的重要因素之一。日本是侵略国家，这穷兵黩武的负担，自属下层小民，变本加厉的剥削，很容易引起社会的动摇，反动的势力，是会加强的。何况还有跃跃欲动的朝鲜、台湾，哪能不借此好机会，来一个民族革命，反动的力量，能使战争的持久性减短。并且在“一二八”战争时，曾发现反战争的宣言，国内又有妇女们组织的“索夫团”，由此可见敌方兵民间是何等的反对这霸道式的战争哟！就是盘踞东北的义勇军，经过五年的剿灭，并不见稍敛其焰势，足见敌人兵士的不用力了。处在这上骄下怨，士不效命的场合，他的胜利怕比“骆驼穿过针的眼”还难呢！

我国受人侮辱，已经到了忍无可忍的地步了，图恢复报积怨的心志，已非一日了。一旦战争扩大，自然是一鼓作气，将士用力，看去年绥东抗战的热烈便可明白。在沪战时，有勇敢的士兵身裹炸弹，用鲜血冲洗敌人的坦克车，这是多么的悲壮啊！想在这为祖国争自由的吃紧关头，绝不致五分钟后便缓延了我们的血流吧？古人常说“哀兵必胜”，不啻是中华民族前途的预卜。

明日光辉的闪耀

在精神上、物质上我们并不见得比敌人力量薄弱，更从国际阵容上观察，敌人的肆无忌惮，早惹起了列强的醋意，在利害关系上已站在敌对的壕垒中了！虽不能援我于火溺，至少不致于助纣为虐吧！

现在敌人所以不与我以战相攻，是为了有苏俄的牵掣，和内部的不整顿。但是他吞并的贪心，永没有满足的时候。我们让一步，他会不客气的进两步。畏惧和妥协，是招致灭亡的导线。有效的办法，是“以杀制杀”。真个我们拿出最大的决心和力量，不怕牺牲，不惜变成焦土，定能融和的光明，照着锦绣的山河，永远招展在人类的舞台上。那时且看我们推翻香槟杯，痛饮高粮〔粱〕酒在白山黑水之间吧！

《宣师季刊》

察哈尔省立宣化师范学校

1937年1期

（朱宪　整理）

从新军事学观察绥远的抗战

于思　撰

自从伪匪军分三路进攻以来，震动全国的绥远省的抗战便爆发了。由于绥军英勇的抵抗，和全国上下热烈的支持，我方得了大胜，不特击退伪匪军，而且向前进攻，占领了蒙匪的一大根据地百灵庙。因此全国人心振奋，对绥远的抗战寄与很大的希望，不独要求绥军能够保境杀敌，更要求动员全国力量保卫绥远收复失地。

关于绥远的抗战，许多作家已就其政治意义，做详细的论列，本人乃就军事学的观点加以简单的分析。

一　敌我军力的对比

军家有言："知己知彼，百战百胜。"所以吾人先把双方的力量做一简单的比较。严格地说来，敌方的力量似乎应将伪满的军力都估计在内，因此项力量随时可出动。但为了计算的便利，我们只把冀、察、热、绥四省的敌军军力做一估量，其中伪匪军为侵绥的前驱，而日军则为后备队，随时可出动应援。

此次参加侵绥之伪匪部队，原分驻察、绥各地，合计约二万余人，计开：

苏尼特王府　八〇〇人（西北内蒙古防共自治第一军军部，

军长德王）。

宝昌　七〇〇人（西北内蒙古防共自治第一军第三师，师长王振军）。

张北［西起］共四，一〇〇人。

（一）西北内蒙古防共自治军第一军军部　二〇〇人（军长李守信）。

（二）西北内蒙古防共自治军第一军第一师　一，〇〇〇人（师长刘继广）。

（三）西北内蒙古防共自治军第一军炮兵团　六〇〇人（团长丁其昌）。

（四）西北内蒙古防共自治军第一军干部训练处　四〇〇人（处长李守信）。

（五）西北内蒙古防共自治军第三军　一，四〇〇人（军长卓世海）。

（六）边防自治军　五〇〇人（军长于志谦）。

公会镇　二，〇〇〇人，伪第一军第四师（师长宝贵庭）与伪第二军第六师（师长宝音道尔己佛爷）各占一半。

德化　一，〇〇〇人（师长伊绍先）。

尚义　七〇〇人（伪第一军第二师，师长伊〔尹〕宝山）。

滂江　八〇〇人（未详）。

商都　一，〇〇〇人（伪第二军第七师，师长牟总管）。

又五，〇〇〇人（伪满热河第五军区，司令王静庥〔修〕）。

又分驻以上二处者　三，〇〇〇人（西北蒙汉防共自治军，军长王英）。

一，五〇〇人（西北边防自治军，归王英指挥）。

区灵广　四〇〇人（西北蒙古防共自治第二军，德王卫队）。

合计　二一，〇〇〇人。

这二万多伪蒙匪军便是这次犯绥的先锋部队。他们虽然是乌合之众，然而多由改装的日军指挥，且由日方供给飞机、大炮、坦克及其他军火，凶顽异常，敢于屡犯不已。

然而在他们后面更有大量热、冀、察三省日军的支持：

（一）河北省日军军力

北平　二，〇〇〇人（又说九〇〇人）。
丰台　二，〇〇〇人。
天津　三，五〇〇人（又说二，六五〇人）。
通县　七〇〇人。
塘沽　七〇〇人。
唐山　四〇〇人。
滦县　二〇〇人。
昌黎　二〇〇人。
留守营　八〇人。
秦皇岛　五〇〇人。
检〔榆〕关　五〇〇人。
长辛店　八〇人。
泊镇　八〇人。
合计　一〇，九四〇人（或八，九九〇人）。

（二）热河、察哈尔日军军力

承德　一，五〇〇人。
丰宁　一，五〇〇人。
赤峰　八〇人。
浩〔沽〕源　二〇〇人。
多伦　一，七〇〇人。

合计　四［一］，九八〇人。

联系着华北驻屯军而暗中指挥伪匪军的更有日本的“特务机关”，它不单源源接济匪徒，破坏我方秩序，更负有侦探的使命，这种机关已遍布察、绥，为害甚大。仅热、察、绥三省已有林西、西乌珠穆沁旗、苏尼特王府（特务长松井）、多伦（特务长植山）、张家口（特务长大本）、张北（特务长桑原）、德化（特务长田中）、百灵庙（特务长盛岛）、绥远（特务长羽山）、包头（特务长樾川）。这种机关，正在无孔不入地活动着，其毒辣甚至较正规军的进攻犹〔尤〕为利害。

敌军的军火除了步枪、机关枪、迫击炮、野炮等等外，更有大炮、飞机、坦克车等，最近由于绥军之发下防毒面具一事实，更可证明敌方或已使用（至少有）毒瓦斯。

至于我军军力之多寡及配置情形，因事关军事秘密，当然不能发表。我们只能把绥军之力做一简单之估量。绥军原有军力，只有一军，计有傅作义、赵承绥、王靖国等部，加上保卫团，合计约四万余人。此外尚有绥东四蒙旗剿匪司令达总管领导下之四旗蒙兵。以此力量抵挡伪蒙匪军当然充分可恃，然伪蒙匪军背后更有日军支持，故单以此力量与敌军作战，前途尚不可乐观。

晋军的出动，中央军力之应援，冀、察二十九军之抵抗，以及西北部队的应援等，当然应该估计在中国方面的力量内。然而现在整个抗敌的国策尚未决定，而冀、察等地的部队又采观望态度，因此我们还不能过早地将全国部队列入抗敌力量中呢。

在军火方面我军也相差甚远。因缺乏高射炮、飞机，日机乃敢低飞攻击我军。中央飞机虽曾有六架抵绥，然尚未参加作战。其他如毒汽〔气〕、坦克车，我军均付缺如，即机关枪、子弹等也感缺少。

然而我们不能不把很重要的一点也放在敌我两军军力的对比

内，这就是军队的精神（Morale），有产者的旧军事学者虽然陷于机械的唯物论（唯武器论）中，而否认精神的作用，但是新军事学却从被压迫阶层与被压迫民族抗战的立场，确定了抗战部队的精神的重要。在这一点上，我军是远为优胜的，因为敌军都是乌合之众，亡命的匪徒，不要说谈不上作战的精神，即使连普通的军纪都谈不到呢。而且其中大多数乃被胁从的分子，他们对于日伪也是不满的，作战自不能用力，而在适当的宣传下，他们是可能转向我军的。然吾军仇恨敌人侵略之决心，已加强到极点，更有全国民气之支持，故作战之精神极强。

根据上面的分析，我们可明白了敌我两方的力量。敌人的力量是强大的，但是我军抗战的力量也正不弱。这事实一方面告诉我们，这一次战争是非常猛烈的，然而另一方面我们也不可悲观，只有充实我之强处，补救我之不足，更利用敌人之弱点，而加强我们的力量，鼓励士气与敌决一死战！

二　敌我的战略

此次敌军向我绥远进攻，系久谋远虑的结果。所以它的战略是非常厉害的，非但准备充足，而且鬼计多端，吾人不能不予以彻骨的揭破。

敌军进攻本分三路。东路李守信、张海鹏、王静麻〔修〕及热河匪伪军，由察哈尔根据地进攻绥东陶林、红格尔图，以平地泉（集宁）为目标；中路卓什海、包悦卿等蒙匪，由百灵庙进攻绥中武川，以归绥为目标；西路王英及蒙匪各军，由百灵庙进攻绥西，以包头为目标，这三路军马浩浩荡荡杀奔过来，企图一攻即夺下绥远。

然而我们细细一看，敌军的战略实在是带有恐吓性的。它号称三路大军，而且直取绥远省内平绥线的首、中、尾三要隘，使绥军首尾不能兼顾而陷于惨败。但事实上绥军却能沉着应战，坚守阵地击退各路敌军。而伪蒙匪军又太无用，真使他们的后台老板气煞。但是我们也不能说匪军就是纸老虎，因为它一向依恃“皇军”的威势和“恐日派”的恐惧心理，谁想这次竟碰了钉子。

敌方的战略本来是在三路进攻中，它以两路兵力做牵制，而集中进攻一路。所以它配置的兵力西路最弱，中路次之，而东路最强。绥东不特与察省接壤，便于攻取，且形势最为险要，为山西门户，得了绥东，不特全绥震动，山西也已向敌人洞开了。所以历次敌军进攻，均以绥东为直接目标。中路军事也很吃紧，因为进攻中部即所以取绥东〔中〕，然而绥远中部有大青山之天险，又有绥军严防，故敌军不得逞而退。绥西一路则较薄弱，这是敌人声东击西的惯技。也因此我军于胜利的反攻后，就占领了蒙匪根据地百灵庙。

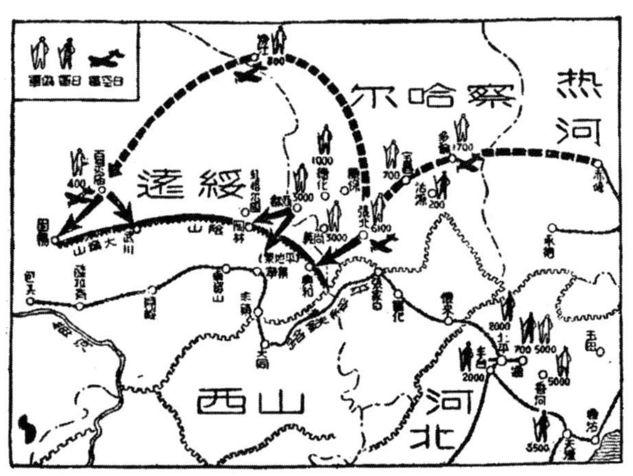

此次进攻系由日方指使，已为不可辩驳之事实。然日方犹力事狡辩，其用心无非为减轻中国人民之注意而已。进攻部队以蒙匪为前驱，以伪军为中坚，而负指挥之责者乃日本浪人及改装之正式部队。这种策略便是日本“以华制华”的老调，不过在军事行动中表现得更露骨而已。

日本一面表示伪匪扰绥与日军无关，然而另一方面却积极支持伪匪军。它的目的便是驱使中国人杀中国人，而自己坐收渔人之利，如果伪匪军得手，一切土地权益当然由它坐享，不过伪匪军失收，它再亲自出马也不为迟。而此刻最大的作用便是在缓和中国人民抗敌的情绪。因为中国人民对于敌人的侵略已经是忍无可忍，早就迫切地找寻一个总爆发的机会了。刁猾的敌人当然不愿引起这个爆发，便躲在后面提线，驱使它的傀儡登场。另外一方面它也给中国当局一个便利，它知道中国政府已经是退无可退了，即使再退，中国人民也不能再容忍了，因此它不亲自进攻，而遣派汉奸军队，一面可收征略之效，一面也使对手方处置较易。由此看来，日本驱使伪匪进攻绥远的战争，不单是日帝国主义侵略中国的战斗，同时又是消灭中国反抗它的一种手段了。

因此站在中国的立场上，对于敌人如此狡诈毒辣的策略，不能不用极猛烈极锐利的战略以为对抗。但是在中央整个国策尚未宣布之前，我们当然不能知道政府的大计。战略决定于路线，中央对日路线既不得而知，因此战略也就无从推测了。我们这里只能就两条路线下的两种不同的战略加以考查。谁都知道中国对付日本只有两条路线，一即坚决抵抗的路线，一即彻底投降的路线。另外也许还有一条，即是不战不降的路线，敷衍敌人的路线，然而这只是一个幻想，其终局必走到第二步路线上去的。在这两条路线下，战略当然是绝不相同的。在第一条路线下，即是坚决抗战，积极进攻，扩大绥远的抗战为举国之战，在第二条路线下则结束抗战，即是把战争局部化，以消灭之，或改变其性质为另一种战争。现在我们当然不敢说中国当局究取何种战略，我们只能客观地就军事学的观点把两种战略加以研究。

第一种战略是全国人民所要求的，这是无庸再怀疑了。因为这种战略事实上还没有执行，此刻还是〔只〕是一个迫切要求的计划，需要我们详细分析，所以暂不讨论，列入下节研究。此刻先来探讨在第二条路线下的战略。

这一种战略是根据“不战不降，亦战亦降”的对日路线的。“不战”即是不彻底抵抗，“不降”乃是不敢公然投降，“亦战”在不得已时应战数合即行退却，“亦降”为终于难逃之命运。而这一条路线下的抗战是没有前途的。在其范围上讲，即是战争的局部化；在其性质上讲，即是抗敌战争的变质；在其策略上讲，即是军事败北主义；在其与民众的关系上讲，便是拒绝民众的参加，这样抗战的结局便是“大事化小，小事化无”。

所谓战争的局部化，本来是国际侵略主义者反抗集体安全的一种手段，在中国则被用来反对举国的抗战。这个局部化的方法便是绥远军不许反攻，只准防守绥远南部；中央军不去应援，而其他实力派则采旁观态度，如冀、察军队即不同时发动抗战（宋哲元表示绥战是“一件小事”），而西北部队也不会动员应援。在这样的情形下绥军必陷于孤军抗战。于是战争仅限于绥远一省，甚至绥远的某一部。敌人乃得集中力量解决绥军，或者它更用不着劳神，可实施相当压力威胁恐日派将绥军调开即可。这样连局部的抗战都被消灭了。

全国人民当然要求扩大为举国之战，幸中央军已赴绥远应援，绥军或不至陷于苦战中。然而我们不能乐观的就是三年前中央也曾派兵北上，而结果有《塘沽协定》为以后日本进占冀、察的过渡。现在如果再重复从前的办法，恐怕绥远也将断送了。

所谓抗敌战争的变质，便是改变抗敌战争为另一种战争也。据我们的观察，抗战的变质第一步即是取消抗敌的意义，而成为专门抵抗伪蒙匪军。这虽然可减轻抗敌的意义，而且主观上在取得真实敌人的谅解，但是在客观上仍是反日的，因此在最后将有一个终局的变质。到那时战争可与反抗敌人完全无关，甚至有益于敌人的侵略了。所以此刻全国人民应该严重注意，要纠正第一步的变质，而使此次抗战成为显明的抗敌战争。

讲到终局的变质，是和中国政治生活中的一个因素分不开的。我们知道日本对于中国的一个重大要求，即“联合防共”，最近更强迫中国参加《德日防共协定》，此次进攻绥远的部队又都是带着“防共”的标帜。敌人从西北发展的一个目标即在直接消灭中国的“赤匪”。当此时机，中国政府既不能停止“剿匪”，又不能允许日军直接干涉。于是对日问题在中国便产生两条路线：一条即联合全国各实力派共同抗敌；一条即联日“剿匪”。在这之外也有所谓第三条路线，即是“中国政府自力防共”。第三条路线如能彻底实行，在中国政府方面也不失为贤明的处置，即一面抵抗日本之侵略，一面消灭国内之“赤匪”。政府如果真能做到，中国政府的威信不知要加强到何等程度呢？但恐怕事与愿违，“匪”未消灭，而敌已攻入腹心，处此时机第三条路似乎又走不通了。但是直到现在仍然有人幻想它的成功，他们即主张先把犯绥伪匪军赶散，然后调兵消剿“赤匪”。他们知道“赤匪”如与日军直接接触，中国政局将大有变动，如果日军直接进攻“赤匪”，全国人民不问政治上有何差异，必不允许外人干涉。所以现在正有人计划以中央军扼守绥远，极力避与伪匪军冲突，而调现在的绥远“剿匪军”（注意，名字都不用改）去消剿由西北出来的“赤匪”。这时候，抗敌战的性质将完全改变，而抗敌战争也就此结束了。这一着是非常危险的，不单破坏抗敌战争，即绥军的地盘也不可保了。

再说，军事败北主义在中国已不是新把戏了。记得在长城之战时曾发下不爆的炸弹，无火药的子弹，与敌军作战；至于扣发粮饷，暗中退兵等等均造成失败。这种罪恶我们不希望再见之于青天白日之下。然而新的军事败北主义仍然会抬头的，因此在绥远抗战中吾人不能不提出几点以为警戒。

第一即只防守不进攻。吾军只许防守，如敌来攻始可还击，而不许进〔攻〕去，即攻也不许出绥远境。这样敌军可大胆进攻，即失败也可从容退却，好在日军可源源接济，这些亡命的匪徒自可冒险。这样进攻的发动权既交于敌人，使我疲于防守，而敌军可随时加强，日军更可直接参加（廿八日报载关外日军将直接参加作战，以驻热河第七、驻满洲里第一两师团及混成旅团为主力，一旬后即可调集终了，正式接触约在下月中旬）。那时我军将陷于严重包围中，恐怕连防守都不可能了。古兵法有云，“敌军渡河未整队，须先狙击之”，吾军决不能等待敌人集合进攻而自陷于窘境也。

第二，不积极建设绥远国防。绥远国防之建设已刻不容缓，我军即欲防守，也缺乏国防设施。绥远除中部有大青山天险可守外，其他各处，均乏险可守。如绥东红格尔图的防御物只是掘沟堆土，马不能跳过而已。试问用这种中世纪的防御物能够抵挡敌军的坦克车、骑兵么？其他各地军事设施都很薄弱，较之内地的碉堡、炮台犹有逊色。因此不建设绥远国防而进行所谓防御战，必陷于军事败北主义的泥沼中。

第三，放弃绥蒙仅守绥远南部。绥蒙地势平坦辽宽，极难防守，只宜于游击战。但是这必须与绥军进攻相配合，然而此刻吾军只能防守绥远南部，绥蒙各旗乃处于敌军之侵略下，毫无保护，故绥军如不积极进攻，尽驱敌军出境，绥蒙即难保住，而绥远其他半省将在永久的威胁下了。

第四，剿匪官不禁止日方特务人员活动。这在东北部分的抗战中已有惨痛的经验。马占山率兵抗战时，前线正在作战而后防（如哈尔滨）日方特务人员及汉奸活动竟毫不受干涉，因此我方军情乃被敌人探去，敌军便得战胜。在此次战争中，前方既已接触，后方日本特务人员仍在活动，如集宁特务长羽山一面在暗中指使伪匪军，一面仍与傅、赵等来往，如果长此下去，吾军军情悉被敌人探去，而且在有利关头特务机关将一变而为敌军大本营，那时，我们将股腹背受敌，陷于惨败。

第五，至若军械子弹之供给，犒劳品之散发，粮食之供应等等，均与我方战略大有关系。我有飞机，而不赴前线抗战，则敌机得以横行；我有军械，不尽量供给前方，则战士无器杀敌；我有捐款，如不尽数发给官兵而被他人中饱，则无从激励士气；我有粮食，如不大量供应前方，则官兵困于饥寒，更何能用命？……这一切都和吾军的战略大有关系的。

至若动员民众参加，与抗战前途亦大有关系。被压迫民族之抗战必须民气为后盾，现在，民众虽已踊跃募捐，然各种活动仍受限制，各地民众之动员，人民之投军，均被禁止，那么民气何由得伸，抗敌军力何以得加强呢？

总之，在不彻底抵抗的所谓第三条路线下，我方的战略必然是消极的，失败的。它对于抗敌战争的危害已由我人在前文中详细指出了，我们希望全国当局和人民不要采取这一种战略，而陷全民族于万劫不复之境域。

三　我方应取之战略

站在国家利益的立场上，我人所应取之对日路线与此完全相反，而我人所应进行之战略亦大不相同，此即克敌制胜之战略也。根据我人浅薄之见解，新的战略应包含以下各特征：

第一，新的战略应该是进攻的。进攻的目标不特是保卫绥远，而且是收复失地，进攻的效果不单在消灭匪贼，使之无重组队伍再度来犯之可能，更足以吓退敌人之阴谋计划。进攻的方法则为发动晋绥军积极击溃敌军，更会同中央及西北应援之军队与二十九军合攻察哈尔北部及热河。这个进攻的策略可把数月以来敌军屡屡向我进攻的不利形势改变过来，而把发动权（Initive）操在我人手中，方可求得克敌制胜之道。

第二，新的战略主张动的战争。防守必然采取阵地战（War of Position），而放弃动的战争（War of Movement）。于是，敌人乃得利用动的战争来扰乱我们。绥远只有南部宜于阵地战，而北部、西北及东北均为沙漠或平地，只宜进行动态的游击战争。而且有骁勇善骑的蒙古军可供效命。我人决不应放弃绥蒙，就应该发动蒙人自卫，而不受日伪之利用。在整个的绥远抗战中，我人主张阵地战必须与动的战争同时进行，而正规军的抗战又必须与游击队配合，不特可捣乱敌军后方，也可发动多数民众抗战也。

第三，新的战略并不放弃防守。在战争中防守与进攻本来是分不开的，我们的攻即所以达到保卫国土的目的。所以在进攻中，我们要加速建设绥远省的国防。绥远省不乏天险，我们应该尽量利用，故阴山山脉应该利用为绥省中部的屏障，如在此一带建立炮台，可为绥省西南部及南部最巩固之防线。在绥东设防更为迫切，因为敌人进攻之中心即在此，在此处至少应挖掘牢固之战壕五道或三道，使敌军无能侵入，而在集宁、陶林、红格尔图等地设置炮台、碉堡，及架设高射炮、高射机关枪等等。这种种防御设施并不是“蜗牛壳”式的自卫，而是我们坚决保卫国土的切实表现。

第四，新的战略要充分利用地理形势。我们觉得吾军的防线很长，接济困难，敌军如同时分数路进攻，吾军恐首尾不能兼顾，难免损失。因此吾人须就绥远之地理条件做一番新的布置。吾人应建立若干军事的中心，包含单独作战的能力，即可独当一面者。

此种中心应以包头为西路中心，归绥为中路中心，平地泉为东路中心，以百灵庙为西路之前方，固阳为中线，以武川为中路之前方，更以陶林、红格尔图、兴和等地为东路之前方。吾人更应在平绥沿线后防配以强大之后备军，准备随时应援各路军队，吾人之防线虽长，也不怕敌军侵入了。此外我人当于沿山脉设防之外，更注意在绥蒙各处以骑兵进行平原战，切断敌人之后路，如此则敌虽顽强，也不能得逞了。

第五，新战略主张后防与前线，打成一片。前线与后防之不可分开，犹如进攻与防守之不可分开。如果我们前线在抗敌，而在后方则优容敌人种种活动，那么我们抗战的决心，是没有的。事实上，敌人正在绥远省各地活动，报载集宁特务长羽山便与傅作义氏交好。这是很危险的，所以后防要立刻宣布总戒严，停歇日人之一切机关，驱逐日人出境，方可使后防工作与前线抗战配合起来，而敌人始无机可乘。

第六，新战略要求一个新的进攻路线。报载绥军已采取进攻，但还只限于西路之攻下百灵庙，这当然是必要的，然而尚不足以制敌死命。吾人之彻底的进攻路线至少在于捣敌老巢。故吾军主力应分两路进攻察哈尔匪窟。一面由平地泉、陶林分兵进攻尚义、商都两地，一面由大同延平绥路东北行，经张家口攻张北敌人后防，同时中、西两路军队也下令进攻，那么敌军首尾不得兼顾，必遭大败而退。我军即不捣入匪巢，也使伪匪阻塞，不敢再谋进攻了。

以上六点还是单就绥远本身的抗战而言的。当然我们所坚持的是举国之战，不过现在绥省既已在抗战，吾人就事论事乃提出上述六点意见。我们认清绥远的抗战是与全国之战分不开的，这一省的战争愈持久愈扩大，则举国之战愈迫近了，反之，这一省的抗战如果立刻结束，那么举国之战的爆发也受了阻碍，故吾人应以全力支持绥战，以达到动员全国力量与敌决一死战之伟大目标！

新的战略只有决定于整个的国策，即抗敌救国的政治路线。没有后者，前者是不能存在的，因此要实现新的战略而克敌制胜，必须以扩大民众的力量来推进民族自卫的路线，在此路线下，我们的血才有正当的地方可洒，我们的战斗才有胜利的前途。现在，动员全国人民的力量支持绥远战争，要求冀、察和西北军队出兵援助，要求中央应援便是达到这条路的方法。在战事紧急的当时，事实既证明中国当局尚未采取第二条对日路线和新的战略，然而我们也不愿说，更不希望当局已经采取所谓第三条路线（亦即第一条路线）和失败主义的战略。吾人所吁求者只是中国政府用它坚决保卫国土的事实证明它执行救国的路线与战略而已。

十一月廿六日至廿八日

《一般话》（半月刊）
上海群立出版社
1937 年 1 期
（李红权　整理）

平绥线上的失败

王文　撰

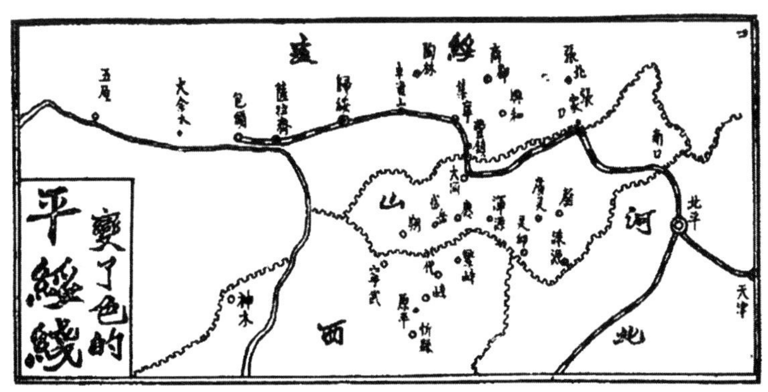

一　汉奸在绥远

任何一个熟习平绥线上战况的人，都会感觉出这一线上的汉奸势力是非常庞大，工作能力也是特别活跃的。而平绥线上战事失败得这样快，这现象无论如何不能不算是一个大的原因。但造成这现象的基本因素，则不外汉奸们在这一线上有他们特殊优越的地位。

汉奸在平绥线上所以能有特殊的地位，自然不能不承认是假诸日本特务机关的力量。本来像特务机关这种非法的公开间谍机关，既然可以在我们的国土里自由成立，已经足以使老百姓们惊骇的了，何况我们地方当局又本着“容忍精神”、“怕事主义”，一味退让，予以工作上特别的便利，于是一般〔班〕丧心病狂的汉奸们，乃得在特务机关包庇之下，我国当局的大度包容之下，放心大胆的从事出卖民族利益的工作了。

同时，更因了地方当局害怕我们的“芳邻”——日本人借口，于是，一方面施行各种镇压策略，以便保护人家的工作人员，一方面在官厅设有专人，从事于卑颜的“招待”。这样，就在不知不觉中把“恐日病”传染给一般老百姓，使他们虽然明明知道某人是汉奸，某人给日本人当走狗，不但不去检举他们，反而视之为当然。本来么，“连官面上都怕日本人，别说咱们了。人家给日本人做事，赚大洋钱，是人家的能耐、本事，有咱们的事吗？管球的呢！”这样可怕的心情，在绥远的老百姓的心上，一直的继续到百灵庙抗战的胜利以后，才稍稍的动摇了一下，然而，这也不过就像在一湾平静的水上投下一块小小的石子，当时虽然起了涟漪，过后仍然要消逝下去，所以，在实质上，这种心理则仍然是继续下去了。

因此，汉奸们在民众不管闲事，官厅里大量包容的两个有利的条件之下，形成了他们特殊的地位。

二　错误的当局策略

平常的时候，汉奸的工作不怎么积极，所以也不大看得出汉奸的势力。一到战争的状态下，我们才清楚了汉奸们工作的活跃，简直可怕。

平、津继东北而沦陷之后，平绥线上已经和敌人开始交绥了，汉奸们的活动也日益“发扬光大”了，绥远的老百姓们，已竟〔经〕有人看清楚。汉奸是隐在人们的背后，利用着人民的散漫无组织，来进行他们无耻的工作。同时他们更清楚了只有组织起民众，才能抵制住汉奸们的活动，才能够争取战争的胜利，才能保卫绥远，保卫华北。于是，他们在万分困难中组织起来一个“抗敌救亡会”。这个会虽然能够组织起来，可是当它第一次向外面找机会和大众接近的时候就遭到了不幸。事情是这样的：当这个会召集市民大会的那天早晨（本来事前已得军警机关允准），突然得到了省府秘书处的正式“劝告”，要求停开市民大会，至于所持的理由呢，大意是说：在非常时期中，地方不靖，如果要召开市民大会，恐怕会对于地方上有所骚扰的。但实际上，果然会和“劝告”所说的一样“玄”吗？真是“天晓得”呢！

市民大会既未得开成，接着便是自己（地方当局）主办了一个专发通电收捐款的救国会，同时把学生们也都遣散了，请他们回家老老实实的呆着去，以免被人利用，组织民众团体。更借口“集中”救国力量，“统一”救亡团体，把救亡会给火并了。随后又把禁止人民自行集会、结社的布告张贴在街市上，这才完成了“压制”救国力量，和“包办”救国力量的得意杰作，才延续一贯的镇压民众爱国力量的“得体”方策。

此后更有无意的扬言着绥远已有“成千成万的有组织、有训练的国民兵了”——其意若曰，这样的民众势力，谁能够给另外再制造出来？有了这样的民众力量，还需要什么其他的民众力量？

这种措施的结果，无形中自然是保障了汉奸们工作的顺利，汉奸们更趁着这个机会，大大的散布了些流言，对救亡团体极尽中伤之能事，借以破坏民众的组织力量。

三　汉奸活动之一斑

汉奸们在绥远既无民众自动监视检举之顾虑，复不怕官厅之干涉，其活动的范围自然会特别扩大起来，工作也就越发活跃起来。据说傅主席在前方指挥作战的时候，永远有日本飞机在空中注视着。每次迁移一个新的地方，日本飞机也会立刻把它的轰炸目标转向新的地方去。有一次，赵承绶和马占山两个人从大同到绥远，敌人的飞机马上就跟到绥远来侦察。这类事情，假使没有汉奸报告，敌人为什么会知道得这样清楚！

在捣乱后方的工作上，汉奸们也同样的做出会〔它〕的成绩：起初他们尽量的传布着前方不利的消息，继而又宣传着日本人对老百姓的宽宏大量，对于不仇视他们的人怎样和善，并且举出张家口被日人占据了以后，如何如何措施的（编造出来的）情形做证，为的是使老百姓们不存仇日的心理，自然就不会积极的帮助国军作战了。

另外更利用着有一种在“宜祭祀沐浴”等栏下印有“宜立志救护祖国”等词句的宪书（这种宪书只在绥远见过印着这样词句的，日期大概是在阴历八月到九月的中间）来证明着中国一到那个日子，就会亡了国，并且顺便就证明了中国的亡是天数难逃，本来，“宪书不是‘钦天监’算出来的吗，‘推背图’推出来的吗？那还有错？”于是，就在这种利用无知的老百姓的弱点——迷信的方法之下，把老百姓对国家的观念很容易的给转变过来。

老百姓的心理既已给转变了，接着就应该更进一步来实际的叫老百姓们着一下慌吧。于是他们想尽了方法，把“法币”同“省钞”的价格给弄得生出差额，这样，自然会使物价上涨，人民的生活不安起来。而老百姓吃了金融上的亏，也就更慌得利害起来。

根据老百姓们“心理上”同“经济上”的变异，我们的地方当局不但不想方法给稳定下去，把这非常危险的现象给消弭下去，反而，“错从错里走”，硬把一切机关都给解散了，所有的职员们，也都给资遣回原籍。官厅里已竟〔经〕是这样的做去，所给与老百姓的影响，自然可想而知，于是地方上由不安而达到混乱的情形，以一个省的当局，竟是如此的处置了这个动乱的现象，真是未免太“那个”了——这里头还须加一个注脚的：“盖时正大同失守也。”

战争最前线的后方已竟〔经〕乱到这个样子，汉奸们自然非常满意。但地方当局的这种措施办法，恐怕还不是汉奸们之始料所及。在这个时候，他们就又利用着老百姓们的徬徨无依，而公开的“秘密着”！去组织“治安维持会”之类的机关，“秘密”的宣传他们保境安民的“善意”。在当时组织这种汉奸机关的人物，以及这个机关活动的情形，每个在绥远的人都相当的知道些，可是我们的官厅呢，却置若罔闻。这结果，自然是更助长了汉奸们的声势，自然使无组织的缺乏教育的老百姓们，只好依附他们。

于是在华北各线的战争中，平绥线是首先崩溃了的。我们自不能不承认这是一个失败，然而，同时这却也是一个宝贵的教训，在今而后无止期的全民族的抗战中，我们应该如何切实的应用着平绥线上战事失败的经验，使我们英勇的士兵们和武装的人民们谐和起来，共同的负起抗战的责任，来争取我们最后的胜利。

《战地通信》（周刊）
香港战地通信社
1937 年 1 期
（李红权　整理）

对于绥远抗战的认识

程人士　撰

关东军对于绥远问题根据“估计伪匪军及绥晋军，若采取夹攻之游击作战式，则实力相当”，确定了三项战略：

（一）中国冀察军与绥晋军同时迎击场合，则华北日驻屯队即为作战之主力，以伪匪军为辅，则战时中心在察、冀，平、津成为决死场。

（二）若仅有晋绥军迎战之场合，则华北驻屯军坐镇察、冀，取监视宋哲元的态度，以备匪军攻绥东、绥北，取包围之游击式作战方略，使晋绥军疲于应付，兵力散开，再集中猛攻。

（三）目前作战，以不引冀察战争为主，俟两月后形势顺利，再图发动，但今绥远之进击，仍为侦察性质，伪匪军作战，以严冬为得占时利，伪匪军之北方耐寒性取得军事供给上之优势。

这三项战略的决定，在最近绥远战局中已经充分的证明了它的真确性，而更可以看出敌人在军事上“知彼知己”的功夫的确比我们做得到家。至于它所指出以“严冬为得占时利”，那么大战的爆发，恐怕就是这几天吧！？

但是回头看我们自己的应付策略是怎么样吧？

目前整个华北五省在敌人“特殊化”的口号之下，进行中国领土的分裂把戏，冀、察实际上一切都已经入了人家把握之中，绥、晋是正受着敌人的加紧侵袭，而山东从最近“敌舰登陆、滥捕职员、侮辱党部”这一事实更可看出敌人的阴谋和决心。很明显的华北五省各自为政的情形，已经被人家看得很清楚，至于我们的中枢当局是否有抗敌的决心和整个的计划，人家比我们阿斗们还要看得明白，所以它决定了这种战略。然而从这种战略中，可以看出敌人始终是惧怕我们团结的。

我们要想保持绥远战争的胜利，要想保证有全国抗战的发生，这当然不是一个简单的问题，而晋绥、冀察当局的态度，是特别值得我们从新了解和估计的。

从数月来晋绥军光荣抗战的历史里，我们不能不钦佩阎锡山、傅作义二将军守土的决心，尤其是他们开放了民众救国运动。虽然晋绥将领的抗敌情绪是经过不同的转变，最初是抗战之心犹豫不定，以后是准备放弃绥远，退守山西，最后决定抵抗，决不屈服。而所以促成他们对敌抗战情绪转变的缘故，是因为最初全国虽加注意，并没有给实力上的援助。后来因为西南问题发生，大家不再注意绥远，晋绥当局无法守御。最后因为全国都重视绥远，无论政府、人民都给绥远精神和物质上的极大援助，晋绥当局在全国民众的拥护和援助之下，才坚定了他们抗敌的决心。

至于冀察当局，我们早就聆到了宋、刘二将军不少关于“决心守土”的谈话，同时证以二十九军下级将领和兵士抗敌情绪的高涨，我们直到现在仍旧相信，冀察当局对于绥远战事，一定会出兵增援的，而冀察当局的处境困难，我们也非常明了。不过敌人的进逼是不会停止的，“不战即降”，除此两条路以外，绝无其他生路的。所以我们为了保卫绥远，为了保卫华北，为了保卫整个中国，希望宋、刘诸将领不要消极的以“如有匪人进犯，决予痛击”为已足，结果堕入敌人的诡计圈套不能自拔，而应积极的接受全国各界民众的要求，立刻率领数十万英勇武装健儿，协同晋绥部队消灭敌人及其伪匪的势力，并且要乘机收复察北以及一切失地。

最后我们看政府对于此次绥战的处置，已经一反从前对抗敌坐视不理的态度，也居然调动部分的军队，开往绥远助战，也领导募捐援绥运动，这些自然是值得人民对政府增加信仰的。不过我们认为政府对于援绥运动如仅限于此，是实在不够的。因为绥战是决定华北整个实力存在的关键，是整个中国的生死最后关头，把它认为是局部的或地方战争是绝对错误的。所以政府应当速定全盘的抗敌计划，停止中日谈判，下最大的决心，联合各实力派的势力，停止一切“自损国力”的内战，动员全国武力、财力、人力来援助绥远；并且为了保证已得的胜利，更须在敌人未准备充分之前，要乘胜进取，积极反攻，捣灭匪窟，借此收复失去的锦绣山河。

“我们希望这次绥远的抗战将是全国抗战的起点，更具体点说，此次抗战不应当只是晋绥部队的局部抗战，而应当是全国数百万武装队伍的一致作战，不应当只是晋、绥两省的实际援助作战，而应当是全国四万万同胞的总动员的对敌抗战。”

陕变发生后，全国上下的目光似又都转到西安，我们愿向国人大声疾呼：“勿因陕变，忘了绥远！勿因陕变，忘了边防！”

十二月二十八日

《南大》（不定期）

天津南开大学学生会

1937年2期

（朱宪　整理）

保卫绥远！

青匋　撰

日本“经济使节”挟着大批的走私铜元才回去不久，现在又派来了三师团“皇军”和我们继续“亲善”了！在绥东、绥北一带，敌人已经策动了大批伪军积极开始进攻，而整个华北边境，也配备着武力，准备行动了！

敌人从上次侵绥失败以后，已经几个月，现在又发动第二次的侵略行动，主要的有两个原因：

第一，去年西安事变发生的时候，绥远抗战正得到初步的胜利，敌人就乘此时机，唆使傀儡德王通电要求停战，一方面就利用国内亲日汉奸，制造内战，冀迅速达其以华灭华的野心。不料由于全国民众对于内战的深恶痛绝，与热烈的抗敌的一致要求，西安事变得以和平解决，不但日本的阴谋完全失败，“对内和平对外抗战”的要求更得到了一步的保障，全国民众的抗日情绪更是日甚一日。敌人在这种情形下，乃着重经济侵略，企图缓和我国民众抗日的坚强意志。但经济考察团来华的结果，只是全国民众和政府中大部分人的反对，日本帝国主义者便只有继续进行武力政策了。

第二，日本国内的矛盾和恐慌又达到了没法维持的程度。我们看此次议会改选的结果，反政府派的胜利与无产政党的抬头，直接打击着军部法西斯的势力；同时国内民众在疯狂的备战下，物价高涨，生活更没有了保障，反法西的空气日益浓厚，敌人为转移国内人民的眼光，也只得发动一次军事行动好使人民忘记他们的饿肚皮！

敌人上次侵绥时，在傅作义将军英勇奋斗的抗战下，在我全国民众热烈的援助与拥护下，受了重创而不得不退去了。现在，他们经过了长时间的休息，与充足的准备，又来进攻了。我们认定这是由于我们抗战的不彻底，“草根铲未尽，春风吹再生”，只有根本铲灭敌人的势力，敌人才求不得起来，要根本铲灭敌人的势力，我们就必须变守土抗战为收复失地的抗战，由局部抗战为全民族的抗战，因为只有这样才能永远制止敌人的侵略，只有这样才能求得民族的独立和解放！同时我们要指出：我们必须立刻发动我们的民族自卫战争，当我们在空喊着“准备”的时候，敌人却早已配置完善开始进攻了，我们决不能再等待，我们只能迅速发动我们的全民抗战！

现在，绥远的炮声又响了，整个的华北也被敌人的铁蹄威胁着了，我们再不能只当作地方的局部问题，这必须是整个民族解放问题的一环，而且是最重要的一环，所以我们坚决的要求政府立刻将国军开往前线，在最短期内，武装全国民众，发动我们神圣伟大的民族改〔解〕放革命战争！

保卫绥远！

保卫华北！

收复失地！

《武大学生》（双月刊）
武昌国立武汉大学
1937 年 2 期
（朱宪　整理）

给绥远前线的战士

蔡云章　撰

绥远前线的战士们：

你们奋勇地负起了复兴国家民族的重担，这是我们在后方的每个同胞所共同体念，共同表示钦仰的。

战士们！我们看九一八沈阳的不抵抗而拱手让人，三岁的孩媞〔提〕也都会痛诋守土军人的失职，人人会大声疾呼地喊出严惩失职军人的口号来，这是为了什么？我们再看一二八沪战的爆发，十九路军奋勇杀贼的结果，博得了全国抑全世界的称羡、慰劳、援助。虽然最后终以众寡悬殊而改变了战略——退出了上海，然而，全国的人们却是从未责备十九路军于万一的，这又是为了什么？战士们！这就是说：我们后方的同胞不是瞎眼，更不是疯子；我们是有理智的，有血气的！即使就眼前来看，战士们！全国同胞对于在冰天雪地里和敌人撕杀，肉搏，浴血的你们，同样地，又是予以十二万分热诚敬佩的赞扬的啊！他们之中，无论男女老幼，农工商学各界，甚至牢狱里的囚犯，操皮肉生涯的雏妓，现在，都在各尽各的职责来援助你们，他们发起节食、捐款，甚至以绝食所得来援助你们；他们都很愿意做你们的后盾；他们对于你们都表示了最深切的关怀！

战士们！你们可以无后顾的必要，只要你们能够认清了自己的任务，去斩尽民族复兴大道上的孽障，后方的每一个国民，便都是你们的“后继者”！战士们！看，前方复兴的曙光，已在引导着我们的前进了！啊！战士们，别坐失唯一的良机，前进，前进！杀尽我们的敌人，给中华民族史上留下最光荣的一页，造成你们生命史上最灿烂的一斑！

十二月十日

《敬中学生期刊》（不定期）
敬业中学学生自治会
1937年3期
（丁冉　整理）

绥远抗战与国防新闻记者之权责

赵鹤龄　撰

引　言

国防第一线的绥远，民族解放的前哨战争开始爆发了。

绥远抗战意义的重大，直接关系我国领土主权的完整，间接维系东亚大陆的安危。其演变的发展前途，无疑是足以引起全国视线集中注意的。很显然的大众舆论都在同情和护拥，与以正义之扶持。无怪克服百灵庙的捷报传来，上下一致欢欣鼓舞认为痛快的事情；尤其在世界和平与侵略对抗壁垒森严、外交空气非常沉闷的今日，前敌忠勇将士，能够保持“不屈不挠”的态度，立足在冰天雪地中果敢杀敌，更是值得敬佩。在这存亡嗣续间不容发的时代关头，新闻事业之社会使命是万分艰巨的。因为新闻事业唯一的典型——报纸，早已被认为社会的公器，人民底喉舌，负担着忠实报导战争消息，社会政治、经济等动向，传达给每个关心民族国家的读者大众，并以供给爱好和平的世界人士之义务。本文之目的，就是感觉到绥远抗战和新闻事业底关联紧密，国防新闻的急切需要而提出的，几个值得研究的问题来，希望新闻诸先进予以指正。

一

谁是“蒙”、“伪”联合进攻绥远的策动者？他们的背景是很明白的。我们民族最大的敌人，阴谋征服中国全境，是有其整个的政策，和着各种不同之方式，只是演出的花样颇感眩目而已。勿论为“狰狞恐怖”手段也好，“亲善提携”论调也好，结果无非欲不费一兵一卒，实行“以华制华”之毒计，避免所谓“不必要之牺牲”。例如过去长城、淞沪各役，暴敌皆倡言是地方局部问题，应谋就地解决，便利他各个击破！目今绥远抗战，亦何尝会逃出例外。巨奈我们的当局素乏“光荣的牺牲”决心，同时看不起民族自信力，一秉隐让的态度，图苟安于一时，不能作准速有效的措置，予敌以必要惩创，致产生绥远严重之后果。且当敌人烟幕四布之际，向居指导舆论地位的大小报纸（小数前进的除外），不但不能够尽它们底天职，揭破侵略者狡狯的真相，反而无意有意的，尽了反宣传底作用，使一般欠缺国际政治常识的，对于时事问题没有观察力的读者大众，如陆逊之误入“八阵图”，不知道怎么回事！这样不幸矛盾的现象，不断在萌芽的中国报界里产生，宁不可以痛惜？这是值得研究的第一点。

二

胁肩谄笑继之以明枪〔抢〕暗夺，原来乃敌方循环使用的武器，一贯地避名取实，更为侵略者得意的文章。但统治我们的还认作未达“牺牲的最后关头”，加以消极地提出“不损害领土主权完整”为原则上对抗。大概是高深的哲理吧！人民确凿是莫明奥妙的。反之，直觉到东三省失陷了五年，热河、长城相继的沦丧，最近冀、察又日趋“满化”。眼见敌人已完成其侵略国策第一、二两个阶段了。塘沽、上海协定，先后在不损害领土主权完整下面，一一实现出来！努力国防新闻建筑的我们，能容许此不生不死的现象，继在今日的绥远延续下去，舍弃督促政府实践它底诺言吗！这是问题的第二点。

三

绥远战况目前转趋沉寂，稍具军事知识的，都会明了是剧烈的大战前夕的一个远景，也许是敌人等待外交上讨价还价的一个重要步骤。据最近报纸透露出来的消息：“东京发言人谓中日交涉如进展顺利，则日本敢负肃清‘蒙’、‘伪’匪扰责任。”“弦外之音”究竟是什么呢？可以说是鞭挞汉奸的集团势力，令其迅速降服。国防新闻的任务，应立刻抓住暴敌情虚弱点，暴露出其正反方面的阴险战术，尽量的予以抨击。虽然新闻检查网遍布，言论自由原属有限的，但为了抗敌救亡前途，和尊重记者人格起见，都需要誓死力争，敦促我们的政府，不再退让尺寸土地。同时集中我们国力，援助现正开展中的绥远战争。这是第三个研究问题。

四

现在全国上下热烈的捐输“一日所得”，慰劳前线浴血苦斗的将士，意义当然是伟大的，可是我们不要忘却比财力更有效的——人力（决胜方略、攻守战术、情报工作等）物力（器械、防毒面具、御寒手套、棉衣毛袜种种）捐输，尤其是军事实力援助。为了正义人道与自由生存，我们努力国防新闻的从业者，应当负起倡导和促进的使命。这是第四点。

五

民族敌人侵略欲的亢进，是决没有止境的，现正在冀东、察北方面，调兵遣将，一面奴役蒙伪匪众，准备更恶毒的朴〔扑〕攻绥远。恰巧前线御敌工作紧张的时候，全国救亡运动会的七领袖，同日在上海被捕之惊人消息，跟住在新闻纸面上发布，一般爱国志士为之寒心，救国工作蒙受影响；无疑的，是日本压力的结果，因此事决非政府愿为。最近中宣部曾公开宣言：剀切劝导民众不要怀疑政府，须绝对服从领袖，在整个国策下面，整齐复兴民族的步骤；对于逆敌来犯，不问其背景如何，誓以全力应付（中央社负责消息）。处此政府正竭力争取民众拥护之际，何来此不幸的矛盾现象呢？据我粗浅的观察，盖由于政府与人民之间的隔膜，尚未能彻底铲除，上下嫌怨依旧存在的缘故。因之，迄未敢下“最后牺牲关头”的决断，尤有待于庄严的正义维持，人民大众更有效力的呼吁。这里，站在时代前头的新闻记者，又岂能“熟视无睹”。这是应郑重指出最后一点。

结　语

总动员杀敌的时机到了。绥远卫国的将士已经触动了他们的枪械，掀起民族解放战的序幕了。处在后防的我们——新闻记者，难道不能够集中我们的笔杆，迅速的展开较前线一样紧张的工作，效忠我们的民族国家吗？我极其肯定相信，凡不甘愿当亡国奴隶的，都要起来怒吼。

《生力》（月刊）
上海申报新闻函授学校同学会
1937 年 3 期
（丁冉　整理）

绥远的国民训练

淇 撰

自从东北四省沦亡以后，国人感到民族危机的日趋严重，才高瞻远瞩转移视线到边疆去，于是“巩固西北国防”成了迫切的要求，共同的呼声。

所以当学校决定要我们到西北考察的时候，我们每个人都感到异常的兴奋，借着这个机会不但可以领略平绥路沿线的风景、名胜，又可对有光荣战迹的国防前线加以深刻的认识，这是如何快人心意的事！

我们虽是游览了张家口、大同等不少的都市，但是使我们最兴奋的，却是绥远。

绥远在物质上和经济上，人文上和自然上，均处于初步的阶段，并未走上兴隆发展的时期，但是比起四五年以前来，却有不可比拟的进步。民国二十三年以前，境内土匪遍地，民不聊生，建设事业更谈不到，但现在绥远境内的土匪绝迹了，物质和心理的建设，更有显著的进步，这固然可说是傅主席训练的得法，但民众救亡意识的醒觉却也是个原因。

我们侥幸的是能见到傅主席，并且听到他的关于民众训练的方针。现在记录下来，作一个永久的纪念，生活的借镜吧！

据傅主席的报告，绥远全省共有壮丁四万余人，分三批训练，每批训练万五千人，训练的方法共分二种如下：

A. 国民军后备队——十八岁至四十五岁的国民受此训练，每人以受训一月为限，由中学或师范毕业生受相当军训后为队长，到民间去切实的组织民众，训练民众，主要的目的为精神训练，灌输民族意识、爱国精神。民国二十四年开始训练第一批，结果良好，人民自受训后，有极真诚极热烈的爱国情绪，自此分批陆续训练，为基本的国民训练。

B. 常备队——受训者为十八岁至三十岁的壮丁，为正式军队训练，受训期限为四个月，期满后可退伍各事其业而为预备队。初训时人民对此训练颇为怀疑，训练既久，结果良好。绥远抗战时曾有百分之九十帮同工作，战争的胜利，完全由于这种广大力量的表现。

我们自从听了傅主席的报告，知道国防前线的同胞，因为有了这种紧密的组织，良好的训练，所以他们的生活是紧张的，纪律的，他们的内容是充实的，他们的思想是超越的，他们的爱国情绪是真诚的热烈的。他们绝不因为环境的困苦而退缩而颓丧，我们的国防前线是这种因素组织成的，无怪乎绥战的胜利！更无怪乎以前耀武扬威的敌人向我们低头了。

我们深刻的认识了，现在的国防前线有石一般的硬！铁一般的坚！有这样巩固的国防，纵使敌人用尽了千方百计，也不能越雷池一步，从这一点可以看出我国前途的光明与伟大！

傅主席曾说："国防好像皮肤，内部各地与抗敌力量好像肌肉与内脏。"现在皮肤强健起来了，但是对于肌肉和内脏应当怎样保护使它日渐健全？这是我们每个人应当注意的事。总之，救亡图存是每一个中华国民的责任，大家必须携起手来共同努力奋斗，才能得到最大的胜利！

《通俗知识》（月刊）
北平通俗知识社
1937年3期
（李红权　整理）

俘虏伪兵访问记

李丕才　撰

日本帝国主义者在穷兵黩武，侵略我们的方法中，最毒辣而且最使我们痛心的，莫甚于“以华制华”的策略了。我们知道，去年绥远抗战，对于这虽然给了它一个教训——“以华制华”是不行了，但是它对于利用这个策略的迷梦，仍未完全打消。这也就是说，半月以来，把守察北的敌人，仍以伪军为主脑。但是，“认贼作父”这种奴性的玩艺儿，毕竟不是人干的，这在去年绥远抗战，已经给了我们一个铁的明证。何况自从那次战役以后，日人对伪匪军的待遇更加恶劣呢？

于某一天，绥远第一后方医院，由前线运回一个俘虏的伪伤兵，左肩中弹，伤势尚轻。记者听到了这个消息以后，当即前往访问，该伪伤兵对日人虐待他们，暨我亡省同胞的情形，谈之甚详，令人听之，尤觉痛心与愤恨！我现在且把他的谈话记些下来。

他说：“我是热河东北地方××县的。去年春天，日本人在我们那里抽壮丁，把我也抽出来了。”

这话说完了后，他又慢吞吞地继续接着：

“我们是庄户人，我的爸爸、妈妈现在都活着，我们一共弟兄三个，我哥哥去年也被日本人抽出来了，现在逼在什么地方，我也不知道。我的弟弟年纪很小，所以未被抽到，现在尚在家中。”

他说话有点口吃，但热河口音，尚能听得清楚。他现在才二十二岁。他说过上面的话以后，似乎带着深刻的感伤的音调。于是，记者便问他恨日本人不？他长吁了一口气说：

“日本人太可恶了。去年他们现〔在〕我们那里抽壮丁，不管农人、商人或工人，看中就抽，把我们全村的老百姓几乎都抽完了。”

“日帝国主义者侵略我们手段的毒辣，真是无以复加了。占了我们的大好山河不说，还要攻着我们的同胞，来杀我们在抗敌战线的弟兄。先生，我们现在是觉悟了，但是，我们还有许许多多的同胞，在受着日本人的强暴的驱策着！”

最后记者问他从察北暨跑过来的经过，他说：“我最近才从热河那面开过来，先开在张北西北百余里的一个地方，后来又调至张北附近。指挥我们的日本军官，对我们管属〔束〕极严，我们没有一个人不恨他们，那些狗子们……”

说到这里，他略停了一停，又回忆了一阵说：

“那天（八月二十四日）我们的军队——国军，进开到芦台沟（在张北西南，距张北二十里）的时候，那些日本人都跑了，我便趁机跑了过来。”

他是上月二十四日在芦台沟被我军俘获的。我们从这些话里，可更深一层明白敌人是在怎样的压迫我们亡省的同胞，以及那些被强迫到前线上，在敌人督饬下作侵略他们自己国家，屠杀他们自己的弟兄，对敌人是如何的痛恨了。

对的，“中国人毕竟是中国人”，我们绝对相信，没有一个是不爱他自己的父母、兄弟、姊妹以及财产的。伪军有机会，是绝对可保反正过来的。

我们渴望着这伟大义举的早日实现。

《世界知识、中华公论、妇女生活、国民周刊战时联合旬刊》

上海世、中、妇、国战时联合旬刊社

1937 年 4 期

（朱宪　整理）

日本实行毒化察北（张北通讯）

——这是亡国灭族的毒策！

曾强　撰

战氛弥漫之察北六县、三设治局，经过去匪伪之年余蹂躏，几成焦土，而卒因国防之筹谋及将士之用命，至其侵略政策，未能得逞，并于最近有让出之酝酿，及匪伪在某方指挥之下，实行其节节后退之工作，表面观之，似有一线曙光透露。在久受蹂躏之商民，闻此消息，真有额手称庆，苦尽甜来之狂欢；其实是以炭蔽火，当时虽见火势低减，而终于是倍增其焰，遗祸将来！

处心积虑，而极尽方法来侵占领土的某方，鉴于过去之积极侵略，不但毫无进展，反而损失无算，不可收拾，以〔已〕一变而为消极的设施。除撤退匪伪、折〔拆〕除防御等，借示其退让外，而一方建筑公路，设立学校，极力充实其奴化政策，以便收将来之效果，并可蔽〔避〕一时之锋锐，这是极堪注意之一点。

近更变本加厉，施行毒化政策，饬察北各伪县署通令布告，强使农民广种罂粟，以期尽人皆吸，泯灭其固有强国思想，并可坐收渔利，弥补其炮火之损失，处心积虑，可谓至此以〔已〕极。惜一般农民对此，不但不视为谋利机会，反多观望趦趄，视为畏途。此亦有相当之原因，缘去年日方曾一度饬农民广植罂粟，日方坐庄收买，或各县署备价代收，而一由〔些〕农民认为有利可图，在此铁蹄之下借此如能稍有收获，亦可不无小补，因而多牺牲食粮，播植罂粟。迨成熟以后，伪县署谕令每亩收税五元，而日方则以官价每两六角收购，结果不但无利可图，反而得不偿失。一般愚民因而丧命者，时有所见，惨不忍闻。所有烟土，最后均由日方假热境运入伪国，借享其实惠矣！现日方鉴于有上项情形，深于〔知〕农民亦有前车之覆，不可不鉴的心理，是以此次变更办法，凡遵令种植之户，一律免征丁银，以示体恤，倘有愿种五亩以上者，并可另予奖励，借收广植之效，诚所谓利之所在，无所不用其极。“威胁利诱”，而农民焉得不受愚！

据张垣来人谈，三月七日下午四时，张垣张多汽车公司内，有日方汽车队员一队，约四十余人，乘平绥快车离张赴平小作勾留，即行返车回归伪国。又日方前在张北之重要军火，决移存关外，七日已运抵张垣者，有飞机上掷放之爆炸弹一百五十箱，计每箱两枚，共三百枚，亦于日前运平，再转运伪国，以便存储。

《直笔》（半月刊）
南京直笔社
1937 年 5 期
（丁冉　整理）

最近察北民众自卫的动态

编者　撰

察北义民赵祥春、田兴等，于六月一日，奋起于田亩之间，作爱国保种自卫的壮举，虽历时无多即被日方调动匪伪军扑灭，但是他〈们〉的牺牲精神，及附义民众事后被杀的惨烈，大足以震烁国人，永垂不朽，凡有血气的人，莫不闻风向往，敌忾同仇，故近来察北各地民气，极为激昂，前赴后继，视死如归，不断的挣扎图存，起而自卫，以致匪伪方面疲于奔命，十分恐慌，迭开紧急会议，以谋应付。兹据报载，略述于后。

一　察北民众的自卫情形

崇礼县属啕嘛庙村，人口甚多，地方也很繁庶。在崇礼县南约离万全县二十五里的地方，设有伪方的公安分局一所，有警察数十名，六月一日夜间，有村人赵祥春等，纠合了当地民众百余人，乘夜发难，把伪公安局局长杀死，并收缴警局所有枪械，村民便公推赵祥春做首领，全村便独立了。二日所有经过该村的运粮商贩、车辆骡马等，都被扣留和检查。

其后张北民众也闻风继起，当民众发动后，前驻张北的伪军包子宸的第四师，曾有一部分的伪兵开赴多伦，追击义民常子义部，尚有一部分留守兵约四百余人，悉被民众包围，把他缴械，并杀死汉奸六人，把汉奸的头挂在城门上示威。

义民李英，系昔年热西、察东一带的绿林豪客，所部健儿不下四五千人，号称有五师之象〔众〕，李英自为统帅；他们虽无团体作战智识，但因绿林出身，对于游击式的战斗，和射击瞄准的技术，非常高妙。他们见某方和匪伪的暴力行为，人民不堪荼毒，于是激发天良，及时兴起，于本月十日，把沽源、宝昌南部各乡镇，先后占领，并曾一度猛攻县城，惜乎事前被匪伪所侦悉，预作准备，未能得手。刻李英正在整顿队伍，徐图再起，并极力和一般义民，暗中联络，声势很为浩大。

最近热察民众自卫军总司令李庭芳，见各地蒙汉人民纷纷的武装响应，人数已近万人，于是十三日起，令所部一致动员：（一）李英率二千人，由黑河川向沽源推进，十四日与伪八师包悦〈卿〉部三团接触。（二）张海丰民兵千余，由热属经棚大道直趋沽源，接应李英。十四日在喇嘛庙与热伪军接触。（三）邢自强、唐卓群率骑军三百余，十五日进攻崇礼，十六日犹与守城的第六师伪军相持搏战中。〈（四）〉张仲英五百余人，本拟攻取南壕堑，十五日该地警察局骑巡队曾来投诚，因知伪军已有准备，当令骑巡队作前导，改攻尚义县城。（五）拉玉〔王〕松爷（译音）率蒙汉武装民兵二千余，与张仲英联合，将经滂江，直捣德王府及嘉卜寺老巢。

此外热边的武装民众，也大事活动。六月五日，攻热西崇礼县，七日攻下县城，伪军逃窜沽源一带，日军得报，即急令附近匪军，开往崇礼作战，战况未明。据关系方面统计，连日死难义民共百余人，被捕者七百余人，其中也有全家赴难者，义军壮烈的气概，可以想见，而匪伪的为虎作伥，残杀同胞，令人发指。

编者编稿时，见报载二十日万全电：察北民军，以游击式作战的李英大部，正向沽源、崇礼一带活动，张海丰由围场向多伦推进，已将多沽间交通线截断，并与李英取得联络，张仲英属郭子英四百余人，在天成梁企图攻取商都。

二 匪伪的恐慌和应付情形

当六月初旬，察北义民纷纷举义以后，某方在察北的工作人员，及匪伪军的眷属等，都极为恐慌，连日纷向嘉卜寺逃避，并将眷属送往热河。嘉卜寺某特务机关长，于事变两小时后，急电日关东军司令官植田及参谋长渡边报告，并请指示机宜，速恳〔恳速〕由热境派兵入察弹压。特务机关的四围，密布岗兵，严加戒备，如临大敌，而承德与嘉卜寺间，飞机往来不绝。日方要员，迭在嘉卜寺特务机关长私寓，及伪德化市政府高等顾问神原寓内，秘密开会，研讨对付办法。德王现仍居嘉卜寺，商都情势极为混乱，自卫军曾数度进攻嘉卜寺以南二十里的朝阳镇，与伪蒙军第八师包海鸣部及第三师王振华部接触，王部宋团颇有损失，但自卫军终因众寡不敌而退。德王连日亲自督战，伪炮兵队丁启〔其〕昌部固守朝阳镇及德化，并由伪内蒙军总司令部新委蒙人乌谷庭为参谋长，刘兴汉为参谋副长，分头督察各伪师、团部队，企图消灭自卫军。

最近李逆守信及德王等十八日在嘉卜寺开会，决对民军取镇静态度，令匪伪军严慎防守，使民军无隙可乘，暗中积极准备，并令丁其昌炮兵在商都一带妥为配置。

此外对于匪伪兵士，深恐他们心怀离异，故将所有察北匪军一律改称蒙古军，使匪伪军间感情融洽，消除意见。并设伪总司令部于德化，以德王为总司令，李守信为副司令，吴鹤龄常驻德化，李守信坐镇张北。李系独当一面，颇得某方优宠，现伪军约有十师，全部人数约有三万人。

日关东军对热、察民众纷纷武装自卫，原拟增派大队日军，施以镇压，但因苏“满”边境，风云日紧，不无有所顾虑，故对于热、察防范，在实际上，亦无抗御把握，日前调热的军队，系虚张声势而已。

万全二十日电，匪伪驻商都的尹宝山部，以民军声势浩大，军心恐慌，特在城内外各要溢〔隘〕，筑炮垒多处，每日清查户口一次，晚七时后即戒严。驻尚义的刘家屯第一团，开往南壕堑增防。

察北民军，正积极准备，邢自强属侯超部在崇礼迤南东沟地方，集武装民众七百余，李英的一部，在白河川集合一千七百余人，均在待机奋斗中。李英亲率所部在古〔沽〕源、经〈棚〉大道间与伪第五军区热保安队两千余人，发生激战，情势紧张，可以想见。

三　某方毒化察北民众和分化民众集团

现某方鉴察北各地的毒化俱乐部，供给察北人民吸毒、赌博，其范围尚嫌过小，不足以加速灭亡，最近更益以民众纷起自卫，乃决定于最短期间，欲使察民自趋没落，永无反抗能力，拟以二百万元，在张北择地建设规模宏大的制毒——白面公司，同时限令各县，及所属各镇乡村，一律设立分号，按户派销，务以最低廉的代价，充分供给青年吸食，并有命王英为总理之说。

此外并拟实行全伪第四次征兵制度，凡年满十六岁以上四十岁以下者，一律限令入伍，限本年九月底办竣。至其分化民众组织办法，大致以三十户为一邻，每邻设一邻长，以某籍一人为副，五十户为一闾，设置闾长一人，以某籍一人为副，凡村中事无大小，须向邻闾长副报告，间日清查一次，倘有容留闲杂人等，匿而不报，或报而不实者，全邻同受连坐处分。某方对于察北民众，如此设施，削弱种族，加速死亡，力谋压迫民众，实行此毒化政策，可见直接受祸的察民，早已没有噍类。

三〔四〕 察民自卫运动扩大的原因

此次察民纷纷兴起的原因，其远因自常子义由白庙滩率部发难以后，察北各地军心民气，杌陧异常，自民国二十四年到现在二年有余，备受伪匪的虐待，横征暴敛，无所不为，教育文化，催〔摧〕残殆尽。

至其近因，则因本年天气亢旱，五种都未下种，星〔猩〕红热病流行，牲畜、人口，死亡奇重，在此天灾人祸，虐政苛敛交侵之下，不堪其苦，物极必反，理所当然。兼之最近某方曾计划对人民的财产牲畜数目，人口、年龄，加以缜密的调查，将施以严格的统制，一般民众，闻悉之余，证以过去某方横征暴敛，及惨酷暴行，大都认为此后生命财产，终难免有家破人亡的一日，与其坐而待毙，毋宁在未死之前，死力挣扎，尚有九死一生的希望，故有此次普遍的变动，起而自卫的壮举。不过编者写完此稿时，见报载张家口消息：察北伪匪军，因察北民众，纷起自卫，日来分头在张北、康保、都商〔商都〕及南壕堑一带，大举搜捕无辜人民，认为有“反动”认〔嫌〕疑者，即行提出枪决，自六月一日至十日止，已被枪决者达一百五十余人，在狱者八百余人，挺战而阵亡者，更不知其数。

《上海民众》（月刊）
上海市立民众教育馆
1937年8期
（李红权　整理）

对绥战的认识

微尘　撰

绥远的战争，这些日子似乎沉寂了，但不时又可从报章看到些匪伪活跃的消息，那么，将来的绥战，似乎又正在演进，我们对于它不能不有新的估价和正确的认识。

自从百灵庙一役大胜后，曾经一度鼓舞了我们整个的民族，兴奋了我们全国民众，当时举国若狂的庆祝外，或赴前线劳军，或毁家输〔纾〕难，情绪之热烈，“一二八”以后，得未曾有。然而这种热烈的情绪，不能像“一二八”沪战那次似的随着事过境迁的消灭下去，而是需要相当长时间的维持，因为绥战的使命和意义，和以前一切的局部抗战，迥然不同。这次的绥战，是以整个的民族力量，在统一组织和指挥下，有计划有步骤的抗战，也就是民族生存抗战的开始。同时对方也是以绝大的努力，不惜牺牲巨量的金钱，进行各种军事的设置，利用蒙昧无知的土匪、汉奸和蒙民作爪牙，企图以察、绥作根据地，将内蒙到新疆一带，均使与中国脱离关系而变为在日人统制下的傀儡组织，以隔绝中国在陆地上与外面的交通，这种大陆封锁政策成功以后，中国便失去外来的接济，而容易被征服。这样看来，在对方是以占据察、绥为根据地作有绝大阴谋的企图，虽然百灵庙的收复，把他们的幻想打得粉碎，然而对方未必因此而放弃他们的阴谋，所以继续的努力策划和匪伪的重整旗鼓，卷土重来，是必然的事实。在我们民族方面讲来，对于敌人的大陆封锁政策的阴谋，固要极力破坏，就是退一步讲，敌人没有这种阴谋，而绥远为我国现在东〔西〕北门户，国防重地，若绥远一失，晋、绥毗连，唇亡而齿寒，浸而至于门户洞开，华北必非我有，为保全领土计，为国防军事计，均不得不死守绥远。所以这次的绥战，意义特别重大，我们不要以为收复百灵庙为满足，这种胜利，是开始的一个兴奋剂，以后还需要长时间的艰苦奋斗，以克服环境，得到最后的胜利，才是中华民族的光荣。现在的绥战，正是对伟大的中华民族的力量，一个很重大的试验，我们应当怎样努力，以发挥我民族伟大的力量，求得我们生存的路。

在大陆封锁政策的西进中，绥远成为致命的一环，若敌人把握住全绥的时候，以百灵庙为中心，顺百灵庙而西，可至内外蒙分界之松稻岭，然后再分为两路，一路南下阿拉善旗之定远营，一路西去额济纳旗，从此两点南下，定远营南经凉州（武威），额济纳南过肃州（酒泉），分途入青海，对方的政策，很顺利的可告成功。若绥远被我占据，则上述一切计划的进行，自然全成泡影，整个的大陆封锁政策，就要因此而终止。现在百灵庙和绥东中心的平地泉，都在我军手中，现在的形势，不但绥北可以被我截击，就是察北也有随时被我绥东袭击的可能，故对方势在必得绥东，我于绥东之平地泉一带，必得有巩固的防御工事，同时并应先发制人，将察北收复，然后可以免去绥东的被袭击，国防前线的察、绥，才得巩固。本来我们这次的战略，是以攻为守，采取攻势的防御，我们能以极少的兵力，守住几个要点，大部分兵力，均在休息，到了敌兵围攻的时候，全部出而袭击，歼灭敌人，以逸待劳，取得胜利。但这只是一时的战略，不能长久维持下去，若敌人声东击西，时来袭击，我军必致疲于奔命，所以趁这时候，赶早收复察北，杜绝祸源，是目前一个很重要的问题。

这次的绥战，既是敌方在后面操纵匪伪，则匪伪失败后，敌人也许恼羞成怒，亲自出马，但我们是同样的毫无畏惧，英勇的和他们抗拒，不惜任何牺牲，以保全国家的独立。在以前我们往往把敌人的实力，估计过高，深带恐惧的心理，经过“一二八”沪战及长城抗战以后，我们看明白了敌人的作战能力，揭穿了敌人的内幕，认识了敌人的实力，并不怎样的太可怕，敌人国内的政治机构，在这几年来，我们也看明白了，他们并不能随便倾全力来袭击，他们只是利用中国人恐怖的心里〔理〕，来威胁一下。现在这点被我们看清楚了，他们若来，我军必迎头痛击，敌人必不致得逞，且我军经国难期间之训练，已有长足的进步，尤以军心的振作，将士之骁勇，超越敌人远甚，此点在百灵庙一役中，已经表现无遗。语云：“置之死地然而后生。”我们的民族，已经被敌人置之死地了，故我们被逼迫着从死里去求生，现在的绥战，就是民族求生存的战争。生的要求，是无论贤愚都具有的，而且是很坚强的，所以我们前方的将士，后方的人民，一致的具有极坚强抗战的决心。这种精神的一致团结，是极巩固的防御阵线，抗敌的基本条件，有了这个基本条件，我们的人力物力，就可以在疆场上发挥无限的威力，战败敌人，而得到终极的胜利。反之，他们所利用的汉奸和蒙昧的蒙兵，或则一时利令智昏，或则无知无识，被“民族自决”的美名所欺骗和愚弄，乌合之众，军心自然很散漫，一击就要溃不成军，并且一经觉醒，良心必至驱使他们反正，舍弃这种无耻的卖国奴隶生活，而加入民族解放战争的阵线，以与欺骗和压迫他们的敌人抗战。试看最近匪伪军的纷纷投诚，就可知道敌人将来想靠汉奸和土匪侵扰中国的计划，是会要终归失败了。就是敌人自己正规军队的军心，也不见怎样的振作，因为敌人的军队完全是受着他们国内军阀们的欺骗，为少数人的利欲而牺牲，他们是在迫不获已的状态下，做着他们所不应做的事，军心自然是不会怎样振作的，这样的事情，照常理揣测，是没有错儿的。事实上在“一二八”的战争里，据说有一部分的军队从日本开来，因哗变而被沉于海底，也可以证明这种推测的不谬。这样说来，我们在精神的勇敢上，已超越了敌人，一点点儿物质的赶不上人家，是用不着怎样的害怕的。只要我们团结一致，只要我们努力，绥战最后胜利，不论如何，总该是我们的，我们今后应该有这样的信念去奋斗，有后盾的公理总该有战胜强权的一天。

在这绥战未了，政府方竭全力以对外的时候，突然发生西安事变，今者，蒋委员长虽已脱险，而杨、孙等辈犹复抗拒中央命令，列举无理要求，形同割剧〔据〕，破坏四万万人民所日夜关怀的统一大局，将一个欣欣向荣的复兴局面，硬要开倒车回到割裂的封建局面，使中央不得不以武力勘乱，似此故意制造内战，自损国家实力，而自己犹觍颜无耻，标榜其名曰救国，曰御侮，以自欺欺人，而实则其所作所为，与汉奸相较，只有过之而无不及。这辈人也应当为民族前途想想，为英勇抗敌的绥远将士们想想。

《双十半月刊》
天津北洋大学双十半月刊社
1937 年 8 期
（李红权　整理）

绥远前线伪军之反正

作者不详

绥远战争当中，发生了伪军不断反正的事实，这对于绥远革命抗战开展的前途上有着决定的意义。譬如这次日伪军反攻百灵庙之役，金宪章、石玉山等通电反正，因此而使得反攻的日伪军遭受了严重的打击，甚至全线的溃灭。这说明什么呢？第一、这说明日伪军中民族意识之增长，与夫不满情绪之提高，他们认识了日本帝国主义的阴谋，他们认识了所谓“民族自决”口号的虚伪，他们认识了“以华制华”的政策，不只灭亡一部分中国人，而且是要灭亡全部分的中国人。第二、这种情绪的增长，证明了中国民族彼此间有特殊的不可分性，敌人的民族分化政策，已遭受了严重的打击。第三、同时说明我们前方的战士，他们不只会用军事去粉碎敌人，而且会用政治去说服敌人，他们很机密地工作，他们得到了极大的效果。我们相信，随着革命抗战的开展，敌军的反正更会不断的爆发，而加速日本帝国主义利用汉奸政策之破产。

《群力》（旬刊）
南京群力旬刊社
1937 年 **18** 期
（李红菊　整理）

从淞沪抗战谈到绥远抗战

汤雪　撰

一九三二年一二八的淞沪抗战，粉碎了敌人的中国军队，洗刷了九一八不抵抗的耻辱，惊醒了日本皇军大言不惭的四小时占领上海的迷梦，矫正了国人唯武器论的谬见。这一场悲壮热烈的、光荣灿烂的民族抗战，素来是漠视我们的国际间，也都不能不另眼看待了。

而今这光荣的抗战，已成了历史的陈迹。然而绥远的抗战，不是又在节节胜利中么。在这抗战声中，又值一二八五周年纪念。在这绥远抗战胜利声中，我们纪念淞沪抗战。才更觉得有意义呢。

一二八之役，敌人倾海、陆、空军的全力，四易主帅，而攻淞沪。而我们只是局部的十九路军和第五军。窳劣的武器，少数的战士，抵抗几倍于我的敌海、陆、空军，为了援军没有开到，后路被敌抄袭，不得不退出淞沪了。

我们这次的失败，不是武器窳劣，而是失败在战争限于局部，因此，始终占着胜利的抗战，终于换得了一纸上海不驻兵的协定。

绥远在我们战士的抗战下，克复了百灵庙、大庙。这次的胜利，全是一反以前死守的战略，而改为以守为攻〔以攻为守〕，战争胜利虽属我们，但其间还有使我们悲观之点，在我们要使绥远抗战得着最后胜利，我们不应该使绥战成为局部，而要使战争成为全民族的抗战才好。

否则，淞沪抗战的结局，是前车之鉴啊。

《苏衡》（半月刊）
镇江江苏苏衡社
1937年23期
（朱岩　整理）

对于绥远阵亡将士的感想

松江　黄景韩先生　润文　　中二甲　王世鉴　作

朔风怒号中，堆积起沙山的蒙古平原上，曾洒着一代英雄的热血。大青山畔的烈士公园内，尽埋着为国牺牲的忠魂。在这荒凉的边塞风光中，这是第一件使我发生无穷凄怆的事呀。

我想到，我也感觉到的，这些阵亡将士，是正义的牺牲，为求自由，为求和平，去剿除为敌人傀儡的匪群，这是多么的光荣呀。因为自“九一八”以来，这次是最有力的，不屈服于强权压迫的反抗战争。

绥远是在国防最前线。由这次战争，我们已经体验到敌人的无用。“一二八”战争时，他们的老古董也曾拿出来了。过去他们说中央军如到绥远，他们也要派什么皇军去的，现在呢，只能在乌烟瘴气的地方耀武扬威。川越曾说，要把华北〈变〉成特殊地带，中日共同防共，承认伪满，可是反给张群部长碰了一鼻子灰，自认晦气而退让了。在此，我们知道帝国主义是纸老虎，并不是撞不破的。

要挣扎，要建设，要复兴我国的第一先决条件，就是要毁灭我们的敌人。我们愿在铁血外交之下，作大规模的抗战，要在松花江边，黑龙江畔，飘扬着青天白日满地红的国旗。

莫怕，莫慌。我们要认清绥远战争的意义。区区小邦，何足为我忧，只要全国一心，团结统一，就是我们最利害的一件法宝。

敌人所唱的经济提携，根本是广田的大作，我们早已领教过。这种狡计，连三尺童子也蒙不过的。

绥远阵亡将士的忠勇，诚令人钦慕，令人敬服。先烈是为国牺牲了，可是我们不要忘记中日问题的真面目呀。我们应该要效着先烈的勇敢精神，循着先烈杀敌的路线，奋勇前进，才可安慰诸先烈在地下的英灵。

《民智》(不定期)
上海私立民智中小学
1937年26期
(丁冉　整理)

绥远剿匪战事之僵持

作者不详

在近两周中，绥远剿匪的战事，敌我双方均无多大的进展，而陷于一种慢性的僵持之局。先是上月二十六日，日本特务机关长在嘉卜寺召集德王及王英、李守信等会商扰绥事宜，一面增厚实力，定期西犯，一面于商都各线，加紧构筑防御工程；至二十八日，匪军再组兵车冲锋队，委任总队长，以坦克车七辆、装甲车三辆为一队，共组五队，并继续向张、多增援。及卅一日，敌机十余架，由商都分两队飞向兴和上空投弹；比入新年，伪军又复积极活动，一面暂时中正〔止〕侵绥，而致力于察北匪军根据地之巩固，一面大举调防，如以李守信、胡嘏定部调多伦、柳树沟、梳妆台、平定堡、宝兴五地，且继续向张北一带输送大批军火，意在准备为持久的战争，是故今后如何收复察北，实为决定绥远抗战之中心。

《学生生活》（周刊）
南京学生生活社
1937 年新 28 期
（丁冉　整理）

察北民军之动态

——张北通讯

作者不详

察北形势，自六月一日以后，因民众自卫军起伏之急遽，行动之飘忽，故呈现松弛紧张之象。叛逆集团，除令伪八师包悦卿部移驻沽源，炮兵总队长丁其昌配置于商都一带外，衷心虽极恐慌，而态度则十分镇静，在此最短时期之过程中，显见其幕后策划人物有所指示，而察北各地无辜之民众，于此中牺牲者大有人在。据各方统计，现在张北、化德、商都等处殉难之民众，已逾百数，在监禁押者亦过千人。至于叛逆目前之为何镇静，将来作何企图，以及人民自卫军最近之行动，谅均为社会人士之所欲明了，兹将采访所得之消息，汇志于后，以告关心边事之读者。

明示镇静，暗作准备　某方以察北人民自卫军发动之骤，人民响应之众，大有一时弥漫全境之势。起初因不明民军内幕真相，极露恐慌，分兵进攻，又恐察西边防空虚，绥东大军乘势东下，嗣后渐悉民军绝无后继，声势虽极大，实不过空气作用，必难持久。故严勒匪伪加紧防备，以镇静态度处之。果然人民自卫军以仓促举义，给养之接济，弹药之储备，以及联络活动之计划，均欠周密，沽源之进取，既不能立见功效，崇礼之围攻，亦久而不下，南壕堑、大青沟早有防备，一击不中，其势实有不得不暂时远扬待机再起者，终坠某方意料，亦时势使然也。最近某方见已收镇静之效，故复于本月十八日，在嘉卜寺举行会议，仍本镇静态度，继续俄延下去，暗中确〔却〕积极准备，以便西进。

嘉卜寺会议之一斑　十九日据嘉卜寺来人谈，某方特务机关长为讨论目前应付民军之办法，及将来西犯计划起见，特于十八日在嘉卜寺圩内一道横街口，特务机关长私寓内，开秘密会议，德王、李守信（时乘汽车或飞机往返嘉卜寺、张北间）、吴鹤麟〔龄〕等叛逆军政领袖均参加。闻其会议大致结果，一方面对于民军则仍沿用过去办法，以镇静态度处之，一方面严令匪伪勿使民军有可乘发动之机，妥为防范，倘有要隘防地失守，即唯驻在地主管军政人员是问。并令伪匪各首领连环作保，如有反正倒戈之情事，保证人均连带受罪。再即关于西犯问题，现在决不作积极行动与表示，而暗中则竭力准备，将其正规部队改换服装，陆续开入察北，将来西犯绥东，即以匪伪军作前锋，伪国及某方正规军作后盾，期于本年内实现大西北之迷梦。十九日多伦属大梁底以东防地，令伪八师包悦卿让出，由热军填防，现已开到第五军匪伪保安队两团，约一千余人，内中即有某军混在其中。该部枪马俱全，另外携有轻机关〈枪〉十余挺，小钢炮十余门，装甲车卅辆，此外有大部准备西来。

自卫军亦待机再举　人民自卫军，现以沽源、崇礼、尚义等处急切未能攻下，乃决计改取稳进办法，一俟实力增充，再刺隙猛攻。总司令李庭芳，令各路退至相当地点，积极扩充兵力，储备弹药给养，十九日拉王松爷仍在东西大庙附近，暂不移动。张仲英已退至绥东边境，邢自强、唐卓群两部放弃攻崇礼计划，开至热边经棚大道一节〔带〕，梁〔梁〕品三仍在白河川训练，李英部仍令率其武装民众用游击方式与匪伪军周旋，察北形势至此又暂入平静状态云云。

《政训月报》

汉口军事委员会委员长行营政训处

1937 年 34 期

（朱宪　整理）

察北民众之自卫
——《扫荡报》六月七日社论

作者不详

近周以来，察北民众，因不胜匪伪之蹂躏，纷纷奋起抗敌。据本报北平四日电讯，在张北、崇礼、南壕堑等处，均有义军活动，枪杀匪伪官兵甚多，且有一百余村庄，联合共举，形势已如燎原，某方在热、察、绥特务机关，恐慌万状，急电关外请援。据六日本报沪电，张北、尚义、崇礼、商都等地，日方已宣布戒严；已伪军亦激增，显已入战时状态。吾人于此，可得两点感想：

第一，外人，尤其是我东邻人士，往往目我中国民众无组织、无觉悟，有如一盘散沙，即我中国有一部分人士，亦往往失去自信力，认为中国大多数人民，已如槁木死灰，无可救药。今观察北民众之所为，不仅充分足以证明上项观察之为不当，且亦足觇中国民智之猛晋，国力之激增。吾人除对察北首义之人民，表示极诚恳之敬意与同情外，尚希各地受匪伪压迫之人民，一致起而自卫自救！自卫自救之法：一即严密保甲组织，以清内部反侧；二即制止汉奸行动，以免引狼入室；三即培植民团力量，以便冲锋陷阵；四即侦察匪伪军情，以供驻军参考；五即准备充分军粮，以待战时需用；六即建筑四乡碉堡，以防奸宄侵入；七即联络附近邻境，以便守望相助；八即加紧建筑公路，以利军队调遣；九即不买走私劣货，以保经济命脉；十即实行精神教育，以固心理国防。此十者，虽卑之无甚高论，然使情殷卫己，志切救国之人民，皆能脚踏实地，一一将其作到，则己不能卫，国不能救者，未之有也。不过吾人在此处须为察北自卫民众及全国人民告者，即“中国人作事，往往只有五分钟热心”，此不仅为外人之讥评，即揆诸事实，亦确系如是。今察北民众，既因不胜匪伪之压迫，纷纷起而自卫，则吾人极望其能坚持到底，百折不回，切不可为威武所屈，富贵所淫，贫贱所移，须知有我无敌，有敌无我，假使我不持之以毅力，守之以坚忍，则我不是为敌所个个击破，即是被敌蚕食鲸吞，此实察北人民之生死关头，不可不加以深切之注意，此其一。此外尚须请察北民众注意者，即凡事须事先有充分之准备，方可于事后获圆满之结果。此次察北民众之起而抗敌，固系匪伪压迫日甚，忍无可忍之所致，然使于准备方面，尚无相当把握，则不如暂移冲锋陷阵之力，作厉兵秣马之图，一以免无谓之牺牲，二以期最后之胜利，此其二。

第二，察北民众，既因不胜匪伪之摧残、压迫、凌辱，不得已起而作自卫抗战之壮举，则吾人极望政府能及早设法，从各方面予以种种援助，以解除其痛苦。吾人以为目前政府为准备援助绥、察民众起见，必须首先作到下列二点：一宜强化中央政权，以便能统制一切，二宜加紧物质建设，以便能充实国防。然此二者，又并非徒恃中央大声疾呼所能作到，必须各地政府、各界人士，一致无条件拥护中央，服从中央，方可如愿以偿。吾人以为服从中央，拥护中央，并不甚难，只须各地政府及全国人民一律遵循毋必毋固之原则，抛弃自私自利之企图，则对于中央任何命令，便无所谓“苛刻”与“不苛刻”，任何法律，便无所谓“近情”与“不近情”，均容易为我所了解，接受！非然者，若成见太深，私心太重，则中央任何命令、任何法律，不问其如何有利于国家民族，均与我格格不相入，又焉能谈到服从中央、拥护中央！？故吾人认为捐除个人之成见，抛弃一己之私心，即为服从中央、拥护中央之先决条件，而服从中央、拥护中央，又为援助察、绥民众，实行抵抗匪伪之先决条件，此数者有互相连锁之关系，若有一短缺，即足以断此连锁关系，而使吾人抗敌救国之目的难于达到，此则国人亟宜一致认清者也！

《政训月报》
汉口政训月报社
1937 年 34 期
（朱宪　整理）

察北某方的特务机关

作者不详

察北某方所设之特务机关，原有三处：一、多伦，二、化德，三、张北。自经匪伪军事失利后，遂奉某方关东军之命令，将化德、张化〔北〕两特务机关，并于多伦特务机关，以收事权统一之效。自此察北鼎足而立之特务机关，遂成为分而复合之状态。近据化德讯，化德、张北两特务机关，最近又奉到某关东军命令，重新设立。现化德之特务机关，已于十二日开始办公，新任特务机关长为×人××大佐，亦于是日正式视事。张北新特务机关长为何许人，尚未决定。

《时论》（半月刊）
南京时论社
1937 年 48、49 期
（朱宪　整理）

察北民众暴动抗×

作者不详

张北匪伪在×方策动下，准备二次犯绥。横征暴敛，苛捐杂税，巧取横夺，处处施用掳掠征压手段。一般乡民，虽忍痛忍受，在初未有反抗表示，静待来时报复，×方认为绝对可欺，除正常之聚敛外，又复巧立名目，遇事苛征，几无法填满×伪欲壑。于是，在常子仪部发难后，一般农民认为时机已至，当有该县义民多人，纠合青年同志，详加研讨。商议结果认为时机已至，遂秘密通知各乡镇村民，毅然于本月一日揭竿起义，实行抗×自卫。挟村农，俱木棍为武器，包围驻该地之特务机关，监视出入。复由该地民团将第四师包子宸部之伪师部，缴械监视。所有枪弹，用作起义武装。同时，并戕杀汉奸六人（姓名未详），将首级悬挂城门，借以示威泄愤。沿街军民，往来如堵，无分民匪，情形极为混乱。

悍威素著之张北特务机关，此时犹如囊中之鳖，不敢出头，听受义民监视，相惊呆若木偶。同时，嘉卜寺特务机关，闻知民变突起，惊惶失措，迅电关东军司令官，请示机宜，一面并电请就近速派热境×军入察，武力制止，以免扩大。事变发生后，嘉卜寺至承德间，飞机往来如梭，所乘者均系蒙匪要员，来往传达扑灭此变之密令。至嘉卜寺所驻之×员以及匪伪巨头，均集该地特务机关内，四周戒备森严，宛如大敌压境。

关于此次察北民变，事先似有相当组织，因崇礼县及南壕堑，同时均有同样举动。是以×伪一闻变耗而惊骇失措者，亦正在此。缘察北各地，自经×方任情惨杀，随意摧残，放赌卖毒以来，已属惧〔恨〕之切骨。人民纳税，十倍往昔，以至倾家荡产，妻离子散，无家可归。更兼天灾匪祸，惨酷蹂躏，一般农民杀匪之心，日积月累，其所以迟迟未动者，实积于淫威之下，未敢遽起。而今有人登高一呼，四方响应群起，除南壕堑情形尚不甚详悉外，崇礼县属之陶濑庙村，确已实行暴动。该地所驻之伪公安局长，平素殃民太甚，农民蓄杀之心，早有成竹，故待事变一起，该地义民百余人，于揭旗之前夕（即五月卅一日晚），先将该伪局长杀死祭旗，继夺取所有枪械，将该陶濑庙村占领，以备翌日起义。

自察北各地民众突起义变后，一向被压迫之察北人民，猛起巨烈变化，大有欲一举杀尽汉奸肃清匪伪之意。无论男女老幼，稍带匪伪色彩者，尽行杀戮。一般匪伪官长，平素在察北×方荫护之下，鱼肉乡民，至今自知恶贯盈天，不能立足，多携家带眷星夜逃窜，投奔热河。悲惨号呼，声震四野，临事怆惶者，多被乱民杀死。遗尸遍地皆是，孰谓作恶无报乎。

《时论》（半月刊）
南京时论社
1937年53、54期
（李红权　整理）

绥远战事的透视

吴学义　撰

冀察、冀东成立整一周年，某方开始侵略绥远，这是必然的趋势——为完成大陆政策的必经的过程，同时又可作对付苏俄的根据地和打通西北、外蒙古两条路线。

“满蒙”两字，早被日本人连成一气称用。三十年来，关于研究蒙古的日文书籍，和赴蒙古实地调查、联络的日本男女，也着实不数。外蒙已属于苏俄的势力范围，日本之欲染指内蒙，自是蓄意已久。“九一八”当时，乃至“满洲国”成立，均恐目标过大，引起欧美各国的注意，不得不暂抑贪欲。今年以来，乘蒙政会主席德王与绥远省政府主席傅作义发生权限冲突，认为时机已至，遂加紧挑拨，给德王以实际物质上的援助和人的协助、指导。德王利令智昏，且为泄愤，于十一月三日起令其军队与绥远军队接触后，十五日派步骑二千，飞机八架，山炮数十门进攻陶林。复于十一月二十日向绥远省政府主席傅作义提出类似哀的美教书的要求。

战事初开始时，德王的军队因获有新式武器及飞机的资助，某方的军官指挥、督战，来势颇凶，某方的报纸，每日为之宣传“自慰的胜利”。然“事实胜于雄辩”，一声霹雳，十二〔一〕月二十四日上午九时三十分，中国军一鼓作气攻下德王的老巢百灵庙，获得军火军需辎重无数。其后德王得伪国及某方的增援，迭次反攻，均徒劳无功。十二月十日上午十一时，中国军又攻克大庙（贝勒庙），次下乌兰花，于是绥北、绥东，均告肃清。

某方此次唆使德王称兵作乱，目标很远大，手段、方法亦比前毒辣，惟胆量勇气则不足。今日的绥远，是西北的门户，国防的最初线。绥远一得，可利用平绥路，直趋山西，西达宁夏、甘肃、新疆，以通赤塔，邀击苏俄的腿部。北攻外蒙古，擀〔拊〕苏俄之背，东作热河的屏藩，南则控制华北全部。绥远邻省山西，煤铁之富，日本的小学生亦知悉无遗，一旦到手，大可“宝藏兴焉”，不致若热河之并无大金矿，大失信于岛国人民——某方侵略热河之前，向其军队及国民宣传热河金矿如何丰富，以引起其侵略欲；其后迭次请御用学者及技术家实地调查探测，方知热河物产贫乏，甚为失望，为其国内评论家所揶揄。

侵略的手段、方法，的确比以前进步、毒辣：利用中国人打中国人，自己不露面。这种方法，如果尝试成功，则此后帝国主义者可自己不流一滴血，获得广大的土地、人民和主权，格外增加侵略的便利，而毫无人的危险和牺牲，可以消除国内舆论的反对和掣肘。且利用被侵略国人民做鹰犬，使其自相残杀、分化，内部的仇恨日深，永无团结一致对外之日。故即为将来打算，亦最为安全而稳妥的方法，于既得赃物的保持和开拓、剥削，尽可高枕无忧，尽量敲骨吸髓。

至于此次为什么不敢露面，一味强辩，与帝国政府无关系？十一月二十一日午后五时，且以“外交当局谈话”的形式，发表下列声明：“此次绥东方面的内蒙古军与绥远军的冲突，是内蒙古方面与绥远方面的纷争，与帝国政府无关。从而政府军，对于内蒙古军的行动，均未与以任何援助。”（十一月二十二日《大阪朝日新闻》第一版）其原因约有数端：（1）外交当局，在外交的立场，希望正在进行中的中日外交谈判，继续顺利进行，期假调整之名，获侵略之实——对于侵略所得的，加于合法化、条约化。（2）“九一八”以来，用去的侵略费已达十万万圆日金，民国二十二年以后，并无大战事，每年亦需二万万圆日金。此因帝国主义的军队，生活程度较高，需费较巨，故不愿直接参战，增加国库的负担，牺牲本国军人的生命，致遭国内资本家的反对和舆论的攻击。（3）塞外严寒，交通不便，养尊处优的帝国主义军队，不堪其苦。

然而所谓内蒙军，于十一月二十四日大败退出百灵庙，后台老板即大起恐慌，脱下假面具，二十七日以“关东军当局谈话”的形式，发表重大声明：“……关东军对于内蒙军的行动，有多大的关心，愿其成功。同时若万一‘满洲国’接壤的地方，因此战事的影响，致扰乱治安，累及‘满洲国’；或中国全部发生濒于赤化危机的事态时，关东军当采取认为适当的处置。”（十一月二十九日《大阪朝日新闻》第一版）前后只隔六天，在同一新闻的同一版，登载前后完全矛盾用同一形式的“声明”，完全曝露了日本外交与军事的不统一，外交当局的恐慌，和关东军眼中毫无外交当局。至于关东军为什么不顾外交当局的体面和信用，这样强项，突然于二十七日发表声明，乃是因为二十四日所谓内蒙军丢掉了百灵庙，吃了大败仗，老羞成怒，故不惜大肆咆哮。同时并可以知道二十一日外交当局发表声明时，是在内蒙军未失百灵庙，宣传假定的胜利之时，外交当局到底是文人，不懂军事，满以为有帝国军人指挥，受新式武器接济的内蒙军，已尽可攻下绥远，不必劳动帝国军队，故乐得乘机说慌〔谎〕，卖空人情。不料只过三天，便失却百灵庙；再过三天，又承关东军赏了一记巨灵之掌：这是说慌〔谎〕、投机的回报。

关东军虽张牙舞爪的发表重大声明，然其国内的日文报，则到现在为止，因为当局尚采“缩头”不露面政策，仍只能登载绥远战事是内蒙古军与中国军队的全面抗争，以蒙蔽只能从日文报看消息的一般民众。至于上中层阶级的元老、政客、资本家、官僚和有判断力的智识阶级，自可由各方面得着正确的情报和推测事件的真相，不致被在统制下的御用报纸遮蔽耳目。十一月廿六日《大阪朝日新闻》的社论，因为二十四日中国军队攻下百灵庙，揭载《绥东问题的发展》一文，对于绥远战事，阻碍中日谈判，致几意见一致的各问题，亦被完全推翻，认为是外交上的失败。同时其卵翼下的内蒙军，大败而退出百灵庙，又给后台老板军事上的重大打击，弄得两头落空，素号比较稳健的《大阪朝日新闻》，焦燥之余，亦率直自供“绥东问题的发生，为中国所夙知，为欧美所夙知，其一切的一切，均被赤裸裸的广播。被置于不知的立场者，只有日本人”。接着主张“日本当局宁率直将事态使国民知悉，唤起国民的重大关心”。显露出内心的焦急，和传统的带有威吓的口吻。

根据“天时地利人和”与中国军队接连的胜利观察，绥远战事，在最近的将来，后台老板尚不至于脱下假面，自己登场。因为关东军虽跃跃欲试，但未必能得其本国军部的赞同——军部到底比较老成一点，不像关东军那样好事逞功。且原则上，关东部〔军〕亦尚须接受军部的统制。即关东军的声明，表面上虽极张牙舞爪之能事，然其实亦不过欲用恐吓手段，达到不战而胜的目的，兼因虎须被捋，说说硬话，暂时粉饰自己的面子。

事态的演变，每出乎人的意料之外。我们原来观察某方对于绥远战事的态度，可分二途：（1）鉴于中国军的节节胜利，中国政府及人民举国一致的援助，极端重视绥远战争，勿以一隅牵动全局，影响“全面的国交调整”，从大处远处着想，把德王看作扶不起的阿斗，从此撒手，始终的不露面。（2）待明年春暖时，仍令所谓内蒙打前锋，某方的军队正式加入。不料突然发生西安事变，与绥远战事虽无直接的关系，但不无间接的影响。东京方面深知此事的利害关系重大，为慎重起见，暂持静观态度。然曾被撕破面子的关东军，和负主动〔要〕绥远战事失败责任的田中隆吉上校（?）等，为泄恨报复，不免乘机督令所谓内蒙军反攻、骚扰。

好在攻下百灵庙，已将匝月——若在未攻下百灵庙以前，发生西安事变，则攻守之势，适成相反，前途不易设想，其附近的大庙、乌兰花等处，亦已克复，百灵庙一带防御工事的大部分，近已完成。至绥远省区各地的防御工作，则一年以前，业已竣工——此证诸傅作义守涿州的往事，于未入驻涿州之前数月，即预派其同乡入城开店营商，屯积大宗粮食、煤、盐，以备他日守城之用，便可相信傅主席不但是有决心、勇气守土，而且是有计划有办法的英勇将帅。在目前情况之下，关东军既尚不至正式登台加入，新败的乌合之众所谓内蒙军，有傅主席指挥之下的军队，已足应付而绰有余裕。不过中国交通不便，绥远尤甚，为期万全，其已进驻绥远的中央军队，如无特别必要，似不可因西安事变而南调。同时并应鼓励军心，向其阐明后方的正确消息，使将士们丝毫不感到精神上的摇动。“多难兴邦”，应通力合作，分途负责，用事实表现中华民族是有充分沉着应付外患内忧的力量和决心！

《政问周刊》
南京政问周刊社
1937年53期
（朱宪　整理）

绥远抗战面面观

彬然　撰

绥远的抗战，从十一月九日开始到最近（十二月二十）止，历时已经在一个月以上了。这一个月中，我们前线的忠勇战士们，在陶林红格尔图杀退了匪伪军的侵袭，在绥北，先后收复了百灵庙和大庙子（锡拉木楞召）两处要地。这一次，在某方的策划下，匪伪军的进窥绥远，决不像前几个月一样，只是试探的性质，在事前是经过相当充分的准备的。可是如今，他们的阴谋，已被我们的战士们所破碎，此后如果仍旧利用匪伪军做前锋，决无徼幸成功的可能，总之，我军这一次在绥远的抗战，初步胜利已经确定了。

绥远的大规模抗战的幕，是上月中旬揭开的，但绥远问题的发生，少说一点，已经有一年之久。绥远问题发生的背景以及它对于我们整个国家、民族的影响怎样，国内许多报章杂志上早有论述，笔者趁我军叠获胜利，抗敌工作粗告段落的时候，特依据最近各方面的记载，把与这问题有关的若干具体事实汇录下来，借供读者的印证。

“亚细亚的新长城”

不久以前，在一种英国出版的杂志上，刊载着一篇远东的通讯，内容是记述某方人在内蒙的种种活动情形的。开头这样说着：

……在察、绥或内蒙其他地方，某方的军事主脑——尤其是关东军，正在建筑一座亚细亚的新长城。这不像两千多年前秦始皇用砖石所筑成的那座长城，而是一座更适合于应付现代军事需要、能够从陆上、空中作能任何军事袭击的长城。

这一带地方，某方要想立即把它占领起来，使华北受其威胁。经济考察在不断进行着，军事活动则在暗中进行。假定绥远被占领，则他们的伟大计划就将实现，即建立一环绕苏联远东区和外蒙古的防线，这就是一座新的横亘朝鲜北部向西直达新疆边界、长达三千英里的城垣。

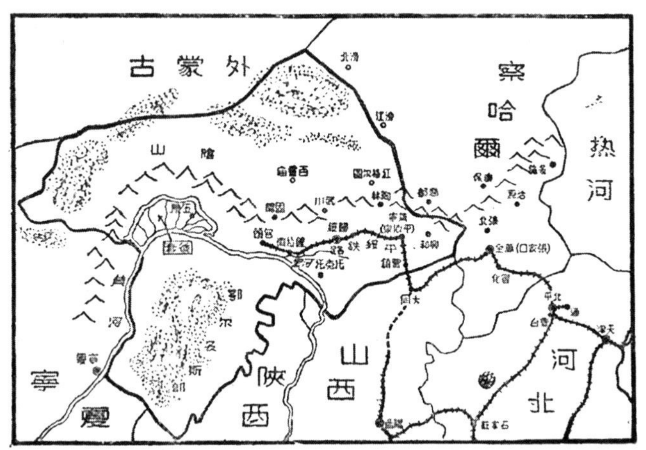

这样说明某方经营内蒙的作用完全合于事实，但这是国际政治立场上的看法。单独就我国的立场来看，同样有着重大的意义。某方虽已与西方的两大侵略国家结成了“反共同盟”，但在最近的阶段，它的侵略活动，依然还集中在我国的身上。东三省、热河、察北已经到手，向西越过绥远这关口，就可长驱向西，由宁夏、甘肃直到新疆，这一带的多数民族与汉民族间，因历史的关系，多少还有着一些隔阂，因此我国在那里的防御力量，也比较地薄弱；同时那一带在国际上，与英美等国家的利害关系不大，所以在某方的心目中，认为这是并吞我国阻力最小的一条路线，这条路线一旦打通，新长城就筑成，我们北方的藩篱尽撤，整个黄河流域也就靠不住了。

某方怎样苦心经营绥远

绥远是某方正在建筑中的“新长城”的中点。一年来他们对于这一部分工事的进行已经费了许多苦心，所应用的技术无微不至。他们分化“内蒙”各盟旗，使与“中国本部”脱离，或者并入伪满洲国，或者假借蒙族的名义单独成立新的傀儡组织，由来已经很久。到去年年底伪军占据察北以后，就实行利用德王为傀儡。今天春间，内蒙遭遇雪灾，日方又趁机拨发赈款，向蒙人示惠，买结蒙人的好感。此后一面诱迫德王脱离中央，改元易帜，并要求绥远政府当局将绥东旧时曾隶察省的四旗、五县等地域划归绥北，一面积极从军事上和政治上的种种准备。就军事上说，热河境内锦承铁路和叶峰铁路的敷设，都在便于输送关外军队至察北。锦承路由辽宁锦县入热河境，经朝阳、凌源、平泉到省会承德，这是就我国原有的锦朝线延长的。叶峰路从锦承线的中点叶柏寿北通热河中部的赤峰。这两条铁路线的军事作用，不用说是很大的，此外又在热河和察北间赶筑了许多条军用汽车道。军事上的布置，除了交通方面的以外，更在张北设立军事学校，编练蒙军、匪军，图遂其“以华制华”的毒计。同时还擅在绥远归绥、包头、五原和宁夏西套蒙古等处建立无线电台和飞机场。就政治上说，一年来某方在上述各地及山西太原、大同等处都设有所谓“特务机关”、“公馆”、“出张所”等等机关，进行制造汉奸、布置间谍及各项调查的工作。九月三十日，据东京电传，外务省和军部曾决议扩充对华外交阵容，其中大部分与绥远问题有关，内容包括充实张垣领事馆，在绥远、山西、察北、甘肃境内各重要城市添置总领事、办事处或特派员，在百灵庙设置德王府，加紧上述各地特务工作，增派留学生调查蒙古、新疆、青海、西藏各地情形等项。以上系就直接在绥远及其四周的活动而说的，其他如胁迫冀察当局签订防共协定，在平、津大量增加驻军，目的就在监视冀察军队；九、十月间长江流域汉、沪等地造成严重空气，也许只是一种为掩护进攻绥远的“声东击西”策略。

百灵庙克复及其前后

察北的匪伪军自七、八月间图扰绥东失败以后，某方在幕后又费了两三个月的准备工夫，辎重、粮饷的积贮都相当充分。在军力方面分作三大部：一是伪军李守信、张海鹏等部队，号称四师，共约万人，分别驻扎察西商都、南壕堑、尚义一带。其二是德王所统辖的蒙古保安队，包括包悦卿、卓什海等部队，约有一万人，分布在嘉卜寺、百灵庙一带。其三是匪军王英的部队，人数至少当在七八千人左右。三方并计，不下三万人，山炮、野炮、铁甲汽军、坦克等新式武器具备，声势甚大。在实行向绥东大举进攻以前，某方满以为胜利是有把握的。十一月十五日以后，匪伪军王英与李守信的联合部队三千余人，大举进攻陶林县属的红格尔图，企图南经陶林县城南下占领集宁（平地泉），截断平绥铁路的交通。但十八日的拂晓经绥军英勇的反攻，就被杀得大败而逃。不过这次敌人的作战，重心在绥北方面，他们原想令匪伪精锐从百灵庙南下分犯武川、固阳，以期一举占领归绥、包头、五原等要地，绥东方面袭击目的还在牵制我方兵力，所以红格尔图的失败，并不是致命伤。但我方的军队自十八日后，在绥北方面，由消极的防御转为积极的进攻。廿三日晚间十时，开始进攻百灵庙，那里的匪伪军顽强抵抗，某方的指挥官和顾问等都亲自出马督战，但经我军连续冲锋，激战到二十四晨五时，匪伪军终于不支败退。同时我军的另一部队，又将西路的敌军击败，某方指挥官等见大势已去，就将飞机场等建筑放火焚毁，仓皇向东遁逃，我军随即将百灵庙全部克复。匪伪军在那里经长时期的经营所积贮着的面粉二万余袋，子弹百余万发，枪械千余件，汽油数大屋，全部成为我军的战利品。

最可注意的是某方在那里的活动的情形。那里设有百灵庙饭店，办着教育蒙古人的学校。在一间某方特务机关长住的屋子里，藏着大批书籍、小册子和其他印刷品，日文的、蒙文的、汉文、日蒙合璧和汉蒙合璧的都有。内容大都是讨论开发蒙古的问题的，有许多是供给蒙人用的读本。最重要的是多种类的文件，其中包含缩尺十万分之一的中国地图，特务人员及内蒙汉奸们的情报等等。有一册《支那全国军队调查表》，把中国军队系统、番号、兵种、将领姓名、对长官关系、作战能力等记述得详详细细。对于目前我国全境政治、军事上的变动，如某地建造机场或营盘、可容留若干飞机和兵士……都有报告。据说某方的百灵庙特务机关负责人，在二十年前即娶蒙古人为妻，并入庙充当喇嘛，他对于蒙古的人情、风俗比任何中国人要清楚，某方用心之深，竟到这样的程度，真使我们有点不安。

我军克复百灵庙，某方当然不肯就此甘休。本月初，又以大庙子为根据地，续调后方军队五千余大举反攻，某方飞机照例同来投弹助战。但匪军方面经几度惨败之后，很少斗志。八、九两日，王英匪部旅长金宪章、石玉山，在“中国人不打中国人”的口号下，率领所部兵士十团反正。到十日上午，反攻百灵庙的匪伪军既全部溃退，我军便乘胜进占大庙子。金宪章和石玉山反正的部队，占王英部匪军全部军力的十分之八以上，王英本人如果再不觉悟，某方也未必肯再加卵翼。王英的势力既全部消灭，某方在绥北已失所凭借，所以目前我军在绥北的初步胜利，已可说完全确定。某方在绥远、包头及宁夏西套蒙古阿拉善旗和额济纳旗等地，原来擅自布置着无线电台和飞机场，设着特务机关，曾经我们抗议过许多次，迄未撤去，可是百灵庙为我军收复之后，驻在那里的人员，都已自动地悄悄离去了。由此就可以见到我军这一次在绥北的胜利，对于敌人确实是一个不轻打击！

绥远问题是否就此解决呢

我军这一次在绥远抗战的初步胜利已经确定了。敌人所急欲建造的“亚细亚新长城”的工程，显然已经碰着了从来未曾碰着过的障碍，但绥远问题是否就此可以解决呢？是决不能就此解决的。就敌人方面而言，他们在根本上决不肯把建筑“新长城”的工程放弃，这是他们一贯的政策。试看当这次绥远战争爆发之前，关东军方面就有如下的决定：（一）如果冀察军和绥晋军同时参加抗战，则华北驻屯军即为作战主力，战事中心就在平、津。（二）如果只有绥晋军迎战，则华北驻屯军监视冀察军队，以匪伪军用游击战术进袭绥远。（三）目前战争暂以不引起冀察战争为主，等两月后天气寒冷，伪匪军给养优良，再来发动。不过关东军和华北驻屯军之间所持的态度，似乎还有若干出入，上月二十四日他们在天津举行会议，在会议里据说华北驻屯军方面，以为目前的中心工作侧重在开发华北经济，所以要使华北的局面安定，诱华人愿意来投资，绥远问题扩大将使正在进行中的经济开发工作停顿，因此主张绥事不妨“适可而止”，尤须避免直接行动。但关东军则以为本国与德、意间的同盟已经缔结成功，日本应趁这机会对中国下手，如将来中国势力在绥远等处立下根基，再来打通内蒙道路，必更困难。而且利用蒙伪匪军的计划已经失败，将来迟早须自己动手，因此不以斤斤于“种因过早，收果太迟”的经济开发为然。最后的决议据说是以关东军方面的意见为定议的。不过某方要自己动手来攫夺绥远，在目前，已得估量到整个中×战争的爆发，到了那样的地步，更不是简单的中×问题，将会演化成一个复杂的国际问题，对于某方为福为祸，他们自己恐也难以断定的。所以绥远问题，就某方的立场来说或者老实不客气，自己挺身出来与我国周旋，或者假借什么名义暂时收场，往后再另打主意，这两种办法都有可能。再就我国而言，即使敌人把进攻绥远的军事行动暂时停止，在我们，最低限度似乎也得乘胜收复察北，把国防的最前线扩充察东去，使绥东和察哈尔南部不再长时受敌人的威胁，而且这对于河北的形势也有重大的影响。此外热河和东三省都是我们的国土，我们决不能任令永远沦陷在异族手中，所以绥远问题，必须到把“九一八”以后一切失地如数收回的时候，才可以算是彻底解决。

抗战所得的教训

在说明绥远抗〈战〉的教训之前，我们最好把这次抗战所以能够胜利的原因加以检讨。绥远将领抗战的决心和士兵作战的忠勇，不用说是致胜的重要原因。但还有重要的一点，那就是全国民众的援助。全国东西南北各地人民援绥运动的热烈，超过前几次抗战以上。绥远当地的人民，尤其能与自己的军队密切合作。据一位从战地上考察回来的新闻记者的报告，绥远大青山北面一带，从前土匪遍地，奸黠横行，民间对于地方当局的需求，向未能踊跃输将，但在这次战争中，民众多愿尽其家中所有来供给军需，甚至有自动运输粮草到军营里去的。平常有线电报和电话，电杆电线常被偷去，现在非但没有人偷，民众反而自动加以保护。上月二十三日，我军进攻百灵庙时，武川民众自愿来充任向导的很多。他们领导着军队在枪林弹雨中前进，一点也不感惊恐。此外如绥远年来守备队和民团组织的健全，各重要地点防御工事的坚固和运输的便捷，都有着很大的帮助。

明白了这次抗战胜利的原因，我们就可以得到下列的几种教训：第一，这次与我们对垒的虽然是匪伪军，但在某方的利用下，飞机、大炮、坦克等精锐武器应有尽有，同时某国人在匪伪军中指挥作战的也很不少。由此可以使大家明白，只要我们有抗战的决心，敌人的武力，决非如有些人平时所想像的那样可怕。又如最使人闻而生畏的飞机在野战上并无多大效用，只要军中有几门高射炮就可制止它的低飞。在百灵庙的战斗中，已证明敌人所掷下来的几百枚炸弹，几乎全都投在乱山和草原上，命中的很少。第二，在这次的战争中民众的力量又尽了很大的作用。此后我们应该在抗敌救亡的目标之下，加紧全国在军事上和教育上训练民众的工作，一面培养军事力量，同时提高国家意识。第三，这次王英匪军的全部崩溃，半由于我方军事力量的压迫，半由于金宪章、石玉山等部的反正。敌人的营阵里现在虽还有不少人在充当汉奸，但他们的民族意识未必完全泯灭，只要我国有抗战的决心，在“中国人不打中国人”的口号之下，继金宪章、石玉山而起的一定还大有其人，到那时候敌人“以华制华”的毒计就将完全失其效用。第四，内蒙德王等王公及其他蒙人和汉人的所以甘受敌人利用，大抵不外下列两种原因：一由于种族间的膈〔隔〕阂未尽泯灭，如蒙汉之间，过去沿清代旧习，不免有予敌人以可乘的地方。但现今绥远当局对于这一方面，已能注意到，所以绥远蒙境内一部分王公及蒙人都倾向省政府。另一个原因是受生活的逼迫，例如匪军王英部下的士兵由冀、鲁两省招募去的贫流〔农〕、农〔流〕氓就很多，这使我知道我国今后在抗敌救亡的过程中应该注意到全国人民的生计问题。

《中学生》（月刊）
上海开明书店
1937 年 71 期
（李红权　整理）

告绥边守土将士书

作者不详

1. 中宣部告绥远剿匪将士书

中央宣传部为张逆叛变，于二十日发表《敬告绥远剿匪将士书》，原词录次：

绥远前线剿匪的武装同志们：

在最近绥东剿匪御侮的英勇战争中，诸位在前线守土杀贼的伟绩，与壮烈牺牲的精神，已经深深感动了全国的同胞，乃至震惊了全世界，我们想起诸位舍身血战于冰天雪地之间，为国家民族而奋斗，并且在极短的时间中，捷报频闻，实在令人感奋钦佩极了！现在我们除奸抗敌的伟大工作，方在开始，全国上下，正准备一心一德，竭其精神与物质的全力，为诸位的后援，不料当此前线极度紧张的时期，张逆学良突然在西安叛变，举国爱戴的领袖蒋委员长，竟被劫持，全国人心因此受了极度的震动，这真是我们救亡工作过程中最不幸的打击了。

诸位知道蒋委员长是我国国民革命的元勋，也是全国民众所爱护崇敬的唯一领袖，近几年来，政府的复兴救国工作，在蒋委员长领导之下，已表现极显著伟大的成绩，这是有目共睹的事实。最近绥战发动以来，蒋委员长关心尤切，不辞劳苦，策划剿匪军事，驻洛飞晋，寝馈不遑。上月敌伪大举进犯，赖傅主席的奋勇指挥，与诸位的慷慨效命，遂完成百林庙、大庙两处的大捷。谁都知道，在这艰苦伟大的民族生存斗争中，蒋委员长所负的责任与使命是如何的重大，乃张学良敢冒天下的大不韪，侵犯蒋委员长的自由，捣乱御侮军事的后方，那不啻是企图将诸位抗敌的前功，尽毁于一旦，甚且陷中华民族与整个国家于危亡而不恤，其叛国之罪，实在更有甚于汉奸赤匪之上。

我英勇的剿匪将士们！现在正是举国一致，努力剿匪御侮的时候，凡是后方的将领，本当如何的信赖政府，拥护领袖，以巩固内部的阵线，而尽其军人的本职。现在张学良竟以部属的地位，干犯统帅，以剿匪的长官，而实行勾匪，不啻为虎作伥，助敌张目，这非但无以对我后方的全国人民，而且更无以对我前线舍身杀贼的将士。

我英勇的剿匪的将士们听说这次张逆叛变的消息传到前线后，诸位如闻晴天霹雳，莫不悲愤激昂，后来我们可看到了诸位苦口婆心劝告张学良的电文，沉痛异常，虽铁石心肠，亦为感动。可是诸位的点点血泪，还是唤不醒负恩背义的张逆的天良，他不但已甘心破坏几年来辛苦告获得的统一与复兴的成绩，而且不惜摧毁了诸位用头颅颈血所换来的光荣的战功，我们忠勇的前线的武装同志，对于这样的害群之马，大概没有不同声愤恨吧。

现在中央为维护统一整饬纪纲起见，已对张逆下令讨伐，这几天中，我们由全国民众爱国家爱民族的热忱的表现，与对蒋委员长的爱戴与关切，以及对张逆叛变行为的愤慨，已可以断定倒行逆施的叛徒，必且于最短时间覆灭，我们所竭诚盼望的，是前线的武装同志这时候必须力持镇静，更本着以往抗战的精神，守我们的阵地，继续执行我们的作战计划，照敌方侵略的形势看来，也许更剧烈的斗争，不久就要开始。诸位都早已知道，前线的安危，就是国家的存亡所系，现在自政府以至民众，都仍继续一致在后方竭力接济，希望诸位万不要因为我们的最高领袖暂时蒙难，稍馁其气，并且反要因此而益加坚强其卫国守土的热忱，以完成抗敌御侮的全功。

现在蒋委员长虽暂时被留西安，但一切政务、军事的推进，都本着委员长原来的指示，再接再厉的努力，断不因此而受丝毫的影响。中央在事变发生的当夜，就已推定了政治、军事各方面的负责人员，由几天以来的事实，更可证明本党政府的组织自始即为一种健全的机构，绝不因叛逆的捣乱而稍有动摇，尤其是对于前线剿匪御侮军事的策划，以及作战上的指挥和接济，仍本已往的方针，负责领导，希望诸位武装同志秉承蒋委员长所授的方略，继续积极抗敌。抗敌就是拥护蒋委员长，奉行蒋委员长的方略，就是救国。

2. 汤恩伯发表告战友书

国军军长汤恩伯，师长王万龄、王仲廉率全体官兵，于赴敌之先，曾派员赴前线慰劳友军，并散发《致绥东、绥北忠勇的战友书》，觅志其全文如下：

赵司令官印甫兄，彭师长绍周兄，孙师长凯旋兄，董旅长其武兄，孙旅长畹九兄暨绥东、绥北忠勇的全体剿匪战友们：

神圣的民族“生存战”已经发动，而且获得首先胜利了。

我们的国家在内忧外患交相煎逼的严重中，已渡过了五六个年头，在这五六年的惨淡的光阴里，幸赖我革命领袖蒋委员长的领导感召，全国同胞的艰苦奋斗，在政治、建设、国防、民生诸方面都获得了长足的进展，民族复兴，已走上光明的坦途，举国上下，方进一步在集中国力，以图抗御外侮，完成历史所课给我们的伟大使命。乃李守信、王英等无耻的匪徒，埋没天良的衣冠禽兽，他们竟忘了〈是〉炎黄的子孙，是中华民国的国民，只图满足一己的欲望，不惜出卖了祖国的利益，甘受奸人利用，忍将自己的手来屠杀自己的兄弟姊妹，推究这种狂妄的自杀举动，无异是认贼作父，饮鸩止渴，要加速祖国的灭亡！

但我忠勇的战友们为了争取民族的生存，确保国土与主权的完整，已在寒威凛冽的冰天雪地中，忍受着非常的劳苦，坚决地擎起正义之旗，将与那出卖了祖宗与灵魂的匪军，不顾正义与真理的强盗，长期的苦斗下去，要以血的拼流和铁的咆哮来说明中华民国的伟大风格，以争取国家民族不绝如缕的一线生机。

我们忠勇的战友们，在红盖图的风雪中，抗御着飞机与重炮的袭击，已首先击溃了进窥绥东的优势匪军，我们忠勇的战友们，接着在蒙古的寒流中坚决地占领了匪军与奸人集中的百灵庙，使敌人失却了进犯的根据地，尤因我忠勇战友们剿匪的激烈，更令狂妄的匪类，丧胆落魄，匪人纵然阴毒，予匪以充分的支持，也不能重振其惨败的势焰。这种伟大壮烈的战绩，这种用战友们的热血写成的光荣不朽的史实，实足以增强我民族复兴的基础，加速我民族复兴的实现，且不啻给敌人以最具体而强有力的忠告，我中央对战友们倚畀的殷切，以及全国同胞对战友们伟大事迹的欢慰，更无待这里多述了。

本军的全体官兵在战云弥漫的今日，已集中于我忠勇战友们的咫尺之后，并已取得了联络，随时准备加入战线，和亲爱的战友们共同奋斗。

战友们用报国的热情创造的伟烈，光荣，不朽的勋绩，将昭耀于世界而永垂于史籍，我们在钦仰之余，略备了一些物品，派员送来，借致慰劳的微意。

潜伏于国家前途的危机正多着，但是我们有的是铁与热血，我们将以战友们在红盖图和百灵庙剿匪牺牲的精神，无情地歼灭任何进犯的匪类与侵逼的外来势力。我们敢于相信惟有热血可以洗刷中华民国的耻辱，也惟有热血可以争取民族的生存与解放，历史决定下的苦难命运，我们已有了克服的保证。

我们将在战线上会见了，在这里，谨先伸出我们诚挚的手，并祝战友们的健康和永远胜利！

《军事杂志》（月刊）
南京国民革命军军事杂志社
1937 年 97 期
（李红权　整理）

察北匪伪最近动向

伯恒　辑

本月内察北匪伪行动，值得国人注意者，约有下述数点：

（一）察北驻军苏美龙部，五月廿七日，被伪师长尹宝山包围缴械，并将苏等以下各级伪军官佐全部扣留，士兵于缴械后遣散，商都城郊加紧戒严，空气异常紧张。又驻防白庙滩常子义团千余人，因不堪某方压迫，于同月廿八日，忽自动开至热、察边境赤峰、多伦间，联络热股匪，宣称抗日，适某方指导官二人乘飞机由张北飞热，被该部认系追机，当即击落，将司机及指导官全杀害。二十九日驻张北第四师包子宸部，奉特务机关令，向多伦追击，驻赤峰之××军，亦派队截击，伪军部参议杨守诚，因与常有关，已在化德被扣，闻匪伪内部，日内将再有巨变，察北空气，突呈紧张。

（二）蒙伪军最近改组为十个师，称伪蒙自治军，以德王为总司令，卓世海、李守信二匪副之。又德王在嘉卜寺所筑营房五百间已竣工，正赶筑深宽各十五尺之外壕。

（三）红格尔图于六月十五日发现匪兵百余，与晋绥驻军激战四小时，被我军击退，原驻热丰宁之刘逆桂堂及驻察东沽源二、四两区之李逆守信匪军，由原驻地向商都集中。又刘匪部进犯延庆之刘斌堡被击退后，某方近又补充子弹，令再犯。

（四）驻察东伪军因鉴于部下时思哗变，故现在除值班巡查士兵外，一律收其枪弹，封存入库。日来各地土匪渐起，即张北附近，亦多发生劫案，意在扰乱伪方，乘间掠夺伪军马匹云。

综之，最近察北匪伪，因民众纷纷起义反抗，内部亦呈分裂状态，对于犯绥一节，不得不暂予休止；至将来如何，当以某方策动之缓急为推移也。

《军事杂志》（月刊）
南京国民革命军军事杂志社
1937 年 103 期
（李红权　整理）

察北民众纷起自卫

伯恒　辑

察北民众，因不堪某方压迫，匪伪虐待，忍无可忍，乃揭竿起义，以冀自卫。此种自卫壮举，虽以后援缺乏，尚未获显著效果，但直接给予某方及匪伪之影响甚巨，并予民心以极大兴奋。兹将其最要数点，撮注于下。

一、起义经过

察北民众，为争取生存，在五月间，即已着手暗中活动，约定于六月一日分头在张北、沽源、宝昌、康保、商都、化德、崇礼、察北各县局，同时发难；惜事机泄露，为匪伪及某方所闻，在五月三十日夜间，首在张北城内实行大检查，各县亦随后仿行其在张北检查办法，当夜被拘禁之民众达二百余人。迄六月一日，其中遇害者九人，企图举义之民众首领被拘禁惨害者，自属不免。迨六月一日正式发动之期已届，内外情形消息完全隔绝，故各县多半犹豫观望，致未能一致发动，殊可惜也。

二、义军势力

1. 李英部

该部因热、察各县民众、壮丁加入者众，现已达五千人，声势极盛。六月十二日，曾一度进攻沽源县城未克，乃将沽源二、四等区及独石口外各地占领，化德伪组织，派伪匪军李守信、尹宝山等部往攻无效，伪军反陆续投义军，致某方甚感恐慌。

2. 张仲英部

义民张仲英，曾于六月一日晚间十一时号召义民，响应陶嘛庙村义民赵祥春等，企图收复商都，惜因时机破露，未遂壮志。厥后即潜匿绥、察边境大青山一带，收集同志，旬日以来，各地义民前往奔就者达五百余人，每人均有枪马，并有佩带长短枪各一枝及砍刀一柄者。因人人均系敌忾同仇，团体尤为坚固，具有强韧之战斗能力。曾于六月十三日突然发现于商都、尚义间，行踪不测，其前进方向，似拟以收复南壕堑为目的地。

3. 邢子强部

邢氏前为王匪英之部下，自王匪英走后，改隶于杨守诚旅，驻防公会一带，邢任连长。不耐寄居外人荫庇之下，乃率领所部亲近数十人，携带全副武装及马匹，脱离叛逆集团。邢氏遇有伪匪军中零星脱出之散勇，均设法收集，劝诱入伙，今部下已达百余人，枪马俱齐，确具相当战斗能力。

4. 其他

察北义军，除上述各部外，尚有梁品三、赵祥春、郭志英、张海丰、唐卓群等部，人数亦颇众；而匪伪闻风兴起，自拔来归者尤多云。

三、现在进展

人民自卫军在察北各地极活跃，六月十七日邢子强、唐卓群所率武装民众，仍与崇礼守城伪军相持，李英部进抵距沽源百十里之某处，张海丰部抵多伦，已与新任第三路总指挥梁品三部七百余人取得联络，拉王松爷部，到达距滂江百余里之东西大庙附近，张仲英部现在距南壕堑三十里之某地，正设计进取尚义，沿途民团联庄会等，到处响应。

四、壮烈牺牲

据某关系方面消息，谓察北民众此次发动自卫，自六月一日迄九日，连日陆续死难义民，统计崇礼、陶嚇庙村、张北县城、康保县城及南壕堑等处，共达一百余人；其因嫌疑被牵涉连〔逮〕捕者达七百余，其中多有全家慷慨赴义者，亦有全家被某方拘禁正在审讯中者，其不甘久于屈伏，牺牲身家性命、资产以企争求生存与自由之精神，殊足令人钦敬，闻风兴起。

五、匪伪压迫

匪伪对察北民众压迫手段，愈演愈剧，除令各地驻在匪军严加戒备，并加调大队镇压外，德王等迭与某方特务机关长在化德会商压迫民众不再起变动办法：（一）严密查捕抗日〈抗〉伪满分子，并严查察北六县民间枪枝，决即一律没收，以防变动；（二）切实保卫地方治安；（三）派大批汉奸伺访反抗者行动，或阻其活动，使之暗消，必不得已即行暗杀；（四）对犯绥问题暂不采积极行动。

《军事杂志》（月刊）
南京国民革命军军事杂志社
1937年103期
（李红权 整理）

不可漠视之察北伪匪

欧阳一　撰

据连日报载：察北伪匪，最近积极筹作战时准备，如催征田赋，以充军用，征集民间大车，扣留东鲁、文林两汽车行车辆，以供运输。十八日晚，由多伦运到张北子弹二千箱，每兵给枪一枝，子弹三百粒，并在多伦设立临时粮秣库，屯积大批粮秣。十九日复由热河运到战斗机四架，以供应用。闻其进攻计划，仍在夺取绥东之兴和，以谋阻断晋、绥间之联系，同时对陶林、集宁及绥北武川、固阳等处，则均采取牵掣策略，其作战计划，则以大青沟、南壕堑之部队为主力，其余不过辅翼而已。故连日以来，伪匪部队，调动甚忙，分向大青沟、南壕堑一带集中，其情势之紧张，觇此可见一斑，将来事态之扩大，亦自在意料中耳！

查伪匪自去岁百、红两役，被绥远驻军击败之后，已溃不成军。以当日之情势窥测，在最近期间，实无再举之可能，然在某方卵翼之下，为之补充军器，供给粮秣，不数月间，即已恢复旧观。此次进犯绥远，盖某方早已决定计划，观于近日李逆守信之飞东京，继赴长春，德王之飞伪京，嘉卜寺之伪军事会议，长春之日、伪满会议，蛛丝马迹，在在均足以证明。某方之所以如此者，盖怀其一贯之野心，其目的即在完成其所谓“大陆政策”。夫绥远为华北之门户，攻破绥远，则华北随手可得，故其策动伪匪，侵犯绥远，亦为其必然之步骤。且某方在嘉卜寺会议中，已明白表示，于必要时，决以其精锐部队，协助伪匪，参加作战。总以上观，绥远形势之严重，已昭然若揭。吾人于此，切不可视为一偶〔隅〕之支节问题，亦不可视为单纯之匪患问题，而平淡视之。须知绥远问题，华北存亡所系，远东安危所关，稍一不慎，后患无穷矣。

总之，今日之伪匪，实为我国心腹大患，若不设法扫除，则星星之火，终至演成燎原惨祸。深望政府严切注意，一面迅令绥远当局，本守土有责之义，严密戒备，一面速派军事大员，统率重兵，以大无畏之精神，一鼓而荡平之，以为一劳永逸计。若仅一味防守，旷日持久，使匪得从容补充休养，势力逐渐庞大，则难以收拾矣。《传》云："毋使滋蔓。蔓，难图也。"况有雄厚背景之伪匪乎！抑今日国家统一告成，"剿匪"军事，亦告结束，内顾无忧，倾心向外，非仅机不可失，抑亦势所能为也。

《中山周报》
长沙国民党湖南省执行委员会
1937年128期
（丁冉　整理）

慰劳绥远前线战士的印象

——四月五日在本处中央电台播讲

内政部编审委员　谭惕吾　讲

此次本人代表中国妇女爱国同盟会到绥远去慰劳前线战士，不久以前到南京。这次所走的地方，主要的是绥东、绥北，在绥北到过武川、黑老、乌兰花、大庙子、百林庙，在绥东到过集宁县城平地泉、贲红、十二苏木和红格尔图。这些地方都是现在绥远省境内国防要地，大庙子和红格尔图是绥北、绥东的最前线。在那些地方看到的情形，差不多都是国人所关心的。现在且将本人此次所见到的前线各种情形，向各位报告一下。

一　匪军状况

在绥北方面，自从百灵庙、大庙子先后被我军收复后，敌人所驱使的匪军都向东北退却，现在集中西苏尼特旗和嘉卜寺两处。在绥东方面，自从攻红格尔图和兴和县的匪军被击败后，原来企图侵略绥东的匪军，通统由商都东退，迁住多伦和承德一带。这两方面匪军都仅有残余力量，要再来反攻绥远是很困难的。不过，在我们离开归绥的那天，得到一个很确实的消息，敌人又在承德召集会议，决定将残余匪军大加扩充并严格训练，预备在不久的将来，再向绥远侵略。他们的第一步目的在攻占绥东，企图截断平绥铁路，扼住绥远省的东面咽喉，而后第二步进攻归绥，侵略整个绥远。由此可知扰乱绥远的匪军现在虽然已经被我军击败，可是敌人侵略我国的迷梦还没有觉醒，他们还是夜以继日的阴谋着，我们不要因为目前的平静，忽略了未来的为难。

二　防御情形

前面已说过敌人侵略绥远的野心并没有戢止，因此前线的将士对于敌人的防御很严，他们简直不分昼夜的警备着。国防工事也做得很好，每一前线地方差不多构筑了四五道防御工程。在绥东方面，很多民家都有极简单的躲避飞机的建筑。我们希望凭着这种防御精神和防御工事可以抵御敌人的侵略。

三　士兵生活

前线士兵生活非常艰苦，在我们到绥远时，天气正冷，大庙子和百林庙一带，早晚出外，眉睫都凝结成冰，哈出来的气水也成为冰。像这样冷的天气，绥北的士兵，因为都是晋绥军，在北方居住的时间较长，每人身上还有一套皮衣裤，两人共用一件皮大衣；绥东的士兵因为大部分是中央军，都是从南方去的，服装不全，每人身上没有皮衣裤，皮大衣要三四人才共用一件，这是他们服装方面的情形。至于吃和住更是不待言了，在大庙子和百林庙两处因为有旷宇千间的喇嘛庙，士兵住在庙里，还不算顶苦；可是这两处都是蒙古草地，除了马群羊群以外，什么也不出产，五谷和蔬菜简直没有，士兵吃的东西都是从几百里外用骡车、骆驼一点一点载去的，因此吃的东西非常简单。他们主要的食料是油面，质料很粗，不容易消化。珍贵的菜品就是咸菜，青菜和鱼肉是从来看不见的。在乌兰花、黑老、武川三处，吃的东西虽然便利一点，可是住的地方就很苦了。普通都是借住在公共场所和民家，民家原来就很狭小，士兵住在那里差不多一二十人住一间房，炕上睡不了，就睡在地上。在绥东方面虽然集宁县城和平地泉两处的士兵食住方面好一点，可是贲红、红格尔图两地，就非常苦了，他们的营房差不多都是驻扎在马粪堆的旁边，其余更可以想象了。这就是士兵生活的大概情形。

四 士气民气

前线士兵生活虽然这样苦，但是他们并不自以为苦，我们在前线所见到的士兵，差不多每个人都认定忍受难苦是军人应有的本分。他们对我们表示，天气冷，食住不好，都没有什么关系，只有敌人还没杀尽，失地还没完全收回，才使他们感觉苦和不安。驻防前线的士兵是抱着这样的心理，而受伤的士兵则朝夕盼望伤口早愈，俾能回队杀敌，连自己伤口的痛苦都忘却了。前线的士气是如此壮烈的！

至于谈到民气，简直出于我们意外，在我们想，北方民气消沉，也许对于敌人只知道害怕而不知道自卫。谁知道这次在红格尔图，在乌兰花，在兴和等处都是民团帮助军队攻击匪军，他们那种牺牲勇猛的精神并不亚于军队，对于敌人不特不惧怕，还具备着充分杀敌救国的勇气。绥远民气所以这样高涨，都是实施国民军训的结果。

五 士兵和民众的心理

前线士兵和民众忍受那么艰苦的生活，抱着杀敌救国的决心去和敌人拼命，他们惟一的希望是祈求全国同胞一德一心，共同努力报复国仇，歼灭敌人，他们最怕国内有纷争的现象，前回他们听到西安发生事变，很多人都号淘〔啕〕大哭！他们觉得国家这样危急，一些人还不奋力救国，还作私人权利的斗争，简直是丧心病狂，这种自私自利的行动就足以亡国而有余。他们在前线那样忠心耿耿为着国家奋斗，后方同胞竟发生这种行动，所以他们忍不住大哭！我们去慰劳他们时，告诉他们现在全国人心完全一致了，西安事变已经结束，并且有很妥当的解决方法，中央和地方，政府和人民都结成了一条心去对付敌人，希望他们努力向前杀敌，收复失地，只要他们向前杀敌，全国人民都是一致拥护一致援助的。他们听了我们的话，欢喜得不能自已。由此可以知道前线士兵和民众是怎样的爱护国家，是怎样的期待国人，我们能够不齐心协力以求无负于他们的期待吗？

以上是前防的概略情形，总括起来说，第一，匪军现在虽然无力反攻，可是敌人仍旧在那里指使策划，说不一定他们准备好了，又有一度骚扰，希望全国同胞不可忽视。第二，前线士兵生活太苦，希望后方的民众将自己的生活节俭一些，以多余的资力存储起来援助他们。第三，绥远方面受过军训的民众能替国家剿匪杀敌，希望全国受过军训的国民，每人都以此为模范，竖立起杀敌救国的决心。第四，前线士兵和民众的心理都希望全国同胞一德一心共同努力去抵抗敌人，收回失地，不要再有私人权利的斗争。这一点，希望每个同胞都勉力去实行，不要辜负前线士兵和民众的期待。

末了，还有一点须要对各位说的，就是绥远抗战，只是中国抗战的一个起点，这次驱逐了敌人指使的匪军，还不能算是得到胜利，绝不能因此自骄自满，须知道：我们和敌人的大决战还在将来，在战争时，无论我们打败敌人多少次，倘若有一寸失地不能收回，敌人侵略的力量有一分不能铲尽，我们都不能说得到胜利，希望全国同胞摒弃一切浮夸的习气，养成一种埋头苦干、实事就是的精神，先将本身的力量充实起来，以便肩负起抗敌救国的重大责任。

《广播周报》
南京中央广播事业管理处
1937 年 133 期
（李红权　整理）

察热民众之自卫运动

信三 撰

察北各县，自前年杪李逆守信进占而致名存实亡后，当地民众，在这一年余来，呻吟于匪伪的重重压迫下，真是如火益热，如水益深。近顷因匪伪的积极准备第二次西犯，察北当然成了他们的大本营。以故对粮秣的征发，饷糈的筹措，无不横征暴敛，巧取豪夺。民众至此，除受政治的压迫外，又感生存的危殆。忍无可忍，乃纷纷的起而自卫。据旬日来报章所载，自前伪独立团常子义部哗变发难后，张北各乡镇村民，首先于本月一日毅然揭竿起义，挟农具、木棍为武器，包围驻该地的特务机关，并将包子宸之伪师部缴械，戕杀汉奸，示威泄愤。嗣崇礼县及南堑壕等处民众，亦有同样行动。崇礼县属陶濑庙村之伪公安局长，以平日殃民过甚，起义前夕，竟遭民众杀以祭旗，所有枪械，亦被夺取。消息传播后，到处响应。化德、商都、尚义各乡镇义军风起云涌，遍组人民自卫军，扼守各要冲地带。尤其据八日北平电：热河丰宁境内，六日也突然发现自卫军五千余人，在城外土城子设司令部，总副指挥、政训处长、参谋长、师长，各级组织完密，所有该属三道川、喜峰岩以及公吉诺尔等地伪警署弹械，悉被缴去，日驻大滩之伪四师王治国团哗变响应，多伦伪保安队李士诚也接洽投诚，声势浩大，大有“山雨欲来风满楼”之概。现伪匪连日会议，商讨镇压办法，伪军亦集中兵力企图予以扑灭。双方情势的紧张，无以复加。

综上以观，我们可以知道这次察、热民众之纷纷起义，既不是受任何方面的发纵指使，也决没有其他任何政治色彩，而纯是被压迫者的一种抵抗的、自卫的、求生存的举动。因为他们平昔受某方特务机关的凌虐，匪伪军的蹂躏，已至家倾产荡，妻离子散。这次又加上准备战〈争〉时的摧残，生存上当感受着极严重的威胁。热、察民众一息尚存，自然不甘束手待毙，会起来抵抗的，所以它们虽在匪伪重重的枷锁中，仍不顾利害地手持木棍、农具以与拥有飞机、大炮的匪伪军抗。这种精神，实在值得我们钦佩和敬仰。我们对它们这次的自卫救亡运动，除表示最大同情外，尤应从各方面予以声援，决不可视同秦越之肥瘠，漠不相关，听其自生自灭。须知察、热是我国的领土，察、热民众，就是我们的同胞，察、热既后先亡失，察、热民众久已尝够亡国奴的滋味了。过去我们既少有机会，去解救他们的痛苦，难道他们今日自动的起来自卫救亡，我们还是坐视吗？还是旁观吗？同胞们！起来吧！察、热民众已经走上复兴民族的最前线了，他们已担负了救亡的急先锋，我们应该急起直追的大跨步前进，为恢复国家的领土主权的完整和独立而奋斗而牺牲！这是我们应有的努力！同时希望我们的政府，把握这个稍纵即逝的时机，毅然负起这个运动的领导责任，以期阵线巩固，力量充实，完成这复兴民族的工作。

固然，当我们进行这种工作的时候，我们的敌人，必定会发生不快之感，甚或借此大兴兵戎，招致不幸事件。但是敌人处心积虑，百计谋我，是不会因我们的退让、消沉而撒手的。同时以这次察、热民众的起义来说，也始终是该地人民因不胜压迫摧残而自动起来图生存的行动。察、热民众是有生命的，起来反抗压迫图谋生存，是人类的必然之举。同样的，察、热等地是我们中国的领土，中国政府人民起而要求本国领土主权的完整与独立，也是正当的行动。所以我们今兹应该上下一致的以大无畏的精神，紧握着这民族生命之火——察、热民众自卫救亡运动，使之普遍化、坚强化，以达到领土完整、主权独立的目的。

《中山周报》
长沙国民党湖南省执行委员会
1937 年 134 期
（朱宪　整理）

救护绥远前线将士之急切需要

庞京周博士　讲　　江晦鸣　记

记者前言

庞京周先生，方自新大陆游学归来，适逢绥远的狼烟，如烽火而起；在人人关怀民族生存的前线，庞先生曾和海上热心救国的社会领导人物，飞到前线去实地观察，并代表上海市民众，亲向最前线的将士慰劳。报纸上揭载这消息。怕的谁也知道很详细了。

不过，在医言医，我们所要急切了解的，便是前方的救护情形，应有怎么样一个需要？这问题的重大，不仅是全国的医药界人士所关怀，抑且全中国民众亦所急切怀望的。记者为了这个问题急于了解，乃于庞先生赴北平的前一日——十二月一日，邀请至中西电台民众医药讲座中，公开作一次说明，承庞先生允许了我们的要求，从他百忙的时间中，作了一次极扼要的演讲，听众中必已十分明晰；兹为转告全国人士研究起见，爰将庞先生讲释中关于救护诸点，录登本刊，俾吾医药两界人士，能于此时有个通盘的计划和准备，以适应前线的急切需要。

一　绥远归来的一般概念

国家危如累卵，非抗战不足以图存，在国防前线上每一位要员中，几乎成了每人的心中信念，每位作战的将士，都是深明大义的男儿，精神上的流露，那忠勇的心情，真是奔放无敌，令人有说不出的兴奋和乐观。

此行最大的目的，一方面固然是慰劳，另一方面，本人受了红十字会的托付，和颜福庆先生去履勘当地的情形，计划救护工作。我们多了这一重使命，所以我们到绥远的目光，还有关于绥远救护工作之设计。

那儿，救护的机关，实在太贫乏了，除了比较完善的一所比国医院，其余寥落可数，虽然，山西阎百川先生，曾命当地川至医院当局计划绥战的救护，但需要我们后方援助补充的地方却很多。

大家都知道，北方人有的是北方劲儿，尤其是绥远，有些地方真是一望无垠的沙漠，四野毫无人烟，不知走尽几里路才得到一个村落，在这情形之上，救护队的设置处所，也很难与前线将士取得密切的呼应。幸而，北方的健儿，他们撕毁了他们的衣物，他们个自〔自个〕儿包扎了伤处，他们仍要朝前拼命的！我们知道，在医药上告诉我们，不管是哪一种的创伤，少不了要严密消毒，和着适应症候的包扎，才比较安全的，可是，前方的健儿们，他们所遭遇的创伤，没有消毒的药品涂布，也没有消毒的纱布、绷带……供他们包扎；他们所用为裹创的工具，只是靠一身上的衣带，在那飞沙蔽日，满身溅污了的衣带，任它包扎创口，这有多么大的危险一回事呢？不说别的吧，单说破伤风菌，每在泥土中生存着的，万一泥土溅在的衣带，正有破伤风菌寄迹，这轻创变成伤害生命的重症，那是不言可喻了！

所以，我们从这一方面观察，就得到一个明确地概念：我们认为前方将士的忠勇，是超乎寻常；前方将士的危险，也是超乎寻常！他们不暇时刻在提防着敌人的伤害；同时，他们侥幸遇了小伤害，还不知已隐藏着若何重大的危机，他们宝贵的生命，岂容我们不设法爱护？

二 目前前线最需要的简易急救法

我们认清前线的环境，明了了前线将士的精神和痛苦，我们要怎样设法去救护呢？当本人在归程中即和颜福庆先生等商酌，大家都以为惟有供应一种急救药包。在绥战的现程中，固然很需要完备的救护组织和救护人才；但，事实上还不能尽其什一的。北方的健儿，那种不平凡的刚强的个性，从不把创伤放在眼中的，所以，很需要设计一种简易救急药包，每个人给他们随身带一个，那比较他们用衣带来包扎创伤，自然又合理而又安全。

我们这种计议，回到上海来，交到上海方面的救护公团中讨论，极承大家同情，而药界人士，并愿担任承制十万组，这真令人说不出欣喜的一件事。至于救急药包中准备的东西，约为下面几种：

稀碘酒一小瓶　海碘纺纱布一块　升汞纱布一块　硼〔绷〕带一卷

绊创膏一小卷　三角巾一块　安全针两只　止痛片两粒

大概这急救药包的药品用具，便是这几种。不过，我们的原议是拿这些用品，放在一个纸袋中，外面印上说明书，但恐携带不便，或易破碎，所以拟决用香烟罐头，内贮药品，外系绳索，并黏以说明书，可以供将士们随身挂在皮带上，而便于应用，且能保持罐内的消毒。

我说到这里，我又想起一句话，任何一件事都需要“因时制宜”，大概是不会错到哪里的。

三 防毒的需要

现代战争的胜败，决于军备的良窳，似乎已无可非议。但有的时候，并不是如此简单，还要关系到“天时”、“地利”、“人和”上面去。大家都知道，现在战争中最犀利的武器，要算空军，空军的权威，能在几分钟以内，毁灭敌人的城市，毒毙成万的军民，只要注意国防的国家，莫不在那里积极的准备，希望每年增加空军的数字，可想而知空军在战争中的权威了。甚而有许多军事家说未来世界的不安，都要系命于空军的赐予！我们耳鼓里常听见这种议论，我们无时无刻不在那里当心着敌人的空袭。绥远的将士们，当然也是十分顾虑的。

自从夺回百灵庙前的几场血战，我们又似乎经验到：敌人的飞机完全失却了控制力！不用说，这都是天时、地利有益于我们。我们知道，当敌人空袭的时候，施放毒气，是要借助风力的，这里所谓战力，要有一定的战向和不甚激烈的风力，才能趁其目的；可是绥远战地，原是一片荒漠，气候的冷彻刺骨，每在摄氏零度以下十五度左右，有的时候，早晚气候的变化，很有极大的变迁，所以战向不仅没有一定的，而且风力的狂飙浪卷，更是无法把握：那些空袭下的毒气，不仅在半空中吹散到不知去向，有的时候，反有吹向自己阵营的危险，他人的阵营地面上所能受到的，真是几希极微！因此敌人毒气的威力，也就好似英雄无用武之地的一样。同时，在我们国土的绥远，战地很少崇山竣〔峻〕岭，惟有大地平原，遍地黄草，漫无人烟，入夜远望，宛如天地一色，敌人的飞机，又失却了他们的爆炸力。就是敌人的飞机，不惜乱掷炸弹，但被炸的机会，确是很少，正同买航空奖券，多少次未必命中一次，因为战地很少有飞机投弹的目标，幸而我们又占有地利。

更兴奋地，前线戮力的将士，个个为了要争民族的光荣而战，生死已早置度外，不啻极得人和。不过，我们观察所得，还有一个小的顾虑，虽然那敌人的飞机失却他们的战斗力，可是，我们的将士总不免有些提防，这与战斗上的力量不可谓没有减少，所以，我认为防而不用，还是必要，后方援助他们的人，仍有积极捐助防毒面具，及御寒用品，如手套、棉被、背心等，输送前方，以增加他们杀战致果的必要。

四　今后救护的方针

绥远的战争，就是中华民族生存的战争，那末，救护事业就应该由全中华民族有救护知识的人才，共同策动的必要。所以上海方面担任救护事业的公团、红十字会等，就负有联络各地救护人才、救护组织，集中分配的措置之责。北平，也可算是中国的国防前线，那些地方救护人很是可观，而又便于供应前线的需要，所以，本人尚须至北平一行，商得密切的联络。我们认为今后救护工作，既非一隅一地之事，就应该由全国共同负起，以应前方如何需要，而决其对策。是可以宣告于国人者，至于详细的办法，限于时间，等待有了机会，再作公开的报告。

末了，我记得阎百川先生、傅宜生先生，他们在克复百灵庙以后，先后对我们的表示，他们认为未来的胜利，要系于“衰〔哀〕军必胜”的四字上，我们切不可以为百灵庙收复，就从此骄怠，我们还要想到收复百灵庙以后的前途，还有荆棘，要不轻敌，要不夸功，都〔才〕可以收复其他的失地。这些鼓励，完全要靠着后方的人士，不断的鼓励激扬，还要不断的给予物质的援助进行。更进一步说，不要以为打胜仗就援助，打败仗就缩手，胜败乃兵家常事，前线的健儿，很需要后方人士的精神和物质来给予他们的伟大鼓励。

记者附言：本篇因庞先生忽促就道，北上赴平，未及请其指正，容有记录错误，由记者负责。

《医药评论》（月刊）
上海医药评论社
1937 年 145 期
（李红权　整理）

绥事纪闻（北平通讯）

中央政府有剿灭匪众的决心
最高统帅颁攻百灵庙的命令

老兰　撰

赴绥慰问的教授会代表和同学们回来了。他们这次去过的地方很多，绥东、绥北曾去过，并且亲自考察了国防的前线和绥东、绥北战烟刚息的地方。同时因为他们被请去讲演防毒常识，所以比其他赴绥的团体幸运些，有机会接近了战壕中的民族勇士，参观了一些不可外传的防御工作，所以收获是比较其他赴绥的报告可有些特殊的地方。兹将可值得一记的事情，分别述之于下。

这次剿匪的战争，可以依其先后，分为三次。第一次是红格尔图之役；第二次是百灵庙之战；第三次是匪军反攻百灵庙之战。红格尔图本是一个仅有廿余住户的村落，无险可守，在军事上也不占什么重要地位，由赵承绶骑兵司令所辖彭毓斌师负守卫的责任，该地共驻骑兵二连。在绥东战事未正式爆发以前，因为有王匪道一的骚扰，所以在击败王匪以后，于是就从事防御工事的建设。这次的战争，匪众达数千人，且据有山地向下射击，驻军虽然认为此地与军事上没有什么补益，但是因为抱着决不白送国土的决心，所以非到万不得已时不轻易放弃。战争开始的时候，除驻有的二连外，其余都是民团，不过武器窳旧，机关枪、山炮全没有，步枪之外，只有几座土炮，而又缺乏进攻效力，加以当地的种种情形，多为匪军早已探悉，于是匪军是毫无顾忌的进迫。恰好当时由后防运到前线的许多手溜弹，因受了潮湿不能应用，被一位聪明爱国的木匠所利用了，成了战术上的新发明，建立了国防上的大功绩。这位木匠姓齐名心宽，当他很愤慨于敌人侵略的时候，他把每个已不能使用的手溜弹锯去木柄，置在土炮里，发着引火，直朝匪军射去，居然可以打三里多远的距离，于是使匪徒们大惊失色，以为我们阵地中埋伏了没有被调查出来的大炮，而这位木匠就充任了一个抗敌战争中英勇的炮手。所以，不可守不必守的红格尔图，在敌众我寡悬殊的情况下，始终没有被匪众夺去，反而奠定了绥东的坚固国防。

第二次战争，是国军进攻百灵庙，未攻之前是征求了当时驻在洛阳某最高军事长官的同意，并且是由洛阳发下命令和策划的。该庙为日人所重视，本不待说，经营几达二年之久。当地的特务机关长盛鸣，是一位很有才干的某国人，他们就从没有想到国军会去收复百灵庙的，直到要发动的前几天，他们才由绥远的某国特务机关去了一个通知，大概告诉国军有进攻的消息，不能不先防备。所以等到进攻的时候，在必经的几座山上遇到了相当的阻碍。国军的进行，不是直接向百灵庙进发的，是先由汽车将国军步队向西送到离百灵庙约百里的地方，然后步行进击，这样可以减低敌人的注意。当国军抵达庙前时，某国人都先跑了，剩下一些愚蠢的喇嘛在抵抗着，后来也都逃走了，所以现在百灵庙找不到一个喇嘛。

第三次战争就是匪军反攻百灵庙，这完全是由前特务机关长发动的，想恢复他的威望和牛皮。战略是分东、西、南三面夹攻，匪军先由大汽军〔车〕运到离庙约十余里的地方，就下车集合，只某国人是独留车上，但是匪军不能一次到齐，所以每来一批，就遭受国军袭击，大汽车又多为某国人先开逃走，所以匪众伤亡很多，为我军俘虏亦复不少。

最近很多野心的奸人，惟恐天下不乱，以前就以“不抗×”三字作攻击政府的工具；等到中央军到绥以后，于是又散布谣言，说中央军不是剿匪，而是另有作用。这种论调，居然也骚动了一般普通头脑的人。不过据从绥返平的他们谈话中，知道这是不合事实的谣言，攻击百灵庙是由军事最高统帅所发的命令，且得了政府的策划和接济，中央汤恩伯军现在确已在绥前线布防，并且该军援绥的准备，在六月就得有命令。前方的士气是特殊的愤慨激昂，前线晋绥军士对蒋委员长的崇敬，在任何国内军事首领之上，不过因中央军到达的机遇不好，现在还未正式交过战。可见奸人们的造谣是与事实相差几千万里。在这个民族垂危的时候，我们纯洁的国民应该拿出国民的责任，督促政府为民族国家而努力，同时也要以属发［?］的制裁，对于另有作用的奸人们，加以不客气的惩罚。

这次带回战利品不少，一部分是喇嘛的东西，一部分是某特务机关的文件。前者本是中国的，不必提起，后者包括有特务机关的公文和印刷品。其中有特务机关的日记，每天来往的人、汽车、飞机和收得的公文，都有详细记载，人物中还记载有什么“德王”、“卓盟长”等字眼。该机关的帐簿，非常详细，无论大小物件都有发票，小店没有印章的，就打上一个手印，在这里我们不能不佩服侵略者办事的精神。在帐簿中我们也发现了一个笑话，大概绥省的羊肉是很便宜，一元可购十斤，而特务机关的帐目中每次都是一元只购三斤，这或许是当地商民的一种反侵略政策。此外还有一封自北平发至阿拉善特务机关长田中久的信，假若译出来是值得注意的，不过听说这人已经被杀死了。此外还有一些当地的物价的调查表，日、蒙、中三种文字的专籍，中文学习的讲义，使我们看见后发出的感想就是：我们要拿出侵略者这种办事的精神，来作复兴中华民族的工作，才能有抵抗侵略者的力量。

《国讯》（周刊）
上海国讯社
1937 年 152 期
（朱宪 整理）

日本侵略内蒙之计划
——外论社译自苏联《太平洋杂志》

作者不详

日本彻底实现掠夺内蒙之计划，系与侵略华北一事平行者也。日本之统治阶级，尤以军部为首，现时不仅于内蒙觅取新市场及原料来源，彼辈视内蒙与外蒙有广大之接攘〔壤〕，乃将来大陆“大”战中之一重要作战阵地。现时日本军阀口中呼内蒙为日本帝国之“国防第一线”，洵非偶然。

日本处心积虑将内蒙包入日本军事统制范围内之真实原因，至为显然，且无掩饰。任何一国评论家，言及日本在该区域之积极性时，不能不承认军事设想，乃日本掠夺内蒙计划中之基础。

一九三六年五月十三日《华北明星报》北〔百〕灵庙之通讯员费施有言：

> 日人在内蒙之目的不必远求。于俄、日战争之可能经常存在之条件下，局部自苏、蒙签订互助公约以后，外蒙南部之绵亘边界现乃成为一重要战略因素。其不可限量之优点，在能沿该边境伸张兵站之网线，且能造成北向对外蒙调遣军队之根据地，即蒙古之骑兵及内蒙之猎士均不能予其以阻挠。

一九三六年十一月六日之《申报》所载林白列之言：

> 日本在该区域之活动，仅能以日、俄战略之条件解释之。内蒙已成对付亚俄方面莫须有之威胁之国防第一线。

事实不在苏联方面之莫须有之威胁，固可想见。按照日本军阀之意见，内蒙应作为侵略外蒙之前哨，而非反对苏联方面莫须有之威胁之“国防线”。

日本统治阶级事实上视内蒙乃一广大中立地带之一环，日本总参谋部将用此种地带而使苏联及外蒙与中国之毗连边境孤立。此地带将由满洲而延及新疆，以隔断中、苏间之一切关系为目的。

日本侵略内蒙之速度加紧，尽可能从速实现掠夺内蒙计划之日本帝国主义走卒辈之惶遽，系因日本军阀欲使内蒙受其统制，纯由军事着想之故。

内蒙富有某种经济资源，因亦引起日本资本主义之注意。内蒙有铁矿、煤矿、食盐，而主要则有兽毛，此乃日本深感缺乏之物。内蒙可成日本商品之又一补充之垄断市场。日本不断利用一切经济优势，以实行掠夺内蒙。然而吾人再三说明，日本侵略内蒙主要动机与动力，厥为未〔未为〕取得经济资源。此地最主要之一点，乃掠夺内蒙系日本反对外蒙及苏联之军事计划中之一部。内蒙同时为继续侵入中国及掠夺其领土之途径中一重要阶段。

试观内蒙在地势、人口及资源三方面为何如。内蒙在地形上距中国海岸及全国最主要之政治及经济中心稍远。然此情势乃日本之一好因素，使其易于实现计划及使关东军之秘密与公开之代表有极大之行动自由。

内蒙包括三省：热河、察哈尔、绥远，而在满洲之蒙人区域尚不在内。热河省已于一九三三年从中国割去，现时列入伪国。今日其他二省之命运亦由中国卖国军阀及蒙古王公等日本之命官决定之。

察哈尔及绥远之面积约计五七五，〇〇〇平方公里，超过日本面积以上。其人口达四，五〇〇，〇〇〇名，其中一，〇〇〇，〇〇〇人为蒙古游牧民。主要农产品为黍、绵羊、小麦、大麦。

封建关系乃内蒙社会经济结构之主要形式。蒙古之王公与喇嘛保有大部分土地，且有较好耕地及广大牧场。无土或少土之蒙古农民乃王公及喇嘛所剥削之主要民众。苛捐杂税及经常天灾（如牧场积雪成灾，及牲口流行病症），使蒙古人民陷入贫困。中国农民状况亦无少善。

吾人现不研究内蒙尚待开发之自然富源。据已查明，内蒙之地底有大批铁矿及石煤。现时食盐及曹达之采发已有极大规模。

日本帝国主义对于内蒙早已极为注意。试想一九一五年时日本向中国提出二十一条，其中即已列有关于内蒙之条件。日本曾要求土地租借权及购买权，要求日人移民权，要求开发煤矿等之权利。其时日本即以收买及煽惑之方法取得蒙古王公之同情。

日本侵占热河以后，即着手准备直接掠夺内蒙之全部领土。日本代表努力与蒙古封建王公及喇嘛勾结。日本极力利用蒙古土著与移植华人间之矛盾，同时极力挑拨此种矛盾。日本利用欲参加内蒙行政管理之蒙古王公及中国当局间之分岐〔歧〕，利用脱离中国之蒙古王公之独立运动。

自一九三三年日本侵占热河以后，蒙古之独立运动特别开展。此运动有其社会根源，乃反映蒙古先进王公之民族意向。

一九三三年，日本掠夺热河以后，独立运动之加厉，非一偶然现象，此运动之幕后有日本之代表出现。蒙古王公与中国当局间之冲突，于蒙古要求独立之基础上，对于日本帝国主义者有利。

一九三四年，南京政府同意所要求之改革，宣布当地蒙古王公之自治。于北〔百〕灵庙成立蒙古自治委员会。其主脑为云王，而事实上其领导者乃委员会秘书德王。

日本侵略者固不放过机会，进而挑拨中国当局与蒙人间之分岐〔歧〕。

日本帝国主义之代表，遍布内蒙，不仅从事侦察地形与资源等事，且从事“陶冶”蒙古大小王公。关东军司令部之代表，用最大之努力以拉拢德王。日人以威逼利诱之方法，使德王成一唯命是听之工具，并利用其威信以影响其他王公，以德王为首之孤立无助之蒙古政治〔务〕委员会，遂逐渐陷入日本代表之势力下。日本之压力愈增，德王之地位亦愈感困难。关东军司令部努力使之脱离南京政府，使之成为俘虏，于一九三五年侵占察哈尔六县，德王领率之锡林廓旗〔盟〕陷于孤立状态以后，关东军司令部已有极大成功。

外论社云：一九三五年终，关东军司令部以威逼利诱方法，一面拉拢德王，一面着手直接掠取内蒙领土。一九三五年夏、秋二季日本进攻华北时，日本军事当局曾要求撤消宋哲元将军之察哈尔省主席之职，并曾要求将其军队由该省撤退。因当时汪精卫主持外交之政策之故，宋哲元曾同意日本以哀的美敦形式提出之要求。宋哲元之二十九军已由察哈尔撤退，仅于张家口曾留该师〔军〕一师驻守。事实上一九三五年秋间察哈尔省已成弭兵区，中国行政机关已无实权，仅形式上存在耳。掠夺该省之初期准备遂因是绝〔结〕束，而掠夺该省之过程则于宋哲元军退出该省后立即开始。须予指明者一事，即侵占热河以后，日本对内蒙他地之活动根据地乃多伦区域，张家口西北部之热河边境。多伦区域由前任热河省主席汤玉鳞部下之李守信军队所占领。前年十二月杪，李守任〔信〕由关东军司令部直接指使，带领武装完善之军队由多伦出发，占领察哈尔六县。该各县之中国行政机关之遗迹均被消灭，政权遂转入李守信手中，其司令部设于张北，该处系张家口以北之重要战略点。以后关东军司令部代表活动之中心遂由多伦转移至入外蒙边境之孔道张北。

日本命官李守信夺取察哈尔六县之最重大政治结果之一，已如吾人所述，厥为日人曾使德王统率之锡林廓旗〔盟〕脱离张家口，中国当局之势力而陷于孤立。自是而后，德王即行让步，接受日人久已拟定之“礼物”飞机与大炮。其遂逐渐倾向与日人合作。此时蒙古政治舞台上出现一新人物，乃一蒙古王公，其中国姓名为卓什海。此人乃多伦区域之蒙古之大牧场主，早为日本代表所“陶冶”。日本军阀之收罗卓什海，在某种意义上，系为对付于彻底媚日问题尚在动摇时期之德王，此事无庸疑问。于李守信进攻察哈尔之前夕，卓什海曾受命统率日人所成立、所武装之“蒙古保安队”。卓什海曾参加掠夺察哈尔六县，结果乃升任察哈尔盟之头脑，察哈尔省境之察蒙各旗均包入该盟以内。

日“满”军掠夺察哈尔六县及成立新察哈尔盟以后，卓什海立即图谋将察蒙四旗包入新盟以内，该四旗即所谓右翼者是，处于绥远省境，而以前于行政关系上，则服从察哈尔省当局。事实之本质乃为掠夺绥远东部五县，该各县乃上述察蒙四旗所居，日本帝国主义至今犹竭全力于此。

一九三六年十一月九日之《中国每周评论》有言：

> 绥远东部之所以成为察哈尔事件中心者，其最重大原因之一，乃绥远该部之政治及经济意义。绥远东部在政治上乃入西蒙之门户。占领该区域，即予侵略者南入山西及西进绥远及宁夏之捷径。

日“满”军占领察哈尔六县以后，日本对德王之压力尤为加厉。其离百灵庙之公邸而迁入其私宅所在之澎〔滂〕江。其经常处于日本顾问之群小包围中，督劝其仿效“满洲国”而成立“蒙古国”。虽则德王早已显为日本侵略者作事，其犹公然声明对南京之忠诚；其于蒙古王公反日情绪影响下，虽事实上已盲目执行其日本主人之意志，犹不敢公然对日投降。

察哈尔部分领土之被占，日本命官之军队侵入绥远之危险，德王之逐渐准备与日人合作，使南京政府采取最后步骤，一九三六年初于绥远重新成立自治政治〔务〕委员会，以与百灵庙之委员会对立。绥远之蒙古自治委员会中，包含一切反对百灵庙委员会之蒙古要人。自此委员会成立以后，德王之自治运动领袖之威信遂扫地无余。其与日人之勾结，使自身在反日之王公眼中宣告破产。绥远主席傅作义将军，于重新组织蒙古委员会，以团结蒙古王公于中国政府周围，起有决定作用。热河及察哈尔之悲惨命运，使傅作义想及本省之命运，渠遂设法反抗日本之侵略绥远。其重新组织蒙古委员会，指令百灵庙之蒙古保安队暴动，集中大批军力于绥远东部各县，予日“满”军侵入绥远之初步企图以坚决之回击。

满洲伪国屠杀北兴安省行政机关之四大蒙古要人一事，使内蒙王公中之反日情绪益见增长。傅作义利用此种情绪以加强中国在绥远蒙古委员会中之影响，并从事抗日宣传。对于日本之阴谋向为警惕之部分蒙古王公，遂对于日本之掠夺公然表示仇视。蒙古王公中有势力之一部分，反对德王之政策之态度，完全带公开性质，公然责备德王与日人勾结。

一九三六年四月二十五日之美国《太阳报》有言：

> 相传，德王之名声因其与日人勾结而减小……现时关东军司令部之方法，殆难于内蒙建立亲善地带，反之，此种方法将造成满洲、高丽及华北所有之仇视地带。

日本侵略内蒙之公开强盗性质，屠杀不供日本帝国主义者驱使之蒙古要人，以及中国本部抗日运动之影响，均使蒙古人民及蒙古王公中之抗日情感加厉。然抗日情绪不变为武装反攻日本掠夺者之形式，即不能制止日本帝国主义向内蒙之推进。关于日本不欲于掠取内蒙一事半途而废，不仅有最近察哈尔及绥远边境之事件证明，且有无数事实表明，关东军司令部准备内蒙战地，以从事侵略外蒙及苏联。

日本将领之最近任务，在集合蒙古军队，不仅用之以夺绥远，且于将来“大”战中以之对外蒙。为实现此一任务，去年五月间曾于嘉卜寺成立“蒙古军政府”，设有日本顾问之特别司令部，德王即为该政府之主脑，李守信则受命为军务部部长。日本代表以德王名义着手征募蒙人，由日人组织之为蒙古部队。然而建立蒙古军队一事未能成功。察哈尔之蒙古平民不愿加入该项军队，且被征者均须调入热河。德王组织蒙古军之企图失败之原因之一，乃空前积雪及牲畜死亡所给蒙古畜牧业之灾害。蒙古畜牧业去年春间为积雪所困，若干牧场牲畜之死亡已达百分之九十，蒙古人之受饥饿者已达数万之众。

一九三六年八月二十日《大公报》有言：

> 日方利用德王及卓什海以教练数万骑兵，并借以夺取绥远。然于当初计划中未能顾及积雪之浩灾。于此种灾难之中，蒙人岂有当兵之愿（当兵者应自备军器、马匹及食粮）。故于数月之间对人民三令五申，而响应者乃极有限之人数。当时乃以土匪为主。

日本帝国主义者得各匪军首脑如王英、王道一等之助，曾着手侵占绥远。德王、李守信及规模较小之日本命官、走狗之总数，约达二万人之众。彼辈分为若干小股，且按照日本军事代表之直接指挥而活动。且匪军之努力从速侵入绥远，乃因察哈尔之饥荒区域无物以养其队伍。绥远东部各县情形较好，而匪军遂欲就地取得食粮来源。

最近数月来，绥远及察哈尔边境之战争未尝停止。王英及日、“满”、蒙军之其他首要之再三企图侵入绥远省境，已遭效忠南京之傅作义及察蒙右翼四旗蒙军之回击，且遭傅作义及阎锡山部属之回击。王道一军八月进攻失败后，遂由关东军下令将其枪毙，其罪名为私吞款项及杀害日本教官，此一事已属显然。虽然日军未直接参加侵绥战争，而日军乃分布于“满”蒙军之最近后方。“满”蒙军有日本之教官及日本之军火，并有金钱及军需之供给。

关东军司令部，于日本命官所侵占之领土内，造成若干根据地，其中最主要者为多伦、张北、嘉卜寺等。实际执行侵占内蒙之计划，系由边地各处之日本特务机关及军事代表所指导。除已包入日本直接统制范围内之各地不言，日本特务机关已设于张家口、归化、百灵庙、包头。最明显之一事，厥为百灵庙之日本特务机关主脑，乃日本最有经验、声名素著之森岛“博士”。森岛“研究”内蒙约有二十年之久，纵横往来。其受任不久以前蒙古行政中枢之百灵庙，此事固不简单。“森岛”及其同类人物，周游蒙古，与德王及其他王公发生友谊，研究当地语言、习惯及政治生活。三年以前，日本侵略热河及将旧蒙东端并入“满洲国”以后，彼辈之策略遂起改变。彼辈逐渐开始压迫王公，使之接受援助、建议，以及军火与金钱。森岛之与日本其他代表不同者，乃其对蒙古有极多之知识及于蒙古王公中有广泛之联络。

日本特务机关直接领导李守信、王英及其他命官之活动；彼辈设立无线电台、飞机场、日本医院，并屯积军械。凡日人所早垂爱之区域，均有特务机关。

倘多伦、张北及嘉卜寺，乃日本帝国主义者军事活动之中心，则张家口乃其经济势力之中心。张家口之日本居民数目与年俱增，日本商店及公司数目亦逐渐增加。内蒙此一重大商业中心之经济生活，逐渐服从日本之统制。日本军事计划可值注意之一点，厥为内蒙之铁路建设计划。此种计划之一，系拟经过多伦，将张家口与日本在热河之铁路系统衔接。平绥路上日本势力之伸张及将该路与热河之铁路相联接，将为勾通满洲及华北海道之铁路半环，从南部予外蒙以包围。此种铁路之作战意义岂待证明。

前年终之《新民国》杂志对于日本国谋侵略外蒙及苏联之估

计如下：

> 日本可从两面攻袭苏联：其从北满可攻西比利亚，从内蒙可攻外蒙，然后进攻苏联。……日本近两年来在蒙古边境之积极准备，显然证明准备进攻苏联。

内蒙之最近事件，日本军事建设之无数事实，不仅侵入绥远，且已进至宁夏之日本代表空前活跃，乃再度证明日本帝国主义进攻外蒙及苏联之准备。

《外论通信稿》（日刊）
上海外论编译社
1937年1755、1756期
（朱宪　整理）

日本侵略绥远之野心

作者不详

外论社译自莫斯科《真理报》：日本军阀现复开台积极准备夺取中国之绥远省（内蒙）。关东军司令（日本驻满之远征军）植田之视察多伦及嘉卜寺，以及日伪军之集中多伦，均足证明此节。尚须指明之一事，厥为日本教官极力进行改组日本走狗德王及李守信之军队。

日本军阀显然不欲与其一九三六年终第一次企图夺取绥远所遭失败妥协，日文《哈尔滨日日新闻》，于去年日伪军进攻绥远时，曾以下述语句表示日本参谋本部对于绥远省之意见——

> 事件之归宿，乃在以某种力量夺取绥远——该半沙漠地带，即为夺取在争取华北指挥权之斗争中之支点，尤有甚者，即在争取对全东方之指挥权时，华北乃一决定之枢纽。……因此，对此问题今后之发展吾人应加以极大之注意。

日本军阀去年之进攻绥远，主要系用其蒙古代理人德王、王英、李守信及伪军张海鹏部队。

十一月中旬德王及王英部队已集中伯灵庙一带，其任务在夺取绥远西部，然后李守信及张海鹏之部队集中于商都，以夺取绥远东部。此种队伍总数在二万人以上，其中有日本教官甚多。

然防守绥远省之傅作义将军，于十一月二十三日已使德王及王英之部队惨败，占领伯灵庙，并夺获枪枝一万以上，重机关枪十余架，日本无线电台一所，燃料、子弹及食粮甚多。

此后蒙“满”军集中沙滩模伦（距伯灵庙北六十公里），以夺回伯灵庙及再进攻绥远为目的。然傅作义将军又再次使蒙“满”军失败，占领沙滩模伦，并将蒙“满”军驱出绥远北境以外。

伯灵庙及沙滩模伦之两次战役中，日人之任蒙军顾问及教官者斩获甚众，沙滩模伦一战，日人死亡尤多，该处受伤及冻病之日人均已运入北平。

满“蒙”军之第一次失败，立即表现自身之若干弱点。十一月间即已有大批士兵及军官从德王及王英部下脱逃。十二月内，逃兵已达三千名以上。其中一部分携同军械重返故里，且中国地方当局对之并不加以阻难。于十一月及十二月之间，李守信及德王部属之投诚傅作义将军部下者，已有七千人之多。傅作义将军曾将此种投诚队伍编为新骑兵二旅。

已投诚中国军队之师长一名及旅长二名，与中国记者谈话时宣称——

> 当吾人参加匪军之时，吾人即希望有便利之机会携械投诚中国军队。现在已被良好武装，因此相信暴动之时机已至。而且将来中国人均将掉转枪头反对侵略者。

此种反对日人之暴动，已证明德王及李守信之蒙“满”军中抗日情绪增长至何种地步。日人不敢单独走入蒙古乡村。居民杀死日人之事件甚多。而且于一九三七年初数月间，“满”蒙军之大批逃走现象犹继续不已。德王于察哈尔重新动员之军队亦继续逃散。例如，三月初间从嘉卜寺曾逃出兵士一百名。军队中军械之失踪已达如此程度，致令日本教官不得不警告各团军官，以后如有军械失踪之情事，则将处以枪决。

因战争失败、暴动及逃散之结果，侵绥之“满”蒙军总数已由二万人减为六千人。

并有居住察哈尔之中国及蒙古平民，因受日本军官指导之“满”蒙军奸淫劫掠及苛捐杂税之苦，现皆大批逃往绥远。于一九三六年十二月及一九三七年一月之间，由察哈尔逃入绥远者计一万户之多。

据一切中立之观察家所描写，中国傅作义将军之部队现状及其与居民之关系，则完全为特种景象。

一美国新闻记者估计伯灵庙之战时曾言——

> 中国人之取得此种胜利，仅因其勇猛之故，不顾敌人之军备优良，不顾绥远省会——归化——公然存在之日本侦探机关极力使中国军队不能作意外之攻击。

战争初期极感军械及军装不足之傅作义军队，已能得到中国各地之物质援助。救国会，学生团体，商工业团体，各别怀有抗日情绪之将领，均将面粉、军服、军械、捐款等赠送傅作义军队。

无数中国人均自愿上绥远前线。洛阳（河南省）军事学校之学生二百名，曾组织“敢死队”，曾出发绥远。一月间，曾有学生一队，为数计六十名，其中有女生九名，均由西安（陕西省）出发至绥远援助中国军队。曾任十九路军军官数百名，亦由广东出发至前线。

太谷（山西省）市有一小学生，年甫十一岁，曾捐款赠送傅作义军队，其信中有言——

> 我甚惜年龄尚幼，不能上前线。吾人均知，绥远乃中国之门户，防卫该省乃我民族之生死问题。

当中国民族解放运动高涨之时，一九三六年终，日本代理人夺取绥远之企图遭受全盘失败，此事固不足异。

一九三六年十二月中旬，西安发生张学良暴动之时，日本将领即已决定利用此次暴动，以便恢复其于绥远所失之地位，并以重演夺取该省之企图。

十二月杪及一月初，曾赶紧调遣“满洲”新军及纯粹日本军队于察哈尔。派遣士兵一万二千名，坦克车及铁甲车约五十辆，飞机二十架，以援六千五百名之“满”蒙残军，努力运输军需。然至一月底，日人即已放弃立刻重攻绥远之计划。

此次放弃立刻重攻绥远之计划，不特由于德王及李守信军队不可靠所致，且有各种更重大之原因。

第一，因为适当此时，日“满”军之后方——西兴安省——已开展蒙古及中国人民反对日“满”当局之大规模之义勇军活动。林西、开鲁、东辽（皆地名译音）一带，于一九三七年一月至三月间，计曾有义勇军与“政府军”之大战役十二次。为镇压义勇军活动之故，日人只得由察哈尔召回其军队之一部分。

第二，因为西安事件之和平解决，曾破坏日本利用此次事变以达继续对华进展之目的之计划。

然而，倘以日本将领已放弃其夺取绥远之计划，则为一种幻想。

上举各种事实，尤以植田大将考察多伦及嘉卜寺一事为甚，均系证明进攻绥远之准备现正以加强之速度而进行。日本军事当局曾动放一〇，〇〇〇，〇〇〇圆，从事改组已被击溃之察哈尔“满”蒙军。

尤有甚者，据最近消息所传，谓日人之贪心不仅以绥远一省为限，彼辈现正于防卫绥远之中国军队后方，组织暴动，以准备更深沉之袭击。一九三七年五月间，日本之老代理人幼尔巴司，已于新疆与甘肃边境，举行挑衅之暴动，乃此事之证明。日人以大队骆驼运输军火、汽油及军需至额钦廓尔，以及日人在额钦廓尔所组织之军事侦探特务机关——名为“蒙古政治考察团”——所表现之活动，亦为此事之明证。

中国广人〔大〕民众中，现有保障祖国领土脱离日本侵略之决心。若干中国军队之调往绥远及晋北，乃证明国民党各部分军队中，现已确定予日本军事侵略者以制胜回击之意志。绥远军队之胜利，曾光荣证实此种回击之可能，问题在使保障中国脱离强盗劫掠之思想深入胸臆耳。

《外论通信稿》（日刊）
上海外论编译社
1937年1869期
（刘哲　整理）

察北伪匪现状的分析

峻犀　撰

忽紧忽弛的察北伪匪，近来已变成一个久阴不雨的局势了，尽管调动频繁，厉兵秣马，但迄未有显著的动作。虽然导演的主角植田谦吉，也曾躬临嘉卜寺，召集伪匪首领德王、李逆守信等，彻夜举行紧要会议，但却不能因此而断定其遽即发动；因为一幕带着国际性的傀儡剧，并不若观众们想像那样简单，我们是实际受牺牲者，更应当有彻底的认识。这篇文章，是根据最近的消息，作一个分析的判断。

一　察北与现阶段的中日关系

中日关系，从去年谈判失败，一直僵持到现在，谈判失败的结症，便是华北问题，特别是冀东与察北的收复。我们的最后限度，已经屡次声明，政治问题不解决，一切都谈不到，而收复冀东、察北正是解决政治问题的初步。汪精卫氏的“是抗日不是排日”，便是中华民众一致的呼声！日本朝野，对于中国近来也似乎有新的觉悟，感到中日关系已至调整的最后关头，佐藤、川樾都有这样见解。就是气焰万丈的军部，鉴于绥远战事的惨败，与中国实力之不可诬，也不敢十分坚持他的信念了。加之日本国内，政党与内阁的纠纷，还没有解决，未来的政争，正在方兴未艾。有了以上的三种原因，在中日关系没有明朗化以前，察北或不致有新事态发生，以增加中日间的摩擦。

二 植田到嘉卜寺的任务

日本关东军司令官植田谦吉，偕高级参谋渡边等十余人，于本月四日由承德入察，六日由多伦赴宝源（按宝源系宝昌、沽源两县经伪匪合并后的名称），点阅伪匪军及讲话，再赴嘉卜寺，十日飞返长春。植田在伪匪再犯声中，匆匆飞赴察北，以常识论，似不无蛛丝马迹之可寻，于是察北匪警又渐渐转移了人们的视线；其实醉翁之意不在酒，植田的任务，却不是去燃导火线。他的任务是：

甲、振奋军心 绥远战事予敌人最大的教训，是伪军反正，以华制华政策的失败！百灵庙、大庙收复后，伪匪军心的唤〔涣〕散，已到不可收拾的地步，厥后几经缩编，以致反正哗变的事实层出不穷。因为伪匪之所以为伪匪，半由于衣食问题的逼迫，半由于常识认识之不足。西安事变解决后，证明中华民族，已走上了复兴大路，而纵充伪匪，上者不免兔死狗烹，下者仍不免于流离，所以时机一到，又都恢复中国人的本来面目了。就是李逆守信这一流人，也是想将来反正后，站住一个地位，岂肯为异族作终身的走狗？这是军心摇动的一般道理。最近宋哲元巡视察省，收复察北的声浪，突然遍传了塞外，更引起了伪匪军心的不安；植田此行便有安抚和振奋的任务。果然，伪匪的队饷提高了，高出国军一倍，以预防反正。

乙、调解李逆守信和德王的嫌隙 李逆守信和德王的交恶，笔者以前也曾谈过。这两个奴才，各具野心，现在的斗争，已达到背道而驰的阶段，实力既不能集中，而声势亦不若去年之盛。植田为豢养作二次犯绥的工具起见，不得不亲自出马。且伪匪军实力较前为减，口外军事、政治重心之百灵庙，又已不守，若不以较前更强之兵力，决难期其进展。再者刘桂堂与王英之起用，亦待植田之取决。

丙、指示整军经武之机宜　关东军部，企图完成满蒙政策，决彻底强化伪组织，扩编伪军，借以增进实力；对于伪匪之训练，与究达何种程度，均有检视之必要，故植田飘然远临。据闻此次在嘉卜寺决定的议案有：（一）“满”蒙合作；（二）加紧训练；（三）赶筑公路；（四）建增电网；（五）加强工作；（六）赶筑军用铁路等。在会议席上，植田更有长篇的训话，有云“不合作无以前进，嗣后大家务须精诚团结，借图进展，无负最高长官之苦心”等语，盖亦针对德、李两逆交恶而言。

三　现在的形势

上面我们是说伪匪尚未到再度进犯的时机；我们并不是说，敌人从此便放弃了导演权。我们知道日本的军人，向不听政府命令，就是少壮军人，有时也不听军部的指挥。九一八事变的时候，林铣十郎（现在的首相）未奉命令，竟把军队开赴东北，一时呼为越境将军。那时他是朝鲜的总督。现在关东军和华北屯驻军，因为国内政潮的迁延不决，影响他们的急进政策，都感到一种烦闷，他们有随时掀起风波的可能。据快讯二十二日电：华北日驻军司令田代，今日午后一时由天津乘北宁路专车赴榆阅军；并将会晤关东军参谋长东条，对冀东、察北等问题，作重要之协商。此行与察北的关系，也颇关重要。总之，在中日外交关系的现阶段上讲，察北伪匪，最近似不致有什么动作，但在日本驻军的操纵下，谁也不敢担保。

四　伪匪最近训练的情形

伪匪虽然因为实力未足，军心未稳，没有作战的事实，但屯兵热西，待机入察，整理训练，却未尝稍见松弛。其训练的现状，最可注意的有下列各项：

甲、三年军事训练计划　伪匪最近行动，最令人注意者，即德王所定的三件军事计划；其用意，在使蒙籍青年于三年后均能普遍的具有军事常识。现在业已开始实施。所有军训师资，均系取材于某方之下级军官，情形甚趋积极；和训练民众的方法类似。德王更由锡盟各〔等〕盟旗内，选拔蒙籍优秀的青年千余人，成立“卫队师”，伪师长由德王自兼。其用意在造成个人的基本干部，以逞其野心。

乙、“宣抚队”　伪匪军在某方策动之下，虽在察北各县盘据经年，实亦不过武力之压迫，对［能］民间之信仰毫无。而某方鉴于国无民不立之成训，极欲在民众方面，取得相当认识，俾使其对于祖国之观念，完全消灭，再加以相当陶镕，可一变而成为某方之驯民，作将来脱离华族之基础分子。故近来由某方人率领汉奸数十人到各县之乡村僻壤中放映电影，宣传某方及伪组织之德政，以蛊惑愚民之思想，而变更民众之心理。并强迫观听，倘有违抗，鞭棰立至，使一般愚民，哭笑不得，而某方则美其名曰“宣抚队”。此种宣抚方法，纵不绝后，也算空前。

丙、王英诸逆再起　已经下台之汉奸王英、张万庆、雷中田等，又经某方起用。某方以三十五万元接济王逆等，作招聚匪类，扩充实力之资。王逆等获此活动源力，分头进行，计划收编热境丰宁山内之股匪，并有胡宝山旅哗变之李得胜部，现已收编完竣，合计将近三千人，均散住于长城附近，王逆正拟将此项匪军，由雷中田、张万庆两逆率领，由古北口往热河丰宁，陆续开入察北沽源集中，听候调遣。刘匪桂堂，亦乘机再起，聚匪众一千七百余名，由热西开赴南壕堑。

察北，某方是决不会放弃的！打通察、绥，积极西向，早成为固定之国际大包围政策，酝酿愈久，其实力亦愈充足，再度进犯时的时候，必然破釜沉舟，来撞一下金钟！据谓植田此次指示的西犯要点：（一）要攻下兴和、集宁，实行切断晋、绥联络；（二）最好将百灵庙反攻得手，与兴和、集宁之线，同时奏捷；然后即策两翼并进，一鼓而下绥、包。国军从百灵庙收复后，非仅丝毫未流骄气，而且最近更越发振奋了！绥省府已奉中央的命令，封锁军事及边防要区，傅作义十六日赴百灵庙、大庙、武川一带视察防务，指示机要；静待以民族吼声，敲破敌人的邯郸好梦！

《学生生活》（周刊）
南京学生生活社
1937年新3第3期
（李红权　整理）

绥远抗战的历史教训

赵昌　撰

九一八事变迄今将及六载，其间虽曾经过许多惨痛惊心足以令人大觉大悟的事实，然而政府既定的不抵抗国策，却仍无变更的希望。此种国策论根据在认为我国产业落后，军事设备不足，实不堪与敌一战，所以不能不采取不抵抗政策。关于此种国策理论上的谬误，年来已由国内外学者予以严厉的斥责，现在我们更由绥远抗战的实际情况，观察上述不抵抗国策之是否正确。

日本近来一方面在南京高唱国交调整，一方面在绥远进行军事侵略，以边区的一省，独当敌人的大军，当时国人多认为凶多吉少，无不为之惴惴不安。及至绥军奋起猛烈抵抗，不但敌人的野心未逞，并曾遭受重创，绥东方面敌人既不能越雷池一步，绥北失地复被我军收复，敌人于惨败之后，已有戒心，月余以来，已不敢南下而牧马矣。绥远抗战当以百灵庙一役最为重要。但其重要性与其说在于收复了军事重地，不如说在于民族抗战自信心的提高。兹将此役敌我两方的情势加以概述，俾于此种胜利得一正确概念。

百灵庙四面环山，山外为未开辟之蒙古草原，其南距有村庄地带有六七十里之遥，我方攻击的兵力多为步兵徒步前进，疲势殊甚。在对方可谓以逸待劳，在我方可谓以劳攻险，且对方粮积如山，我军则仅裹粮相从，对方有足供数万人使用之弹药，我方则仅有随身之武器，故从客观的条件上观察，以相等的兵力，携不充实的武器，涉［不］平原草莽之地，以袭四面环山有备之敌，敌我优劣之势，至为显然。然竟能于一夜之间，驱敌于百里之外，此种卓越之战斗能力，直使中外人士为之惊叹！

在客观的军事条件上，我方既居劣势，然竟能以弱胜强，其中原因不外下列两种：

一、我们在客观的条件上虽居劣势，但却具备了足以致胜的主观条件。就全国民众言，绥远抗战军兴后，各地援绥运动，风起云涌，不仅对于前方战士予以精神的鼓舞，而且予以大量的物质援助，不仅各界人士或捐以血汗之资，或助以绝食之费，甚致〔至〕乞丐、囚犯以及幼稚儿童亦无不踊跃输将，此种爱国热诚，万众一心的表现，自然直接间接于前方战士有极大的影响。就前线的战士言，捐躯保国的思想，已深入于每个士兵的头脑中，故均能勇往直前，置生死于度外。百灵庙之役，我方冲锋的装甲汽车的司机阵亡后，第二个司机即起而继之，及至汽车击毁，各士兵均下车徒步前进，以血肉当炮弹，我们所以能够致胜，都由于此种为国牺牲的大无畏精神，此种精神不仅为前线的战士所特具，且为全国民众所共有。设一旦发动整个抗日，此种精神之表现，当更倍于今日。

二、此次抗战系采取攻守并行的战略。据傅主席的谈话（见天津《大公报》本年一月六日《绥行日记》）："此次抗战，比较以前松〔淞〕沪、长城各役，却有一点进步，就是不是死守而是攻势防御。"这意思就是说，我们以守土为目标，但是欲求有效的防守，须随时采取攻入敌人阵地的策略。长城战役的失败，武器居劣势，并不是最重要的原因，乃是策略上采取死守政策的错误，这样"只许挨打，不许进攻"的下策，给敌人一种很好的个别击破的机会。此次抗战，不仅未被敌人个别击破，保守了现有阵线，而且还能击退了敌人，恢复了绥境已失土地，这种重大的原因，就是变更了已往的战略。

由这次绥远抗战的各种情势观察，可得下列三种明显的历史教训：

一、在战略上纯处被动地位，终必失败，必须采取攻势的防御，方有胜利可能。我国历来对日政策是敌人不来进攻，我决不进攻敌人，因而敌人进退裕如，我方只有退无进，而且常使大好机会，坐令失去，以此而言守土尚不可能，收复失地当更无望。

二、局部抗战决不能得到最后的胜利，必须发动整个民族的抗战，始有收复失地的希望。由这次绥远抗战的历史教训，我们相信绥远的军队尚可乘胜进攻，进而收复察北失地，甚而收复东北领土。但自绥军克复百灵庙与大庙以后，绥远战事，反转入沉寂，使敌人得利用优余的时间，以整顿其惨败的军队，其原因即纯由于绥远抗战始终只限于局部。现绥军因为局部的军力单薄，故终于不能继续前进，以竟全功。可知不发动整个抗战，局部对日，是决不能获得最后的胜利的。现日伪军以张北、商都两处为根据地，整顿内部，调增援军，势必俟机卷土重来，为再度大规模之进犯。以绥远一省的兵力，以当源源不绝的日军，现既无力进攻，驱敌人于睡榻之外，将来很难免重蹈松〔淞〕沪、长城两役覆辙。

三、由这次绥远抗战的历史教训，证明我们的主观力量足以克服敌人物质的优越条件，并证明了利用我们之所长，即可以补我们之所短。至于对日必须准备的论调，实属一种愚妄之论。因为这种主张，只在重视我们的准备，而忽略了敌人的准〈备〉。试观五年来我们的准备如何，敌人的准〈备〉又如何，在比例上是否能追及敌人，将来有无超过敌人准备的希望，如果对于这一问题有了明了的概念，则由准备论者所造成的不抵抗政策之得失，即可了若指掌。我们知道日本自九一八以后，也是天天喊着“非常时期”、“强化军事”。故其军事设置，极为积极，其进步之速，亦极惊人。从军费上看，一九三〇〈年〉的数字为四四二，八五七，〇〇〇日元，一九三六年的数字为一，三八一，七〇〇，〇〇〇〈日元〉，几乎增加三倍之多。再从军需工业生产品的〈生〉产费上看，据统计，一九三〇年日本军需工业生产费，尚不过四千七百万，而一九三五年却已增至一万万二千万，增加两倍以上。至于军需品出产量的增加，尤为惊人，一九三〇年每年出产各式大炮七千门，到了一九三五年出产一千〔万〕门；一九三〇年出产步枪和马枪二百五十万杆，一九三五年则增至三百万杆。至于机械化方面的军事设备，如拖曳机、各式坦克车及铁甲车，日本于一九三〇年尚不出产，到一九三五年则每年出产拖曳机一千架，各式坦克车一千六百辆，铁甲汽车一千辆。在一九三〇年仅出产飞机一百架，飞机引擎二百具，到了一九三五年则出产飞机六千架，飞机引擎九千具。至于载重汽车，在一九三〇年仅出产三百辆，一九三五年即可出产五千辆之多。在近数年来，日本对于军事设备之积极及其进步之迅速，由其军费数字上及其军需品出产的数字上，即可见一班〔斑〕。至于我国，自一九三〇年至一九三五年，军费虽有增加，然在比例上，则远不如日本，军需品出产的量数虽有若干进步，然其速度则至为渺小。至关于机械化的军事设备方面出产，更谈不到。如飞机、大炮、坦克车以及各种汽车，以前不能制造，现在依然如故。国内的兵工厂不但未曾增多，而居全国第一的沈阳兵工厂反被日本夺去，现在有四万工人，日夜工作，以增加日本的军需品出产。从一九三三年起之日军强化计划，现已次第完成，最近日本更提出所谓国防充备十二年计划，今年便是实施计划的第一年，其将来军事设备进步之速，当更过于往者。由此观之，日本准备的积极程度，较之我们有过之无不及，而其速率又远过我们，故欲于军事准备上与日本并驾齐驱，实为不可能之事。故绥远抗战的将来，全视今后政府的准备政策能否放弃，如果能放弃准备的错误观念，即时发动整个抗日，以发挥吾人之所长，则将来的胜利必属我们。否则如果仍固执准备的幻想，而以抗日之责，责之地方局部的军事力量，那末，绥遵〔远〕抗战之最后结果必与抗战陷于同样的悲运！

《民彝旬刊》
桂林民彝旬刊社
1937年创刊号
（朱宪 整理）

国防前线上之归绥局

郁村　撰

自从绥东告警以来，继之以克复百灵庙，一个平日清闲得要打瞌睡，仅仅只摆六张小条桌，四部莫尔斯机，而实际上夜班只有两人，一人覆核来去报底，一人总揽北平、宁夏机的报房，陡然之间，空气紧张起来了。

收发处紧贴着报房，相隔只有一道土和泥砌成的墙；墙上挖了个窟窿，两块活动的玻璃，骑墙派似的可以朝左右两边推，电报一叠一叠的塞进塞出，那就好象是大局子里的传递筒子。收发处的重要分子，共有两位：一某甲，一某乙。屋顶上开了一只天窗，下面放着一张八仙桌，靠墙有一个睡炕，一把太师椅挨近柜台，甲先生就坐在上面。每天到了“月上柳梢头，人约黄昏后”的当儿，Press 的新闻报，就像雪片飞也似的从那椭圆形的孔孔里摔进来，某甲手不停挥，眼不停看，作字数，上流水，找钱，开单据的就在那里应付。有时候来了一位并不是前方的将士，而是从后方来的不知是谁的勤务兵，持着印电纸，硬要拍私人性质的官电，除了墙壁上贴的一张六尺来长的“告示”不算外，“唇焦舌敝”的把嘴讲干了，仍是没用。结果终于被他所屈伏，只好一面“照发”，一面“请示”。因此，非但消耗了不少的时间，同时还增加了许多为难的手续，真是别扭。

归绥局一共有六条线，因为借出两条，所以只剩四条。线分东西两路。东至丰镇、大同、北平（后来开放阳曲，是在北平同一线上），西至萨拉齐、包头镇、宁夏。战事未发生前，北平机顶忙，战事既发生后，北平机更忙。每天二十四小时一分钟不停，报仍照旧的“堆积如山”。过了不久，奉令装设快机，这一下可越发起劲了。装快机头一个是“房子”问题。好容易想出一个“折冲樽俎”的办法，用电瓶橱子作屏障，从收发处割出了一块地盘来。同时再开一“方便之门”，于是三面构通，连为一气。等机件差不多都装好了，可是人又未到。好容易望到有一天下午由天津赶到两位同仁，这两位不远千里而来，但是精神都很饱满，好像带着一颗狂热的心情，到国防的第一道防线上来替他的国家尽义务。所以休息没到三个钟头，便请他俩上报房工作。一时笃，笃，笃的 Punch 声，和沙，沙，沙的贴报声，把一个清清静静的屋子，顿时弄得生气勃勃似的热闹起来了。可是开张伊始，一切都漫无头绪，而且东西不齐，使起来极不方便，只好实行征兵制似的无论有班无班的都到快机上来帮忙。于是倒的倒纸条，送的送墨水，搬的搬凳子，人人都弄得好像是在“山阴道上”。放出去的新闻报，常常是一放放四五个钟头，这时候，精神已经超过了肉体的强度，绝对没有想到什么“因工作的繁忙，几几乎达到肉体所不能支持”的话。恨只恨爷娘少生了两只手，因为这时候的工作，不仅只是为了解决自己的生活问题，更不仅只是拿公家一份钱，替公家尽一份责任，可说是凭着我们的一腔热血，而是为关心绥远抗战的全国民众，尽一份最低限度的义务！君不见平、津、沪、汉各大报纸上所载的“绥远抗战”消息乎？当同仁 punch 这些新闻的时候，心里是多么的盼望这张捷报赶紧的转到各地报馆，而传给全国民众。假若我们第二天在报纸上偶尔发现有“迟到”两字，内心里势必要起一种莫名的遗憾！

北平快机一通，接着便是宁夏莫尔斯机受“压迫”。由南京到兰州的报，通通经过宁夏机。一堆一堆的报，红的、绿的，摆满一桌。另外还有有标识的，借以表明“加急”。无论是在白天，或是夜间，那部机器上，不是Key的声音，便是车轮子转动的声音，周流循环，好像是在推动着时代的前进。值晚班的同仁，到了鸡鸣破晓的五更时候，仰起头来可以望得见窗子外面的天空，由漆黑而转暗灰，由暗灰而变鱼肚色，一变而为“光天化日”旭日东升了。这时候接班的来了，这才把昨夜的一口气转了过来，立起来伸一伸懒腰，收起铅笔，慢吞吞的走回去睡觉。

再说到我们不值机的同人，普通每晚也总要忙到一两点钟才能回家，因为新闻记者打电报，呆板的总是在晚上。所以晚上的忙，简直可说是大伙的“忙”。因为忙所以就有生气，因为有生气，所以情绪也格外的紧张起来了。这时候，我们常常会把吃饭的问题忘记掉，其他所谓战区的危险，那更是“无暇兼顾”了。夜里回去的时候，在那几条冷僻的马路上走，警察会突如其来的对你喊一声“口令”。但是我们一点不会生畏惧心，只要等说清楚了我们是“电报局的人”，他就会一声不响的让我们走过去。

西安事变时，我们也曾忙了一阵，直等到最近陕局和平解决，而前方战事亦复沉寂，我们的工作，才稍为的轻松了一点。但是我们全局的同仁，仍旧在准备着充分的精神，以期应付将来的“非常时期的工作”。

《电信界》（月刊）
南京电信界月刊社
1937年1卷1期
（丁冉　整理）

绥省近又紧张

作者不详

正在日本大唱其提携合作的高调的时候，在某方策动下的匪伪，又有进犯我绥省的企图，这事实，可以摧破了许多好听的诡论。

据《立报》所载归绥专电：某方侵绥准备，自李逆守信由东京返察北后益趋积极，嘉卜寺连日会议，对进犯计划闻已决定，将以李逆部为主力，充任前锋。现商都、尚义、南壕堑一带已由李部接防。宝昌一带匪军调动极忙，原驻该地之刘继广师全部约三千余人，十一日过屯垦地开往商都。胡宝山一部两千余人，向东南公会、馒头营方面开去。驻嘉卜寺伪蒙军第六师一部亦将于十五日前，向商都集中。王英、张万庆等匪，由张北抵承德后，亦已由某部护送来津，匿居某国租界内，某方并按月支给该匪等津贴八千元。至伪军再度西犯计划，业经前伪军政会议决，兹探悉如下：（一）进攻目的由大青沟、南壕堑犯绥东兴和；（二）决不放弃察北六县；（三）九一八及一二八两役，某方均未受重大损失，但金宪章反正时，竟有大佐等要员二十八人被杀，故极衔恨，此即主张再度西犯及不放弃察北之理由。现伪军正积极向大青沟、南壕堑一带集中。又闻热境某铁路即可通达多伦，某方现在将军需弹药等尽先运输，候战事一发，其正规精锐部队恃交通便利，立可由热境开达前线，刻民间大车均集多伦备用，预想战况必较前激烈。

十六日廿十师穆克登宝部由西旗抵商都，德王自辖之第九师到尚义，八师包悦卿部由宝源抵张北，一时实力大增。

绥远表面自去年以来虽已平静了一些时候，然实际上始终是个某方要张则张，要弛则弛的局面，这是各报曾屡次向读者提起。现在果然又告警起来，可见吾国的防范，是不应该一刻放松的。

《建言》（月刊）
上海福建旅沪同乡会
1937年1卷1期
（朱岩 整理）

绥远抗战的胜利与危机

张佐华　撰

作为中华民族解放斗争序幕的绥远抗战，从十一月二十四日国军收复百灵庙起，便展开了一个新局面。接着有十二月八日伪匪军石玉山、金宪章、葛子厚等部的反正。十日的收复大庙，更奠定了绥远安定的基础。而最近在绥东方面，又有张万庆部的三团反正。据绥远某军事当局向笔者谈，察北六县，现在也正用政治方法解决。所以照现在情势说，绥远抗战的初步胜利是确定了。

但是，观察绥远抗战的前途，还是充满着危机。我们在欣喜鼓舞绥远抗战初步胜利之余，应该检讨过去这一个抗战阶段的胜利的原因，和绥远抗战前途的危机，以为推动绥远抗战大胜利的准则。

笔者在绥远抗战期中，曾亲到绥远前方、后方慰劳考察，并和各军事当局晤谈，得悉绥远抗战初步胜利的原因，和抗战前途的危机甚详。爰将所得，贡献于关心中华民族解放斗争前途的国人。

一　绥远抗战是怎样胜利的？

这次绥远的抗战，我们是胜利了，这实在是国难五年中所不曾有过的事情，这胜利不是偶然的，我们分析胜利的原因如下：

（一）这是神圣的民族解放斗争——这次绥远抗战胜利的主要

原因，是因为这次抗战是神圣的民族解放斗争，是求中国生存的斗争，不是“中国人打中国人”的内战！这思想深入晋绥军每个兵士的脑海里。所以当他们得到出发和进攻的命令，他们是分外的快乐，他们和伪匪接触时，都奋勇杀敌，这种英勇的精神，是不曾有过的。笔者在大同进谒李服膺师长时，他和我说：“从前的战争（指内战而言）是官长在后面督着，现在的战争则须官长在前面拦着。”可见前方的士气该多么旺盛了！受了伤的战士，轻的还继续追敌人，重的忍痛不呻吟。同时，每个战士都知道打的不是伪匪，而是伪匪后面的敌人。笔者在归绥慰劳伤兵时，一个把腿打断了的受伤兵士对我说他的感想，他说：“这次打仗我受了伤，最抱憾的是在家里还有年老的父母没有人来养活，和我这次受伤是打中国人（指伪匪）而受伤，将来打日本人的时候，我是不能到前线上去了!”可见前方兵士的抗敌情绪，该是多么样的高涨啊！这都是从前所没有的。

（二）晋绥将士都有守土的决心——这次绥远抗战胜利的另一个原因，是晋绥将士都有守土的决心。他们所下的命令都是“死守”，除非都战死，是不能放弃一寸国土的。晋绥军的将领都具有这种决心。我们［再］在和晋绥军兵士的谈话中，也证实了这种决心是可靠的。所以在战争爆发前，便构筑了极坚固的防御工事，许多地方的工事，都是用洋灰筑的，以致飞机轰炸都没有多大效力，这也表示晋绥军将士都具有守土的决心。

（三）以攻为守战略的成功——从前的对外抗战，都是采取守势的，所谓“敌如来犯，我决痛击”是依以往的经验，知道这守势的战略，有被敌人攻破的危险。这次绥远的抗战，却改变了数年来的守势战略，而为以攻为守的战略。就是说，防守固然是必要的，但一有机会，便出来进攻。百灵庙、大庙、乌兰花等地的收复，都是这种“以攻为守”的战略的成功。

（四）攻心政策的应用——这次绥远战争的爆发，是日本人利用伪匪军向绥远进犯的。大家都知道，伪匪军队的将士们也都是中国人，他们并不全是甘心做奴隶的汉奸，他们的投入伪匪军队，是有着其不得已的苦衷，如果有机会，他们还是投到祖国的怀抱里来的。晋绥当局明白了这点，所以对伪匪军施行一种“攻心政策”，就是用政治方法分化伪匪军的势力，使其反正。除了和伪匪军的将领进行谈判、促其反正外，就是对伪匪军的兵士，也施行一种“攻心政策”。这政策的唯一口号便是“中国人不打中国人”，当国军和伪匪军接触的时候，我方兵士便大喊：“中国人不打中国人！”谁都是感情的动物，谁都爱他的祖国，在内心有着极大苦痛的伪匪军兵士听到了这种呼声，有几个不受感动的呢？所以在每次作战时，伪匪军兵士，除了被日本人监视的外，都向天空放枪，因之我方受伤兵士并不太多，而敌方所放的炮弹又多是不炸的。此外，对伪匪军的俘虏也特别优待，先开导一番后，就给他们钱和面，把他们放回去。据绥远军民联合会主席潘秀仁君说：“这几次战争放回去的俘虏不下七百多人。这七百多人回去，不啻是一个最好的宣传员，因之，伪匪军兵士内心是‘军无斗志’，大部的向我投降。”

（五）没有忽视民众的力量——这次绥远抗战，将领们都极端重视民众的力量。他们在去年五月中，便开始全省的壮丁训练。第一期壮丁三千六百多人，在十一月间毕业，便都各回家乡。这种壮丁训练四个月毕业，政治训练为主要部分。每月为一期，共四期，为：（一）新生活训练；（二）社会常识训练；（三）帝国主义侵略中国史的讲述；（四）民族自决与奋斗的训练。其军事训练偏重在守城、游击、传达、侦探、手溜弹、大刀和障碍物赛跑等。这些已经训练了的壮丁，在这次绥远抗战中发生了很大的效力，他们知道国家和人民的关系，他们知道帝国主义侵略中国的阴谋，他们更知道唯有抗战才是出路。所以，当国军抗战时，他们也都担负起来抗战的责任。他们引导军队前进，他们当传达、侦探，他们在敌人来攻击时更奋勇的抵抗。在前线上，常常由民团守住几个地方，发现敌人来的时候，便准备射击，他们用的是“老洋炮”，里面装着铁沙〔砂〕子，敌人出现眼前时便射击，幅面很大，都使敌人吃惊。同时就有传达报告给国军的骑兵增援，结果敌人便全被消灭。这是绥远抗战的新战略，是整个军民合作御侮的表示。绥远战争的胜利，这也是一个原因。

（六）其他——像绥远公路运输的便利，后方民众一致拥护并支持绥远抗敌将士，也都是绥远抗战胜利的原因。

二 绥远抗战胜利的重大意义

这次绥远抗战是胜利了，虽然这只是初步的胜利，将来还有更艰苦的斗争，但它的意义，却是异常的重大！我们摘要地说，可以有下列几大意义：

（一）日本“以华制华”政策的失败——日本帝国主义者的侵略中国，一向是用“以华制华”的政策的。他们希望利用中国人打中国人，好不费一兵、不损一将地达到他们侵略的目的，过去的许多次都是如此。这次侵略绥远，他们依然是用这种毒辣的手段，他们利用德王、李守信、王英等伪匪军队，杂以日本指挥官，希望以最少的代价，便取得了绥远。但是中国人毕竟是中国人，“中国人不打中国人”的口号深入了每个伪匪军队的士兵，他们并不是人人甘心做奴隶当汉奸的，所以石玉山、金宪章、葛子厚等部伪匪军，都在领得了大批军火给养以后便反正了。这不能不说是日本“以华制华”政策的失败。叫他们也知道中国人是不甘心做奴隶，供他们嗾使进犯他们的祖国的。

（二）日本威胁利诱的无效——日本帝国主义者的侵略中国，除了上面说的“以华制华”的政策以外，还施行威胁利用〔诱〕。譬如这次绥远抗战爆发前，日本驻绥特务机关长羽山，曾以一千万元的重价，来要求绥远当局的谅解，但却为我绥远当局所拒绝了。接着便是威胁，派大批飞机来轰炸，但是我方将士都具有守土杀敌的决心，更有“不成功便成仁”的意志，所以日本的威胁利诱，都失去了效力。

（三）国内唯武器论与准备论的不攻自破——几年来，中国受日本的侵略与压迫的所以没有爆发出来一个伟大的民族解放斗争的原因，就是由于国内有一般唯武器论者和准备论者，认为中国的武器赶不上日本，我们还得准备，才能发动抗日战争。这次绥远抗战的胜利，对国内的唯武器论和准备论，实在是不攻自破！的确，我们准备到什么时候，也赶不上日本，因为我们准备，日本也是准备。同时我们虽然没有良好的武器，但我们却有一颗抗敌的心，和满腔的热血，足能够打退敌人的！

三　绥远抗战前途的危机

绥远抗战是初步胜利了，日本想利用伪匪军来进取绥远的计划失败了。但我们确信，日本决不会甘休的，在不久的将来一定会自己下手，爆发出更广大的战争来。我们检讨绥远抗战的前途，却孕育着许多危机，兹分述如下：

（一）是局部的抗战而不是全国的抗战——绥远抗战是爆发了，而且获得了初步的胜利，但这抗战还是局部的抗战，并不是全国的抗战。除了全国民众一致援助外，就是几个实力派发几个不兑现的援电了。事实上除了中央开去几师外，并没有其他军队的援助。我们知道敌人进侵中国是用整个的力量，而我们则用部分的力量抵抗，很少有成功的。过去几次抗战的经验，便是真实的教训。可是现在绥远抗战，还不能扩大为全国的抗战，而日本正调大军增驻察北，不久就会大举进犯的。这种部分的抗战的前途是很危险的。

（二）是守土战而不是收复失地的〈抗〉战——这次我们到绥远去慰劳考察，遍访各军事领袖，询问抗敌意见，他们都郑重地表示他们有守土的决心，而没有收复失地的决心，仅是采取攻势的守势，他们的理由多半是没有中央政府的命令，和如果他们单独行动，后方没有援助，最终还是失败的。李服膺师长负责向我们说，他不愿作马占山、蔡廷楷〔锴〕和同盟军的冯玉祥。可见这次绥远抗战是守土战，而不是收复失地的战争，这还是很危险的。因为我们只是守，而不积极的收复失地，敌人会用最大威力来进攻我们的，我们迟早有被击退的危险。同时全国民众的希望和要求，也不只是守绥远，而是进一步地收复东北失地。

（三）友军的联系是不够的——这次伪匪的进犯绥远，都是以察北六县为根据，而察北伪匪军队所用的一切军需品，又都是从我们的平绥路，运到张家口，再由张家口出大境门，直运到察北六县，这是非常矛盾的事情，这是友军的联系不够。绥远战争爆发，察省当局就应该和绥远当局采取一致行动，立即收复察北，至少要严禁向察北运送军需品，以供伪匪军队进攻绥远之需。今后的战争恐怕要偏重绥东，察北六县便是进攻绥东的根据地，我们要求二十九军收复察北。

我们检讨过绥远抗战前途的危机，要克服这种危机，我们希望：（一）把绥远这局部的抗战，变为全国的大抗战；（二）把绥远的守土抗战，变为收复失地的抗战；（三）同时我们更希望全国各实力派精诚团结，一致援助绥远；（四）全国民众一致予抗敌将士以精神和物质的援助。这样，我们的抗敌斗争，会展开一个新局面，最后的胜利一定是我们的，愿全国上下一致援助绥远！

一九三六，十二，二十一日夜，北平

《时代观》（半月刊）
上海时代观社
1937 年 1 卷 1 期
（朱宪　整理）

察北伪军积极战备

作者不详

日前地方上盛传德王飞往伪京，商请协助西进事宜，现德王已携得具体办法，由伪京归来。以本月二十一日为其先太夫人逝世尽七之期，定二十日在西苏民〔尼〕特旗王府，唪经追荐，以伸哀思。同时并召集伪方军政领袖，及某方顾问、参事、指导官等，述说其到伪京洽商经过，听取各方意见，共同会议西犯计划，颇堪注意。至于伪方最近一切行动，均在某方策动下，积极作战准备，如催征各县地丁、田赋，强迫农民种植鸦片，各村镇遍设俱乐部，尽力刮敛，以充军用，征集民间大车、骡、马，扣留东鲁、文林两汽车行车辆，集中多伦，以供运输。十八日晚由多伦运到张北子弹二千箱，分装八载重汽车，日内即将前次收存于各师部内之每连枪枝，重新发还，其有不定〔足〕者，按数补充。规定每一兵士给枪一枝，附子弹三百粒［略］（伪军枪枝系奉造韩麟春式，子弹直径七厘米），并以多伦为后方接济总站，已经设立临时粮秣库，刻已屯有大量粮秣。十九日续由热河运到多伦飞机场战斗机四架，以待应用。其兵力现在已大半分集于察西大青沟、南壕堑及商都等处，情势确较过〈去〉略呈紧张。关于伪方此次西犯计划，原定以现有伪军作前驱，参入某方之中下级军官指挥作战，必要时或以热军及其正规军之精锐与战，分由大青沟（即尚义）、南壕堑直趋绥东兴和，阻隔晋、绥联络。兹据熟悉伪方内情者谈，伪方此项作战计划，一方固由大青沟及南壕堑攻取兴和，但同时另有一路窥取百灵庙。不过百灵庙一路，则系采取待攻策略，目的仅在牵掣绥军兵力，而兴和一路是实云云。王英、张万庆两逆，在此边祸即将再起期中，均极力活动，希图再起。日前王曾派其［驶］密〔秘〕书长马某，潜到张北，与特务机关长星月关说。现马已离张北他去，大约其收获不恶。盖王英在察北，过去与德王、李逆守信，势力声望，俨如鼎足，张逆万庆不过王逆英之副司令而兼任步兵旅长，特因遭遇时会，视王英地位，殆如积薪，后来居上者然。现在某方既亟图西进，德王与李逆守信迄不协调，互存芥蒂，多伦特务机关长川村亦对德王有所不满（川村系一跋扈武人，曾因事与德王反目），故对王、张两逆之再起，虽未有显著之欢迎表示，但亦未拒绝，只要祸乱中国有人，某方均所欢迎，非固执成见者可比。故王、张两逆之再起，在此种场合中极易合拍，再起之希望确极可能。至于王逆心目中之实力，仍不过希望一军，最低一师。现在王之招集计划，闻拟在冀东编制就绪后，而开入察北，正在进行招抚热河、察省间丰宁县山中之股匪，约有二千余人。（四月廿四日上海《民报》张北通讯）

《新闻记者》（月刊）
上海新闻记者月刊社
1937年1卷1期
（李红权　整理）

前线战士的一封信

——克复百灵庙的经过

郑汶河　撰

××仁兄：

在接到你手覆的当儿，正是我攻陷百灵庙的第三天，开函快读之后，得知知己者之关怀我，与夫国人之爱国热忱，一致的步趋，使我闻听之下，莫深铭感！……

我在上月十九日由包头出发，在廿三号的下午，由乌兰忽洞向百灵庙前进，至晚十一时许达到目的地，即开始向敌人夜袭。我率全连由南面山头协同友军进攻，初上去，即遭敌之奇袭射击，余即伏卧山坡，决不还枪，后用迫击炮射击，将敌轰跑，于是五六里地之深山，一鼓而下。至天明时，即达山口，此时百灵庙即在目前，我提精锐之一排，由西南下山入口，此时各友军均尚在后，而敌人则暗伏山沟中，枪炮声均息，大有万籁无声之概。移时阳风和煦，慢慢由东边射出几道金光来，我即迅速前进，攻入庙中。日本特务机关已潜逃一空，我获日人调查笔记之《宁夏、青海及东蒙古之关系》一部，展阅之后，尽系和文，当即呈交上峰。此役攻庙，计我军有五团之众，敌有三千余人，我团最先攻入，而先头连则为弟所率领也。报载系张连，则系总指挥部之错误也。敌人系伪蒙古军，内有日人任指挥官，然士无斗志，故能摧枯拉朽，不一日而下也。揆厥缘故，大约系既无组织，又无训练，故一击即破。是役弟连阵亡兵一，俘获敌人廿余人，枪廿余枝，马十数匹，弹药粮秣无数。此攻击之大概经过也。

一号的那天，听说日人嗾使伪军反攻，所以我们又由距庙六七十里之乌兰忽洞返回，驻扎在环庙之山头上。我在东山上，此山之后七八里，我担任之，正面有三里多。在前天（三号）的早上，由金甲山率领之伪军士官兵百余人，在四二一团阵地前缴械。我阵地前，敌人用汽车五十余辆，输送到约一千人。我令守军加紧戒备。是晚风雪大作，寒冷异常，士兵只有一大皮衣及旧棉衣一套，虽然不至积雪没胫，但坚冰确已在须。虽如是之冷冻，然各士兵仍奋不顾身，在风雪中抗战。至夜半，敌人退却星散，据土人云：敌因接济困难，且金甲山根本不是打中国人（此话系俘虏所说），此来即系投诚。现在日本飞机每日来四五次轰炸，士兵多受伤，无法避免，此种损伤，实为大可惋惜之事。防毒面具，已发下廿余具，系义大利制造者。此间情形，大概如此。

我在风雪交加，西北高原之山头上，自己移来的蒙古包内，白天冻的不能伸手，晚上不能睡觉，今天因为生了炉火，才能够写这么些话。饮食都是干的、冻的比石头还硬的饼和开水。再我因为许多的原因，颇有消极之意，读了你的来信，使我增加了好些兴奋，觉着我不入地狱，谁入地狱，所以脚冻肿，亦不觉着痛，眼睛快好的当儿，又来一个长途行军，一连四五天，所以又陷于半失明状态，亦不以为是〔意〕。同时敌人即在眼前，亦顾不得痛。这一方面是责任所在，一方面也是你赐给我的兴奋剂。

又读了你写信后的附语，同情之心，更益加深。处在今日，我们为责任关系，想促膝畅谈，恐怕很难了吧！又在那天接到师大的慰劳赠言及物品，使我一方面惭愧我们并没有把日本人打死几个，所死者仍为甘为汉奸之中国人，一方面有一种希望心，不是在慰劳团内遇见故知，这是我心中的幻想吧！好多年，想和故知晤谈，卒不得机，在这四五年间，有失迹的，有作故的，思之不胜痛惜。生者几希，而大战之序幕方启，生死不定在何时，欲求少年之聚嬉，亦甚难矣。

最后希望我们知道的，能互相谈话，硕果仅存的几个人，彼此不失连络，则私心不胜欣慰。我兄你以为如何？我写这几页纸，亦很不容易，因为不时有敌情得来，处置命令、报告极为忙碌。现在正在严阵以待中，较为消闲，故能长篇的瞎扯，情况如紧急时，则无此机会。有机会再谈。此祝足病早愈！

弟汶河上，十二月五日于百灵庙

我把这封私人的信公开出去，并不是夸耀我竟会有一位参加抗敌的朋友，而是想使大家明了前线的实际情况，知道别人在做着出生入死的抗战，我们至少也应该时刻准备着去应援，因为民族的真正解放，决不是短时期可以完成的。这是一个坚苦艰难的过程，也是一个全民参加的斗争。我们要揭开战争的序暮〔幕〕，踏着先锋者的血迹，不断追杀上去。

我的朋友，不，我们大家的伙伴，姓郑名汶河，和我是小学的同学，家乡的邻居。现任晋绥军补充第一团第五连连长。前些日子，他因为指挥弟兄们在大青山上修筑工事，锹斧下处，崩起了一块卵大的石子，打伤了一只眼睛，曾一度昏去，几致盲目，病院中给我来信，自称深怕“出师未捷身先死，当〔长〕使英雄泪满襟”。这次信中，还提到眼睛没有完全痊愈，他那艰苦卓绝的精神，更可以想像得见。这封信是在百灵庙冰天雪地的山头上阵地中写下的，因为邮寄的不便，送到包头，然后寄来，所以收到的时候，已在发信时两个星期之后。

继昌附识

《新知识》（月刊）
北平师范大学文学院新知识社
1937 年 1 卷 1 期
（朱宪　整理）

论绥远战争

Vigilis 撰 贝叶 译

察哈尔和绥远边境的战争，实是日本帝国主义进攻中国一个新的发展阶段。日本的进攻，开始于五年以前的满洲。随着满洲而来的，是顺次地侵占热河，侵占现在的所谓非武装区域。这个区域，南边直至长城为止，包含着不少的河北地带和几乎全部的察哈尔。现在轮到绥远了。侵占绥远的战争，由日"满"军和日蒙军进行，这就是说，这些军队，是由日本人募集，日本人供给武器，而由日本的大小军官率领和指挥的。这些军队，得着正规的日本飞机和坦克车的帮助，根据有些消息，并且还得着化学部队的帮助。这样看来，绥远的战事，并不是什么地方将官进攻的结果，而是日本帝国主义有组织的军事企图，是十分明白的了。

日本进攻绥远的最近目的，是非常清楚的。绥远，这是内蒙三省之中，还归南京政府统治的最后一省。绥远的占领，可以使深入中国西北去的平绥铁路，完全归其统制。伦敦《泰晤士报》在北平的通讯员，历数着平绥路上的各要点，如平地泉、归绥和终点包头，认为这些地点要是被日本占领以后，将更有重大的意义。因为这条路如果归入了日本的掌握，也就是日本实现包围外蒙古共和国的计划已大告成功，并且更可循着驿道，向西往宁夏和甘肃推进，甚至直达新疆。同时，绥远的占领，对于山西省的命运也成了严重的问题，因为山西已两方面受日本实际统治的领土所包围了。所以绥远的占领，也就是日本巩固全华北统治地位的意思。

这样说来，绥远的战争，首先就是日本大量扩张军事侵占范围的尝试。因此，日本必将使华北各省在实际上，或者甚至在形式上，同中国脱离，因为这正是进行上述侵占时的必需条件。然而这还没有说明一切。同华北领土一步一步的被侵占并行着的，日本帝国主义更有计划地努力想在全中国的规模内，建立一种统治，利用对南京政府的各种压迫方法，迫着南京政府完全屈服。一方面日本的武力在北方活动，一方面日本的外交在南京压迫，这两条路线，近年来就平行着在发展，并且彼此起着交互的映辉作用。

不久以前，从成都案子开始，连续发生的反日“事变”，日本的外交，就利用起来，依照着有名的广田“三原则”的精神，向南京政府提出新的要求。新要求的最重要意义，就是要使南京同意“中日的共同防共”。这个要求的真谛，就是使日本在全中国，至少在若干区域的干涉、武装侵占、经济统治，成为合法。日本带着“反共”的委任状，自更将大权独揽横行不法了。

但是这个问题的谈判，恰好是中国民族解放运动非常高涨的时候。这些“事变”，就是日本用做要求的借口的，正可以证明这一点。这种民族解放运动的高潮，使南京政府不好对日本的要求再作新的让步，因为日本的不知餍足，已是显然的了。南京营垒里那些主张让步的分子，似乎不很有力。中日谈判的结果，实在是毫无结果。侵占绥远的战争，除上述的直接原因以外，从日本看来，无疑地是重新加紧压迫中国的一种武器，其目的在于把这个庞大的国度，整个变成为日本的殖民地。

（《真理报》《月报》特稿）

《月报》

上海开明书店

1937年1卷1期

（朱宪　整理）

百灵庙战役之经过及其教训

长江　撰

一　不平常的胜利

百灵庙的本身，是由千数百家的喇嘛，几间大庙和百数十家的汉商组织而成。论人口和富庶，不及内地一个繁华的市镇，所以打下百灵庙，在单纯的直接的收获，并无大可称述的地方。虽然某方存在庙上的子弹有百万发以上，白面约有二三万袋，替我们军队给养与装备上减少了许多困难；而值得我们大书特书的，是我们已经破坏某方对中国大陆封锁政策的立足点。

我们从过去一般情况的研究和判断，特别是从这一次百灵庙所获各种秘密文件中，我们看出某方的企图，是想在中国的北面，造成封锁中国的壁垒。在他们看来，中国在海上交通方面，要在战时求得国际的援助，非常困难，因为他们自己觉得他们在西太平洋上的海军根据地和海军兵力，可以优裕的对付英、美调来西太平洋上作战的联合海军力量，所以海上封锁中国，是不成问题的。只是在陆路方面，中国有被迫与苏俄联合的可能。他们看到这一点，决定先完成对中国的封锁。在他们看来，中国如无国际的援助，中国的自身，是不堪一击的。

从东北经察、绥，西至宁、青、新、甘，造成封锁中国，隔绝中、俄的阵线，是某方最近一二年来努力的目标。他们准备四万万元的巨款，来完成这一工作。据今年上期所得消息，他们已用去约六千万元。他们对于封锁壁垒的主干支持者，是想利用蒙、回、藏等比较不甚得势的民族，以似是而非的“民族自决”理论，挑拨各民族间的情感，鼓动各民族间之战争，以实现“以华制华”的故技。然后挟其经济与政治、军事力量，控制各弱小民族，以遂其封锁的预定计划。

他们所预定的这条封锁线，是从东北到西北，一条长长的地形。这条长线的中心点，也可以说是封锁的津梁，是在绥远，而在绥远本部未被占领前，东西策应的根据地就是百灵庙。所以他们在百灵庙对于军火和粮食，大批的存积，而且以在内蒙有二十余年历史的盛岛为主持百灵庙特务机关。德王主力之第七师木克登保，亦移驻百灵庙，准备更大规模的活动。

十一月二十四日绥远军队之克复百灵庙，使某方阴毒狠辣大陆封锁政策，终成梦想！

二　超军事的战争

百灵庙之克复，我们不能从军事常轨上得到了解。我们这次是用的“包围袭击”法。但是袭击的实施，必须绝对保持我军的秘密，然后出其不意，攻其不备。但是我们现在因为外交上还在接洽，绥远省垣还驻着对方公开的谍报机关——“羽山公馆”，因为交通的不备，军队调动迟缓，故我们打算“袭击”的消息，早已不成其为“袭击”。此其一。

第二，百灵庙四面环山，山外为未开辟之蒙古草地，无村落，无人家，其南面距有村庄地带亦六七十里不等，足够步兵大半日的行程，庙舍及商户皆在山内，故攻击部队极困难。论地势，则为仰攻，论接济，则我方毫无，如支持一日不下，我方军队不但果腹无方，即解渴亦成问题。

第三，我方攻击兵力多于对方无几，且主要者为步兵，前进时多为徒步，疲劳特甚。在对方可谓“以逸待劳”，在我方可谓“以劳攻险”。对方多为骑兵，运动甚灵，如攻击不下，则我方步兵绝不能逃出对方骑兵之蹂躏。对方粮如山积，我仅果腹而前，对方有足供数万人使用之弹药，我方仅随身之法宝。

故从战争条件上研究，我方远比对方为差：以徒步疲劳之兵，当骄逸之马；仅果腹之备，当山积之粮；涉平荒之地，以攻环抱之险；以相等之兵力，以袭有备之敌。故战争开始以后，当事者多惴惴不安，傅宜生主席于二十三日晚通宵不寝，以全付精力注意前方战况，外交部秘书段茂澜氏亦陪傅未眠，盖客观条件难令人放心也。

但战争开始以后，情况殆有出人意料者。我方由孙长胜、孙兰峰分任正副指挥，步兵张团任南方正面攻击，步兵王靖国师刘团任西面攻击，骑兵刘团绕至北面，攻飞机场与蒙政会办公处，步兵刘团一营担任东面阵地，而以骑兵之一部及东面刘团之一营先期至百灵庙山口东北通滂江大道上，截敌归路，而以刘团之另一营为预备队，配炮兵一营，握于指挥官之手，自东南方大道上，开始攻击前进。

正式攻击系二十三日夜间开始，士兵出发时，即彼此互相传述：“到百灵庙喝水！”意谓此次只有打开百灵庙，才有水可喝。

似乎是“天助中国”，蒙古草地中，最少南风，特别是在冬季，可谓绝无南风之先例，然而，二十三晚间，却南风拂背，气候温和，使我军活动，得到非常的便利。

蒙兵射击精确，子弹充足，某方军官复督战甚严，机关枪林据山口，如暴雨式的吐出子弹。我们从子夜攻击到二十四日天明，仍未得手，且二十四日午后有约五千人之敌，将赶至增加，午前九十时以后，敌机可以来轰炸，白天攻险更为不易。故当时我方指挥官一方面见死亡之枕藉，徒奋勇而无成，乃以孤注一掷，同殉国家之决心，将预备队用重载汽车载上，以二装甲汽车为前导，直冲而入，炮兵亦采冲锋形势，我方指挥官则徒步而前，置生死于度外，视弹雨如无睹，于是士气大奋，多裹创而前，战局为之突变。旋我装甲汽车被敌击坏，司机殉国，路阻不能行，担任最后冲锋之张振基连，乃下车以肉体争山头，当时全连损失在三分之一以上。既而山头夺获，我军始有阵地，而百灵庙已在目前，敌人惊惶失措，四面部队乘势突进，张连再继续冲锋，始于二十四日上午九时半造成此次抗战中第一次光荣纪录。

三　更进一步的要求

这次战争，证明了“战争心理”对于战争胜败的关系远过物质的装备。我们的将士在这回绥远战争中，决没有一个人在考虑个人自身的利害问题，大家一致的信念是“为生存而战争”，不战必亡，战或可生，与其坐而待亡，孰若抗战求生。士兵情绪之坚决，令人可歌可泣，仅仅三五元一个月的军饷，他们已有一部兵士请求勿发军饷，以减轻政府应付战争的困难！总之，我们的战争心理，早已得胜，确有日俄战争时，日本国民方面的情景。胜利一定有把握，只要我们决心战争！

被利用的蒙古同胞，我们很为他们可惜，同时当责备我们过去民族政策之无方，自己家里人跟着外人跑，当然主持家务者有不当的责任。所以我们要用方法召回我们的同胞，我们不要任意破坏，反而增加我们自家人间的误会。百灵庙现已成荒丘，这是我们战争认识不足所弄成的不合理现象。战事胜利与纪律，关系于

民族解放战争之前途甚大，望我忠勇之将士放大眼光，在百尺竿头更进一步也。（《大公报》）

《月报》
上海开明书店
1937 年 1 卷 1 期
（李红权　整理）

绥远抗战的全面认识

张健甫　撰

绥远抗战从去年十一月初开始接触，到现在已经两个半月，战争以十一月半至十二月十日前后为最剧烈，其间如红格尔图的搏斗，如百灵庙、大庙子的收复，乃是近年收回失地的起点。此后战争虽入于停顿状态，但伪军部众，继续反正，如吕存义、安华廷、王静修等先后继金宪章、石玉山来归祖国，实际敌人的力量，一天天在削弱。最近傅作义将军说，绥远抗战，我们已经粉碎了敌人的“以华制华”的政策，治愈全国的恐日病，可说是绥战的最好写实。此后战争的任务，应该转入于收复察北，不要让它长久地停顿下去。

关于绥远抗战的情形及其意义，我想作以下的说明。

首先从绥远的地理说起。绥远为旧时内蒙古的一部分，即乌兰察布盟和伊克昭盟以及土默特旗之地。其入中国版图，远在二千年前。战国时代属赵国，今绥南托克托县就是赵国的故都。秦代置云中郡，汉又划为定襄、云中二郡，其后历隋、唐、元、清各代，皆为中国领土。民国三年设绥远特别区，十七年改建绥远行省。四界：北连外蒙古，东接察哈尔，西邻宁夏，南面俯瞰山西、陕西二省。形势天然险要，为由东北以通西北的孔道。在东四省既失，察北又陷的今天，绥远是华北各省的最后屏障。五年以前，我们的国境，还远在鸭绿江以北，乌苏里江以西，黑龙江以南，现在这些丰富膏腴的祖宗遗产之地，都给敌人占领去了，连绥远又成为敌人进窥的目标。我们要想保障华北，保障西北，收复东北，绥远恰是我们最前线的防地。假令绥远有失，华北不可保，西北不可保，黄河南北和新疆、青海等省，势将皆非我有。所以绥远抗战，不仅是绥远本省的存亡问题，实有关整个中华民族的死生，这是从地理上的观点说。

绥远面积辽阔，全省约一百五十万方里土地，人口只有二百二十万左右，平均每方里不到二人。汉、蒙杂处，蒙人约占二十分之一弱。这样人口稀少的一幅土地，天然是我们内地过剩人口排泄的所在。以先我们每年移殖东北各省的人民，不下二百万。现在东北既陷，我们出关的同胞，历年被阻于山海关而不得出关者，不知有若干万。如果把这许多同胞移殖绥远，未始不是收复失地以前安插过剩人口的暂时办法。照例土广人稀的所在，即是未经开发之地，绥远自然不能例外，所以绥远实际又是一块肥美的处女地。这肥美的处女地，蕴藏非常丰富，简要说来，有以下数项。

先从牧畜方面来说。绥远所产的马，是世界珍奇的名驹，年约三四千头。以之练成骑兵，当不亚于哥萨克的马队，实是国防前线的最好武装。大青山两面，水草肥美，我们但读古人“风吹草低见牛羊”之句，可以想见畜牧事业之盛。据说绥远每年牲畜的输出，牛约万余头，羊十余万头，皮货、羊毛、驼毛更是丰富。据塞北关民国十八年到二十二年二月止的统计：皮货出口，价逾三千万元，羊毛年产一八，一四〇，七〇〇斤，驼毛年产六，八七一，三〇〇斤。这是一个何等惊人的数字啊！假令我们国家，能有计划的经营，其产量之大，当远超此数百十倍以上。

说到矿产，绥远可说应有尽有；蕴藏最富的，为重工业所需的煤铁。煤是绥远全省各地皆有的矿藏，陶林、集宁、归绥、武川、萨拉齐、包头及大青山一带所产尤为著名。茂明安旗的铁矿，数量也很惊人，据西北科学团的估计，足有十三万六千九百余万吨之多。我国工业落后，铁产较少，但如把茂明安旗的铁和大冶的铁、山西的煤和绥远的煤，同时开发出来，则我国煤铁的产量，和钢铁事业的发展，当不亚于任何国度，足以建设现代重工业的国家。

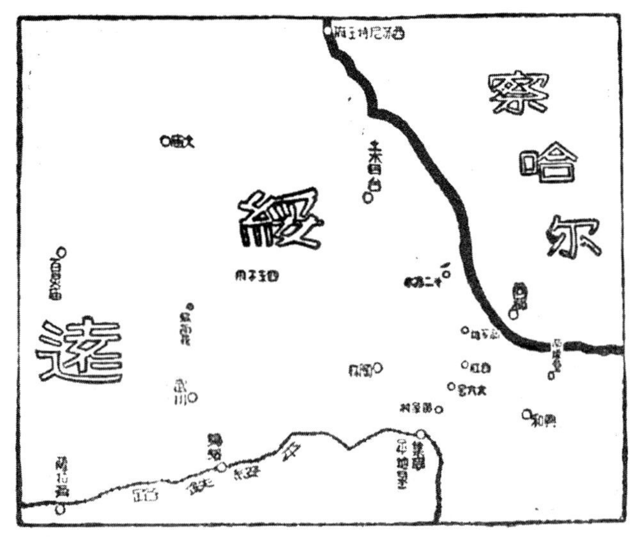

再次讲到农产。河套一带，夙称富源，有“黄河百害，惟富一套”的民谚，稻、豆、小麦、高粱、荞麦等每年产量，不下百万石。绥东重镇的集宁，即是有名的粮食外销市场。大青山一带的森林，足与热河承德围场的森林相颉颃，种类之多，有桦、杨、松、杉、槲等。此外药材如甘草、红花、大黄也是有名的出产。

绥远的资源这样丰富，再看它的交通又是怎样呢？河套一带，有黄河及其支流可以行驶船只，有平绥铁路，东南可由北平达天津以出海，西面可以直达包头，这铁路横贯绥远的中部，是绥省交通的大动脉。现时山西省境的蒲同铁路渐次成功，又可循此南下而入山西。公路最长的有甘张路，可由察北、张家口直达甘肃兰州。此外近年新近成功的公路实不在少数。

这样一个险要的地形，这样一块广大的平原，这样一片伟大的富源，我们守住了，固然可作为收复失地、解放民族的根基，假如敌人得到了，也足以维持它稚弱的、同时又是衰老的帝国主义的寿命，至少可以满足它掠夺原料和独占市场的欲望，更进一步地推进它的所谓大陆政策，即是由完成满蒙政策，达到征服中国全土的阶梯。这是从经济的见地上说。

在政治上，敌人侵绥的目的，一面由此鲸吞华北，虎咽西北，移中国国界于黄河以南，完成土肥原的华北五省分离运动，一面建立由高丽北部以迄新疆、天山山脉，延长万余里包围苏联和外蒙古的壕垒，同时截断中、苏的联系，为将来对苏作战的准备。其最大野心，为重演“满洲事件”，建立傀儡“大源帝国”，把蒙古从整个中华民族内面分裂出去，以与满洲傀儡、冀东傀儡作支解中华民族的手术。不但如此，敌人还以侵绥来威胁中国签订“防共协定”。当绥远战争发生之初，正南京防共协定谈判之时。及百灵庙被我收复以后，关东军公开宣言援助扫除中国“赤化”的蒙古军。西安事变发生，德王在敌人旨意之下，通电停战，也以讨伐共产军为借口。幸而我政府对“防共协定”，坚决拒绝，对敌人侵略绥远，也发动抵抗，逼使敌人的政治野心无法实现，而我们抗战的意义，才鲜明地闪出民族解放的光芒。

关于敌人侵绥的军事力量，是大家所急欲知道的事情。敌人的先遣武装，为德王、李守信、王英等伪部，王英部号称四万人，实际不到二万人。金宪章、葛子厚、石玉山、吕存义等先后反正以后，王逆可说全部消灭，现时他驻扎商都的残余部队，不到二千人。德王有保安队七八百人，包悦卿、卓什海各三千人。李守信所部原约五六千人，近因解决王英一部分队伍，颇有扩充，约七八千人。论作战以王英所部力量为最坚强，其次要算李守信，包、卓两部经不起一打。王英既已全部消灭，李守信部近来也发生动摇，所以伪蒙军的力量，已等于零了。此后敌人所能倚仗作战的，恐怕是由热河开出的张海鹏逆部。关东军在很久以前，便想亲自出马，但因华北驻屯军反对关东军的出面，他们以为日本亲自主战，一方面会惹起国际的反感，一方面会妨害开发华北的计划。同时关东军鉴于过去一二八之战、长城之战日军屡次失败，也不敢轻于尝试。因此日军开到察北的虽不少，但亲自主力出演，恐怕再要等些时光。将来日军作战，至多不过能出动三个师团。至于伪蒙军中的日本军人，着实不在少数，据说被我俘虏的伪蒙军中有百分之四十六不能说中国话的人。所以当前的绥远抗战，决不只是中国军民和傀儡汉奸的战争，而实在是中国民族跟远东帝国主义和它统率下的鹰犬的交战。我们应该把日本直接参加侵绥的战争，看做和德、意直接参加援助西班牙叛军的战争一样。

不过现时敌人正图大举反攻，有以下的事实，可资说明：

第一，敌人已在商都建筑强固工事，原驻多伦、沽源以及热河的日“满”部队，纷纷向张北、商都一带出动。商都城内，已有日军及“满”蒙伪军二万余人，张北也近万人左右。器械、粮秣，运到商都、张北及嘉卜寺的尤多。

第二，敌人为包围绥远计，在郑州密谋暴动。在平、津一带，又于八日开始演习，在青岛、在沧县、在石家庄，先后散发殷汝耕的荒谬传单。这些扰乱我后方的行动，即为策应绥远的前面战争。

其在我方，因抗战疲劳，以及增援不够，战争陷于停顿，近月来，可说未有接触。收复察北的呼声虽高，但这有赖于冀察当局的后面出击。而事实上目前冀察正按兵不动，外间且传说冀察向华北驻屯军表示中立。其次民众援绥运动，似乎也没有以前来的热烈。战争如果长期停顿，一旦敌人补充就绪，再举反攻，情势就要和以前不同了。所以我们的意见，热烈地期待抗战的继续开展，乘敌人丧败之后，一鼓而下察北，这样绥远战争才可取得最后的胜利。

末后，我们对绥战认为应有一个根本转变，即抗战不应限于局部化，和作战应该反守为攻。局部的抗战，虽可获得一时的胜利，但敌人是以整个的力量进犯，我以部分的力量应战，无论如何，是难于持久的。过去淞沪、长城两役抗战，始胜而终败，就是这个道理。其次战略上的守，乃是被动，攻才是主动。我们自卫的战争，固不需要攻到敌人的国境内面去，但在我们国境内面的敌人，我们不应让它存在，应当把他们击出中国以外，以获得不可动摇的民族胜利。

研究问题：

1. 绥远抗战的主要意义是什么？它和全民族的关系怎样？

2. 绥远抗战取得胜利的根本条件是什么？

3. 请从战略和战术上以及各种主客观条件上比较绥远抗战和一二八战争、长城战争。

4. 怎样可以保证绥远抗战的完全胜利？

《自修大学》（双周刊）
上海杂志公司
1937 年 1 卷 1 期
（朱宪　整理）

绥远的民众力量

——绥远通讯

刘良模　撰

这次绥远抗战中，绥远民众曾发挥出意想不到的伟大力量。

敌人在没有进攻之前，他们曾派人来威吓傅作义将军说："我们的武器比你们的精良！我们的人数比你们的多，你还是让我们进入你们的区域吧！何况，那些地方全是荒地。"傅将军的回答是："只要这些地面上有草有土，那便是我们的土地，我们军人有守土的天职。我们也承认你们的武器比我们的精良；但是，我们不能放弃我们的天职。"

敌人进攻我们第一个地方便是红格尔图。红格尔图是一个突出点，离铁路很近，敌人的兵力又比我们的大三倍，所以傅将军为这件事焦急得通夜未眠。哪知开战以后，红格尔图的老百姓突然出来，帮助军队作战，抵抗侵略他们家乡的敌人。这一枝生力军的增加是敌人意想不到的。也是我方本来没有想到的，这辈老百姓，对于红格尔图的地形，了若指掌。他们人人能骑马，枪法又准。他们动员各种各样的武器，来保卫自己的家乡，甚至十八世纪的土炮也拖出来用了。一向主张和平的天主教徒和外国神父，也拿着枪出来和士兵们共同抗敌，结果把武器比我们精良、人数比我们多三倍的敌人打得落花流水，大败而退。从这一仗之后，兴和、大庙子等地的抗战，也都有当地的老百姓出来帮助我们的军队打退敌人。有了决心抗敌的军队，再加上勇敢善战的老百姓，绥远的守土抗战，又安得不大大的胜利呢？

绥远当局认定民众游击战的力量，是可以致敌人于死命的，所以他们现在正聚精会神地在那里训练国民兵。国民兵便是武装的民众。他们先在乡间受一个月初步军事训练，这叫做“预备队”，然后再受四个月严格的军事训练，这些便成了“国民兵”。训练国民兵的地方一共有五个：绥远、包头、集宁、丰镇、五原，每期可以训练二万多个老百姓。现在已经办到第三期了。绥远的老百姓争先恐后地要受这个训练，因为他们知道受了这个训练可以打鬼子，保卫自己的家乡。

绥远当局除了给他们军事训练之外，又给他们政治训练，政治训练的方式有两种：叫口号、教唱歌。傅主席更喜欢用唱歌的方式来训练老百姓。他说：“老百姓不愿意听演讲，因为听不懂。老百姓又不认识字。可是如果教他们唱一个小歌，他们一下子便学会了，既背得出这些字，又懂得它的意思，又能唱给家人听。”他们每天晚上八点是学唱歌的时间。这次我到绥远去便是去教抗战的士兵和国民兵们唱歌。他们学会了一个雄壮的救亡歌，就喜欢得什么似地，像小孩子般时时刻刻地唱着。有时，夜深了，他们还要到我这儿来，问我这一句怎样唱，那一句怎样唱。当他们一万多抗战健儿在高唱救亡歌曲的时候，任何人听了都要奋发。所以，到现在，“起来！不愿做奴隶的人们！”“救！救！救中国。”的歌声已经普遍于绥远前方了。

老百姓受了这个训练之后，他们所得到之最深的印象便是：“我们是中国人！我们必须打倒鬼子，保卫自己。”这样的训练在这次抗战中也显出它的效用来。让我告诉你一个真的故事吧：有一个敌人的间谍，到兴和去测量地形迷了路，在路上遇见一个名叫张子清的乡下人。这间谍便给他五十块钱，叫他领路，回大青沟，并且答应他到了大青沟再赏他一千块钱，张子清装作答应了，却领他到兴和县的保安队，把这个敌人的间谍正了法。这个土头土脑的乡下人竟出人意料地变成一个聪敏伶俐的反间谍。为什么他不要那一千多块钱呢？答覆是很简单的：因为他受了国民兵的训练。他懂得他是中国人。他爱中国甚于爱钱！敌人化了几万块钱培养的间谍，却想不到给我们一个土头土脑的乡下人，做了反间谍，把他除灭了。

民众伟大的抗敌力量，已经在这次绥远抗战中明显地表显出来了。这次的抗战证明了中国的老百姓个个可以做抗敌的英勇战士，如果我们肯给他们军事的训练和政治的训练。

最可喜的是眼光远大的绥远当局并不压迫这个力量，也不惧怕这个力量，只充分地训练这个力量，因此在这次抗战中获得了最大的胜利。

《国民》（周刊）
上海国民周刊社
1937 年 1 卷 2 期
（李红菊　整理）

日本对内蒙的侵略

M. Arens　撰　萃麟　译

日本侵入华北以后，接着就实现它夺取内蒙的计划。日本的支配阶级，特别是军部，不只是在内蒙寻求新的销售市场和资源，并且把内蒙看为是与外蒙毗界〔界〕相连，在未来的大陆大战中，是一个最重要的战略上的战场。现在日本军阀说：内蒙乃是日本帝国国防的第一道防线。这不是无因的。

日本之所以要把内蒙纳入日本军阀控制的轨道上，其真实的理由，是非常明显的。任何外国的观察家，都不能不承认日本夺取内蒙的计划，是基于军事上的理由。在日苏战争必然要爆发的情势之下，特别是在《蒙苏互助公约》签字以后，外蒙南部广大的边界，乃成为战略上的最重要的地带。

假若能以将军事防御网顺着这一区域延长，并能建筑一往外蒙运送军队的根据地，而使内蒙优良的蒙古骑兵和国防军不能加以阻止，那么这是最有价值的一件事。

日本企图从热河、察哈尔北部起，把阵线向西南伸张，经过绥远、宁夏以及甘肃、青海等省的北境以控制外蒙和新疆。

"日本在内蒙的积极性，只是因为日苏战争的战略关系。蒙古是日本对苏联在亚洲方面之假想的威胁底第一道防线。"问题自然不是在苏联方面底假想的威胁。按日本军阀的意思，应当把内蒙看为是进攻外蒙的最前线，而不应看为是对苏联方面假想的危险的防卫线。

实际上，日本支配阶级把内蒙看为是缓冲区域之领土的一环——由满洲直至新疆。日本参谋本部企图以此而分离蒙、苏与中国之整个的边界，以便封锁中苏间的一切苏〔联〕系。

日本之侵略内蒙的积极及努力，实现夺取内蒙计划底日帝国主义之特务人员的加紧的行动，就证明了日本军阀纯粹是基于军事上的理由而企图控制内蒙。

内蒙经济的资源，固然也可以引起日帝国主义的注意，例如内蒙的铁矿、盐、炭、毛类等物。日本对这些物品，是极感缺乏。但同时，日本还可以把内蒙当作一个销售商品的追加的垄断市场，所以，日本之夺取内蒙，当然不能忽视其经济上的一切利益。可是，我们却要认清，经济上的富源，绝不是日本侵略内蒙的主要动机与推动力。其主要的原因，只不过是日本在将来进攻外蒙与苏联的军事计划中的一部分罢了。同时，更是往后占领全中国领土过程中的一个重要的阶段。

现在我们先把内蒙的地理、人口及资源来作一简略的研究。就内蒙地理形势来讲，它距离中国海岸及国家主要的政治、经济中心甚远。这种情形是有利于日本实行它的计划，并给予关东军的秘密和公开的特务人员以自由行动的可能。

内蒙是包括着热、察、绥三省。热河早在一九三三年已脱离中国而加入“满洲国”。至于察、绥两省的运命，在目前则决定于中国卖国的汉奸和蒙王中的日本汉奸。

察、绥两省面积为五七五万平方公里，已超过日本本国的面积。其人口达四百五十万，其中一百万为蒙古牧畜业者。中国人①对蒙古人，因人数众多及中国军阀和地主实行压迫政策，而居于

① 这里是指汉族人。后同。——整理者注

统治民族的地位，由于中国政府之实行移民政策，结果使蒙古人把中国人看为是他们土地的侵略者和压迫者。中国之强制的把蒙古地方殖民地化和占领较比良好的蒙古的大牧场，结果把蒙古人排挤到北部严寒的地带去了。蒙古人民所垦殖的北部区域，颇适合于牧畜业，南部则适于农业。中国的移民，多半从事于农业——虽然近年来一部蒙民也注意到农业。其农产物品主要的是稷、燕麦、小麦、大麦等物。

内蒙的社会经济制度，是封建关系占着优势。蒙王和喇嘛握有大部的土地，这些土地尚未被中国的移民者所占领。他们占有良好的大牧场，并拥有大批的羊群和马群，没有土地或有很少土地的蒙古农民，乃是被蒙王和喇嘛所榨取的对象，被压迫的阿鲁特蒙人，不能享受任何政治上的权利。阿鲁特蒙人除遭受蒙古特权阶级的封建关系的榨取而外，还要遭受中国商人高利贷的榨取和官吏的压迫。这二重的榨取，很深刻地反映在蒙古阿鲁特阶级的生活情形上。租税的负担和时常发生的天灾——如雪灾和牲畜的瘟疫病等，都是使蒙古人民贫穷化的主因。中国农民的情形稍好些，不过大部是在捐税重担压迫下的小的佃户罢了。

我们不能详细地研究内蒙的自然富源，现在只能指出在内蒙腹部有广大的铁矿和石炭的产地，盐和曹达亦正在大量掘采中。

日帝国主义久已注意到内蒙，我们回忆一九一五年日本向中国提出之廿一条中，就有关于内蒙的要求。它要求土地之租借和占有权，日人之移民及矿山开采权等。彼时，日本用贿赂和煽动的方法，诱惑［惑］蒙王的同情。

自日本占领热河以后，它就准备直接的夺取内蒙的整个领土。日本的特务人员加紧他们与上层的蒙古封建王侯及喇嘛的联系，日本尽量地利用当地的蒙古人与新去的中国人之民族间的矛盾，而加以挑拨离间，它离间要求管理内蒙行政的蒙王与中国政府间的情感，并利用要求脱离中国政府统治底蒙王的自治运动。

自一九三三年日本占领热河以后，蒙古自治运动浪潮的扩大，绝不能专认为是日本阴谋的产物，或是日本特务人员所煽动的运动，而此种运动，无疑义的是有其社会的基础，而反映一部分上层的蒙王的民族意识。因为它是以反抗几世纪以来的中国军阀的压迫，而要求蒙古人民的民族自决为目标，所以这是一个进步的运动。另一方面因南京政府的近视眼的政策，给予日本帝国主义以利用的机会，而有利于日本的侵略政策。因此，在一九三三年日本占领热河以后，蒙古的自治运动，终于扩大起来，而日本的特务人员，在这运动的幕后暗中嗾使，却不是偶然的现象。中国政府与蒙王之间，因其自治权的要求而发生的矛盾，给日帝国主义以侵略的机会。中国政府不准许蒙古自治，致使忠实于南京政府的蒙王，也要跑到日本阵营方面去了。在此种威胁之下，南京政府终于同意蒙王的要求，而于一九三四年宣布地方自治。蒙古自治政务委员会设于百灵庙，该政委会首领为云王，但是其实际上的领导者为该会的秘书青年而英勇的德王。德王在蒙王团体中，颇占势力。然而蒙政会成立以后，南京政府依然阻碍它的正常工作，即制止其实行在法律上所赋与之种种权利。中国的将军及官吏们也还占据着蒙古人的大牧场，并且曾经南京政府正式议决的停止往内蒙蒙旗地方的移民，也不加以阻止。地方的中国官吏及军阀所实行的苛捐杂税，还是不能废除，依然是为蒙古人民所不满的根源。加之，南京政府对蒙政会及蒙古保安队，给予的协款，数目寥寥，并时常间断，停而不发。

上述种种，都是对于日本侵略者有利，而为其更进一步地挑拨中国人与蒙古人民间的情感，确是不可忽视的良机。日帝国主义的军事的特务人员，密布于全蒙境内。他们不只是到处从事于地方和资源的调查，而且还“制造”大小的蒙古王侯。关东军本部企图以最大的努力想把有势力的德王拉拢过来，日本以收买的手段企图把德王作为自己的忠实的工具，并利用他的权威以广号召。以德王为领导的蒙政会，实际上脱离了南京政府的统治，而处于日本特务人员的势力之下。随着日本压迫的加紧，德王的地位，更形困难。关东军军部企图使他完全与南京脱离关系而作为自己的奴隶。

关东军以威迫利诱的方法，收买德王。同时，于一九三五年年底实行直接的夺取内蒙领土。一九三五年夏秋之际，当日本进攻华北时，日本的军事当局，要求撤换察省主席宋哲元并将其军队退出该省境内。彼时，因汪精卫领导南京政府的外交政策，宋氏遂忍受容纳日本的种种要求，而将廿九军退出察省，在张家口只留驻一团的军队。一九三五年秋季，察哈尔实际上就已变为非战区域。中国行政之实际的权力，已被剥夺，亦只有空名罢了。因此，日本准备占领察省的初步工作，已告完成。迨廿九军退出该省以后，马上就开始它的占领过程。这里必须注意的是，热河被占以后，张家口的西北部，热河边界的多伦，竟成为日本向内蒙其他部分积极活动的根据地。多伦区域现为前热省主席汤玉麟部队、李守信伪军所驻守。在去年——一九三五年十月底，李守信奉关东军直接的命令，以最精锐的部队，由多伦出发，一举而占领察北六县，并将该地之中国行政官员，完全撤换，于是行政权遂落于李逆守信手中，而其司令部则设于张北。张北位于张家口以北，乃为战略上最重要的地点，如今关东军司令部的特务人员活动的中心，已由多伦移至向外蒙去的要道张北区域。

日本的汉奸李守信，占领察北六县以后，其最重要的政治上的成果之一，如我们已经述过，乃是日本能以把德王统治的喜林格尔盟，从张家口方面的中国当局的势力中分化出来。从这以后，德王更为顺从，而日本则供以飞机大炮，以为赠品，因而德王与日本更加紧密的合作，为虎作伥。但此时，在蒙古事件的舞台上，出现一个新人物，即蒙王卓世海出而登台。他在多伦区域是一个大牧场的所有者，日本的特务人员，在很久以前就拉拢他，日本军阀之所以利用他，无疑义的是，在某种程度上德王对日的最后方针动摇不定时，以便使他和德王相对抗。在李守信进攻察省的前夕，日本曾委卓世海为新编的蒙古保安队的指挥官。占领察北六县时，卓世海亦曾参加并且是察省会议的首领，在该会议中，所有察省境内之察蒙旗，均行参加。

日“满”军队占领察北六县以后，不久又举行一次察省会议。在这次会议中，卓世海嗾使绥东右翼察蒙四旗（原属察北四旗）参加。事件的本质是说，日帝国主义占领绥东五县以后，并企图努力夺取该地的察蒙四旗。“绥东五县在政治上，何以成为察省事件的中心问题呢？这是因为绥东五县具有政治、经济的意义，而为该事件的最重要的原因之一。在政治上讲，绥东是通西蒙的门户，如该地一旦被占领，侵略者就可以直达山西南部及绥远与宁夏的西部。”

自日“满”军队占领察北六县以后，日本对德王的压迫，更形加紧。德王离开百灵庙的官邸，移到滂江的行营，他时时在许多日本的顾问包围中。他们鼓励德王宣布成立类似“满洲国”的“蒙古国”。德王虽显然给日本的侵略者尽了汉奸的能事，可是形式上他声明还是服从南京政府，在蒙王反日情绪高涨的势力之下，他不敢公然地投降日本，虽然事实上他是以日本为主人，唯命是从。

察省一部分领土的被占，日本汉奸军队进犯绥远的威胁，以及德王与日本合作之一切的准备，迫使南京政府不得不另成立新的绥省自治政务委员会，以与百灵庙的蒙政会相对抗。凡反对百灵庙蒙政会的政治领袖，都加入了绥省蒙政会。该蒙政会或〔成〕

立以后，领导自治运动的德王的权威，每况愈下，因他与日本的勾结，完全失掉了具有反日情绪的蒙王的信仰。绥省主席傅作义，在以中国政府为中心而团结之蒙王所组织的新的蒙政会中，则尽着决定的任务。由于热、察两省悲惨的命运，遂使傅作义深虑绥省前途的可悲，深惧国土再被蚕食而具有抗敌的决心，以尽卫国的天职。他组织新蒙政会，煽动百灵庙蒙古保安队的投诚，及绥东各大军之云集，这都给予日“满”军队侵绥的企图以坚强的痛击。

“满洲国”北兴安省四个高级蒙古的政治领袖的被杀，引起内蒙蒙王的激烈的反日情绪。傅作义则利用蒙王反日情绪的高涨，而加强中国在绥省蒙政会的势力，并积极进行抗日工作。从来对日本的阴谋，抱着一种谨慎态度的一部分的蒙王，现在也公然表明对日本侵略者的愤恨。蒙王中最有势力的一部分，对德王的政策，极表不满，责难他与日本勾结。“如一般所传说，德王的声望，因他与日本的勾结而扫地……今日的关东军的战略，岂不是想要在内蒙设一个友好的区域吗？但是，相反地，他们正建设一个如同在满洲、朝鲜及华北所建设的区域一样，完全是一个仇恨日本的区域。”

日本之对内蒙公开的掠夺，与不愿作日帝国主义奴隶的蒙古政治领袖，而进行血的斗争，以及中国本部反日势力的扩大，这都是唤起蒙王及蒙古人民之反日的同情。但是这种反日的情绪，不以武力给日本侵略者以痛击，是不能够制止它对内蒙的进攻的。近来察、绥边界的事件，及关东军军部布置内蒙战场以进攻外蒙及苏联的许多事实，这都是说明日本对于夺取内蒙，是不会停止的。

日本的军事指导官，当前的任务是在整理蒙古军队，而以其再去夺取绥远以及在将来的大战中，利用他们去进攻外蒙。为实现这个任务起见，于本年（一九三六年）五月在嘉卜寺成立“蒙古军政府”并聘有日本顾问。德王为军政府首领，李守信任军政部部长。日本的特务人员，以德王的名义，招募蒙人以编练蒙军。但是蒙军的编练未能成功。察省阿鲁特蒙人，不愿当兵，凡应募者，则派往热省。蒙古牧畜业者，遭逢空前的雪灾与牲畜之死亡，这也是德王企图整理蒙军未成功的原因之一。蒙古的牧番〔畜〕业者，因本年春季大雪，颇形苦难。各地的牲畜群，遭受瘟疫者达九〇%，数千万①蒙人饥馑无食，不能聊生。

“日本利用德王、卓世海以广号召，并拟在短期内编练数万骑兵，作进取绥远的主力。初不料蒙古空前的雪灾，蒙民求活不遑，哪有心去当兵（当兵的要自备枪枝、马匹，自备食用）？所以，连招募数月，良民应募者极少，于是只得招些无家可归的匪徒逋客，滥竽充数，可是许多莠民，到那里也是好不了的。”

日帝国主义，利用王英、王道一等伪匪的部队进犯绥省，德王的军队即李守信及其所有的日本汉奸的匪队，总数尚不到两万人，现在他们已被击溃，不可收拾。至于零星的部队，则直接的受着日本特务人员指挥。伪匪之所以急欲侵绥，乃是因为察省遭受饥馑，他们不能求生的原故。绥东各县在这一点说来，尚称良好，所以匪徒幻想从这一地方获得一些生活资料。

近几个月以来，察、绥边界的战争，总未停止。王英及其他日“满”军队的首领，屡次企图犯绥，竟致遭受晋绥军的痛击。八月以来，王道一军队攻绥失败以后，又用〔因〕吞蚀军饷而被关东军执行枪决。日本军官亦死于前线！日本的军队虽未直接参加作战，但“满”蒙军携带日本供给的武器，并有日本军官指导作战。

在日本汉奸所占领的内蒙的领土上，关东军筑有坚固的根据

---

① 原文如此。——整理者注

地，其中最重要者为多伦、张北及嘉卜寺等地。日本在内蒙边区各地如张家口、归绥、百灵庙及包头等地，均设有军事特务机关，以便指导切实的实行占领内蒙的计划。但这并不是说，这些地方已经包括在日本直接的统治范围以内的。驻百灵庙的日本特务机关首领，是一位在日本特务人员中最有经验而且最有名望的森岛博士。他对内蒙的研究，约有二十余年，并走遍了全蒙境内。所以委他驻在百灵庙（该地在不久以前是蒙古行政之最重要的政治中心）不无用意。近年来森岛博士以及与其相类似的人们，常往蒙古而与德王及其他蒙王联络感情，研究语言、风俗、习惯以及国家之政治、生活情形等。在三年前日本占领热河并将原有的蒙古东境的领土加入“满洲国”版图内以后，他们的策略稍加变更，他们渐渐的压迫德王并鼓励蒙王接受他们的援助与劝告，甚至接受他们所供给的武器与金钱。森岛在其他日本特务人员中，为一特殊的人材，因为他对内蒙有深刻的研究并与蒙王团体有广大的联系。

日本的军事特务机关，直接指导李守信、王英以及其他的日本汉奸的行动，他们并设有无线电台、飞机场与为蒙民所建设的日本病院以及蓄积军需品等物。此外，无论在任何地方，只要日本认为必要的，都设有军事特务机关。

如果多伦、张北、嘉卜寺等地是日本帝国主义之军事活动的中心，那么张家口就是他们经济势力的中心。在张家口日本人的数目，日渐增加，其商号与企业，亦见加多。内蒙最重要的商业中心地的一切经济生活，逐渐将为日本所统治了。如日本军事计划中的细目，特别是注意到内蒙铁路的建设的计划。由张家口经过多伦与热河的日本铁路的系统相联接，乃是这些计划中之一。日本对平绥路统治的扩大，以及使其与热河铁道的接轨，这都是表示从南部以半圆形的铁路线而包围外蒙，并且这些路轨又与满洲及华北的海路相联络，这样，这些铁路的战略上的意义，还需路〔要〕证明吗？

去年（一九三五年）年底，中国杂志《新蒙古》对日本侵略外蒙及苏联的企图，是这样估计着：“日本进攻苏联可以由两方面：一是从北满进攻西伯利亚，一是从内蒙进攻外蒙，然后再进攻苏联……近一二年以来，日本对蒙古边界之积极的准备，显然是为的进攻苏联。”

内蒙近来发生的事件，日本之军事建设的许多的事实，日本特务人员之深入绥远甚至宁夏的积极活动，这都是日帝国主义准备进攻外蒙及苏联之最好的明证。《苏蒙互助公约》的签订，乃是一个最好的保证，保证日本之从内蒙方面侵入外蒙境内的一切企图，必然要受到相当的抵抗，而此种坚决的抵抗，现在在“满”蒙边界上已经尝试过了。

本文载于一九三六年俄文《太平洋杂志》第四期

《黑流》（半月刊）
北平黑流社
1937年1卷2期
（朱宪　整理）

例话

玉　撰

当绥远的抗敌战争英勇进行底时候，伪匪军中的将领纷纷反正，由于匪伪军的纷纷反正，使我们的友邦手忙脚乱，大有难于应付之态，所幸我们国家，还能“顾全邦交”，没有乘人之乱，所以在“友邦”驱使下的匪伪军，方才稍安喘息。经过几个月的补充以后，现在又准备着“再来”了，这是一回相隔不远的事实，还有一回发生得比较已久的事实，那就是汉奸殷汝耕的叛国。殷汝耕是身受国家的命令的官员，他先前用那亲善提携的壳子罩在他那汉奸的真面目上，所以把我们贤明的政府哄住了多时，直到他正式叛国，才由中央政府迅速下令通缉，虽然通缉令下后，他还曾经大胆地坐着飞机抵平，但是我们相信“威信所在”，他是断不能逃出法网之外的。

由于这两件史实，我们应该晓得了：

（一）由于抗敌情绪的高胀〔涨〕，激动了每个“真正同种同文”者的良心，只要我们能够有真正抗敌的决心，那般汉奸是随地随时可以复归于祖国的，不怕敌人多，不怕敌人豢养的伪军多，只怕自己不打。

（二）汉奸的产生，由于爱国精神的消沉，如果在不打的场合之下，高官厚禄不能防止汉奸的产生，集全国民膏民脂，费积年累月的时间，以从事于准备的结果，只需要一个汉奸（不管他大于殷汝耕或小于殷汝耕)，用一极短的时间，可以毁坏而有余，但是我们再要来图“复兴民族”，又飞〔非〕费更长的时间来更大的准备不可，我们试看今日殷汝耕之“缉获归案”难和冀东主权之收回难，就可以知道了。

要使已叛国的“深明大义”、“皤然来归”，只有打，要防止汉奸的产生，防止汉奸的叛国，也只有打。打是今日惟一的生路。

《集纳》(半月刊)
长沙集纳半月刊社
1937年1卷2、3期合刊
(朱宪　整理)

纪念察省抗日同盟军

冯玉祥　谈

本月二十六日，为察哈尔抗日同盟军誓师四周年纪念日，南京、泰山，均拟举行盛大纪念会，适总领当时同盟军之冯焕章先生，莅临泰安，中央社记者，当即前往晋谒，并承接见，冯先生衣黄色军服，益显体格魁梧，精神奕奕，态度和蔼，约谈半小时即出，兹将谈话汇集如下。

同盟军的感想

记者先说，关于察哈尔抗日同盟军的历史，我们是知道一部分，还有不甚清楚的地方，冯先生能否将其产生的原因、经过和感想，简告一二呢。冯先生当即答道好好，并即开始述说下去。他说，一说到纪念日的感想，首先觉得那一次得着许多军队和人民的帮助，幸而收复了察东四县，然而自己并没有什么功劳，并没有什么值得纪念，不过一千几百个死伤的战士，他们的精神，是值得纪念的，他们未完的事绩，是值得我们来继续努力的。

同盟军的产生

先来打个比方，当我们在这里谈话的时候，忽来几个强盗，不但见物就抢，而且当头就杀，你想我们该怎么办呢，是毫无抗拒的任其屠杀强劫呢，还是去觅邻呼友来帮助呢，是逃之夭夭呢，还是抄起茶碗、桌子、椅子和他拼命呢，我想当然只有最后的一个办法，是最应该的，而且是最有效的，抗日同盟军的产生，恰就是这种情形，当时我们的民族敌人，抢去了东三省，烧劫了上海，占去了热河，蹂躏了长城一带，并且攻占多伦、估〔沽〕源、康保和宝昌，离开张家口只有一百五十里，张家口的老百姓，当地的国军，和从东北转战退下来的义勇军，或则义愤填膺，或则惶惶无主，真是危险万分。我向来认识了敌人的伎俩，是欺善怕恶，吃硬不吃软，你越让步，他就越作威作福，恐吓诈骗的无所不用其极，除非我们如其意欲的作了亡国灭种的奴隶。二十一年十月，我就住在张家口，那时曾有友朋劝我走开，免得受危险，但是我虽闲住在那里，哪能当着民族敌人打到自己的面前的时候，丢开国家的土地和兄弟姐妹逃走呢，于是毅然决然的接授〔受〕军民之要求，组织抗日同盟军，和当地的军民，生死在一起，以尽守土卫国的国民之天职。

抗敌经过情形

同盟军的组织分子，计有四部分：一为国军，如二十九军留守张垣的佟凌阁、彭国政部。二为义勇军，如邓文、李忠义等部。三为民团，如张励生领导的察省民众自卫军。四为军伪〔伪军〕反正的，如刘桂堂部。这些饥寒复杂的十几万人，都在抗敌复土的精神之下，团结起来。第一步保住了张家口，第二步于六年〔月〕二十二日克复康保，七年〔月〕一日克复宝昌和沽源，于是更准备收复察北军事、政治及经济之重镇的多伦，自七月四日先锋接触，七日起激烈的攻战，因为日军与伪军守御的强固，血战了五日夜，于十二日十时，完全克复了失守七十二日的多伦，而完整察省的领土。这次战役，计阵亡官兵三百二十二人，重伤者四百五十三人（内团长一人），轻伤者九百二十七人，共计死伤一千六百余人，这些为国牺牲的烈士，成仁取义，真是壮烈异常。他们不但枪械窳劣，给养不足，甚至于暑热的夏天，还有穿戴皮衣皮帽的，然而他们这种牺牲的价值，是非常伟大的，他们的价值，就是六十万方里的国土之收复。

四周年事〔的〕意义

抗日同盟军当时的成绩，既如上述。如此壮烈的成绩，所以值得我们纪念着，并且当时坚决的信念，必须是全国的枪口一致对向敌人，这个条约，在同盟军四周年纪念的时候，已有作到的希望了。再打个比喻，现在敌人对我们的侵略，不但没有放弃，而且诡诈多端的，从保有抢劫物件的基础上，以作更进一步的掠夺，然而我们同遭了强盗的一家子，强盗虽已打进大门，但是在二门口，我们已暂时的撑拒住了，我们应该利用此时机，尽可能的号召家人，联络邻友，购买、制造及整顿各种武器，以便集中人力财力，个个人必须深切认识，拥护中央，精神团结，一切的军队，一切的财力，一切的精神，必须在统一的领导下，才能把强盗打出门外去，收复一切被夺的领土与主权，而成总理所昭示的自由平等之目的，这是我们纪念同盟军的意义，亦即是我国今日上上下下所应有的一致认识与努力。

《建言》（月刊）
上海福建旅沪同乡会
1937年1卷2期
（李红权　整理）

绥战经过详纪

傅作义　撰

察、绥交界之三保沟及绥边土木尔台、红格尔图各处开始挺战之概略

二十五年春，当陕北“共匪”窜晋之际，正敌方向我诱惑恐吓极度紧张之时，同时察北伪军之扩张补充，亦日见积极，不遗余力。至五月“共匪”惨溃出晋后，而察北所成立名称不一，队号庞杂之各部伪军，共有七十八团队之多。更证以土肥原贤二五月间在东京之演讲：

> 共产主义之东渐的势力，与英美支配的西洋文化极东进出，结局对于日本大陆政策之理想，皆有重大障碍，而以共产主义为更甚。嗣即各述苏俄在远东之政策，而指摘其驻兵法，实予苏“满”国境以不断的威胁。外蒙之整军经武，初只消极的态度，后忽转为积极，其间盖伏有严重的问题。日本一部分论者之意见，谓苏之盛置战备，乃由日方挑战的行为而起，如果日本不复挑拨，则俄方尚可弛缓，于此认为根本错误，尤反对所谓北守南进之说。苏俄的东渐势力，绝对非外交手段所可阻止，盖苏俄之武装外蒙，经营新疆，意在包围“满洲国”，而将日方大陆政策，根本推翻。由此更轮〔论〕及内蒙

与“满洲国”之关系，谓内蒙人口稀薄，一无力量，如果外蒙准备完成，则无力抵抗之内蒙，运命如何，不难想像。此际内蒙古之重要性，不在其国力及居民如何，而在其地理关系，假如此等地方，入于外蒙势力之下，包含于苏维埃范围，则“满州〔洲〕国”之国防，非常可危；再者，一旦日俄开战，内蒙一带地域，向彼向此，在作战上关系极大，毋待说明，如果内蒙古团结坚固，舍于日本势力，则因此而使俄国远东作战，大感困难。此在地理上考之，亦易于想到。内蒙虽资源贫乏，住民不足倚赖，然就以上意味言，日本决不能漠不关心，无论如何，为封锁苏俄进出计，不能不在内蒙有所图。缘自日本当局者，乃加以相当重要之注意，正在讲种种之手段，其内容虽苦于不能有具体开陈之自由，然着手虽迟，确在着着进展之中，则可以明告。

判断敌方步骤，似将开始行其军事之侵夺，本人乃于六月一日赴太原，向副委员长阎请示机宜，秉承一切。当时副委员长阎立下决心，誓保国土，绥省重要城镇，各筑永久工事。至六月十四日本人由晋返绥后，即督饬各部，积极工作。果于六年下旬，伪边防自治军司令于志谦、副司令马子玉率其司令部人员，及卫队三百余，由张北县城移驻张北、兴和交界之三保沟，逼处绥边，图扰绥土，以为实行侵略之试探。当令兴和许营长书庭（四三六团）先选精干士兵，化装前往，侦悉地形后，于七月一日夜，许营长亲率便衣官兵百余名，前往摸袭，数小时，即将敌巢覆灭，毙数百余，俘其副司令马子玉并首令〔领〕赵逸民、于志和等六十余人，缚送集宁，将为首者处死，盲从者晓以大义资遣之。此为绥省挺战之开始。七月三十日至八月四日，伪西北防共自治军总司令王道一，率其部众二千余，以一部攻我土木尔台，被我民众守备队击溃。其主力围攻红格尔图（亦简称红镇，以下准此），我以骑兵两连，加以当地民众，利用该镇围堡，沉着抗战，毙敌数百，敌未得逞。二日夜间，本人与赵司令同到集宁，指挥骑兵彭师长，率骑兵一团，特务兵一连，步兵一连，钢甲车四辆，于四日夜，向敌后抄袭，同时红格尔图之骑兵出击。在红格尔图以东商都境内之杨坡村、土城子、台道湾等处，毙敌过半，残余逃散，并在土城子王道一司令部，抄获重要文件及关防多种。王道一仅以身免，我亦伤亡官兵百余人。不数日得报，王道一因侵绥无得，损失太重，被敌方处死于商都。

第二次红格尔图战纪

王英，绥省临河县籍，为绥西著名匪首，于二十一年经剿击肃清后，王英个人，遁迹平、津，久无声息。本年五月，王英受敌委为蒙汉防共自治军长，在察北收纳亡命，招集匪众，强迫民团，编成步、骑兵各两旅，并有骑炮兵营、手枪队、特务团、宪兵等队，确数约在六千以上，以商都为根据地，枪枝齐全，弹药充足，其步兵一旅分驻南壕堑，由其副司令兼师长张万庆带领。八月上旬，王道一被我击溃后，残余部众，又归王英收编，统计有七千余人，并有山炮八门，机枪十数梃〔挺〕。十月初，王英改称大武〔汉〕义军总司令，在商都秣马厉兵，跃跃欲试。

当八月上旬，王道一率部攻我土木尔台、红格尔图惨败后，本人即判知敌方必将大举侵绥，遂一面督励各部队，积极构筑工事，准备挺战，一面将敌情及判断，分别报告委员长蒋、副委员长阎，旋奉副委员长阎电令，指定十九军（王靖国部）在晋部队（该军原有四个团在绥）及六十八师（李服膺部）并独立第七旅（马延守部）、独立第八旅（孟宪吉部）炮兵四个团为先遣入绥，增加挺战之部队。尔后，视情况之必要，凡属晋省军队，全数入绥挺战，先以六十八师一部开绥，其余分驻晋北及大同附近集结，由本人随时调用。同时我副委员长阎招集晋绥全体军官，输流到晋听训，谕以："我们要为国家尽责任，我们要为责任牺牲，全体官兵应成功以尽责任，成仁以保人格。"同时手谕在绥各将领云："我决无保留晋绥军的实力，到他省苟活的意思，告我全军，遇敌作决死战。"

至八月九日，六十八师之一部，到达兴和丰镇，担任职务，至九月十八日，中央军之小炮队，由大队长高鹏率领，开入绥省，至十月十二日，奉委员长蒋电令，指定中央第十三军（汤恩伯部）、骑兵第七师（门炳岳部）入绥挺战。

至二十四日本人赴太原，随副委员长阎飞西安转洛阳，向委员长蒋报告，并秉承商决绥省挺战军事，分电准备入绥之中央各军，由陕北向绥开动，此时第十三军派遣之各级参谋十余员，由八十九师参谋长吴绍周率领到绥，分赴各地，侦察地形，至十一月四日，本人由太原返绥后，即与骑兵赵司令，分赴各处，视察工事，与各部队讲话，并规定口号：

一、誓保国土，以尽责任！

二、决心牺牲，以雪耻辱！

使各官兵，每日起床后，熄灯前，集合后，解散前，各喊一次，以为共同努力之标准。此时伪军之王英部众，皆开出商都，逐渐向西移动，李守信军部，亦由张北移至商都，所部纷纷向商都集中。其尹实〔宝〕山师之全部，已集中完了。德王之伪第七师（穆克登堡部）已早由后草地，绕向百林庙，增加完毕。至八日汤军长（恩伯），化装抵绥，与本人商定作战方略，十日，转赴绥东，视察地形，十一日，奉副委员长阎电令颁发战斗序列，其原文如下：

命令　（一）兹任命傅作义为绥晋剿匪军总指挥兼第一

路军司令官，第一路所部，为三十五军，附第二〇五旅（欠四〇七团），独立第七旅，补充第一、二团，炮兵第二十一、二十九两团，及小炮大队（欠一中队）。（二）任命汤恩伯为第二路军司令官，指挥所部第十三军，附第七十二师，及炮兵第二十七团。（三）任命李服膺为第三路军司令官，指挥所部第六十八师，附炮兵二十四团，及小炮第一、三两中队。（四）任命王静国为预备军司令官，指挥所部七十师（欠二〇五旅四〇七团），附独立第八旅。（五）任命赵承绶为骑兵军司令官，门炳岳为副司令官，指挥骑兵第一师、第二师及第七师，除委状、关防另行颁发，并呈报军事委员会外，仰即遵照。阎佳亥参战印。

十一月十四日，王英匪部约五千，向红格尔图方向推进，至夜间十二时，其先头进至阳坡村（距红格尔图四里），与我红格尔图派出之骑探接触，我红格尔图之部队、民众，皆一致精神紧张，严阵待敌。是时红格尔图驻军，为骑六团中校团附张著带该团之一、四两连，并机枪一排。至十五日，王英部队，对此孤星远悬之红镇，与数百坚苦壮烈之军民，消耗子弹十数万，炮弹、炸弹千百颗，变尽方法，昼夜猛攻，连续三日，卒之力竭声嘶，智尽计穷，而红镇屹然未动。兹记其当时经过于次：

第一日（十五）上午七时红格尔图北面之小井子、高烟筒一带，及南面山上（俗名不浪山），均发现敌人，并有飞机一架，低空盘旋，反复侦察。至十时飞机七架，向该镇轰炸，掷弹五十余枚，山炮六门在东北方，向我东、北两面围墙，猛烈轰击，掩护步、骑混合之敌，分由东、北、南三面，向我进攻，步骑杂沓，蜂拥而至，杀声遍野，势极凶悍。东、南两面步多骑少，约有千人，北方有敌骑五百余，并机枪数梃〔挺〕。按该镇防御配备，及附近地形为环镇有围，不高而厚，外有宽深外壕，壕围之间，有炮八座，围顶壕边，皆有掩体，北面及东北角，有山环抱，北面之山，距围二里，东北角之山，距围不足一里，南面有山，距围三四里，皆不甚高，西面平坦开阔，敌不易攻，故敌之攻击，以为占据三面各山，即可瞰制红镇，加以飞机大炮，足可夺我志气。讵我守兵沉着，地方团队及民众，既有训练，又有经验，皆欲为国家土地尽责任，为祖宗、民族争光荣。飞机大炮愈威吓而愈激昂，愈猛烈而愈沉毅。敌不接近，决不射击。故敌猛攻数小时，我官兵据调〔碉〕抗战，仅阵亡军事〔士〕一人，毙敌七十余。至午后一时，南面之敌退回南山，东、北两面，不敢再冲。此后敌不断炮击，并有来有去，常常变换位置。至黄昏又三面进攻，北面又加山炮四门，机枪四梃〔挺〕，各面猛冲，均彼击退。至夜十二时，我骑六团张团长，率该团二、三两连，及机枪一排，奉命由高家地驰来增援，从西门进入红镇，于是士气更旺。

第二日（十六）早六时，敌炮轰轰，向我东北、西北两围角，集中猛击，烟尘罩地，声响动天，两角围墙彼毁，碉顶亦残，围内房屋，倒塌数处。至七时，敌步兵两路分向两角前后重垒密集猛冲，我守兵或在碉底，或在壕边，于耳聋目迷之情势下，以各种火器，在百米以内，齐行斜射侧射，集中火力毙敌百余，敌不支溃退。我民众守备队长张存德，此次受伤。至下午二时，军民正在敌弹由山顶向我镇内零星飞射中，修堵围墙，遥望东方尘起，又来敌五百余，在东北角之山后下马。旋闻敌机嗡嗡，又来七架，同时炮声隆隆。此次炮战，炸弹之目标，专对碉堡，飞机去而复返，先后三次，炮击百数十发，将东、北两面碉堡之上层均已打去。敌以为计划成功，遂有〔由〕北方东、北两山上蜂拥冲来，约有千数，岂知我之碉堡，皆系两层，下层石质，较上坚固，当初设计，即用上层监视敌人，下层杀伤敌人，今将上层打去，正好诱敌投罗，故敌冲至面前，则我之轻重机枪、冲锋枪杀伤弹丸，仍由各碉内一齐喷出，出敌意外，死伤更多。前方之敌，无一幸免，后者睹状，不敢再前，我亦停止射击，不愿耗一弹。我骑兵机枪连长熊吉成此次受伤。从此僵持，直至黄昏，敌尚未退，知其必有企图，乃使守兵多带手掷弹，分布于围顶，将轻重机枪，位置于要点及侧防壕内，对准前地，埋伏土炮、抬枪，以备敌之夜袭。果于晚九时至十一时，敌东面一路，枪炮齐鸣，向我猛攻，北面一路，一枪不发，向我猛冲，均被击退。北面落入外壕者十数名，除彼〔被〕我手掷弹炸毙者外，生俘三名，供称："敌全部皆在场坡村、大小土城子、台道湾、打拉村（即八台）、头、二、三股地分驻，每日轮换来攻，凡被击退者皆调回各村，再来生力。下午攻击者，系有〔由〕台道湾调来骑兵第二旅杨守诚部，何时攻击，目标何处，何时停止，另有指挥官，并有督战者，或穿黄衣，或穿西服，态度蛮横，说话不懂。"遂将情形电告（无线电）彭师长，一面连夜修补围墙，并添补工事，再备杀敌。

第三日（十七）早七时，敌炮又开始猛射，直至八时，皆在北面，向外壕边及围墙猛攻，地翻土扬，声动天地。此时匪众千余，又从东北、正北，冲下山头，敌机四架，突然而至，在我北面围墙，及围内北部，低空投弹，继又来三架，而先来者返回，瞬时又来，往返轮换，连续不断。至八时半，攻我之敌，已将接近，蜂拥重叠，浪式前冲，并携带云梯，预备过壕登围。此时敌炮齐集东北山上，向我北面围墙，连续猛射，炮弹与围墙平行，且多空炸，而飞机上之机关枪，亦纷纷向围顶猛射。此刻我之守兵，多避入围墙内根之掩蔽部内，仅少数利用围墙根之交通沟外口监视敌人，及敌已至壕边，敌机敌炮，转换目标，我遂齐出，齐以手掷弹杀敌，而在围墙外根挖洞埋伏，由斜方向发射封锁，北面之土炮、机枪，亦突然齐响，敌之身翻梯落，血肉纷飞，后者返奔，我获云梯一十余架，枪五十支，四五分钟，又予敌以最猛烈之打击。至十时，张团长正在搜验敌尸，慰问伤者，忽奉彭师长一电，令竭力吸引敌人使之围攻，以便我军之大部，由敌侧背抄袭，歼灭敌人。当时精神振奋，难以形容，又竭力保守秘密，恐泄企图，遂督励军民赶补围垣，盼〔盼〕敌来攻，使我主力军成功容易。盖自十五日，王英开始攻击之当日早上，彭师长于集宁得报，即一面电高家地骑六团张团长，率队利用夜间增援红镇，令驻七苏木骑五团周团长，以一连推进高家地，以一连推进九服泉，率带其余进驻大六号，对敌监视，警戒掩护兴和以左、陶林以右地区，一面分电本人与赵司令官请示击敌方略。赵司令官于大同得报，一面通电红格尔图张团长、附及全体官兵，谕以大义，务与红镇共存亡，一面登车赴集，晚八时到达。

本人得报，当即分电绥东、北各县，详侦敌情，令各部队准备出动，一面随带幕僚数人，前赴集宁，夜十二时到达，即与赵司令官，同驻一处，策划军事，共同指挥。

十六日晨六时，汇集前后所得各方情报：

（一）化德专探，十三日己〔巳〕刻电报，谓敌方侵绥计划，确定为：1. 王英由商都经陶林进占绥西。2. 李守信由商都进攻集宁。3. 张万庆由南壕堑进攻兴和。4. 德王以百林庙为根据进攻绥垣。

（二）商都专探，十四日晨〔辰〕刻电报，谓王英十二月在商都城西，与其部众讲话，谓日内西进，占据绥西。

（三）商都专探十五日申刻电报，谓攻红格尔图之敌，确系王英一部，王亲率大部，暗窜绥西。

（四）本（十六）早四时二十分，贲红电话，谓探报李守信之尹宝山部，昨（十五）日开出商都。

（五）本（十六）早五时三十分，兴和电话，谓南壕堑伪军，全数西进，已向我兴和边境进攻。

（六）红镇张团长，本早四时电报，谓昨攻我之敌，轮换攻击，常常变换位置。

（七）本（十六）早五时五十分，陶林电话，谓据派往北草地边之骑探报告，截至昨夜，未见敌兵西去。

当综合研究如下：

一、德王之伪第七师，向百林庙增加，业于本月九日全部到达，李守信全部，已大半集中商都，敌于绥东、绥北，在外线对我围攻之布置业已完了；计敌方兵力，李守信及德王，共为九个师，王英步、骑各两旅，独立五个团队，热河伪军之吴椵庭、王静修、张俊哲部，亦开至察北；传闻某军两师团，在热、察边界集中；现王英、张万庆两部，已分别同时向我进攻，敌之大举侵绥已经开始。

二、绥东既已发动，百林庙之敌，亦必移于积极行动，以图策应绥东，使我诸方受敌，苦于应付。

三、对敌主力所在之研究，敌既分路进攻，其兵力定有轻重，按绥省之地势，及外线作战之利害，其主力使用，究在何处，探讨于下：

1. 兴和　主力使用，多在攻夺要点，兴和为绥东之突出部，纵被夺去，在政略上，于绥远全局，无大关系；在战略上，虽可瞰制晋北，然在进攻期间，敌之侧背上，实受晋北之威胁，倘由天镇出兵一部，抄袭敌后，敌甚危险，且兴和城防工事坚固，守兵足用，敌人纵多，难遽攻下，不下兴城，似不敢〈由〉我侧面深入，纵下兴城，其深入亦甚困难，故在作战进展无大把握之方面，不肯使用主力。

2. 百林庙　该地在我侧背，动可直捣绥垣，迫我根据，于绥远全局关系最大，且由后草地，向其策源地，汽车任意畅行，增援补给，亦甚敏捷。惟其现在兵力，仅有一师多人，若以之为主力，尚有待于增加。

3. 商都　商都距集宁仅一百四十余里，地形开阔，军兵急行，一夜可达，汽车行驶，仅数小时，敌人一动，直迫集宁，如得集宁，俨有绥东，最小限度，亦能破我铁路，断我交通，使我各方应战困难。就此种种关系，敌之主力，似在商都。今尹宝山部之伪军，既已开出商都，似乎在商都城西，依王英之进展，决南犯之时期。

4. 纳〔红〕格尔图　王英所部，虽非敌之主力，然其诸兵混合，部队庞大，今因知我红镇仅少数军兵，且非长于专守之兵众，而步兵多在铁路沿线，相距甚远，增援不及，不费力即可攻下，以期于发动之始，先得绥土，以增长各部伪军之气势，威胁绥省之民众。同时，并希望减少绥民对驻军之信仰，故攻红镇，若不急于扑灭，使其任意活动，确最危害于我。

总合以上，敌之主力，似在商都，若使王英到达绥西，则于我之危害更大。

基于上之研究，我之应战方略：

一、取守；

二、取攻。

按敌对我过去之经验，及敌视我之心理，并准备之工事，在敌判我必取守势，我为出敌不意，予敌以认识上之打击，及振作军民之志气，建设挺战之心理起见，必须采取攻势。惟按敌我之物质，及我当时准备之程度，积极攻击，实所不能，守势攻击，亦费兵力，遂决定采用凭借各城镇之既设工事，以民众守要点（县城及有工事之较大村镇），使正规军队活动击敌之守点攻击。如此，则绥省军队，必要得全数使用于攻击，但击敌方式：

一、待敌接近而后击；

二、向敌迎击。

待敌接近而后击，虽可获得补充运输之便利，转移兵力之灵活，惟边远之区，必须一度陷敌，致损失我民众之生命及财产，消沉我军民之志气，故宁增加我作战军之困难，不欲使绥省之土地人民，蒙受敌害，必须采取向敌迎击、此项方式，亦有两种：

一、分路迎击；

二、先击一路。

以绥省现有之兵力，若分路迎击，必致兵力分散，处处薄弱，又蹈过去长城抗战各不相及之覆辙，难期成果，必须集结优势，先击一路，再及其他，期能个个击破。但对于以下各路，究应先击何路：

一、百林庙；

二、兴和；

三、商都；

四、红格尔图。

第一，绥东之敌，已分路发动，当未受若何打击，百林庙，有既设阵地，我若不顾绥东，先击该地，不啻予敌以隙，敌为策应绥西，行动必更积极，万一顿挫，自陷苦境，纵获成果，按其距离交通，恐回兵不及，绥东即陷危困。

第二，兴和为绥东突出部，距铁路线二百余里，且多山路，交通不便，汽车多受限制，不能畅行，部队徒步，往返必须五日，我若集结主力先击兴和，则兴和以西数百里，处处空虚，商都、红镇等处之敌，乘虚南下，纵不能夺我重城，亦必能断我铁路，授敌以隙，危险太大。

第三，商都既有工事，又有重兵，判为敌主力所在，倘我攻击顿挫，或被胶着，既难增援，又难撤退，挫我志气，增敌势焰，牺牲事小，使敌乘虚深入，实足危及我全局，故对商都，只能乘虚袭取，不可强攻。

第四，先击红格尔图，该地距集宁虽有一百七十余里，然地形开阔，汽车畅行，骑兵运动不受限制，王英所部，若果在该地，似应先击此路，以除最危害于我之敌，实内线作战之最高原则。但恐敌之大部他移，使我扑空，敌则乘虚深入。惟就我过去之经验，按王英个人之心理判断，似不愿使其所部分开，一部在此，一部他去。今陶林报告，事实上未见敌兵西去，似有全在红镇附近之可能，最堪顾虑而使我注意者，商都之敌，伺我远出，乘我之虚，向南直捣。

就以上种种，本人与赵司令，经过审慎考量，策定以最危害于我之敌，及其主力所在地为目标，击敌并以诱敌，“虚”则就敌之企图，以行我之企图，“实”则依我之计划，求我之成功，期能各个击破敌之全般，决心集结优势兵力，先击红格尔图附近之敌。其指导腹案：

一、以优势兵力，发挥最大机动，乘夜猛袭，先解决红格尔图附近之敌，兴和方面暂取守势，俟将此敌解决，然后转移兵力，再击其他。

二、如敌主力，被我击破，有力作战时，则我乘其空虚，袭取商都；倘敌大部他移，或商都部队，乘我空虚，分别向我深入，使我扑空时，则我各城镇民众守备队，依据工事，固守抗战，攻击军即转移目标，乘彼之虚，直取商都，然后分别席卷捣敌各根据地，使敌进退失据，自易解决。

三、敌如避战而退，或被击而退，尚有余力，回守商都，使我进取费力时，则立即撤至相当地点，以示我无积极企图，然后以迅疾手段，袭取百林庙。

遂于上午十时，本人与赵司令官会衔命令骑一师彭师长毓斌率骑兵四个团（第三、四、五、六各团，第六团在红镇），并指挥率带步兵两团（四二二、四三六团）之第二一八旅董旅长其武，附炮兵二十九团之一营，野炮一连，小炮两门，装甲车四辆，以秘密之行动，迅疾之手段，歼灭或击溃红格尔图附近之敌，各兵种皆须夜间行动，步炮用汽车运送，并限于十七日夜间进袭，努力于拂晓成功。

并电兴和高团长朝栋（四二六团）、孟县长文仲对犯我之敌，严加监视，先以地方保安队，探其虚实，试其强弱，多来报告。

命令达后，并令驻丰镇之六十八师第四〇一团（李钟颐团），夜间由列车输送至集宁转进于大六号，掩护集宁东北一带地区，支援袭击兵团，亦归彭师长指挥，同时训令彭师长，于击袭成功后，相机袭取商都，一面将情况处置，分电委员长蒋、副委员长阎，报告一切。

彭师长奉令后，立即按照敌情、地形，决定集结地区，进袭方法，选定分进道路，计算距离、时间，按远者先动，近者后动，后以廿分钟以内，齐集一地之要领，命令各部队，于十六日夜间运动，十七日白昼匿伏，入晚再动，并限于是夜九时以前，在八苏木附近敌之侧背（距离二十余里）集结完了待命。

命令下达，官兵振奋，各自按定之时间，踊跃出动，如时各部队之所在地，及至集结地之距离：

步兵第四二二团，在旗下营，由列车运送至集宁（八站二百四十里）转赴集结地一百七十里。

步兵第四二六团、骑兵第四团，在卓资山，径赴集结地二百七十里。

骑三团、炮兵营、野炮连，及小炮排，住集宁，距集结地一百七十里。

骑五团，在大六号，距集结地一百一十里。

以上各部队，除骑兵外，皆用汽车运送，惟集宁、卓资山两处，共有汽车八十辆，按其容积载重，仅可载步兵一团，今以之运送两团步兵、一营炮兵、一排小炮，尚有各部所附之无线电台，又限于夜间运动，其间某部先上车，运至何处，下车后，徙步行进，某部先徒步，到何处后，专用车接运，部队全乘车（炮兵小炮等，不带骡马，全用车送），直送何处，交错牵连，煞费计划，全赖当事人之脑力补助，与平素养成之各方协同，按车不误时，人不误车之要求，使不充分之物资，发挥其极度效能，予军队以所望的机动，卒于一夜之间，将步炮兵团，跃出二百里内外，而骑兵各团，亦发挥最大速力，一夜而到所望地区。至十七日拂晓，八苏木南方及西南方各三四十里处一带地区之村庄，已被封锁，居民凌晨开门，见有不知何来之军队或依于檐下，或蹲在墙根，抱枪调息，若一夜未睡者，且有在柴厂草院，身盖乱草，闭目而卧，若避免人见者，更添许多草堆，近视全系汽身。尤怪者，当此寒冷天气，马匹不向阳光曝晒，而在各房檐之阴影中，使之靠墙。又见有少数士兵在村之最高屋顶，或围碉（本年一年中，绥省全境，凡较大村庄，皆筑成碉堡），或早已筑成之工事内（边要村庄，年来由驻军筑成之工事甚多），向东、向北注日〔目〕监视，常常换班，村口街路，皆有卡兵，任何人等，只许南来，不准北去。一时人民揣测，不知究系何为，惟幸既有军队，当然不怕敌来，且喜烧开水，煮稀饭，多得数倍金钱。事后百姓传言，既系击敌，百姓皆欲参加，又何必如此神秘，而不知在军事之要求，固当如此也。至下午七时，彭师长率特务一连先抵八苏木，向达总管详问敌方情形，知敌似尚未觉，且未移动，遂决定袭击。腹案当将特务连一部，参加达总管之蒙古队四五十名，在前方要点布置警戒，旋董旅长亦先到，秉承一切，领受命令，至九时各部队皆奔腾集齐，彭师长下达命令之要旨如左：

一、敌军约五千余，除围攻红格尔图者外，均分驻于阳坡村、大小土城子、台道湾、头股地、三股地、打拉村等处，我骑六团，仍在红格尔图，与围攻之敌对战中。

二、本军以歼灭该敌之目的，即于今（十七日）夜向敌之侧背，施行奇袭，灭敌于红格尔图以东，野猫沟以西一带地区。

三、各部队任务：

1. 董旅长率四三六、四二二两团，附山炮一营，击袭头股地、小土城子、大土城子、阳坡村等处之敌，成功后在土城子北方，东西绵巨高地，停止待命。

2. 骑三团孙团长，率骑兵三、四两团，附野炮一连，向三股地、打拉村之敌奇袭，须以疾风之势，扑灭该处之敌，径向台道湾施行迂回，占领该村后，以骑四团施行追击，率骑三团迅回打拉村待命。

3. 骑五团派一连，在步兵左翼扑剿红格尔图南山回窜之敌，随步兵之进展，至我步兵成功后，探询该团归还建制，其余及小炮排、装甲车队、特务连，为预备队，统归骑五团周团长指挥，在骑三、四团右翼，为师之预备队，随骑兵之进展，对商都方向警戒。

4. 汽车队即在十二苏木，分散荫〔隐〕蔽，注意设法防冻，明（十八）晨须随时行动。

四、各部队即刻行动，努力夜一时突击，拂晓成功。

五、余随预备队，成功后在打拉村。

注意事项：

一、各部队之一般连络，统照平日之演习实施。

二、步骑连络，步兵用红色信号弹，骑兵用黄色信号弹，各连发两弹。

三、敌向何方溃退，即用信号弹，向何方指射。

四、已由蒙古队，挑选熟悉地形者，每团三人，即刻领去引路。

命令下达后，各部即分别动作。

董旅长令四二二团附炮兵一营（欠一连），以一营向阳坡村袭击，以主力向大土城子袭击，成功后占领土城子北方及其以西高地待命，令四三六团之第三营为旅预备队，由旅长掌握，跟随该团前进，其余（附炮兵一连）以一部袭击头股地，成功后，在头股地北方高地，阻止打拉村之敌西援，并援助骑兵，夹击打拉村之敌，以主力向小土城子袭击，灭敌后，急向土城子北方高地，阻止台道湾之敌南援，协助我四二二团，扑灭土城〈子〉之敌，成功后，占领土城子北方以东之高地待命，各部队以灭敌为目的，各用手掷弹、刺刀杀敌，非至万不得已，不准开枪。

时当深夜，钩月早敛（阴历十月初四），朔风凛冽，天暗刀寒，各部队皆瞪目伛身，屏息分进，至夜一时三十分，各部队已到达不浪山腰（各敌村之南，东西连亘之高地，连接红格尔图南方之山，俗名不浪山，图上无名），突闻枪声呼呼，旋闻手掷弹轰轰数响，枪声时续时断，约一小时，而阳坡村、大小土城子、头股地、三股地等处，步枪声，机关枪声，手掷弹声，同时爆发，山鸣谷应，震撼天地。至四时，各村皆有红色信号弹向土城子北方一带山上飞去。我炮声隆隆，向北山猛击，盖不浪山沿山皆有敌之警戒部队及简单工事，我军摸至山腰，距敌不及百米，敌已惊觉，鸣枪阻止，我则一枪不发，加紧前冲，及至眼前，用手掷弹随炸随冲，一由敌卒不及防，一由我冲击过猛，警戒之敌各自返奔，我官兵亦跟踪冲下，四二二团右翼，及其团之预备队，直对大土城子，先冲下山，在大土城子以南小高山，与敌发生激战。此时我骑兵孙团长，分派骑兵一部，已将三股地之敌，击溃占领，自率主力，冲至打拉村，与敌激战。而我步兵，亦分别冲至阳坡村、小土城子、头股地等村，与各村之敌拼战，头股地、小土城子，先被四三六团之部队，先后攻下，第七连长王廷榜，在小土城子阵亡。一面北追溃退之敌，并以一部助攻大土城子，旋即被我两团部队占领，敌向北溃，四三六团第四连连长赵怀晋，在该处受伤，而阳坡村亦为四二二团第一营占领，向北猛追。此时我骑兵孙团长，已将打拉村占领，正率所部，以疾风之势，向台道湾抄袭。打拉村为敌之后方，除悍敌一部外，余皆所谓敌之特务人员，并有一重要策动者，激战之始，已先免脱，殊为可惜！时至拂晓，目视已清，我骑兵孙团长，率带两团绕至台道湾东方高地，目击土城子以北东西之山，已被我步兵占领，敌之一部，向东溃窜，而台道湾附近，尚有一部，正向东溃，另一大部，全系骑兵，向西北方向窜去，遂令骑四团，向东急追，自率骑三团、野炮一连，截击当面之敌，而敌转向北方拼命逃窜，被我炮毙甚多。及至台道湾，我骑五团之一连亦到，该连原在我步兵左侧，搜击零敌，警戒北进。当东方激战时，红格尔图东、南、北三面之敌直向北方撤退，南面之敌，亦有〔由〕红格尔图东方向北绕撤，被我骑连，乘机追击，毙敌三十余人。敌且抗且退，我亦伤亡六名。尔后，我骑连遂在步兵左翼，搜剿高烟筒、小井子残敌后，追至台道湾，与孙团长会合。孙团长见溃向西北之敌，业已远窜，台道湾村内，已经肃清，遂率该团及骑五团之一连，驰回打拉村，向彭师长面报经过。董旅长先到来，时已十八上午七时矣！彭师长此时注视商都，神情跃跃，旋见我前一日派出之便探报告，李守信部之尹宝山师，原在打拉村以东廿余里之李家村一带，昨夜闻此间枪声，立即向商都撤退（距约卅里）。少选，又回一探报告，谓尹宝山之一部，布置于打马板东、庆丰庄两处（距商都约十里）路口，及其附近山头，不准行人来往，大部已入商都城。彭师长萦心情报，商都似已有备，又有一部离心撤退（向西北撤退之敌），殊堪顾虑。旋闻敌机隆隆，飞来四架，向我已占领之各村，及土城子以北高地轰炸，时已八时，我步兵已分别集结尚未完了。至九时，又得乘自行车之便衣报告，谓："据常驻商都城之赵密探，今早六时混出东门云：'商都已闭，仅留东门，城内伪军甚多，业已上城，百姓传言，有汽车二百辆，由化德装运大部伪敌，今午即到。'"

彭师长一面令步炮兵，在红格尔图、阳坡村，骑兵在十二苏木、土城子集结，并令骑四团，停止进击，暂回大城子待命，再行派探详侦向西北退走敌之踪迹，一面将前后经过，及敌方情形，报告本人与赵司令官，请示机宜。彭师长亦偕董旅长，回红格尔图，搜检战地敌尸，共得五百余具，俘敌廿余名，内有书记、参谋各一，连同攻红格尔图者，毙敌总数千余名。在土城子击获王英乘坐之马车一辆，并抄得王英司令部之重要文件多种，内有命令印稿一份，原文如下：

命令十一月十三日上午七时于商都总司令部

(一) 绥境之敌，分据各处要隘，构筑永久工事，希图倾强抵抗。

红格尔图，驻有敌骑三百余名，机枪六架，迫炮四门。

土木尔台，驻敌步兵约四五百名，机枪六架，迫炮四门，并驻蒙古〇三十余名。

我第一军于十一月十五日，由商都出发，经过高家地，向平绥路方面进攻，我蒙古第七师，已到达百林庙，向归绥方面进攻。

(二) 本军以占领包头之目的，拟分两路进攻：

张师长复棠，率该师全部，于十一月十五日以前，由南壕堑出发，向兴和方面进攻。

步兵第二旅，骑兵第一旅、第二旅，骑兵支队，及直属各部队，于十一月十四日，由商都出发，经过红格尔图、土城子、乌兰花、黑教堂、固阳，向包头方面前进。

（三）我军驻商都各部队，务于十一月十四日上午八时，在北门外空地集合，九时出发，行军序列如左：

1. 石旅长麟川，率该旅第一支队，经庆丰乡、双井子，向红格尔图挺进，即晚宿营于头股地、比花窝子附近。

2. 胡支队长宝山，率该部为左侧卫，经过庆丰乡、董家村、吾生子沟，四〔向〕红格尔图前进，即晚宿营于土城子附近。

3. 杨旅长守诚，率该旅第一团为前卫，经乔家乡、杜家村、黑庙子沟，向红格尔图搜索前进，即晚宿营于小音屯，及范有良村附近。

4. 步兵第二旅骑炮营（欠骑兵连）、司令部、总政治部及特务队、士官队、骑兵第六团、手枪团、宪兵队为本队。

A 骑炮营、总司令部、总政治部及特务队、士官队、骑兵第六团、宪兵队，即晚宿营于八台。

B 步兵第二旅宿营于鸠鸹沟附近。

C 手枪团，宿营于高家村附近。

5. 大接济，在本队右约三千米达处并进。

6. 骑二旅第四团为后卫，在本队后掩护跟进，即晚宿营于大音屯附近。

7. 于游击大队长志谦，带该部随胡支队长前进，只作向导，即晚宿营于小史家村附近。

8. 各部队之接济，由各该主管派员率领（总部由副官处率领），统归军官队徐队长俊镕负责率领，即晚宿营于高家村附近。

9. 骑炮营之骑兵连，为大接济前卫，并设右侧卫，掩护行进。

（四）飞机场设在商都，每日派飞机，随本队出发。

（五）无线电台，留商都一台。其余两台，在司令部后跟进。

（六）余十一月十四日前在商都，总部出发后在本队先头。

总司令　王英

注意：

（一）各部队之侧卫，要互相连络。

（二）各部队须用本地人作向导，以防走错道路。

（三）到达宿营地，均须构筑工事，严密戒备，并将宿营地，绘图呈报总部。

（四）侦探队，随总部参谋处前进。

（五）各旅团每日派传令兵四名，跟随总部，以免误事。

（六）步二旅，骑一、二旅，各派官长一员，士兵十名，归南靖尘率领为执法队，在本队后方，维持军风纪。

（七）各部大接济，均同时在北门外空地集合。

于此可见敌之全般，并据所俘韩参谋云：匪攻红镇，三日未下，昨晚会议三小时，决定今日以一部围困红镇，大部西窜，不再攻城，在陶林之以南、以北西去，李守信以尹宝山部再加后续一部，俟王英过陶林，即行南攻。

是日敌机，活动异常，凡我驻军各地，皆落炸弹数十枚，我二一八旅参谋席倬，在红格尔图，被炸伤亡，并炸死我炮廿九团排长一员，嗣后我中六小炮，击坏敌机两架，飞回商都坠落。其余不敢再来红镇，转向我大六号、贲红各地，投弹泄愤，故我各处被炸伤亡之官兵，计五六十名，并于沿途追炸我之运送给养汽车，被炸坏廿余辆。

本人与赵司令官，于本午十二时，详研彭师长之前后报告，决心施行我二步计划，遂电令彭师长，酌留骑兵一部于红格尔图，率其余各部，撤回绥境待机（红格尔图以东，此次击敌地区，皆系商都境），所有汽车，全回集宁备用，一面电包头田旅长，转饬补充第一团，由固阳开至乌兰忽洞待命，电归绥骑二师孙师长、步兵第二二一旅孙旅长、炮廿一团李团长，转饬所部骑兵八个连，步兵两团，炮兵一营，凡由南部队，先向东开拔，夜间转入北山。其北山部队，夜间向西移动，骑兵在乌兰忽洞西北什拉哈达厂汗席片附近集结，炮兵在二份子西北，至便兰脑包一带集结，统限于十九日开始行动，并各部在后山（山北）之运动，均须昼伏夜行，竭力秘密。

此后，即遂行我数月来，日夜考量，早有袭取百林庙之计划。兹先记兴和方面之击敌经过：

当十六日夜，我袭击兵团，皆已向北开动之际，正南壕伪军策应北面之敌，向我兴和急进之时。至十七日午，敌步骑连合，约三个团，已到我窑之〔子〕沟（距城四十里），向该地之保安队猛攻，同时窑子沟北之段家村，亦来敌约一团，与我保安队二百余对峙。是时也，王英在北，声势浩大，我已决派大军往击，除当事之军队而外，余皆不知。凡关念国家者，正在忧虑，又传来敌攻兴和之警。当时空气之紧张，不仅在绥人士，即我全国同胞，亦皆直目向绥注视。我最高军事领袖委员长蒋，亦于本日下午三时，由洛阳飞莅太原，与副委员长阎，商决机宜，亲加指导。而我行军在途之中央第十三军（汤恩伯部）及骑兵第七师（门炳岳部），皆闻风愤慨，急于杀敌，各奋其最大之精神与体力，冒雪冲寒，日夜兼程向绥开拔。门师之骑兵一部，已至大同。我独立第七旅，已由杀虎口入绥，赶进至集宁以西之铁路附近。至下午接我第三路军李司令官服膺电云："南壕堑伪军，进犯兴境，已令高团长，确保兴城，并选择地形，预定计划，派兵一部连合保安队夜袭该敌，痛予打击，并已令饬天镇、阳高部队，即刻准备，拟俟判明该敌之主力所在，向敌侧击，有何注意，请予机宜。”等语。当覆一电云：“处置至当，极为赞佩！我袭击兵团，明日当有成果，兴和之敌，请兄相机击攘。”云云。至十八日上午，我彭师长袭敌，业已成功，我李司令官知敌心摇动，必不敢再进攻我兴城，遂令高团长，以少数守城，率大部连合地方团队，向敌猛击。此时敌北路之一部，已进至我兴和城北土城子（距城廿四里）附近，其南路之大部，已进至打涧沟（距城卅五里）一带，而十〔大〕六号、大小哈拉沟（距城廿里上下），亦有敌之零星长队。当夜我高团长，留两连守城，令第一营保安队八十名，袭击北路之敌，八时出发，高团长亲率第二营及第三营之两连、保安队五十名，袭击南路之敌。九时出发，预算时间，两路可同时击敌。至十一时，皆与敌接触，敌初尚顽抗，继则奔逃，在土城子俘枪马齐备之敌一排，并排长一名。我乘胜猛追，敌且抗且逃，一夜之间，除逃散者外，毙敌百余，敌之大部，逃出兴和境外。此后由保安队扑捕残余，又获数十，得枪八十余支，至二十日，兴和境内无一敌人。

《建言》（月刊）
上海福建旅沪同乡会
1937 年 1 卷 2—4 期
（李红权　整理）

绥远的剖视与抗战的观察

刘克仁　撰

一　引言

绥远是我们的国防第一线，绥远是我们中华民族起死回生的摇篮地，绥远是我们祖宗血汗的开垦场，同时也是我们二百余万汉蒙同胞的生长家乡。所以当敌人指挥着李守信、王英、德王及包悦卿等匪伪来攻的时候，我们守土的将士和保国的弟兄们就英勇地发动了壮烈的抗战了。同时，我们全国同胞为了爱护国家的独立，民族的生存及自己兄弟姊妹们的自由幸福，都上下一致，万众一心，热烈地请缨组〔从〕军，倾家纾难，节衣缩食，争为绥远将士的援助。这明明显显的事实既〔即〕证明了民众的同仇敌忾与团结精神，尤其是当蒋委员长五十寿辰，全国民众在“购机祝寿”，以示悍〔捍〕卫国土的热情，而蒋委员长又以所赠的飞机转呈政府，以作抗敌之用的表示，这更使我们全体民众在贤明领袖的抗敌决心之下努力迈进，同时中央军不断地开到前线参加作战，这越发促成了全国一致的抗敌行动的急速开展。

由这样看来，我们对于绥远的前途是很可乐观的，最后的胜利必然是属于我们的。但是我们断不能在乐观之下忘却了当前的困难；更不要在胜利之憧憬之中疏忽了考虑。所以我们对于这绥远的各种复杂关系，应该有详细的观察。

二 绥远的地理

绥远是在蒙古的南边，东邻察哈尔，西接宁夏，南部和山西、陕西两省接壤，俯瞰河北，形势险要，是华北的屏障，西北的门户，同时也是通达外蒙和新疆的要道。全省各县的面积共计五十八万余方里，乌、伊两盟十三旗面积约达八十六万方里，合计一百四十九万余方里，幅圆比起国内各行省不算不大，但是人口据民国二十一年的调查，全省只有二百二十七万五千零七十二口，平均每方里约占二人。蒙人多居于西北部，经营牧畜；汉人多居于东南部，经营商业、手工业。

绥远的名称是由于清末绥远将军驻节时得名的，这个地方在汉时属云中郡，隋为定襄郡地，唐置大都护府，辽为西京道，元属大同路。在清时属内蒙古境。至民国三年划为特别区域，于国民政府成立后在十七年九月才改建行省。

绥远里面的山脉多在中部，如阴山横亘于平绥铁路的北边，狼山绵延于五原、临河的西北，峰峦很高，为内蒙地势之脊。山北是沙漠广布，属于蒙古高原，山南地势逐渐低落。于阴山之南有岱海（大冶海子），狼山之南有大盐海子，这两个都是绥远里面最大的湖泊。

绥远的交通比内蒙其他二省都好。黄河自甘肃中部经宁夏流入境内，环绕南部，至吉尔召分为两支，北流的叫北河，南流的叫南河。二河并流东行，相距约百里，其中河渠交错，田畴相望，称为后套；南河东流至托克托县的河口镇，会大黑河折向南流，至河曲县入塞，成为一大弯曲，这就是有名的河套了。因此，绥远的水路交通都很便利，上起甘肃的中卫，下达山西的蹟〔碛〕

口镇，当夏季水涨时，可容三四万斤的民船航行。自包头市到石嘴子之间更能行驶小汽船。

至于陆路的交通，平绥、绥包铁路便是绥远和山西、察哈尔、河北三省交通的要道。归绥是平绥、绥包的中心，亦是绥远交通的枢纽。除铁道外尚有驼运商道可以通蒙古、新疆等地。长途汽车路则有平滂（平地泉至滂江）、包兰（包头市至兰州）等线。最近新筑的公路也还很多，所以交通都算是很便利。

绥远的省会是归绥，位置是在于阴山南麓，大黑河北岸；原名归化城，民国五年和它东北的绥远城合并，所以叫做归绥。南凭长城，北阻大漠，东通张垣，西包河套。同时也是平绥、绥包的联接点。附近地势开阔，土地肥沃，物产丰富，民国三年我国自辟为商埠，商业繁盛，人烟稠密，成为漠南的一个大都市。

归绥东端的平地泉（集宁）是现在绥东的军事中心地点，它南连丰镇及大同，为平绥路的要站，是控制晋、绥交通的险要地点，到滂江的汽车路也既完成。

归绥的西端是包头市，绥包以此为终点，面前是黄河，背后是大青山，形势颇为扼要。因为它当水路要冲，民船西通宁夏，铁路又可东达北平，并且有长途汽车直抵兰州，实是扼西北的交通枢纽。这个地方不单是绥远省的重要城市，而且山西、陕西各省也依为屏障。至于商业的发达，可算是内外蒙古间的第一个大市场。

由归绥乘车向东行，至平地泉折向南下约百三十公里便是丰镇。他在长城的得胜口外，峰峦重叠，形势险要，是塞外进长城的要冲，晋北的重要防地。杀虎口的税关监督也既移驻在这里。

三 绥远的经济状况

我们对于绥远的形势、交通、历史沿革及其重要市镇等既有了一个概念，那么，我们就再从经济上、政治上及战略上来一个较详细的观察吧。

经济上的观察——绥远真是我中华民国的一个宝库，大青山下、乌拉山麓，都是玉带般的黄河贯流着。在这里有沃野千里，正待我们去开垦，矿产无数，正待我们去开采，其他各种土产也丰富得很。说他是中华民族的生命线，实在不是过火的话。

现在我们先说一说绥远的物产吧。因为绥远的土壤肥腴，所以培植植物是很适宜的。这是由于黄河自宁夏境沿贺兰山北流入绥远，碰到阴山的阻梗而折回南流，阴山以南的土壤，大部分是含着黄河上游带来的黄土和沙壤及淤积的黏土。在这些肥沃的土地上所出产的谷米、小麦、胡麻特别出名，高粱、荞麦、豆类等也很多。平地泉是绥远粮食集中的地方，每年出口总有七八十万石左右。在平地泉的粮店竟有四十余家［粮店］，可见粮食贸易是很旺盛的。绥远除粮食外，森林乔木也很繁盛，白杨、榆树便是出产的大宗。大青山、乌拉山一带满布着广阔遮天的天然森林。河套更生产着名贵的山川柳。

水草茂盛的广大平原也遍布在绥远境内，畜牧业因此特别发达，所有家畜、走兽都出产很多。西公旗的良马，是和世界著名的阿剌伯种、英国纯血种鼎足而三的。大青山的青山羊，后山、河西、河套一带的狐□、黄羊、野兔等野兽以及山羊、绵羊之类也十分繁盛。据塞北关的统计，绥远自民国十八年到民国二十二年二月底止，共输出各色羊皮三，八五八，〇二四张，羔羊皮一，二三八，五七一张，青羊皮二二，一二三张，价值总共在三千万元以上。还有绒毛的产额也值得注意的，其中以羊毛产量为最多，年产一八，一四〇，七二二斤，驼毛次之，年产六，八七一，三一〇斤。羊绒毛正是呢绒、羽纱等织物的原料，日本帝国主义最缺乏的原料这也是其中之一。近年来日本向澳洲每年至少要输入一万八千万元以上的羊毛，今年日澳贸易战愈趋白热化，这个侵略的魔王对于将来的羊毛供给便要向绥远着手了。

绥远地下的宝藏是富甲全国的。但因过去大家都不注意和少调查，所以绥远究竟有多少矿量的蕴蓄，尚没有一个统计，不过依既发现的就有煤、铁、铜、银、铅、宝石、水晶、自然碱、石棉、矾、云母、煨炭、石墨、石膏、石粉、皮硝，等等。这也可见他的丰富了。其中最重要的是煤、铁、自然碱、石棉四种。至于采煤，绥远全省都普遍了，归绥、萨拉齐、包头一带是丰富异常的，这是俗称西路炭。武川的肥煤、臭煤，集宁的泥煤，陶林、清水河、河西达、准各旗等的褐煤也产量不少。这些原料都是敌人所垂涎的，同时也是我们国家的生命要素。至于铁矿，除萨拉齐、包头、陶林已有发现外，在茂明安旗的白云鄂博发现了巨大的铁矿床。据西北科学考察团团员丁道衡的估计，产量足足有十三万六千九百余万吨之多。我国是铁矿贫乏的国家，而铁矿又是生产工业及军需工业最重要的原料，所以我们对于这一个宝库应该多么注意啊！况且这巨额的铁矿和煤矿出产地又很相近，我们中国发展国民经济正可以此为钢铁工业的中心。自然东北沦亡后，我们仅有的铁矿既经大部分掌握在敌人手中了，难道我们绥远的生命线又要让敌人夺去吗?

化学工业很重要的碱绥远也特别多，自然碱的产区包括西经七度至二十度，北纬三十九度至四十一度之间，其中以伊克昭盟鄂托克旗和杭锦旗内产品最为优良。还有萨拉齐、包头、固阳、武川、归绥及乌拉特旗也是石棉出产的主要区域。这耀眼的宝贝都使虎视眈眈的敌人醉心了，但是我们为了自己的生存，断不能轻于放弃这贵重的资源！

绥远不但有丰富的物产待我们去发展，矿产待我们去挖掘，即使河渠交错的沃野也待我们去开垦。据统计全省一百四十九万余方里的面积，除了百分之六十五的山河、道路，尚有五十二万余平方里土地，倘若每平方里按五顷四十亩计算，全省就应该有地二百八十余万顷，现在既经丈过的土地只有二十余万顷，那么，蒙荒未报者当在二百五十万顷左右，其中再除去十分之三的盐城〔碱〕等地，可垦而未垦的荒地总还有一百七十余万顷之多。这样良好的土地多么适合我们无地可耕、无工可做的流离失所的失业同胞的要求啊！

绥远的天然富源的丰富，土地的肥美，我们这群贫苦的大众固然是一看羡慕了，而且水陆交通的便用也是值得我们注目的，我们要发展国民经济，这里实在是一个绝对不能放弃的地区，而日本帝国主义为着实现其大陆政策、遂其侵略世界的野心，这也是他必争的“战争资源”，但是我们负守土天责的将军与英勇的士兵当然会“不教胡马度阴山”的。

四　绥远的政治现状

其次，我们再从政治上来观察一下，绥远御寇的意义和敌人进攻的政治要点。

现在先说敌人进攻的政治要点吧：

第一，敌人的大陆政策中最主要的就是满蒙政策。自九一八不战而胜地取得了东三省，再进而夺了热河，制造了伪冀东、伪蒙政府，那么，他的满蒙政策便完成了大部，而对于并吞绥远就是满蒙政策的最后一个阶段，同时也是敌人由东北进侵西北的必然过程。所以在敌人的大陆政策中看来，绥远的战事实在不是偶然发生的。

第二，日本帝国主义想要和他的侵略伙计德意勾结成功，当然要在东方显一套威风，以表示他对着他们共同敌人——苏联的努力进攻，实则是要趁这机会来施行他的侵略阴谋。

第三，因为日本欲获得“一箭双雕”的胜利：一方面威胁西北和控制华北，一方〈面〉又可以进攻外蒙，割断中苏的联系，就只有取得绥远。假使绥远真的得手，那么南取整个中国，北向苏联挑战也就有着根据地了。

第四，我们知道，蒙古民族在中国整个国家看来固然是一个少数民族，但是他们所受到日本帝国主义的压迫是和中国各民族一样的。日本帝国主义要造成“满蒙帝国”以控制中国的计划早在田中奏折之前即着手施行。这就是利用中国汉、满、蒙、回、藏各个民族的偏见，利用少数民族的不满，施其“以华制华”的伎俩。自从成功了傀儡政府的满洲伪国以后，现在又欲利用德王来弄那“大元帝国”的把戏，但是德王要完成其“大元帝国”的好梦，当然要听着主子的命令向绥远试试威风。

至于御寇的意义，我们可以看到如下的几点：

第一，这次傅作义将军和各将领在中央领导之下以不屈不挠的精神，率领绥远将士对敌人报以“以牙还牙”和“以血还血”的壮烈抵抗，一方面固然使匪伪知道中国人民爱国的热诚与守土的忠实，而一方面又可使匪伪看到中国军队的英武勇敢与强大的战斗能力，而改换其对中国军人的鄙视心理。这不但使他们“不敢南下而牧马”，同时也叫他们钦仰尊敬，崇拜中国古来的光荣。

第二，敌人的图谋绥远不但是有重大的计划，同时也有过相当的准备和长久的时期，如廿四年十二月间夺去了察北六县，便在这里威胁德王招募蒙兵，扩大其前驱势力。自从绥蒙王公的一小部分听命宣布自治后，百灵庙就成了侵绥阴谋的活动中心。这是敌人的准备时期。去年七、八月间敌人便指使甚么“防共自卫军”向陶林县的土木尔台攻扰，并遣匪首王英、张海鹏等再度向绥东进扰，这是所谓试探时期。直到去年十一月初便实行进攻了，他以匪首李守信、张海鹏、王静庥〔修〕、卓世海、包悦卿、王英等率部四万之众分三路一举来攻，原以为这样做法就一定可以把整个绥远取去，但是傅作义将军及各将士竟能迎头痛击，不但收复了敌人苦心经营的百灵庙，而且夺回了大庙，进迫商都，这样一来，当然给敌人当头一棒，使其不战而得东三省的气焰消灭下去，粉碎其阴谋毒计的“大陆政策”，一方面使其外交的胁迫停止，一方面叫他军事的进攻退步，那么，我们便可以松一口气来充实国力，以冀整装再进而收复一切失地。

第三，这次绥军作战的英勇与忠诚，全国民众无论上下老幼都竭诚拥护，尽力帮助，不但堂堂的阎老大人会捐出八十七万元的大宗款项，即一个乞丐也能拿出二个铜板来，不但年长者会节衣缩食的援助，即孩子们也能将糖果钱相赠，更不但有业职的人才会代前方将士制衣制食，即监狱中的囚徒也竟可以为冰天雪地上拼命搏战的兄弟们捐款慰劳。这种民众的热烈拥护，不但可以鼓舞作战的将士，增强其战斗能力，同时也可以使全国军人知道守土杀敌是有全国的同胞做后盾的，尤其是可以打破“民气消沉”的自萎论调，使大家相信中华民族的伟大精神。

第四，当前方战争发动后，中央除派大队空军飞到敌人的头上去轰炸外，更派陈诚、汤恩伯、门炳岳等部队跑到前线去参加作战，而且陈、汤、门等部队的英勇精练及为国牺牲的精神都异常令人钦服。这样的事实是证明了我们中央对于抗敌御侮的决心，是始终一致的，同时更使全国民众相信中央一到了“牺牲的最后关头"，便决不惜巨大牺牲而为国家民族创造照耀史册的光荣历史。

第五、这次绥远对敌寇的痛击，令列强充分地明白我们中华民族是狮子而不是绵羊，是不可侵侮的神明胄裔，同时更可使得世界弱小民族的欢欣鼓舞与拥护。这样一来，国际地位也可以抬高了。由此看来，我们可以知道这次绥远御寇的政治意义的重大了。

五 绥远抗战的观察

现在我们更从战略上来观察一下这次的绥远战事吧。因为战略的运用都对于战争的胜败有决定的意义。

日本帝国主义对中国西北军事上的企图有如下两点：

第一，对于苏联在远东的势力取包围之势。如果绥远到手，则自张家口到库伦的张库路线可以据为己有，而自库伦到恰克图的库恰路线也可顺手夺取。那么，苏联的远东特别军管区便受威胁，而自乌金斯克、赤塔、波其加列瓦至伯力、海参威〔崴〕的双轨铁道也形成危险。

第二，对华北作西面的压迫。实现这个计划，即打通由察哈尔省的多伦经过张北、商都、百灵庙，迤西经阿拉喜〔善〕旗而至青海北部的额济纳的路线。这条路线的军事布置如果成功，不但对苏联的包围得了进一步的优势，同时也是对于华北五省的压迫网也成功了。因为这条路线除侧面压迫华北外，还可断绝中国和苏联的交通。

日本帝国主义有了上面两点企图，所以关东军对绥远就采取了如下的战略步骤：

第一，中国冀察军与绥晋军同时出而迎击，则华北的日本驻军即为作战的主力，以伪匪军为辅助，则战时中心在察、冀，平、津成为决战地点。

第二，若仅有绥晋军作战的场合，则华北驻军坐镇冀、察，取监视的态度，以伪匪军攻绥北、绥东，取包围的游击式作战方略。俟绥晋军疲于应付，兵力散开，再集中全力猛击。

第三，目前作战，以不引起冀、察战争为主，俟两月后形势顺利，再图发动。但今绥远之进击仍为侦察性质，伪匪军作战，以严冬时为得占时利，以充实之给养，伪匪军之北方耐寒性，取得军事供给之优势。

由此我们可以看到日本的增兵华北及在平、津的大操演，早为进攻绥远伏下一笔了。

敌人原来的估计是以为指使蒙伪军当作战斗测验一般向前方作侦察性质，再用游击方式使我军疲劳，然后就大举前进，一鼓而下。再则，他预料中央军要在西北和共产军作战，不暇来绥远援助，他更看到以华北驻军监视住二十九军，宋哲元一定会不敢动弹，让绥晋军孤军作战。

但是我们的忠勇将军傅作义氏既把敌人的梦想打破，而声威赫耀的汤恩伯及中央各军更给敌人的估计以一个有力的答覆，以伪蒙匪军作前锋既是屡战败屡〔屡败〕了，不但不能依照预定的阴谋顺利进展，反而把费过许多气力所巩固的百灵庙、大庙也给我们收回来了，尤其是红格尔图及商都附近诸役，更打得他落花流水，使其遭受预料不到的惨败，尤其是百灵庙的根据地既为我军所有，商都根据地又受到胁迫，则其拟定北路取包头，东路取平地泉，一举而占平绥、绥包铁路的计划更丝毫不能实现。

在我军方面最初是因为敌人如兔鼠般进扰，所以开始还是以哨兵接触，而采取“守”的战略，但是敌人渐知我军有备且有抵抗决心，所以就加紧向百灵庙集中主力，由绥北压迫绥东，使我战线延长，分散我防守的兵力，以图乘机直扑平地泉而切断平绥交通。但是我们的傅将军知道徒守则我为被动，进则我为主动，守非全线有雄厚兵力的配置不可，而进则可以集中兵力猛攻其一处，因为突破了敌人一点，则其整个阵线也必然动摇，所以就决定了“攻”的战略，在红格尔图的阵地争夺战，我军即开始实行了进攻，果然这个战略是兑现了。当伪匪来犯武川、固阳的时候，我军一面向敌的主力作肉搏冲锋，一面以奇兵绕道敌军之后直扑百灵庙，结果就在十一月二十四日晨于历史上写下光荣的一句：“我军完全占领百灵庙!”我军乘胜再进，接着又夺回了大庙。这是我军采取了“攻”的战略的收效。

但是敌人自从失利后，看见伪蒙匪军多是心惊胆碎，无力再战，所以就打算自己露面亲身出马了。十一月二十七日关东军发表宣言道：“对内蒙军（指伪匪军）之行动，为多大之关心而愿其成功。同时万一满洲国之接壤地区，受此战乱之影响，治安为之紊乱，累及满洲国或发生中国全土濒于赤化之危殆的事态时，关东军不得不讲求认为适当之处置。”这就可以看出关东军直接参战的决心了。

现在我们回转来看看东北和华北的情况吧：据调查所得，关东军有一、四、五、七、十四等五个师团及铁路守备队两个混成旅，连各种特种兵共约九万余人，空军共有三个联队，合计战斗机四百架，但是他们为了要防备苏联红军及应付不断斗争的义勇军、人民革命军，所以他能调到向绥远参战的陆军至多是三师团，飞机一百架。至于伪满军，日本决不会调往绥远作战（张海鹏的热河军在外），因为恐伪满军会乘机反正的缘故。说到华北驻军，现驻北平二千，通县七百，天津三千五百，丰台二千，唐山三百，榆关五百，合共只有九千人。但是在敌人驻军的周围还遍布着我们的军警，而且周围的人民更是我们的同胞，如果大家发动了战争，敌人的应战也一定不是很容易的事情。

至于犯绥匪伪军的实力原来是有张北李守信部一万余人，商都王英部七千余人，及德王蒙军包悦卿等约万余人，但因在百灵庙、大庙、红格尔图等处惨败后，伤亡甚众，而且又纷纷反正，所以现在仅存万余人而已，虽然热河张海鹏匪部七千余人正在西开，但是伪匪的残余队伍既是狼狈不堪，实力空虚了。

但是我们的兵力究竟有多少呢？其他的我们暂且不说，只就最前线的绥军，及二十九军而言，也就比敌人多了。但是如果在战事爆发的时候，因为我们是为保卫国土而战，是为民族生存而战，是为御侮雪耻而战，是为反抗侵略而战，所以我们不但现有的武装是战争的实力，即使周围的民众，也会成为极勇敢的别动队与极有力的后备队，况且我为主而敌为客，我则有为主的优势，敌则有劳师之苦。

依照上面敌我两方的情况看来，在我的意见当然以为还要采取“攻”的战略，这不但剿灭匪类与收复失地要这样做，即最低限度的保守国土也惟有以进攻方能保障这个胜利，这是过去的经验给我们的教训与目前客观条件决定我们的有利战略。所以我坚决地主张：我们应该趁这个敌人惨败之后兵心动摇，队伍凌乱，补充未足，整顿未妥的时候，实行一举歼灭以杜后患。在绥远方面以一支兵力由大庙向滂江袭击敌人右侧面，而以主力由平地泉向商都猛攻，至于百灵庙、武川、陶林、与〔兴〕和一带的兵力也可尽量向前方推进，后方阵地可由民军来巩固。在河北方面，二十九军可调一部分由宣化、万全向张北前进，以袭击敌人的左侧面，如果华北的日本驻兵敢行扰乱，则韩复榘军可以调一部分北上协助二十九军向敌人驻军包围，即使因此而牵动关东军西调参战，那么，只要晋军调一半北上也足以应付如意，何况我们还有雄厚的中央军和英勇的东北军呢！所以我们可以在这个战则必胜的条件下，一定要继续百灵庙、大庙、红格尔图诸役的精神，实行驱逐敌人的势力出中国而采用更积极的“攻”的战略！

六 尾声

总而言之，这次绥远守土御寇的神圣战争，不但可以巩固我们的国防第一线，保住我的起死回生摇篮地，救回我们二百余万汉蒙同胞的家乡与生命财产，同时也是收复失地的开始，民族复兴的先声。我们还可以看到，不但全国上下老幼贫富贵贱的同仇敌忾，而且被麻醉了的匪伪也觉悟反正，纷纷向我军投诚，如石玉山、王子修、金宪章等都能一改昔日的罪过，脱离黑暗的地狱，踏进光明的道路。这样一来，就根本动摇了敌人的阵线，加强了我军的力量，打破了敌人利用伪匪的计划，成功了我们抗敌的战线。同时全世界弱小民族对我们的支持，更鼓舞了爱护我们的友邦，颤抖了毒害我们的敌人。

所以我们可以坚决地相信这次绥远守土御寇的必然胜利与重大的意义。我们高声地欢呼吧：“绥远战事的胜利是我们中华民族的胜利！”“守土御寇的抗战是中华民族的唯一出路！”

但是打开报纸一看，我们又看到这样刺目的消息了：“天津二十六日电：关东某军部各参谋，连日有多策动，热河伪军准备西进，匪机连日飞绥轰炸颇烈。”“北平二十七日电：今晨有载重汽车十八辆由张北载军火运往嘉卜寺，交某特务机关，同时又有大批军火由嘉卜寺运往商都，现商都有某方飞机三十架，坦克车二十辆，有伪军三千名，既到商都，全数均驻扎于城内。”由这里我们可以知道敌人现在又在商都重整旗鼓，快要卷土重来了，所以我们在欢欣之余，在胜利之初，我们更要顾虑到当前更大的、更艰难困苦的责任，我们更应该集中全国的力量到绥远去完成我们伟大的任务，发扬我们百灵庙、大庙等处的光荣。

《时代动向》（旬刊）
广州时代动向社
1937年1卷2期
（李红权　整理）

绥远血战中廿九军的态度

茂萱　撰

自从去年今日，冀察政委会成立以来，整个华北的北部，便陷入了黑白不分的灰色世界里。为着华北同胞的命运，为着中华民族的前途，处身于华北的学生、教授和各界的领袖们，曾经用尽了各色各样的方法，哭一阵、笑一阵的来同当局斗争。在这个过程中，有开除、解聘、大刀、水龙、逮捕与枪毙，有训导、谅解、默许、慰问与欢宴。由一方面说出来，这不能不说是一个大大的进步。可是一般饱经世故的将军政客们，并不因民众的热情与敌人的凶暴而动心，他们自有他们远大的策略。早上还向大家起着血淋淋的誓言，晚间便同敌人订下了有损主权的协定。他们不但只同敌人玩弄着捉迷藏的把戏，更以同样的手段来对付民众。在许多重要的设施上，他们确实是执行着敌人的命令。但在廿九军内部，除了几个无耻的政客外，上自高级长官，下至马夫走卒，大多数都抱着抗敌救国的志愿。就在这个歧〔畸〕型的环境里造出了这样一个歧〔畸〕型的政权，而拢〔笼〕络了极其复杂的一群。中央高呼着要收回政权，敌人用武力威吓着要她“明朗化”。更其在上月初日本开始大演习的时候，冀察遇到了一个很大的危机。当时平、津两地的谣言，一次一次的传递着令人可怕的消息。但在演习过去后，只不过激起一阵怒潮般的救亡运动而已。接着廿九军也举行演习，这时据许多人揣测，冀察当局一定要趁着发表冯治安为冀主席的机会，把冯师在演习中调到冀南去。因为日本曾经几次三番逼迫宋哲元，要他把抗日情绪最高的冯师调开，以减少该部与日方的磨擦。但演习完竣后，冯师奉命南调的不过仅只一营，大家紧张的情绪才被消除了。至于其中的缘故，局外人当然不得而知。不过据参观该军演习者谈，当时下级弟兄的抗敌情绪与慰劳民众的热烈，就是运〔连〕参观演习的华北驻屯军参谋长桥木群，与他所率领的十几个参谋武官，也都众口一词的惊叹着。这是他们以前所未会想到的，他们亲眼看见在黄风糜〔弥〕漫中，由相距二三百里（南苑至固安以南）的地方，于八小时内，集合了两万以上的军队于永定河畔。那些兵士弟兄们的吃苦耐劳与勇往直前的精神，使一些只认识中国“恐日长官”的外人，不得不表示出惊恐与钦佩的态度。他们简直莫明其妙，这些抛弃了现代交通工具的中国兵，是从什么地方跑来的。自称为现代国家的参谋将官们，在这些没有教化的中国人面前，竟意外的失态了。

绥远抗战爆发了，由于前方战士的英勇牺牲，引起了全国民众极端的愤慨。节食、停火、绝食、募捐、宣传、慰问、通电等援救运动，沸腾般的在各地举行着。处于特殊地域的北平民众，他们所感到的切肤之痛，是甚于全国一切地方的。所以在他们身上所发生的反应，也特别强大，一批一批的伤兵，由前线上运回来，各学校的战地服务团，也一队一队的出发到前方去。平、津廿多万的大中学生，曾经举行了两次总罢课（即自动休课），号召全国同胞们，起来参加这个决定民族命运的大抗战。甚至连一般平日最仇恨学生运动的教授们，这时也躬身站在同学们的前面，不辞劳苦的奔波着。

战事慢慢的开战了，因敌人借了飞机、坦克等现代武器的协助，我方战士伤亡的数目，便急剧的增加着，但他保卫国土的意志，使他们在冰雪连天的塞北，以不屈不挠的精神，终于将敌人击溃了。这溃散的败兵回到察北商都，经了某国人的补充以后，就又开始了第二次的进犯。这些事实，证明了仅只以局部的守，无论如何是不能把这些有外力作后援的伪匪彻底消灭的。这时候，位于伪匪后路的廿九军的态度，就成了大家所仰望的唯一目标。假使绥远陷落了，冀察亦绝难苟全。廿九军若能与晋绥军采取一致行动，由张家口进攻张北（相距数十里），则不但张北六县可以收复，绥东的匪军也马上失却后援，变成了瓮中之鳖，绥北匪军由两方加以夹攻，亦不难完全消灭。目前此中形势，已为全国人士所明鉴。日前平市学生团体，曾一再发表宣言，拥护廿九军趁此千载一时之机会，立刻出动，共同歼灭伪匪，以使绥远将士之热血，不致白流。但此项意见不但不被当局所采纳，就连宣言一纸，亦被认为有碍治安而加以禁绝。

上月廿五日，冀东伪政府庆贺一周纪念举行易帜时，伪政府派了许多汽车，上插五色小旗，来平载运奸人前往参加。那天冀察当局，曾派军警多人，在朝阳门内检查行人，除插有太阳旗帜之汽车准于通行外，所有中国长途汽车一概禁止出城。属于边界（冀察和冀东）地带的朝阳门外，顿时陷入十分严重的状态，一般整装待发的无耻汉奸们，也不得不中止了此项“盛举”的参加。但在大多数民众听到这个消息时，欣慰在每一个人脸上浮现着，希望这是一个光明的征兆，在最近的将来，它会给我们带来更令人满意的事件。翌日（廿六）清晨，板桓由通州回到北平来，在武衣库会见了宋委员长。他对于昨日的朝阳门查车事件，表示十分惊讶。他又以直捷了当的辞句，质问宋委员长，在绥战爆发后，冀察当局对华北局势所持的态度。宋委员长极诚恳的答覆他说：“保境安民，各不相犯。”当晚宋又在武衣库召集四个师长会议，出席的有秦德纯、冯治安、刘汝明、张自忠、赵登禹等人。席间坚决主张即刻发动收复察北与冀东的，是在张家口感受威胁最大的刘汝明。他以为廿九军对绥远战事绝不能袖手旁观，冀察若不收复张北六县，平绥路早晚必被伪匪所破坏，察省终必卷入漩涡，与其静待别人包围，不若早与晋绥取一致态度，先将伪匪全部解决。但经宋委员长与某市长激烈反对，他们的主要理由，是中央尚无整个筹划，冀察不宜轻易牺牲。某市长特别提出：日方将在昌平、南口、十三陵（按：皆冀东政府属）等地，派大批军官举行“现地战术”。察省一旦有事，某方必自昌平出动，断绝冀察交通为可虞。他们经过了长久的商议以后，终于决定，绥远剿匪战事与冀察无涉。除受某方攻击时采取自卫行动外，决仍保守绝对的中立，以防冀察地位之恶化。

本月五日，宋在中南海怀仁堂，召集各机关领袖及所属公务员一千余人，举行第一次训话，勉励大家“服务为公，各守职责”，并谓处此国际情势险恶之际，公务员更宜力持镇静，以免给民众以不良影响，而有碍于社会秩序，并于九日发表定本月十三、十四、十五三日在中山公园举行大规模之段祺瑞追悼会，命各学校、团体一律参加，同时更令由即日起开始筹备扩大庆祝新年。

在此绥远将士沐血抗战、全国民众绝食募捐的时候，扼守伪匪后路的冀察当局，虽经各地民众之一再呼吁，不但不肯尽其保境卫国之职责，反同敌人订立默契，用尽种种方法来转移民众视线，磨灭抗敌情绪。华北的每个民众、每个兵士的热血，都在沸腾着，他们不甘心作奴隶，不愿当亡国奴，但终于要被少数丧心病狂的领袖所出卖，而不得不走上“满洲国”与冀东的途径。这个责任，是不是应由我们全国民众来负担呢？

十二月十一日于北平

《时代观》（半月刊）
上海时代观社
1937年1卷2期
（李红权　整理）

绥远抗战的认识和对策

王紫芸　撰

一

连日来绥远战争的炮声，已惊动了全国的人民，揭破了和平亲善的迷梦，赤裸裸的暴露了敌人传统的狞恶的面孔与积虑的野心。然而许多不愿根本认识这一问题的人们，还在敌人的烟幕弹之下，存着种种的幻想。东京方面的宣传，说绥远问题，是中国领土内的行政问题，中国政府有自行处决的权利，日本不能加以干涉。于是我们的一部分人，便随声附和着说，绥远问题，是地方问题，敌人不是“伪”，便是“匪”，只是数千的乌合之众，势不足畏，我们堂堂正正的御侮救亡的奋斗，竟变成了“剿匪安内”的内政问题，光明磊落反抗帝国主义侵略的神圣战争，也变成了蒙汉同胞自相残杀的惨剧。殊不知这种“以华制华”、“从小处蚕食，向大处鲸吞”的一贯的侵略政策，自“九一八”以来，哪一次事件，都不是用着这个“障眼法”和“金骨〔箍〕咒”吗？“沈阳占领”，是地方事件；“淞沪战争”，是上海的那部分问题，察北六县被占，是内蒙的地方问题；冀东傀儡政府出现，是战区的自治问题。敌人以这样的方法，攫取了我们的东四省，占据了察北六县，使冀东脱离了我们的领土，控制了整个的华北。现在绥远的战争，便是敌人此种一贯政策的继续。大陆政策，推向到更进一步的实现，将由吞并整个的满蒙，进而征服全中国，征服全亚细亚的开始。所以进攻绥远的炮声与南京外交谈判的无理要求，是遥遥相应的，是一个问题的两方面，亦是敌人进攻我们的双管齐下的政策。因而须磨的往返东京请示，与天津日军飞机不断的飞驰绥远侦察，都是尽着同样的义务。我们必须深刻的认清此点，我们才可以知道东京的声明，是有如何的麻醉毒汁作用，绥远的战争，绝不是地方问题，更不是中国的内政问题，而是敌人五年来的侵略，已走上了一个严重的新阶段的序幕。

二

不管敌人是怎样的在要求中国消灭抗×运动，然而在事实上，总是愈要求愈促进了抗×运动的开展。五年来的每次进攻，每次都是针针〔锋〕相对的要碰到激烈的反抗（至于为失败主义所影响而没有得到胜利，那是另一问题）。自去年“一二·一九”反抗运动开展以来，更是愈演愈烈，特别是卑鄙的，从古未有的“走私”之无限猖獗，华北日军空前的“大演习”，汉奸、浪人的到处横行，诚有如××帝国主义代言人伏室高信所说：“是给中国的抗×运动，火上加油”，这个反抗运动的洪流，不特是××帝国主义没有办法，一切的失败主义，也没有办法。要有办法，除非是敌人放下屠刀，立即停止侵略。何况国际间弱小民族反抗侵略的事实，阿比西尼亚的战争，埃及、叙利亚的反抗运动，东北义勇军的苦斗，客观上更给予了广大的援助。所以绥远这次的英勇抗战，一方面固然是晋绥当局，感到自己生存危亡的逼切，守土不阿，坚决抵抗，一开始即给敌人以迎头的痛击，使全国人民感到无限的欣慰和钦佩；而另一方面，却是普遍全国的反抗运动，蓬勃发展，实际上给予了一个促进和生力，所以绥远战争，是全国人民广大的反抗运动的爆发点，是整个反抗运动的一环，决不能视为局部的地方长官的守土战争。特别是我们要看到绥远战争爆发的当儿，上海、青岛×纱厂数万工人的罢工争斗，是有如何的严重意义！他不仅给××帝国主义经济上以绝大的打击，并且是代表中国千百万的人民，对××帝国主义的坚决争斗。他与在前线上为国家为民族流血拼命的队伍，同样是反抗敌人侵略的英勇战士。这即是说明了绥远战争的前提，不仅是建立在全国反抗运动的上面，而且绥远战争，将要与全国的反抗运动，汇合一气，争取最后的胜利。

三

“知彼知己，百战百胜”这个定义，虽不是绝对的任何时间不可更改的铁律，但起码是相互战争中不可不知的道理。我们的敌人——聪明老滑的敌人，他对于这一样，是时刻的注意着运用着。他知道向中国侵略，是他本身的“生命线”，即不向中国侵略，他本身便要受到国内爆发革命的危险。但一侵略，中国人民为了救死求生，便不能不起来反抗，反抗的继续、扩大与胜利，亦会加速她〔他〕国内革命的爆发，这个矛盾，是它〔他〕永远不能够解决，而且最后是必须要埋葬它的。可是它〔他〕对中国人民反抗的程度，却时刻注意，且相当知道的，并知运用各种方法来对付的。目前因继续不断的蛮横侵略，已激起中国广大的反抗，不特对中国的外交交涉，已不能如意进行，而且在各方面反抗的事实，亦在准备（如联合英、美、苏以抗×的意见），如仍继续的采取正面的进攻，恐是费力多而收获少，故不能不从多方面设法，以期达到它〔他〕的目的。数日来盛传一时的日德同盟，便是侵略者运用国际的压力，打击中国的反抗，威胁中国完全驯服到它

〔他〕铁蹄下的具体事实。因为日德同盟的宣传，她〔他〕可以用共同反对苏联的旗帜，博得一切资本主义国家的同情，以实行自已先征服中国，而后准备进攻苏联的计划，使中国在国际间更陷于孤立。再加以中国国防的树立，物质的供给，特别是武器的供给，多半要依赖于国际上的力量，所以特地拉拢侵略者的国际力量，以打击中国，使中国抗×军事准备得不到国际间的友军与有力的援助，所以绥远抗战正在发展的时候，日德同盟，便应运而轰动起来，这绝不是偶然的。敌人不仅应用了自己的力量，而且认清了我们反抗力量的加大，需要运用到国际的宣传和压力，这可以证明了我们的危急，不特不是地方问题、局部问题，而且到了如何严重的地位！我们除了积极的更扩大我们的一切力量来反抗外，还能“坐以待毙”吗？

四

我们根据以上的具体事实，可以看到敌我方面所表现的形势，证明中日问题，将已达到最后清算的阶段，将要开始全国抗×战争的新序幕。所以我们从现在起，应即〔即应〕立刻开始注意以下几个具体运动：

1. 绥远战争，却〔确〕已惊动了广大的人民，上自蒋委员长的飞并、飞济，下至上海七岁学生的自动募捐，加以前线上守土军队的英勇抗战，中央军队向前方的调动，都证明自人民以至地方政府、中央政府，对于这一战争的注重和动员。然以敌我的力量比较，我们的动员工作的准备，还是差得太远。我们不仅在军队上，要动员晋绥军、中央军，以至如《大公报》二十日的《一个紧急建议》上所说的动员冀察军，而且要动员全国的人民，由人民组织义勇军，开往察、绥的前方，与军队协同或独立的捣乱敌人的后方，并参加作战。此外关于全国民众的训练和组织，更应加紧进行，做到全国的总动员的准备，以便应付更大的战争。

2. 在外交上，中日第八次谈判若还继续举行，我们不仅要坚决拒绝日本的无理要求，且对于绥远战争的责任，应据证揭破，要由日本担任，要他履行“中国政府处置此种情形，有充分自由”的宣言。更要抗议日德同盟对于中国之直接和间接的损害和影响。此外关于绥远战争中的实际情形及蒙伪军被操纵，以及××军队之参加军官的指导事实，也要向国际间切实的宣传出来，以增强国际间的同情和援助。

3. 战争中的经济问题，固然要由政府通盘筹算，但募捐运动，却不能忽视。因为募捐运动是动员民众，组织民众参加抗×救国工作的一个方式。同时把敌人侵略的事实、阴谋和罪恶，抵抗的必要、意义和步骤，充分的告诉给全国人民。至于捐款的管理和支配，更要注意到集中与统一，务使一个铜板，一件物品，都要切实的送到参战的战士的手中去。再是要将援助绥远战争运动与救济上海、青岛日本纱厂罢工连合起来，将抗×战争，扩大到各方面去，以便争取胜利的获得。至如晋绥当局的慷慨捐输，毁家纾难的精神，我们更希望扩大到全国以直至海外华侨中去。

总之，目前的局面，确已到了“最后阶段”，实际的抗战，已临到了我们的头上，必须要集中全国的意志和力量，认清各方的环境，把全国所有的力量，都要动员起来，至少要把动员的准备，迅速完成，争取绥远战争的胜利，以至争取全国抗战的胜利。

五

最后我们站在军事的战略上，觉得目前必须要一方面加紧防御，固守阵地，以逸待劳，以“直”待“老”，使敌人不能越雷池一步，但在另一方面，必须要集合全国的力量，配备一部分主力，抽调一部分精锐，窥伺敌人的弱点与空隙，予敌人以猛烈的袭击，夺回敌人的后方（收复失地），使敌人一败而根本无法整理恢复，又来反攻。这是目前主要的唯一的任务，亦是应采取的最有利的战略。

我们这种意见，站在任何方面，都觉得是可能，是必要，而且是唯一的争取抗战胜利的条件。

A. 以军事的战略来讲，一切的战争，绝对没有“以守为守”的办法。“以进为退”，这已是稍有军事常识的人，所认为不易的法则。故惟有“以攻为守”，而守才能愈守愈固。“以守为守”没有不失败的道理，况在应〔理〕论上论“防守战”与“进攻战”，也不是绝对的相互对立的东西，两者是彼此相互应用的。试看敌人的进攻绥远，在其战略上，口头上，不是口口声声喊着为固守“满洲国”的边防吗？所以目前在绥远的防守上，我们固然不能像一般乐观的防守派，只是盲目的称赞防守的优点，忽视进攻，但我们相信绥远的防守工事，利用了大青山的天然地形，自平地泉而南至长城天险的阵地，确有相当的巩固，加以晋绥军防守的特长和优越，在短期的防守上，可以说是有阻止敌人的把握。但是仅以防守为能事，则“人打而我挨”，“人不打而我不挨”，敌人势力优裕时，则来进攻我，得手则前进，不得手则退，而安然补充，以俟配备完善，又来进攻。反之，我们的全线，任何一点，都有被敌人集中力量击破的可能，同时又变成“反主为客”的疲于奔命，而战线之外，完全成为敌人安全的后方。欲攻则攻，欲退则退，毫不受威胁，实力亦永无消灭之日，如此而我欲以防守求胜利，宁有斯理？现在我们一面守，一面攻，以攻为守，不仅敌人一经挫败，无法整理，连敌人的根据地，也将受到我们的袭击而夺回，敌人的势力，将根本消灭，而防守的最后胜利，当然是要属于我们的。

B. 就自来抗战的历史经验上来讲，谁也明白，这一战争，完全是敌人要来抢夺我们的国土，奴役我们的人民，主动力是敌人要来进攻，我们不甘于作亡国奴，而起来抵抗的，绝不能与一般的战争来比拟。所以我们只就过去许多抗战经验来讲，亦只有“以攻为守”，才能争取得胜利，否则未有不挫折失败者。淝水之战，若不是以“迎击进攻”的战略，则八千之众，怎能击败数十万的雄兵？朱仙镇一役，若非早存“痛饮黄龙”的决心，以“大攻”为“坚守”，则南宋之亡，何待元师之南下？远者不论矣，即以最近的事实来看，阿比西尼亚反抗意大利的失败，固有其他许多原因，但在战略上，只是以“阵地战”对抗敌人的侵略，以防守对抗敌人的进攻，未能充分的运用“运动战”、“游击战”以袭击敌人的后方，利用自己的天然优势，攻击敌人的弱点，以进攻求防守，确是主要的损失。“一二八”时的抗战，十九路军的英勇苦斗，与全国人民的热烈援助，其势力对比，并不弱于今日，然终不免退出淞沪。由战略说，主要的也是限于以防守为满足，未能越出战壕去进攻，致租界成为敌人的安全地，敌人可以从容优裕的“八次增兵”，“四易主帅”，充分补充，集中兵力以击我的一弱点，致一败而不可收拾。后来长城各口的战争，能够数次的取得部分胜利，均是以进攻的精神和战略，抵抗敌人的侵略，而创造了民族抗战的光荣史的一页。又因长城各口战争的支配的战略，还是守势，所以终于失败。这些历史上的铁血的经验，已经创痛巨深的活鲜鲜的摆在我们面前，我们还能再蹈覆辙，自趋死地吗？

C. 从目前的事实来讲，不管我们说敌人是“伪”也好，“匪”也好，然敌军的公开支持，无数“联队”、“旅团”的源源而来，多少异国军官的挤上前线，飞机、大炮、毒瓦斯，不断的示威与输送，都是说明了这次战争的严重，并不弱于“九一八”

以来的每次进攻。敌人的目的，不仅绥东的五县，而是整个的内蒙，整个的华北，整个的中国。再说我们的防守阵地，固有相当巩固，然而千里荒原，气候苦寒，给养拮据，运输困难，欲得长久固守，势难可能。而况所谓匪军，不过是敌军的前锋，故在事实上非以猛烈的攻击，答覆敌人的进攻不可。且以目前的形势来观察，若行进攻，必能操胜利之算，因为敌人的后方，即是我们察省的商都、张北，距集宁前线不过百数十里，极易袭击，敌人的力量，除异国部队外，多半是匪贼、汉奸、流氓的混合物，只要不是绝对的丧心病狂者，均不是我们坚强的敌人，而且很可以同我们跆到一边来的（苏美龙部的反正，冀东保安队的哗变，即其实例）。再以我们的实力来说，晋绥军久驻察、绥，不特地理熟悉，与地方人民，亦较有联系（至所办的保甲、民团、自治等，更有相当助力）。且有相当数量夙有锻炼的骑兵，这正是袭击敌人最好的力量。若再加以全国势力与冀、察的兵力，稍能出南天门、神威台一步以向张北、商都威胁，与绥东进击的军队，实相呼应，则不特绥东的五县可保，察北的六县可复，而进一步的造成收复失地的优势，即数月来僵持无开展的中日外交，亦可以推上一个新的阶段。

这个明显的事实，在一般防守派的人看来，或者要说是纸上谈兵，不切实际，其实若能冷静的观察，提起救死图存的决心与勇气，不特是争取胜利的战略，而且是牺牲小、成功大的战略！

形势已紧张而争斗已来到了，认清目前事件的中心，把握住应有的目标，努力前进！胜利一定是属于我们被侵略者的。

廿五，十一，廿三，早于京中

《世界文化》（半月刊）
上海世界文化社
1937 年 1 卷 2 期
（朱宪　整理）

绥战的展望和华北的前途

《通俗文化》五卷一号（一月十五日）

丘锋　撰　格影　摘

这些日子来，据报纸上所载，绥远前线无战争；但是倘使要以为就会这样地平静下去，那是大错而特错。要知道：这正是敌人的缓兵之计。我们试检阅一下前两个月战事，由于我军数十余次勇敢地决定地抗战，把在敌人指挥下的傀儡军打得魂飞魄散，瓦解的瓦解，反正的反正，这是事实。但是要知道：那只是敌人的所谓“侦察性质”的试探战，还不能说是正式的侵略战。自然，倘若能在这试探战中一举而攻下了我们的绥远，那是一笔便宜的买卖；倘使不能，那他就要多下点本钱，准备大大地犯一下了。

看吧！近日来报纸报告我们：察北伪匪，新年后，积极补充，分向南壕堑等处推动，似仍有犯绥企图。这是本月五日的归绥电讯。又同日张家口讯：察北气候极寒，动作不便，就匪伪现势观之，最近不易西犯，惟积极准备，有俟来春大举窥绥讯。驻沽源城内张海鹏部，已悉开商都，仅城东北各村尚有三百余人。李守信部近在沽源向各乡征大宗米面，李本人四日由嘉卜寺赴商都前线视察阵地防工等。王英现在商都，德王在嘉卜寺。七日集宁电：德王派李守信充德化地区警备司令，派王英为绥东前线总指挥。又电：五日德王偕某方特务机关长桑原、包悦卿、穆克登保飞长春谒板垣，有重要协商。又电：伪军集结察北商都、康保等地约五万余。又张家口电：察北各伪军正扩编，以师改军，以旅改师。七日由某地运到张北许多汽油和汽车，张北、嘉卜寺、商都间，运械甚忙。又归绥电：敌机近日不断至土牧尔台地方侦察，该地距嘉卜寺极近。又电：某方浪人及在乡军人，近在嘉卜寺组织敢死队，每队发给轻机关枪一挺，准备再犯绥东。八日集宁电：长春日前军事会议结果，对绥事趋向于暂行冷静一途，竭力训练伪军，易攻为守。俟我方士卒久戍师老，再突出攻扰。

这些消息说明敌方的心依然未死，目下正在准备着更充实更有力的步骤，向我绥远作更猛烈的进攻。今后的进攻当是正式的决定的进攻无疑。

不过在近来的消息中，没有提到绥北的情势了。但是我们要知道敌方其所以指挥匪伪由绥北进扰者，原本是声东击西的策略。他的主要的目标还是在绥东，因为倘使能一举而占绥东的兴和、陶林，则集宁便能垂手而得。集宁到手，则通山西大同的平绥西段即为之切断，而归绥便陷于孤立；归绥一失，绥远全省便去其大半了。而绥北的大庙以北是辽阔的荒漠，守既无可守，攻下，在军略上也没有什么重大的意义，所以百灵庙和大庙的收复在恢复主权上讲，固是可喜，但在军略上讲，还是应置重心于绥东。而在绥东，我军也只防守着阵地未失寸土而已，至于进展，还不能不说是微乎其微。从这儿也就可看见敌人的重视绥东了。因为绥东是和察北接连着的啊！

敌人指使匪伪，并不断地派机轰炸，终于未攻破我军绥东的防线，足见我军防御绥东的工事是非常牢固的。但是我很担心，倘使敌人不断地指挥匪伪一而再，再而三，甚或亲自出马，倘使仅让他前来进击个十百次，我想就是铜壁铁垒，也恐怕难保不破吧？

而且我不得不警戒地说：万一绥东防线动摇，则影响整个绥远，不，影响全部西北的局势。军语说得好："千守难免一失。"仅管守而不图进展，在军事上讲，是很少有胜利的前途的。再则，并不只绥东是我们的国土，而察北也是我们的国土；我们为什么还要采取着"各守各土，各不相犯"的态度呢；我们为什么不想把察北也收复过来呢？而倘使不论是在主权上或军略上讲，察北都有收复之必要的话，那么为什么不在敌军屡败，军心涣散，军容不整，我军一鼓作气地大举进攻呢？等他们重整了旗鼓再来进攻吗？敌人为什么反在察北布置起防御的工事来呢？不正是惧怕进攻吗？而我军不乘敌虚我胜的机会进攻，难道说，等他防御工事布置完成了的以后，我们再来进攻比较容易吗？就凭我的常识来讲，像这样的死守下去，恐怕不是得策吧。

在稍有军事常识的人看来，倘使驻守冀、察的二十九军，能由张家口出张北，沿张北、多伦线向尚义、宝昌方面进攻，而绥晋军向商都、德化、康保进攻，一鼓作气，乘敌伪尚未布置妥贴，不难会师多伦。然而我二十九军统帅声称：要"保境安民"。因此在这样的"保境安民"措置之下，便给敌伪一个以这六县为进攻绥远的根据地的机会，这不能不说是非常不妥当的。

即令退一万步说，仅止于保持冀、察之境，在这种情势之下，恐怕也很不容易保持。敌人除在计划着怎样再度进攻绥远以外，同时也在进行着阴谋华北的远大企图哩。看吧，本月六日天津电：目下陕变解决，绥东平静，关内外两军部意见忽趋一致，当局以时局安定，正宜进行解决悬案，振作人心，决不畏困难进行。又电：松井驻平日特务机关长，五日赴通访殷，协关东军驻通特务机关长细木、津日军参谋专田等，与殷作重要会商。又电：满铁为进行华北经济开发，定七日在津会议，由平、津两事务所主干，及兴中公司分所首脑，遵松冈在东京请示纲要集议。又电：济南日总领有野，六日晨来津，由津总领崛内津召集会议，有野、加籐、津领岸伟一、大江、荻原等皆出席，讨论华北领警权统制、情报联络、外交方策等项。同时，我们又在报纸上看到了有某方扩大冀东伪组织的策动，图以“防共政府”为号召，并派机在平、津、保、济、青等地散发荒谬怪诞的传单。而在黄河以南的郑州居然也发现了某国人企图收买汉奸，扰乱地方，私藏军火，甚至公然武装抗拒的秘密机关，所有这一连串的事实，无疑是我们的敌人远大阴谋。

他阴谋的是什么呢？从上述这些事迹上可以看出：敌人除开想把华北在经济上变为十足道地的满铁附庸以外，在政治上似仍不甘让“冀察政委会”这个名义长此存续下去。敌人老早就想把冀、察按照冀东伪组织的模型，将两个组织合为一体。现在它不仅积极地进行着这一步骤，而且想扩大地把山东也包罗进去。眼见得西安事变解决，三中全会行将开幕，我全国不分畛域的抗×民族统一战线的结成，已呈现出相当的可能性，它怕的是不仅山东将为民族统一战线之一员，即冀、察也难免不发生动摇。它已经替我们英勇抗战的绥晋军加上了一顶红帽子，说是“赤化军”，所以它便拿出去年订结的华北“防共协定”来做法宝，向冀察当局威胁，使完全脱离中央而独立。他的策略就是以冀东伪组织出头，拿防共来号召。

这是不可忽视的一个巨大的阴谋。今年这一年，敌人在华北的活动，恐将以这一阴谋为中心，破坏我行将完成的统一。我们必须针对着敌人的阴谋，与以无情的打击。打击的最好方法是：首先应该变绥远的防守为进攻，由中央责令二十九军限期与绥晋军会师多伦，收复察北，完全粉碎侵略绥远的根据地，同时，取消“冀察政委会”这个畸形的组织，华北的一切外交，由中央办理，实施政制的统一，颁布全国动员令，实行抗战。否则，绥远和华北的前途，都是值得忧虑的。

《文摘》（半月刊）
上海复旦大学文摘社
1937年1卷2期
（李红权　整理）

劳军归来

冯来仪　撰

绯：

自绥归来，得你十一日来信，知道你们的生活也是热的，活的，很快乐。

这次上海妇女儿童前线慰劳团过北平征求团员时，我加入了。随她们一起北上，过了八天的塞外生活。你说渴望着这里的消息么？我把此行的经过给你报告报告吧，这许也是南国的朋友们所乐闻的。

我们在二十日的征〔微〕晨便动身了。火车启行后，我才晓得一行共有三十八人，我们的同学占了十位。

火车开行不久，我们为便利以后的工作及行动一致起见，把三个地方（平、津、沪）的人牢牢的组织起来，经过一阵介绍及分配职务的忙乱，以后便是谈话，练习唱歌及排戏……此时外面尽管冰寒，车厢内的空气是热蓬蓬的。

二十一日的破晓到达归绥。这个朴质的城市，一切表现出它的沉着，实干。归绥并不华丽，但也不是想像中的那样荒凉。

由省政府招待，把我们接到北城的一间含有深义的大北旅店——前××人在绥作政治活动的大本营，在这儿，我们住了两夜。

当天下午我们便去慰问伤兵了。听说伤兵医院最初设有五处，最近才撤去二处。多为全国青年会办的。我们都去过了。伤兵约有八九十人，分住三个医院里。每院除了病房外，还设有接待室、伤兵游艺室及阅读书报室，满贴着使人兴奋的标语。每间病房躺着二三十位受伤的战士，两位年纪轻轻的女看护笑迎着我们，谈起来才晓得她们不是职业护士，而是由山西来的太原女师的前线服务团。她们牺牲了学业来工作，已经三个月了。据说，从前伤兵是由普通的士兵们看的，他们对于一般的医学常识都很缺乏。女师的同学们来了，无疑是伤兵们得到了救星：她们每天替他们写家书，给他们读报纸，还给他们讲故事，唱留声机。然而这工作是经过许多的困难奋斗才争得来的哩！

那里有轻伤的，有断臂折腿的，也有脸皮给炸弹烧焦了的。听说多是从红格尔图负伤来的，状备凄惨。经过医官的介绍，伤者在憔悴的脸上立刻浮着使人敬爱的微笑，一个个伸出脖子来，轻伤的都坐起来和我们打招呼。他们很规矩的，只要你问他们话，他们都不厌烦琐的给你回答。他们更高兴叙述战时的情况。他们很知道，谁是咱中国的最大敌人，每个人都盼望着早日伤愈了再到前线杀敌。他们说：只有把××鬼子的头杀得没个留，咱中国人才有生路，这真使人感动得下泪！

晚上躺在铁硬的土炕上，一阵阵冰凉刺入骨髓，但终于被疲乏把我驱入睡乡了。

第二天的上午，因了别故，没赶得及到省政府参观，却和几位同伴去凭吊过烈士墓，那就是在烈士公园内，中央高高的竖了一个刻着“华北第五十九军长城阵亡将士公墓”的字样。“长城”二字显得特别模糊，据说那本来是“抗×”二字的，后来容纳了“友邦”的要求，才这样改了！上面倒有二百二十七位烈士的姓名，前面立了两个纪念碑。纪念堂的后面，有百余个殉难烈士的土坟，是新近埋葬的。厉风频频掠过山头，凄凉肃穆，令人起无限悲感！

归来，还赶上参观了一所毛织厂，这是归绥唯一的大工厂，是官商合办的。里面有二百余的男女工人，工资每月自一元半至三十元，女工都是一角五分一天，她们管修剪乱毛的工作。一位才十一岁的小工人李×三，就是月赚一元五角工资的了。他天真地告诉我们他是干分毛的职务的。可是工人们一律每天干十一小时的工作。又据当地的商人谈，这次战争，多少是影响到他们的买卖的，但不算很大，且皮呢货却因战争更形畅销。最苦的还是战区的灾民，红格尔图附近的村民，这次抗战他们出了很大的力量，但战争停顿了，失了家乡的他们，至今仍未得到一点救济。

晚上我们和太原女师的同学公演慰劳士兵的话剧。我们吃过晚饭才去。那是在大马路旁边的一间西式大楼——这在归绥也许算是最出色的建筑物了，据说，这座洋房原来叫作“九一八纪念堂”的，正如烈士坟的石碑一样，为了“友邦”的命令而改称“公共会堂”！

士兵和他们的亲友们，早已坐得满满的。伤兵也被接去了，衿上佩上鲜红的布花，附上一条写着“荣誉的伤”的签条，我不由得苦笑了。

士兵们的情绪很高，剧情的紧张处，他们都禁不住喊出最激愤的吼声来。兴奋的救亡歌曲也在每一幕的终止悲壮的唱出了。如此情景在我们身处的所谓“特殊环境”下是不易出现的。

演剧归来，跟几位男同学去访问了一所妓院。那才真是人间地狱！妓女们在鸨母的毒打和监视下，她们说这是自愿的！一位未满十三龄的小姑娘，据说已出卖肉体一年了！这非人的生活还幸未尽毁灭了她的天真，但她那美丽的青春已被葬送了。不过你要晓得这不是归绥的特有啊！

因为环境的关系，归绥的文化水准似乎比较低点。妇女的活动还谈不上。街上好容易才能发见几个女人。那里一般的爱国情绪还不错，但有组织的救亡团体据说还是很缺乏。

二十三日的上午，我们乘着省府备的汽车，向百灵庙出发了。百灵庙的地势很高，在大青山的北边，从那里回来的人都莫不说冷得很。那里的温度总在零度下三十度左右。大家为着衣服不足，曾发了两天愁，尤以鞋子为最欠缺。有些勇气足的同伴们咬定牙关说，冻断了两条腿也得去。我奔走了好几次，才弄得行装齐全；披上从士兵们借来的老羊皮衲〔袄〕，戴上成吉斯汗装的帽子，还有一双蒙古式的靴子，人体发胖了几倍，笨重得周转不灵，真有点像不倒翁。但每人的脸上只见呈现着满足的愉快，没听说谁嫌难看不穿的。

自归绥到百灵庙，共有三百里路。出了归绥城就是一片荒野，黄土盖成的三五人家聚成的村落，骡子及骆驼，成了交通运输的主要工具。再行数十里便是大青山，山多石块岩层，崎岖蜿折。经过蜈蚣坝，地势更险峻了，汽车颠簸不堪，气候愈来愈冷，山上积雪未化，阳光反射得发亮的山洼处平铺厚厚的水块，望去有如一片汪洋，都惊讶黄河流到这里来了。车子不敢走快，但也常常坏机件，停在路旁等待修理是件最苦的事。穿得这末多，加盖上一张毯子，还是冷得发抖。这时才尝到点冰天雪地的真况！山上距得远远的才有一二家小土舍，用白粉在墙上写着歪斜不整的什么“留人小店，米面俱全”、“李家店，有马房”等字样，那是为起风下雪半途赶不及路的旅客预备的，此外很少看见人家。经过九十里的路程，便到了武川县，那里有几百居民，大都是各地移来的。他们开着小店或牧羊。因为有太阳，他们都聚拢在街上，每人都穿着一件没带布面的老羊皮袄，头发蓬松，脚上穿的是大厚靴子，带着惊异的神气，我们在他们的眼中是些怪物。

出了武川已是过午时分，平走好几个钟头都没看见人家，只剩一望无际的大草原，天连地，地连天的。不及尺高的黄草贴伏地在上，阳光柔和地散照各处，在久没人迹的时候，忽然发见远远来的一二匹骆驼，人在上面骑着，安闲不逼，那就算是奇迹，这才真是塞外的风光！

黄昏到了，夕阳斜照着百灵庙的白塔，受尽旅途辛苦的客人们，有像踏进了家门般的轻快。

百灵庙的面积很大，占着女儿山之间的整个地盘。西侧绕着一带白水，形势很险要。庙为村落式，正副三殿在中央，四周围着毗邻的小房子，墙壁被枪弹打得破碎不堪，现在都驻兵了，喇嘛都跑光了。我们住的旅舍，是从前敌人们特务机关。第一夜太疲倦了，每个人都带着病态，早早就睡。

天刚亮便听见军号四起，我们也起来了。鲜艳的阳光把百灵庙照得特别美丽，我们虽然口里啖着第二顿获来的食粮，但也不暇细尝了。吃过了早饭，参谋长领我们到各山头去看，各处散布着守兵，一天二十四小时轮值，每人站二小时。远处放着步哨，他们的脸都冻得发肿，许多弟兄们都没有手套，听说攻百灵庙时失丢的，但至今未见补发。有一个弟兄把手伸给我看，龟裂得血肉模糊，左手还冻断了两个指头。听说冻丢了耳朵及足趾的也很多呢！这里的气候奇冷，风不大，但轻轻吹来，已感到一阵阵刀割般刺痛。弟兄们说，这几天算暖和了。

我们在那里演剧，参谋长早已把各山头的弟兄们召来了，说到打回老家去，他们兴奋得直叫喊起来，我们还教他们唱歌。剧终了时，他们还是尾进着请求我们把歌片子分发给他们。

在百灵庙的雨〔雪〕夜，我是永远忘不掉的，我常常和弟兄们谈话，他们最爱夸耀自己杀死了多少××鬼，不过闹熟了，他们便更坦白的，甚么都给说，我问他们攻进了百灵庙得到什么犒赏，他们都快乐地说，每人得了三块钱。在旷野漠外的干燥生活中，他们很渴望后方有慰劳团去的，因为这一来，他们才晓得中国的确还有人在需要他们保卫呢！

雨〔雪〕夜的月色都很好，大家都愿意跑出去和士兵们站岗去，虽然长官们几次的警告说，外边入夜便戒严了，你们别冒险。但是，谁把它当真呢，反正士兵们都熟了，只回答一声“慰劳团”便通过。深夜了，还要和他们谈。北风割着脸，难受得很，但要想起跟前的弟兄们也是同样的受冻时，便全身发一阵热了。

要离开百灵庙了，什么时候再来？我们和他们约好将来在热河，在多伦会见的。

二十五日的早上，稍能辩〔辨〕路即启程了，弟兄们鸟群般赶来送车，他们瞪着眼睛在望着我们的嘴唇，我们在呼着口号，唱着再会的歌。

在大草原的途中看见日出，然而走不到几十里的路程，下雪了，气候更显得严寒。土人在鞭赶着迈不起步的马、羊，有人便感慨的说：作中国人苦，作中国的畜牲也苦。此时每人的脸上显得苍白，四郊死寂，车内也没声响了，身子一任车子的震荡。

六时许到了归绥，大家没有话说，早早上床，二十六的清晨又得赶程了。

下午二时到了集宁（平地泉），那里驻有中央军十三军，他们的生活似乎和百灵庙的不同，这里露着生气勃勃的，我们在这里只勾留了数小时。集宁的民众生活更简陋了，听说近年来算进步了不少。我们没机会到前线去，当夜即乘原车回北平了。

车抵永定门时，正下着大雪，北平还算是熙酿〔攘〕的都市呵！我们立刻感到进了另一个繁华世界似的，回到学校更温暖了。

绯！八天的生活是流动的，我为着希望你知道得详细点，不能不琐碎的申叙，但，究竟作还不能彻底的了解前线的真况！有机会到北方来吧！我们欢迎你。

敬礼!

来仪　一月三十一日，北平

《新知识》（月刊）
北平师范大学文学院新知识社
1937 年 1 卷 2 期
（李红权　整理）

“一二八”与绥远抗战

郝启芳　撰

绥远战争在阴森凛冽的一九三六年底，暂时转入沉寂停顿的状态，新年的降临，更给人带来了不少的幻影，一般人每日只关心着陕甘事件的发展，是“和平呢”？“武力戡乱呢”？杨、于的态度是“屈伏呢”？“强硬到底呢”？对于东洋强盗的侵略阴谋、伪蒙匪军的积极活动，反而不大留意似的。

在许多人的视线集中在内患的时候，五年前血染长江的一二八淞沪抗战纪念，疾风般的突破了大地的岑寂。一二八纪念倏忽已五周年了，淞沪抗战是近几十年来中华民族对侵略者的血的搏斗，它在中华民族独立解放的抗战史上，用鲜红壮烈的血写下了可泣可歌的记载。虽然在它五周纪念的日子，一切的报纸都登载着“在军警严密戒备下，一二八纪念安然渡过”的消息，但它永远鼓励着每个中国人的抗战热情，永远激发着置身在河冰山冻的塞外的民族斗士的勇气。因而在再度的绥远战争酝酿的前夕，纪念一二八是有特殊的意义。至少我们可以从一二八抗战的经验里，明白了应“何所适从”。

一二八的战争的本身给了我们一个极好的般〔榜〕样，就是局部抵抗的结果总是没有好的前途的。在淞沪战争的时候，忠勇的十九路军和第五军，虽然几次的消灭了敌人的部队，杀得盐泽司令、野村司令、植田中将先后惨败而去，但因战争不能由局部的自卫，扩大成全国的抗战，我国军队只能有几万偏师和敌人的全力作战。在众寡悬殊的不利条件下，到底由于浏河、杨林口一带的防守太薄，被敌人突破，找〔我〕国军队乃不得不挥泪后退，结果，缔结了可耻的《淞沪停战协定》，把上海划作非武装地带，从此长江的锁钥便拿在敌人的手里。

去年七月底，由伪匪军进犯陶林、兴和，揭起了序幕的绥远战争，东邻日本虽屡次声明和伪匪军没有关系，但伪匪军的一切行动都受着××的唆使和指示，却成为尽人皆知的事实。百灵庙和大庙子两次战役的俘虏里，便有许多不会说中国话的东洋人，金宪章、石玉山的反正，也就是用几十个东洋人的头颅作献礼。关东军和华北驻屯军虽没有直接参加战争，但或在后防帮助伪匪的行动，或在旁面牵制中国军队，着实卖力不少。至于日本海军则在沿江、沿海各省大肆活动，且造成了青岛事件，从侧面打击我国军队的自卫抗战。总之，敌人是在用了各种的力量向我们进攻了，只没有明目张胆的出马便罢了。

但是我们呢？自战争开始到十二月克复大庙子，便只有晋绥军和少数中央军的拼命。而十一团的中央军开到集宁时，战事中心已移转到绥北，所以一直还是晋绥军的单独抗战。空军方面，敌人的飞机是在不停的向我军轰炸，这次战争也以炸弹伤害的最多，而我们的飞机虽一再宣传开赴前线，但却是“只听楼梯响，不见人下来”，前线的士兵们在失望的时候竟至怀疑到我们究竟有没有飞机。但有许多士兵在晋西“剿匪”时，确真见到过中央的飞机，所以他们总是希望着。

谈到抗战的财政方面，晋、绥两省的收入本不宽裕，因而在对外抗战的时候，便更是捉襟见肘的了。阎主任屡次向中央陈情，要求中央拨给抗战经费，结果中央只拨给三百万元，其余大量的经费便不得不由晋、绥民众负担。晋、绥的抗战是全国的事，财政的筹划却由地方担任，晋、绥民众固然不怨负担太重，但因晋、绥民众不能担负这种需求，而影响到抗战的前途时，却是不能不令我们有所顾虑的。

敌人是在用全付的力量侵略我们，而我们却是以局部的力量迎战。现在绥远战争靠着晋绥军的忠勇苦斗，虽然得到暂时胜利，而察北伪匪军的积极活动和商都、张北的军匪云集，谁能料定在旧岁的爆竹声［竹］中，不会有惊人的炮花发现呢？我们可以预想到第三次的战争，敌人的来势必定更加凶猛，倘若我们仍以局部的力量抵抗，虽然阎主任、傅主席有抗战到底的决心，晋绥军有忠勇的气概，而一二八的教训，却是值得我们留意的，固然这也许是“杞人之忧”的。

由于我们的抵抗只是限制在受侵略的地方，淞沪战争只有驻在京、沪一带的十九路军和中央第五军，绥远战争也只有晋绥军和一部分中央军，而其他的地方则过着太平的日子，或是高谈睦邻，或是讨论调整国交的方法。因而前线上所取的战术便只有消极的防守，而不敢采用积极的攻势。在一二八战争的时候，我国军队尽管把数千的敌军屡次打溃，到底因为不敢冲进租界里，把日军的老巢倒〔捣〕毁，反而给他们以租界为进攻我们的根据地。同样绥远战争，百灵庙和大庙子的克复，虽然是采用了以攻为守的策略，把敌人的整个作战计划毁灭，但对于察北和商都，则不敢决然收复，终于做成了他们再度进犯绥远的大本营。一二八的战争，我们本有直扑租界的能力，但我们没有采用这种优势的战略，结果让敌人从容布置，终久打败了我们。现在绥远战争虽由于出其不意采了以攻为守的战术，暂时胜利，但若不能进而收复察北，谁能保不复演一二八的惨剧呢！

淞沪抗战不仅指出我们失败的原因，也指示了我们胜利的条件。记得在这次抗战没有发生的时候，有人估计我国军队和帝国主义的军队作战，只能支持几小时，乐观些说，也只是几天的工夫，结果怎样呢？这一切的悲观见解和失败主义，在事实的面前，证明完全是错误了。在淞沪一隅，我军竟然出乎意外的支持了差不多两个月的工夫，且获得了几次的大胜利。固然我们的军械不如敌人的精巧进步，我国的军队没有敌人的众多，但凭着地利的优势和全国民众一致的援助，我们竟几次击败敌人数千的部队，逼得他们不得不一批批的从国内增派援兵来。这次战争敌人是以全力对付我们数万军队的，但已有无〔点〕透不过气来，如果时间延长，战区扩大，光荣的胜利谁能预定不落到我们手里呢？这次绥远的战争，我们凭着全国民众的一致支持，晋绥军的英勇自卫，居然把俱有飞机、坦克车等新式武器的伪匪军击溃，且收复了事实上已陷落的绥北，从这里可知道决定胜败的因子，不单是要看武器的优劣，地利、人力更是重要的条件。

现在绥远的战争是暂时的停止了，但从察北传来的消息，却是伪匪军积极补充和调遣。春风吹到了边城的时候，也许是敌人第三度进犯的日子。我们在纪念一二八五周纪念的时候，要切实的吸取它的经验，接收它的指示。我们要利用一切优势的条件，以全付的力量由消极的防守进而为积极的以攻为守，那末，胜利的光荣必然是会归于我们的。我们在一二八五周纪念日，热诚的希望：

"一二八是守土抗战的开始，绥远战争是收复失地的发端。"

《新知识》（月刊）

北平师范大学文学院新知识社

1937 年 1 卷 2 期

（朱宪　整理）

致绥东守土将士函

孙德民　撰

绥远傅主席暨绥东守土诸将士钧鉴：

前此匪伪犯边，谋寇绥东，轰炸村舍，蹂躏人民，举国闻之，莫不发指。师生等托迹危城，忍辱含垢，不自知其运命之所届。每念诸公许身党国，视死如归，于雪地冰天，燎原塞北中蹈汤赴火，倾尽衷心，奋勇杀敌，不禁慨然。而傅主席再再声言，矢志守土，与土存亡，尤为激感。其精神又何其伟大，益足炫耀诸公伟志壮举之昭然。尝读报载，诸公不顾边风苦寒，枪林弹雨，争先恐后，戮力杀贼，扶乘创痛，死伤积野，追奔逐北，灭迹扫尘，宜生、承绶诸先生通宵不寐，运筹军事，激励三军，终于二十三日拂晓，克复敌对我国大陆封锁政策立足点之百灵庙，揭开民族历史之新页。消息传来，万众欢呼，不知手之舞之足之蹈之也，曷胜仰慕，咸愿誓为后盾。师生等教读所系，不克选派代表，躬逢劳军，感念难纾，爰募得国币二百八十元零五角五分，随平市中等学校师生捐款汇往前方，以备购置衣物及医药之用，借尽哀〔衷〕曲，略示慰劳。复欲聊奉数语，敬供参考：夫今日之中国，陕变甫平，全国团结，倍增精诚之际，绥事用兵，非自力更生，不足图存，悉赖我诸将士苦力支撑，热血求生耳。谋〔谂〕知敌伪败走滂江，方图报复，祸患良殷。而绥远为北国国防之屏障，果有一失，则宁夏、甘肃、青海、新疆将均非我有，即两粤以至塞北亦必同归于尽，华胄神州，万劫不复矣。公等定亦有鉴于此。今日之忧患，异日之安乐；目前之牺牲，来日之生存也，复兴之基或肇于是焉。洎后师生等除克力准备充实，江〔以〕俾有效前方外，当再图绵薄之声援。诸维

鉴察，并颂

台绥

北平市第四中学全体师生四百五十余人同叩

《新中学生》（月刊）
北平佩文斋人文书店
1937年1卷2期
（丁冉　整理）

察北民军之新动向

匪伪接洽反正收〈编〉

作者不详

据《申报》特讯云，察北民军，近甚活动，李英部已迫近多伦，而伪蒙陆军第六师副师长李鸣远，亦派张子栋潜赴黑河川，与李英接洽反正收编事。闻民军最近之新动向大约如左：

（一）李英部骑兵约七百余人，于六月二十六日，由围场县属别喇沟地方，向多伦推进，目的拟进逼县城。

（二）十八盘地方义兵梁光甫，聚集武装民众甚多，正由李英派员点验收编中。

（三）热河赤峰义民卢振纲，率武装民众千余人，正由赤峰西开，向察北沽源挺进。

（四）前充东北义勇军总司令、现任自卫军东路总指挥李海青，近在冀东战区内，招集各地民团、火会（类似联庄会）等数千人，刻正向黑河川、沽源、多伦一带进发，俟各路联络成熟，实力充实后，即可大举发动。

（五）李庭芳现令陈秉钧为南路招抚使兼充预备军总司令，陈秉钧刻正在各地活动，并集合各地义军，以作后援。

《建言》（月刊）
上海福建旅沪同乡会
1937年1卷3期
（丁冉　整理）

察哈尔陷落的沉痛经过

长江　撰

先说大势

察北沦亡以后，所谓“察哈尔”，只剩了“三口”所范围的区域了！北面是张家口，东面是独石口，南面是南口，就是旧时河北省区内口北十县的地方。地面虽然不大，而对日抗战的关系上，却非常的重要。因为南口到张家口这一段，正是平绥铁路全路军事险阻所在，亦为晋、绥乃至整个西北对日抗战上唯一的易守难攻的门户。假使察哈尔在我们手里，驻上雄厚的兵力，不但日军休想图晋、绥，入西北，根本上要使日军强占下的热河省失去安宁。而且在南口雄视之下，日军强占之平、津，将于何时遭我之突袭，日军实不能有丝毫把握。故日军于七月末占领平、津之后，识者咸认日军主力必速攻察哈尔，其攻击方向，不外由北平攻南口，张北攻张家口，多伦攻独石口，其尤紧急者，为北平对南口之进攻。

敌我的布置

因为宋哲元之贻误，丧失了平、津，平绥线西战场的准备，不能不积极，因为军队系统的复杂，作战能力之不同，思想立场之不尽一样，故指挥调遣很为困难。至少在外形上，平绥线上有晋绥军、二十九军和中央军，负这一期作战指挥的傅宜生先生，实在煞费苦心。不过，大体上总算决定了一个原则，就是晋绥军自绥东攻察北，二十九军刘汝明部由张家口攻张北，中央军汤恩伯部守南口，另以汤所部之高桂滋部进独石口方面，以对付多伦方面南袭之敌。

当然是针对日军作战计划而定，日军主力在北平方面；察北方面仅有伪蒙各部，原则上已布置成南攻北守的形势。因此，我们是预备先北取察北，然后南出南口，西入热河，当时许多人的预料，日军攻南口，虽然他们自夸以为很有办法，然而决难如愿以偿，则其攻击方向，或将自多伦以胁独石口，张北以牵制张家口，不过在我们原来作战步调上，我们已决定而且有把握可以先攻下张北，因此敌军之欲利用张北，势不可能。

可杀！刘汝明

当南口紧急之时，南方各报皆盛传刘汝明如何为守南口老将，如何已积极增防南口，但恐刘之后力单薄，望中央速派队援助；而其实大谬不然。北平失陷后，昌平已入敌手，南口、北平间平绥路一小时余可到，刘在南口之驻军仅步兵两营，而且除南口山下有简单土沟一条外，无任何防御工事可言，即此仅有之两营兵力，亦未作严重戒备状态，所谓“严防南口”者全为欺骗国人之宣传。不但此也，刘汝明不自守南口，当不能阻人之守南口，然而当汤恩伯军奉令由绥东东抢防南口之际，汤事先两次派人与刘汝明接洽，刘皆不允汤军入察哈尔境，令其止于柴沟堡以西！其能公然出口之理由，一为疑汤将军来难免不夺察哈尔地盘，一为中央军不入察省，日军或可容察省之苟安。故其对外宣传如何戒备，目的在使一般国人仍视之为民族英雄，而实行其封建军阀之实际。刘对国军如此阻挡，而在张家口之日本特务机关，则任其自由活动，每日由张北开张家口之日本汽车，带来成千成百的浪人与汉奸，刘汝明对之无丝毫之限制。高桂滋与刘汝明本为旧交，然而为接洽国军之进入察省保卫国家，亦须自大同化装成商人，潜入张家口与刘汝明会商，我们不知张家口为何国领土？刘汝明究为何国军人？

故误戎机

几经磋商，好容易刘汝明才允许汤恩伯过张家口，而又不允许汤恩伯之前敌总指挥部设于宣化，盖汤此时职司前敌，总绾察东、察南，则其指挥部应在东南，容易兼顾地方；刘汝明凭何理由不允许为国家作战之军队，在国家领土之内，选择其指挥所？汤恩伯星夜抢守南口之后，在顽石秃山之上勉作简单工事，费力多而成效甚少，乃刘汝明向中央报告，谓南口阵地早有铁筋洋灰工程，汤部守之必易，不解是何居心。

照我方原定计划，南口失守以后，即同时进攻商都、察北，尤以张北为紧要；傅主席准备于张北取得后，于十五日之内赶作成牢固的铁筋洋灰工程，作成察北强固的据点。张北巩固后，张家口可以绝对安全，然后以全力自南口出击，此为必胜的战法。日方在察北兵力，本来薄弱，而且防备很差，我方预定八月十三日夜间同时袭击商都、张北，期于一鼓而下之。商都已于十四日经傅主席所部董其武步兵旅与赵承绶所部骑兵猛烈攻击之下，被我收复，而刘汝明对张北，却无故迟延一日，始行动作，待其已进至张北城边，日人指使李守信请刘汝明再缓攻一日，谓李即可反正，不必动兵，刘亦公然应之；两日迟延，日本关东军援军已从容赶到，坚守张北，而驱李守信部对刘汝明部反攻，整个西战场形势至此完全逆转！

冤哉南口烈士

日军在前关东军参谋长板垣策划之下，首先以主力直攻南口居庸关正面，当其锋者，为汤恩伯军王仲廉师，板垣以为挟日军飞机大炮之锋利，再以唐克车队顺居庸关汽车路前进，我军上无制飞机之利器，下无破战车之功能，论炮则数量、射程，远比我方为优，而壕堑掩蔽，亦皆草率应事；故其预料不难将南口正面攻下，如南口果下，则顺平绥路以出张家口，破竹之势已成。事有出乎日军意料之外者，无论飞机如何轰炸，炮队射击如何准确，炮弹如何稠密，给予我方如何严重之伤亡，然而南口山头上始终是我国健儿把守！日军唐克车队无忌的前进，终被我勇猛官兵用手溜弹、手枪冲近破坏至七八辆之多。日军凭北平便利交通，与其充足的兵力，数番更代，不断猛攻，我方之南口正面自八月九日开火以来始终为王仲廉师，激战兼旬，死伤过半。

日军欲以优势兵器，速占南口之企图，既已失败，乃向南口西面用主力对我迂回，利用冀、察民众之毫无组织，驱使其平日豢养汉奸及临时强抓之愚民为向导，向复杂的南口山脉中突进。汤恩伯乃以所部王万龄师自南口西向展开，袭击日军迂回部队，并欲相机出击，以解居庸正面之压迫。谁知日军兵力远过我方，接触之后，战线过长，预备出击之兵力，全变为临时阵地之防守。双方互争高地，死伤之众，尤过南口。盖长城之作用，本系自南防北，故险要多在长城之南，而我军今则南向以防日军，长城作用，整个为之颠倒，故我军须入长城与敌争形势。日军迂回计划，受王万龄师之阻挠，乃继续向西展长其迂回路线，于是王师兵力分散；往往一连步兵之防线，拖长至数里之遥，每一山头之兵力，往往不过三数士兵。后方□无所谓预备队、勤务兵、传令兵、伙夫，皆已执枪上阵，伤亡之官兵，满山满谷，而阵线始终未被突破。

其后李仙舟师及马延寿独立旅先后加入，欲先使南口阵地巩固，傅主席更亲率生力军数团，屯兵居庸之北，已定期大举出击昌平，威胁北平，响应平汉线北上之国军。日军见南口攻击计划，行将失败，乃加紧突击，汤部□余无几，新增各部伤亡亦大，然而大家所恃者，希望刘汝明能支持张北战局，待南口出击实现之后，中央援军数师，计日可到，然后北解张垣之危，重复优势战局，谁知刘汝明竟再误大局哉！

诚何居心

刘汝明迟攻张北二日，大误戒〔戎〕机，李守信在关东军支援之下，已反攻张垣。则刘汝明应早明白形势之严重，善为慎重对付。乃始终愚人自弄，留其主力于张家口之南，散驻宣化、涿鹿、阳原、蔚县，早作退逃之布置，而遣其杂色部队与敌军对抗。张垣之日方秘密特务机关，仍然存在，被人指出之秘密无线电台，亦不加取缔。张垣如此紧急，不闻戒严。日方在张之商店、旅馆、机关，众皆知有日人密藏其中，亦未加搜查。其他军事机关欲在张垣作肃清汉奸工作，刘则一概不加许可。南口特别紧急之时，汤恩伯曾电刘请其驻涿鹿、怀来附近之某团，向南稍为移动，必要时请其增援，刘始终未与覆电。刘之主力尽在后方，张北敌人反攻之时，刘不调其主力赴前方，而反向汤恩伯请兵，欲抽已万分紧急的南口防御兵力，诚使人大惑不解！记者在察境所见作战前方城市，无一地不遭日机之轰炸，无一日不遭日机之光临，无论军民，无不痛恨日机之狂獗，独至刘汝明主力所在之宣化、涿鹿等县，日机虽不断在上空飞过，其所部军队仍在大广场密集体操，毫无躲避意味。怀来与涿鹿相去数十里，怀来已被数百巨弹，居民逃避一空；涿鹿为刘汝明基本部伍所在，而日机竟未曾以一弹相加，民众亦未受炸弹之威胁，彼等何幸而为刘汝明部下之士兵，更何幸而为刘汝明治下之居民。八月二十四日察省全部战局已至最剧烈之阶段，日机成队过涿鹿，猛炸柴沟堡、张家口、怀来、康庄，而对涿鹿等地仍保持“亲善面目”。记者早临其境，颇有和平中立地带之感。

大局奈何

刘汝明之“不坚决抗战，可以缓和日军进攻”之迷梦，终被日军不客气的进攻所粉碎。日伪军节节进逼张家口，势将夺刘汝明视为宝贝之地盘，傅主席为大局起见，不得不移南口待命出击之师，反戈以救张垣之急。刘至此始仓皇调其后方基本部队及炮兵至张垣应战。而大势已去，回天无术，张家口以西铁路，被日军截断，傅主席所部亦大半作冤枉之牺牲。八月二十五日夜间伪军先头迫入张家口，刘部仓卒败退。自此日军目的已达，无利用刘汝明之必要，向之对刘部后方异常亲善之日机，至此成群结队轰炸宣化、涿鹿、蔚县等地，其所用炸弹尤大于炸汤恩伯者！

南口方面自二十二、三夜，得日军骑兵大迂回自镇边城进入长城之报告，汤恩伯已下令各部死守据点，以待平汉路绕道兼程北上之中央援军，盖日军绕至我兵力不够分配之右翼，以入长城，事实上不能补救，故下死守据点待援之决心，各部亦已遵令死守原阵地，预料援军即可到达，当时激昂慷慨，准备全部大牺牲之情绪，可以动天地而泣鬼神。然而张家口失，南口已无后方，援军纵到，大局无补，于是光荣抗战近二十日之南口将士，不得已在日军四面环攻之下，于二十六日晚开始攻击后的退却！

自此，北方中国军事险地，我们忠勇的将士血染遍了的关山，又入日寇之手了。

板垣死攻南口的办法，已将全部失败，北方战局大可挽回，然而一误于刘汝明之缓攻张北，再误于刘汝明之不以主力支持。一着差失，全盘失败，此后南口、张家口之再得夺回，不知要再枉流多少的热血了。

不足悲观

察省之失，不败于军事，而败于政治。盖军权未绝对统一于国家，军阀私蓄武力，事事先个人利害而后国家，为此次失败之绝大原因。故抗日必须先将封建军阀彻底铲除，此点我们认为国家不能再用姑息手段优容败类。盖是非不明，赏罚不立，国法、军法荡然无存，则无以建立忠肝义胆、舍生报国者之正气。平、津之变，不责宋哲元，或为勖勉全国军人以自爱，刘汝明之罪，如果再不依法办理，处以误国之罪，则此次牺牲过万之将士，果有何意义以自解？自私军阀之最大要挟，充其量不过正式投降日本，明作汉奸，此事颇不足虑，全国士兵与下级干部皆为忠良爱国之士，任何之官欲令其作汉奸，绝对为事实上不可能，尤以二十九军之官兵，其抗日情绪，绝不在全国之后。

是非已明，士气自振，将来反攻，自不会发生内部不齐一之现象。就具体事实而言，日军虽占察哈尔，但不易利用平绥路，盖青龙桥山洞已经蒋委员长事先命令两次重大破坏，最少须二三月之修理，故仍等于占一无铁路之地域，此点予我反攻上以极大的便利。

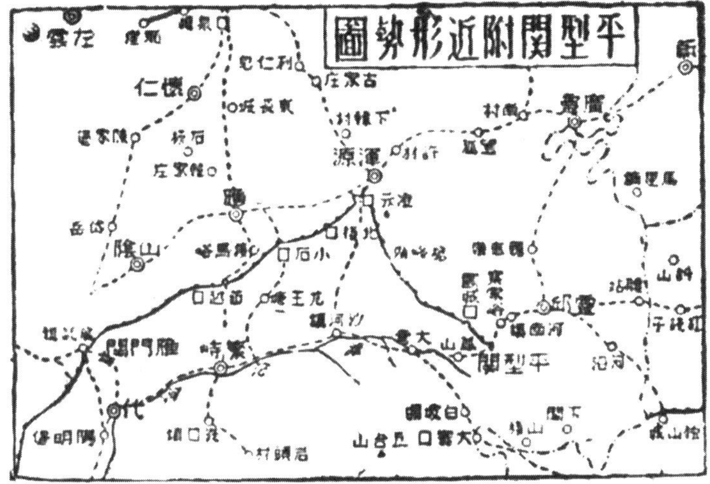

（《大公报》）

《抗战半月刊》
广州战时出版社
1937年1卷3期
（李红权　整理）

察北义军奋起

高苗　撰

敌人的进攻虽然如此紧迫，但中国民众的反抗，也同样一天高涨一天。东北沦亡，已经有五个年头了，而东北的数万义勇军，即日本帝国主义者所认为的“匪贼”，却没有法子扫除、消灭。他们始终不渝的苦斗、拼命，从来就没有间断过收复失地的英勇战争。

现在察北的义勇军，亦如雨后春笋一样，风起云涌的兴起来了。察北方面的化德、张北、崇礼、商都，均有义勇军的组织。领导者则有赵祥春、李英国、张仲英等爱国英雄。他们高举义旗，驱逐日伪军警，进行收复察北的工作。崇礼已经收复，商都亦有收复的消息。野火燎原，声势是十分浩大的。

六月五日天津《大公报》载：“察北同胞因不堪忍受匪伪横行，粉〔纷〕纷举义。一日占领崇礼县城，监禁伪县长，杀死伪警长官。迄今四日，各处响应。化德、张北、商都、尚义等属各乡镇义勇军风起云涌，遍树国旗，已组成人民自卫军，共举总司令，团给〔结〕杀贼。现张北等县交通已断，各要冲地点皆有义勇军三五十名把守云。”由这里，我们可以知道义勇军已遍布察北，大有一扫伪匪，收复失地之概。

正因为此，敌人马上就用飞机大炮，进行扑灭的工作。据报载：“德化到匪战斗机七架，装甲车八辆，多伦伪满军集中，兼程西进。”敌人的凶猛残酷，暴露无遗。

因为日本帝国主义的轰炸、屠杀、镇压，义勇军多半潜伏起来，察北似乎平静。

最可注意者，就是这次义勇军举义，不只察北的民众而已，同时还有尹宝山部下多人参加。事后，被敌人枪毙排长一人、士兵二人、便衣侦探一人。由这里，我们可以知道中国人究竟还是中国人，敌人虽竭尽欺骗麻醉之能事，仍不能把下级官长与士兵的民族意识模糊，尤其是士兵的爱国心总是耿耿不昧。这是第一。第二，这次义勇军的举义，最主要的原因是察北民众不堪忍受敌人与伪匪的压迫，以及为良心所驱使的民族意识而高举义旗。我们于此，一方面可以了解敌人说的“王道政治”，不过是飞机大炮的一个别名；另一方面，我们确实认清中国民众的民族意识与爱国热情，都是很浓厚的。假定有人领导着他们收复失地的话，他们会焚香庆祝，闻风响应的。

《文化引擎》（半月刊）
太原世界文化学社
1937 年 1 卷 3、4 期
（萨如拉　整理）

绥远防空大演习

问松　撰

我们只要一遇到工作吃紧，便知道外面又有事儿，准没错。因此，我们与国家的前途，似乎也发生了一点点连带的关系。纵不能说有绝对的作用，但至少我们的工作，是随着这个庞大的局面，而随时演变的。局面紧张，我们的工作也紧张，局面和缓，我们的工作也和缓，那是毫无疑义。近两月来，前线的情况，捉摸不定。一张一弛，时急时缓，扑朔迷离，云情幻变。使负有重大“传递消息责任”的绥远电报局，也跟着翻了不少的筋斗。如察北蠢蠢欲动，或是绥西陡然告警，一间长不及三丈，宽不满十五尺的小小报房，便马上会空气顿呈浓厚，来报，去报，一切都趋于尖锐化。最近几天，因举行防空演习，于是更弄得有点“山雨欲来风满楼”了。

我们虽不敢确定大战的爆发，就在六七月间，不过这两个月之内，双方“秣马励兵”的成分要占最多数，那是绝对可靠的。不久以前，伪军三千开抵察北，同时又有某方飞机九架飞抵万全，并有军火二千余箱运抵嘉卜寺。这种种的活动，都是在促成目前的这个沉寂局面，愈趋严重化，愈趋恶劣化。说得更明显一点，就是对方的侵略野心，始终未曾稍减。不但不曾稍减，并且他们主战派的军部首脑，为了要讨好于他们自己本国国民，反而还更加强了他们侵略的计划。这一来，只要等到对方“地道”的正规军，正式的拿出来，一场大大的屠杀惨剧，便可从此开始了。

所谓防空演习，正针对着对方的这个阴谋活动，也就是加强了我们抵抗能力的表现。绥远防空司令部，本来早就已经成立，设在我们局子的紧隔壁，正和我们接为“芳邻”。记得自从上月下旬起，车马盈门，穿黄呢制服的高级军官，和手忙脚乱的新闻记者，便常常川流不息的在这条胡衙〔衕〕里穿进穿出。甚至有时因人力车辆过多，竟至阻碍了行人的出路。从这外表上的观察，笔者虽未进去参加他们的会议，但也就可以揣出里面的情形是如何紧张了。

关于防空的设备，很显著而且很容易看得见的，是铜质铸成的警钟。新城两架，旧城约十六七架。每架用两根电杆似的柱子，竖得高高的，敲起来如同学校里的上课铃，远一点听，则又像南京鸡鸣寺的晚钟。旧城是一个人烟稠密的所在，亦为商业辐辏之区。城墙早已拆毁，可是按着城墙的旧址，略为估计一下，周围怕还不满五里地。不过近年来城外已增加了不少的居民，地盘已经扩充到两三倍以上。这十六七架警钟，便是分布在这么一个区域内。表演起来，互相和应，声音很好听。尤其是在夜间，全城灯火灭熄，静悄悄的怪沉寂，形势之严重，空气之紧张，真是够人瞧的啦！

记得有天晚上，笔者赴新城东门外新运会，参加歌咏，回来的时候，恰恰遇到防空演习，一条悠深的新城大马路，黑漆漆辨不出东西。广大的平原，瞧不见一点灯火。只是由树林子里面，可以遥遥窥出几颗天上的星星。还有一排黑压压的大青山，从山的后面，反映出一道五彩锦衾般的晚霞来。这时候的空气，紧张得几至使人停止了呼吸，远远听见几声狗叫，如同象征着东方的睡狮，已经迷迷忽忽在醒转来了。及至走进旧城北门里大街，仍望不出一点亮光。阴森森，黑黝黝，懔然可怕！地面上只是浮着一条一条的黑影，蠕蠕的在移动。连咳嗽声音，也不易闻到。车巡队往来逡巡，警察便像偷鸡摸狗似的到处立着。几条小胡衕，沉浸在“死”一般的氛围里，伸手不见五指，即一根香烟头样大的火星，也瞧不见。这时候，防空司令部门口，架了两架机关枪，立着两排弟兄，仿佛立刻就要动手，做法很逼真，令人看了，不禁而生巍巍之风。

到演习的第三天，为了益臻严密起见，并且禁止行人通行（有通行证者在外）。同时领空上也发现了九只中央派来的飞机。这在国防前线的绥远，据说还是头一次奇迹。使得整个的归绥旧城，顿时起了剧烈的动荡，民众更加加强了爱国的观念。一群一群的男女，把头翘起，仰视着天空，瞻仰着我们自己的铁鸟，表演各种技能。一种内心的愉快，真是非笔墨所能形容。好像恨不得立时立刻就想翻过大青山去，向东，冲进敌人的防线，一直打出山海关外，而去把从前的一笔糊涂账，从新清算一下。笔者也觉得，这种物质的强硬表演，是最容易激起民众的热情，比任何标语、口号，都要来得有“力”，都要来得有希望！而且政府年来埋头苦干的精神，也只有由这方面，才能充分表现出来！

此外，每逢清晨，或是下午，龙泉公园（在旧城之东）的运动操场上，也可看到不少的队伍在那儿操演着救护工作。警察、宪兵、童子军、护士，全体总动员的分布在广大的原野上。戴起防毒面具，有的放烟幕弹，有的放流泪弹，有的提着灭火药水，有的抬着白帆布床，随着护士，赶赴灾难区，实施救护。形形式式，精神颇佳。四围看的民众，情绪亦随之而涨高。男男女女，如同看梅兰芳之《霸王别姬》似的目不转眼。表演的成绩，虽然略嫌紊乱，没有秩序，但这是初步的练习，自然是在所难免的。

总之，防空建设，在目前国防前线上之绥远，实为不可或缓之图。此次中央派机来绥表演，其间含有深刻之意义，自然不言而喻。据闻本月六、七两日，飞机实施掷弹、战斗，将作进一步的练习，届时百尺竿头，成绩当能更上一层楼了。

《电信界》（月刊）
南京电信界月刊社
1937 年 1 卷 4 期
（朱宪　整理）

敬悼绥战殉国军民

作者不详

去冬绥远被伪匪侵攻，我守土军民，挺身抗战，保全国土，击破敌谋，兹逢绥垣举行绥远挺战阵亡军民大会之日，本报谨掬衷心之诚意，致沉痛之哀思，并愿为国人勖！

伪匪在人利用之下，进图绥远，欲先控制此北中国之战略机动地区。其积极准备，已非一年。而我方则内困于国力之支离，外牵于形式之折冲，迨绥东已紧，不得已而就地挺抗。红格尔图，绥东一小村耳，二百守兵不得不抗拒七八千之匪众。百灵庙，绥北天险也，而发觉敌人欲凭借绥北，西扰后套及宁夏蒙古之阴谋后，我徒步之师，亦不得不星夜驰驱，正面仰攻。塞上隆冬，冰山雪野，蒙荒寥阔，人迹稀疏，前线将士，衣薄食缺，苦力撑持，步兵经行蒙古草原，则与敌之运输汽车并驾。骑兵本长袭击，则自始即日夜转战，不得休息。空中则敌机横行，而我仅寄望于待机之铁鸟。敌炮肆威，反击无术。尤以前线村落，武器简单，壮丁稀少，组织与训练皆仅具雏形，且又不如军队之可以自由选择有利阵地，其抗战更为艰苦。

然而自去冬十一月中旬红格尔图之鏖战，至十二月二十四日百灵庙之克复，我方之战争记录上并未因环境之艰难而减少其胜利之荣耀。此则不得不归功于我前线军民超乎寻常之忍耐与牺牲。红格尔图二百守兵在四面包围与飞机大炮交相轰炸之下，从未表示求后方之增援。仰攻百灵庙之部队，乃仅果腹而前，咸下进庙因粮于敌之决心。此种必死与必胜之精神，已将中华民族之生存权绝对不可侵犯之铁的事实，昭告于世界。

中国当前之国〔图〕是为建造强固之国家，而不必定为对外战争，但为争取建国机会之自由，对于外来无已止之侵略，当有最后牺牲之觉悟。绥远抗战，义即在此。设使绥东抗战失败，收复绥北之计划又归泡影，则西北各省之门户洞开，中国之防线，将由绥东之数百里，顿增为绥、宁、甘、青等省之数千里，故去冬前线军民之牺牲，正不啻为国家缩减数千里之国防。此种功绩，国人绝对不可漠视！

抑外人之醉心所谓大陆政策者，年来对中国之侵略方法为以华制华，故编练伪国军队，武装一部蒙民，豢养土匪，利用汉奸，使为前驱，企图坐收大陆政策之效果。及绥战胜利，此辈被人利用之徒，憬然觉悟，民族意识，蠕动于怀，反正自拔，顿成风气，不特使国魂复活于满蒙之野，在精神意义上令强邻之大陆政策的基本方略受一重大打击，其在国内政治演进上亦有极大的效用，诚以经此几度挺战，使国民对政府增加信心，令反对者消除许多误解。其后西安事变不为大多数人所同情，而最近和平统一运动之能融洽进展，要皆与绥战有关。然则此役盖不仅取得中华民族史上无上光荣地位，且已作成中华民族奋斗史上重要的转换点，史迹昭垂，万事不磨，而回溯绥战胜利原因，谁能不致敬于诸殉国英雄之神圣的牺牲。古所谓“死有重于泰山”者，殉国诸英，真将与中华民族并存不朽！

中央对于此次追悼大会，特派中政会汪主席亲往致吊，军委会阎副委员长亦出塞主持，全国并于今日下半旗志哀，足征国家哀悼忠烈之至诚，当可予诸烈士以无上的慰安。虽然，吾人尚有为一般国人告者，诸烈士死矣！而诸烈士所遗留之孤儿寡妇，尚多痛苦颠连，除当局已将过去所收援绥捐款，拨付一部抚恤外，尚望全国各界对此多加救济，借慰忠魂。而吾人以为更有重要者，乃如何贯彻诸烈士之遗志。盖诸烈士之牺牲，乃基于民族生存之大义，故中华民族之独立自由一日未能获得，则诸烈士所遗我全国未死军民之责任一日未能终了。且也，绥远诸役，以匪伪为交绥之对象，各同胞之自相残杀，事实程度，胥不足语于真正战争，故其胜利绝不可以自炫。道高魔重，来日大难，望我全国军民戒愤〔惧〕淬厉，勉为哀军，一本顽强奋斗之精神，从容就义之态度，披历风霜，以迈进于民族解放之大道，必至故土完整，主权恢复，方可以对诸烈士而无愧！

《牢骚月刊》

天津牢骚月刊社

1937年1卷4期

（朱宪　整理）

傅主席致祭绥远抗战阵亡军民烈士文

傅作义　撰

民国廿六年三月十五日，绥远省政府主席兼晋绥剿匪总指挥傅作义，谨以最敬礼致祭于我抗战阵亡军民烈士之灵前曰：这次绥远抗战，敌人用飞机、大炮摧残你们的肢体，毒气、瓦斯遏止你们的呼吸，还以风雪、严寒，撕裂你们的肌肤，但是凭你们热血的沸腾，终于战胜一切，完成下列使命：（一）尽了军人守土的责任。（二）保全绥远领土主权的完整。（三）恢复已丧失的民族自信心。今天大家到这里来，都抱着沉痛和深切的凭吊，不仅你们共患难的战友，还有全国最高的政治领袖和各省的代表以及其他各界的同仁，不仅绥远一隅的表现，这是全国整个的敬仰，不仅目前暂时的热烈，这是将来永久的崇拜。我个人对于你们，不但不表示悲哀，回想起杀敌的忠勇，反增强了羡慕。要知道人生短促，谁能不死，可是死的代价，就有轻于鸿毛重于泰山的悬殊，我们后死的人，纵然抱着必死决心，能不能得到了这样死的机会，又未必都像你们的这样光荣。你们在抗战的时候，抛弃了父母慈爱，捐除了妻子依恋，但凭报国精神而不顾一切，我们未死者要替你们尽到了仰事俯蓄的义务，使你们在天之灵，得到安慰。将来一面请政府优予抚恤，一面向社会极力呼吁，以你们这样壮烈的牺牲，或者引起了大多数同情的援助。你们也许对你们的使命，还不大放心，我敢代表作一句恳切答覆：现在中华民族，已走上复兴之路，相信你们遗留下未完的使命，一定有最后的成功。因为你们的鲜血，灌溉了四万万人的心苗，而充实了自力更生的信念，只要我们后死者一息尚存，应当继续着你们昭示的伟大精神，共同奋斗。我们虔诚的在诸烈士灵前，喊几句口号，权且结束这一篇沉痛的哀思。就是你们为国家之生存而奋斗，你们为民族求解放而奋斗，中华民国的前途，虽不由你们手里完全建筑成功，可是用你们的鲜血来开辟了一条新的路线。你们看着我们，要循着这条复兴大路，踏着你们光明的血迹，一致努力前进，前进，勇猛的前进！

《文摘》（月刊）
复旦大学文摘社
1937年1卷4期
（朱岩　整理）

日本间谍的外蒙潜行记

布利秋　撰　　平则　译

我的计划怎样到外蒙去是前年夏天的事。据说自九一八后，日本人绝对不能入境。但是曾有几个日本人听说白俄败将在哈尔哈内地的草原埋有金块，他们就扮作猎人，深入那里，结果都被外蒙兵捕获，但后来却全部生还，这件事实使我坚信可以去得。当我在满洲里作入境的准备工作时，幸而遇到一个以前熟识的俄国人，我决计凭他在苏联领事馆中求些便利，我在法国时曾学过些绘画，因此我告诉他：我是个画家，现在生活困难，只有靠外蒙沙漠的写生来谋生。他很同情我，很快去代向一个领事馆的青年书记斡旋，但是书记不能保证。后来，我拉了那书记和领事三人同游，也许是为感情所动，入国许可证虽没有，他却答应了写张承认我是画家的个人证明书。

从满洲里到札赉诺尔是坐的火车，那是六月中，下了车，找辆中国破马车向南前进。

到了达赉湖后向西前进，沿途遇着蒙古人所作的路标——“鄂博”，这是用石和泥堆起来，上面种了树的。波状的丘陵蒙着青草，小路曲折得像鳝鱼，慢慢走着，看见前方聚集着七八个蒙古包，这是罕楚哈。想在这里换马车，但一个马夫都没有。“包”中蒙古人男女四五十聚到马车的四围来。原来蒙古人为了放羊要随着水草，所以人口时有增减，这里是大家族，每“包”住有三对以上的夫妇和他们的儿女，所以人口很多。

天晚下来，又见两个“包”，想借宿一宵。于是马夫在大声招呼：请把狗拴上！如果不把十几只猛狗拴住，就不能接近那包了。草原的夕阳落得特别快，蒙古人把狗聚拢来，已是天黑了。夜里没有灯，他们是太阳落山就寝，黎明起来。蒙古人所有的羊有时达七八百头，羊是非常重要的，把它们集在中心，外边聚集一圈牛马，外围再聚着猛狗，布下三重的圆阵。夏天的草原，白昼酷热而夜里急速转冷。不知道洗澡为何事的蒙古女人取出干的牛马粪在包外烧着。围着火烧烤了一只小羊，给我们充饥。他们是新巴尔虎人，是不拜喇嘛佛的喇嘛教叛徒。我们在粪火边睡下，他们却把毛皮铺在草上，看着星睡，靠星来辨认草原道路的蒙古人，这睡法真有神秘感呢。

北方大陆的天亮时也特别快，吃过了牛奶作的团子，送些谢礼，告别而行。日中到达萨别里钦部落。中国马夫把马车借给我，他回去了，现在由一个康健的蒙古青年赶车，走得稍快。沿途有“鄂博”，羊群，骑马的蒙古女人。溯克鲁伦河而上，在无山的草原上看到三座的山，据说是博克多的佛山。遥见几十个骑马的，是朝山去的，蒙古人见山而思佛，相信越高越得天神佑护。过了第三夜，蒙古马夫不肯再前去了，只得以伪国币五十圆买了一匹马，一人独行。

过了第五夜，到了一处，各处支着帐蓬，这是“满洲国”国境警察派出所，那边是外蒙国境了。警察说：那边的梅里根敖拉庙就是暂定的国界了，外蒙兵有时在西方小山上出现，从那里向西是一步也不能过去的。那夜就在这里住下。次日骑马向南方，向似乎是国界的地方绕路而进。那天一个人影也没见。在草原上睡了一夜，天亮了，突然两骑马赶来，他们正是外蒙兵。他们的强悍态度使我恐怖，也不问什么，随即把我带着西行，前后各一个外蒙兵把我夹在中间，也不知往何处去。经五六小时，到了克鲁伦河边。这里的天然道路是由砂土和自然的煤层形成的，坚固得可以走汽车。不久来到河边一排岩壁的地方，山上支着七八个帐蓬。上得山时，二三十人欢呼而来，里面有两个俄国人，他们是指挥这些蒙古兵的班长。他们看了我的文件，说：这是领事馆员个人所写，没有用处，也许还是假的。我只知此地是克鲁伦河沿岸，后来才知是沙喇舒巴台。次日，他们把我的眼蒙上，用马送去后方。大约是向西沿克鲁伦河行走。晚上停的地方有二三十个蒙古包，在这里，给我吃了些牛奶团子和茶。这里有四五个俄国人，四五十蒙古人。知道这是克鲁伦即乌尔达，据说夏天有路可通赤塔，冬天结冰后还可走汽车。住了一夜，再蒙上眼，和行李同装一货车，颠了一天。把眼放开时，吃了一惊。这里有炼瓦造的大房子，有电灯；这是车臣汗部的首府。在此拘留了四天，我苦求转送库伦，经允许了，次日搭乘赴库伦的货车而行。

这里离国境四百公里，大库伦则有七百公里，从这里坐汽车十几小时可到库伦。在车臣汗，蒙古包是固定在一地的，有的地方也有瓦房和像兵营的东西，听说有飞机场，却没看见。要开车时又用黑布把眼蒙上，不知走的什么路，但觉车走得快时，急激摇动，也听到水声，似乎是在修理中的有水溜的天然道路。

这时的汽车夫是俄国人，我的眼虽蒙了，嘴却能说话，和他攀谈。途中吃了两回饭，他都把我眼睛放开。午饭时看见右手的河大概是克鲁伦河，有丘陵，岸边的重重断崖；左方是草原，有些砂砾，但是不见沙漠；北方似乎是西伯利亚的连山。古人说蒙古没有树木是不对的，近西伯利亚有很多密林。向西行更近大库伦，道路经过人工修理，货车也能开足马力了，这些道路似乎是新的支线。

库伦有大的炼瓦建筑，电灯通明。这里的拘留所比车臣汗的区署大七八倍，但也大同小异。拘留的第四天提出去审问。官吏一半是俄国人，在言语上很讨便宜。俄国人因为找不出证据，在我的肚带里取出一件重要的东西，以为是证据了。及至展开细看，忽然哈哈大笑，原来那是一张德川时代的春宫。结果，我被当作色情狂的傻画家而释放了。

等三、四天押送到车臣汗出境，就暂时拿拘留所当旅馆住下。我要求描写库伦风景，却不许，照相固然绝对禁止，绘画也不行的。但是有辆空货车，就利用它看看库伦的市街。旧市有蒙古人的固定蒙古包的街市和中国式的街市，很不清洁，往往有中国人，但是俄国却一人不见。新市街与旧市街间稍有距离，那里道路是新式的，有近代都市风，有瓦斯和水道，在市街区域大概有二千户。这是前年的话，现在也许住宅更增加了；人口看样子大约有六七千。

再乘货车回车臣汗，现在是傻画家了，不再蒙眼睛了。库伦南方见有一座高山，那叫汗山，高约五千二百尺，是外蒙喇嘛教的大灵山，但在共产党统治下，因为宗教是鸦片，喇嘛也被禁止了。途中骆驼队满载粮食，饶有画意。路上新立的电杆如林，道路也有改修新设的。也遇到几处烟囱集合的村落，产业计划也可以从各个村落看取其轮廓。各处乡村的蒙古妇女上身穿着蒙古衣服，裙子却是俄国式，这可说是外蒙的新式样，头发剪成俄国式的女子也常常看到。互相敬礼也有用握手的。这些在蒙古礼仪上都是急激的转变。蒙古人虽不是农业的民族，现在各处也看到集体农场了。

归途和去时的道程不同，是向南方走的。有几个蒙古包在烧着，据说那是为了杀灭鼠疫菌。蒙古人一发鼠疫，马上就将衣用具和“包”一起烧掉，他们的惧怕鼠疫较文明人尤甚。车上所见喇嘛庙的废墟极多，外蒙著名的拜庙，现在也成为禁例之一。一路上天空常见飞机，处处有无线电柱。有时走着很好的重建过的道路。这样地到了车臣汗，由此循原路回到“国”境。回顾外蒙所见，显然的，草原的蒙古是已在苏联指导之下，向近代文化迈进了。（布利秋原作，刊《改造》十一月号）

（文摘）

《抗战半月刊》
广州战时出版社
1937年1卷6期
（李红权　整理）

外蒙与华北战局

苏民　撰

外蒙于民国元年在俄国援助之下，宣布独立，到民国四年，订立《中俄蒙协定》时，乃规定外蒙自治，而宗主权依然归还中国。自俄国发生社会革命后，因俄国忙于内战及抵抗欧洲帝国主义的包围，日本帝国主义乃乘机侵入，驱使白俄攻取库伦，于是外蒙又脱离中国而宣布独立。一直到一九二一年，外蒙革命青年组织革命军后，借苏俄红军的帮助，始将白党驱逐，同时，将勾结白俄及日本的外蒙王公势力一并消灭。到一九二五年，内部一切反动势力肃清后，即成立外蒙革命政府，与苏联建立友好关系，同时，规定宗主权仍属中国，这在一九二四年的中俄北京条约中已有明文规定。

十余年来，外蒙在苏联帮助下，努力改良政治，埋头军事、经济建设，制定宪法，取缔宗教，普及教育，近年来各项建设颇具成绩，人口已由革命前的五十万增至八十一万以上。关于军事建设，更是突飞猛进，常备军已达十八万五千人，几完全为近代机械化部队，各种兵器，为苏联新出者，战斗力颇强。空军技术人员约五千五百人，多系苏联航空学校训练出来的，其技术之高超，较之苏联航空人员，可无逊色。外蒙自革命政府成立后，即实行征兵制，一旦动员，可出动战斗员三十二万以上。外蒙人民现时仍多从事畜牧事业，故蒙兵的战斗力之强，为世界任何国所不及，在广泛的平原中作战，可以发挥极大的威力。

外蒙年来所以埋头整军经武者，其主要目的，在防御日本帝国主义的侵略。自“九一八”后，日本帝国主义曾不断在外蒙边境寻衅，只以外蒙边境兵力雄厚，屡犯不逞。自察、绥失陷后，日本帝国主义对于外蒙的威胁更大，尤其是日本在进攻苏联之前，势必进攻外蒙，由库伦出兵西比利亚的上乌金斯克，中断苏联远东与欧俄的交通。从这方面看，日本之侵占华北，一方面是作为南进的根据，同时也是进攻外蒙与苏联西比利亚的准备。所以日本帝国主义之侵略中国，同时危及到外蒙与苏联，故外蒙与苏联不仅为了帮助中国，即为了保全自己的领土，亦必与中国共同出兵抵抗日本的侵略。

日本对亚洲大陆作战的计划，一是各个击破，先从华北着手，进而渡黄河直下华中、华南，待对中国本部的战事告一结束后，即北向侵蒙，进窥西比利亚。其次是大陆封锁政策，从绥远西入阿拉善、额济拉两旗，再进而北入蒙古，于弱水流域以西隔断中苏关系。自华北战争发生以来，各路皆陷于不利的形势，平绥线的要地，如张家口，早陷敌手，通外路的捷径已被日军截断。五原虽为仅次于张家口通外蒙的要道，但是，在平绥线的日军未被驱逐以前，这条交通线随时都受到威胁。

挽回华北的危局，只有一面由晋北增兵，将平绥线的敌军迫向东退，打通外蒙的交通要道，使外援不至断绝。更由外蒙出兵察北，南下攻取多伦，与晋北我军遥相呼应，更可断绝日军后路。同时由外蒙东部出兵满洲里，牵制伪满日军。在外蒙与华北我军威胁之下，日军在数千里的战线上，势必东退。

对于苏联，在这种情形之下，我们相信不会有什么困难，苏联在远东驻有雄厚兵力，单独应付日本已绰绰有余，况在外蒙与国军威胁之下，日军更不敢轻易对苏联用兵。目前我们所希望于苏联的，只是尽量在物质上多予外蒙与国军以充分的接济。同时，在国际上亦不致引起若何反响，外蒙本为中国领土之一部，目前为保护本国领土而与日本作战，自有充分的理由。现时赶日军在华北立足未稳的时候，外蒙应迅速出兵，且时值冬季，日军不惯在严寒的气候下作战，正可收事半功倍之效。

蒙古一旦出兵，日本也许不顾一切进犯外蒙，这个时候，为了减少外蒙作战上的困难，苏联应根据《苏蒙互助公约》，出兵助蒙。这样一来，日本在中、苏、外蒙三方面的围攻之下，鲜有不败的。中国正可于此时，将日军逐出关外，进而收复东北失地，列强所希望的远东和平，只有到这个时候才能实现。

有利于我们的这种客观条件，我们应该尽量去运用，目前不应该再希望国联或其他的国家来帮助我们。英、美、法诸国虽然不愿意日本完全征服中国，可是决不会对中国有任何积极的援助。从“九一八”事变发生以来，我国曾不止一次吁请国联和其他的列强主持正义，制止日本在中国的侵略行为，但是都置之不理，充其量也不过是一些不关痛痒的谴责而已。这种教训，我们应该时刻记着，对于不可能的外援，我们再不要所有〔有所〕希望，应该尽力争取可能的外援或内援。外蒙固然同中国本部一样的受到日本帝国主义的威胁，然而，是否即时出兵援助国军，依然要看中蒙的外交关系进展到何种程度，而中苏关系之进展，又须决定于中日是否绝交这一问题。我们以为，目前华北局势已到相当紧张的时候，我们为了取得苏联的援助，促外蒙早日出兵，即应与日断绝国交，消除苏联对我抗战的决心的怀疑。

（《民族呼声》）

《抗战半月刊》
广州战时出版社
1937年1卷6期
（李红权　整理）

察北匪伪的西侵

蒋乔坻　撰

"久蛰者思起〔启〕，久濡者思憓〔噫〕!"这是我们中国的名言，用以分折〔析〕或估量某种问题时候，是具有相当真确性的。

察北的伪匪军，在全国一致团结抗敌的浪潮中，看到势头不好，已蛰化〔伏〕了一个相当的时期了，大约是感觉到蛰伏着不很舒服的缘故吧！它现在又蠢蠢欲动起来。

据报载，最近伪匪在嘉卜寺迭有会议，计议西犯。德王曾一度飞往伪京（伪满）商请协助西进事宜，四月底携得具体办法回到西苏尼特旗王府后，借口为他的亡母追荐逝世七七期，又召集伪方军政领袖及某方顾问、参事、指导官等详加商讨。近几天，日关东军司令植田谦吉大将，也曾由承德飞到嘉卜寺，与德王密谈了数次，据说这次西犯的目的地仍在绥东的兴和县，企图断绝晋、绥间的联系，同时窥取百灵庙，以牵掣绥远抗战的将士。

跟着这种计划的决定，五月三日，驻崇礼县伪第六师保安普部之十七团就由崇礼开到张北。驻多伦、沽源一带之伪第八师包悦卿部，正在准备西移。李守信部驻张北的炮兵团，八日全部移到化德。同日，植田大将由化德飞赴张北、宝昌、沽源等处视察。松井师团一部也由热河开到多伦，在伪军与某方正规军这样匆忙的调动中，德王一面将蒙旗保安队编为两大队，积极从事训练，王英、张万庆、雷中田也已经把热河境内丰宁山之股匪收编竣事；

一面复加紧在察北预缴田赋捐税，强拉民夫，扣留车马，并强迫人民工作，逼得人民痛苦不堪，均乘隙向别处逃奔。

看起来，察北伪军再度西犯是将成事实了，可是这种消息，在现在传出来，我们觉得多少总有点奇怪，因为中国抗敌情绪的普遍勃发和整个政局趋向稳定后，日本对华态度不是已由武力抢夺变为经济、文化提携等等诱惑手段了吗？当林铣十郎组阁的时候，他的参谋即现任兴中公司总理十河信二就说："假令认中国为兄弟之邦，互相提携，安定东亚，以增进人民福祉，则过去对华政策，即不得不谓为失败，故日本要求中国反省，同时自己实亦应清算过去之一切，复还于白纸状态，从第一步改造起。"连田中义一的智囊佐籐安之助也这样说："中国最近国家主义之思想，非常浓厚，而民间对日感情，亦极度恶化，徒用恐吓态度，中日提携，到底无从实现，在日本方面，若不改变从来方针，不徒成为中国民众之怨嗟之的，增长其憎恶之念，而受其利益者将为欧美人，故中日外交除静观外，现在应由民间方面实行经济提携，方为正当。"所以儿玉等一行考察团回国去不久，又有日本小学生来参观，表示亲善之举，"中日亲善必须先求两国民众和睦"的呼声，在日本朝野间是喊得多么响亮啊！这是证明日本当局已经在武力侵略中得到了教训，于是一致有主张用提携的饴糖来诱惑的倾向，尤其是资产阶级财阀们表示得最显著。然而在这种对华政策转变的空气中，为什么察北伪军还有西犯的举动呢？

其实，这问题解答起来也很简单，谁都知道日本当局的政见本来就很不一致的，尤其是军部则更独断独行。并且军部本身的意见又包含着很多矛盾，除关东军和华北驻屯军对华问题与日本中桓〔枢〕的政策往往背道而驰外，关东军与华北驻屯军的主张又有相当的隔膜。这次伪军的西犯，策动者无疑的是关东军。前面的消息告诉我们，关东军司令植田大将在这次行动中奔走得比谁都要忙碌，同时伪匪与某方在嘉卜寺的军政会议中表示，如果放弃察北六县，势必加强中国抗敌心理和坚决中国抗敌信念，有妨其国策之进行。从这种地方看起来，关东军对于日本当局的软性提携政策是完全不同意的，他们尤其担心为了软化会增强中国人民抗敌的决心，同时德王等汉奸也深怕从此会丧失他们现有的地位和政治生命，明了了这种关系以后，我们对于这次伪军的西犯就不足惊奇了。

至于西犯究竟是否会成事实，抑或是关东军的恫吓手段，我们暂且不论，总之，不管它是武力侵略也好，是经济提携也好，凡是有损我领土主权完整的举动，我们是一概都要反对的。几年来的奋斗和绥远的抗敌经验已经告诉我们了，匪伪西犯要想得逞是不可能的，只要能够团结一致，敌人根本就无法来奈何我们。在这匪焰方炽的时候，我们应该很迅速的全体动员起来，来完成“收复失地”的任务。

一九三七，五，一三

《新学识》（半月刊）
上海新学识社
1937年1卷8期
（朱宪　整理）

绥战胜利的检讨与民族前途

汉人　撰

九一八事变以后，日本帝国主义者所豢养的“皇军”，因未受中国军队的抵抗，不一年而占领三省，席卷东蒙，长城战后，自察北多伦而迄榆关的十九县，都被划定为非武装区域，“硕果仅存”的西蒙——察、绥，便变成了我们国防的第一线，敌人的“外府”，而一直地被觊觎着。察北六县的丧失，绥远更成为敌人侵华防俄所必须占领的重地了。

一九三六年的秋间，这个国防前线的绥远，在日本关东军“以华制华”政策的策动下，终于爆发了一场惨酷的战事。在那个时候，塞北经已苦寒，严厉的风雪，刺裂了抗战战士的肌肤；敌人的飞机大炮，摧残了抗战战士的肉体；现代化学战的毒气瓦斯，遏止了抗战战士的呼吸；终不曾稍减了他们沸腾的热血，土木尔台、红格尔图、百灵庙、大庙的相继克服，造成了中华民族近代抗战历史上最光荣的一页，较诸嫩江、淞沪、长城各役的抗战，来得更为英勇，更有意义。

是的，绥远的抗战，已得英勇战士生者所绞出的心血和死者所流出的热血的合凝，而奠定下民族复兴的基础。在这一战里，它指示了唯有抗战，才能收复失地；唯有肯战，总可以战胜敌人；唯有能战，才能使误入迷途的同胞发现良心，反正为民族抗战效命；这些宝贵的指示，正显示着中华民族已踏上复兴的大道，只要我们肯下最后的决心，立时发动整个民族联合抗战的军事行动。

“准备论”的抗日者（?）不是常常说着我们应该度德量力，埋头苦干，从事经济建设，等到准备充实后，再将历来的积累，为争国家民族的自由而拼掷吗？在绥远抗战中，置身前线的战士，究竟是准备了些什么呢？是不是已达到了“准备论者”所预定的“准备”条件后，才行抗战呢？不是，完全不是，我们所见到的，只是英勇战士在洒着热血，在掷着头颅，前仆后继地在做着光荣的牺牲。由于他们的能抗战，愿牺牲，所以虽然祸变突来，还可以应付裕如，把他们的热血，洒在宝贵的领土上，把他们的头颅生命，献给国家民族去牺牲，结果使未丧失的土地，敌人不能踏进一步，已丧失的地方，也得到了初步的收复。根据事实的教训，我们如果能够把局部抗战，展开为统一联合的战线，抱着焦土抗战的决心，那末，胜卷〔券〕必可我操，它的效果，定会把五年来所丧失的数千万里的大好河山，跟着我们热血的挥洒，而至于一块一块地收复回来。

“唯武器论者”，每以武器之优良与否，为估计战争胜负的唯一因素，“恐日病者”，又以怕日过甚，倡言中国如果和日本抗战，几天之内，就能亡国；他们都因认识不足，有意无意地当了敌人的义务宣传人，直接间接减低了民族抗战的情绪，绥远自卫战事的胜利，恰足给予这一般〔班〕人以有力的针砭。当战事初开时，敌人为执行其大陆政策，唆使伪军，以数万之众，配置上最新的军备，大举入犯，希望夺取绥远，进以并吞全华，他方则囊括西北，切断中国国际上的联络，绥东、绥北，同时告警。那时国家领土主权危在旦夕，前线的战士，假使也抱着武器不如人不足言抗战，抗战必亡国的谬见，妄想在政治上让步，以消弭战争，那末，事态的演变，将成怎样的结果，不消说，绥远已非我有，就是晋、宁两省以及整个的华北，都非退出中华民国的版图不可。

满蒙既归敌人的掌握，则敌人侵华的司令塔已确立，尽可大踏步实行其宰割的预谋，我们的国家民族，将永陷于万劫不复的泥潭里，无法自拔。所幸他们能够深明大义，知道英勇的民族抗战，是对民族敌人侵略的最适切的回礼；唯有把沸腾了的热血喷射出来，才可以扑灭敌人的炮焰；唯有把肉体筑成了坚固的堡垒，才可以阻挡住敌骑的侵凌；唯有牺牲小我，才可以保全大我的金瓯无缺；所以能战胜一切，完成了保障绥远领土主权的完整恢复了已失的民族自信心的责任。中华民族前途的光明，虽不由他们手里完全建筑成功，可是由他们用血肉开辟了的一条新的救国家救民族路线，已在着指引全国许多未死者，循着这复兴的大道，踏着他们鲜明的血迹，前进！前进！一致地前进！勇猛地前进！那是无可置疑的。

尤其值得注意而必须大提特提的，就是在着绥远战士作光荣的抵抗时，匪伪内部一部分的中国同胞，他们不忍长此供人驱使，助纣为虐，来残杀自己的战友，乘时纷纷反正，参加民族斗争战线，去对付民族共同的敌人。这一事实的提供，是中华民族解放前途获得了最充分的把握。许多充当匪伪军中下级将士的同胞——尤其是广大的士兵层，他们在民族敌人的铁蹄下，被驱使作以华制华的炮灰，这究是多么惨痛的一回事，他们统是知道而且知道得很详细的。他们正同反正战士一样，也许已在干着“寓力于敌”的工作，企望着国内整个统一战线的开展，来为国效死。所以只要我们能抗战，能发动全国一致的抗战，敌人的强大，是不怕的。我们有把握在为全民族争生存而战这切肤利害的条件中，唤醒了许多迷误者反正来归，发挥着伟大的力量，把敌人歼灭，而所谓汉奸阵线，也必然会随了民族解放战争的开展而削弱、而崩坏，共同争取整个民族彻底的解放。

中华民族，受制于国际帝国主义之下，过着被压迫被剥削的准亡国奴生活，到现在已有八十多年的历史了。尤其自一九三一年以来的最近五年中，日本帝国主义者所加于我民族的枷锁，来得更特别的凶，中华民族的整个民族生命，已有被灭亡的危险。绥远抗战的胜利，不仅证明了我们的牺牲与努力，不是徒然的，而且更进一步地指示出民族前途的光明。这该是“否极则泰”的好现象，而为我民族“屋瓦翻身”的时机吧！历史是人力创造出来的，将来的中华民族史，会得着无上的光荣，抑或就此永远地沉沦、没落而沾污上莫大的污点，都以我们人力的尽到哪个程度以为断的。“准备论者”！请你们不要再抱了准备好后抗战的成见，历史上“宋议未定，金兵渡河”的惨痛教训，你们中总有知道得很详细的，长期间的所谓“准备”，恰和清末“九年后立宪”的用意相同，都是欺骗民众的应时勾当，我们不甘做亡国奴的人，绝不能坐视灭亡的；“唯武器论者”！你们一口咬定武器为决定战事胜负的唯一条件，可是却忘记了“攻心为难”的“心”字，绥远抗战的结果，总可以当个有力的例证了；“恐日病者”！你们更怯弱得可怜，快把绥战可以保全领土完整的事迹，当个强心针，来提一提你们的精神吧！你们得知道：抗战固不免重大的牺牲，不战则必难免于灭亡；地可以失，但不能不战而失；国可以亡；但不能不战而亡；与其不战而亡，曷若战亦未必即亡；“长他人威风，灭自己志气”的心理，在这全国大众从绥远抗战胜利检讨中所确立为争取民族解放斗争的战线前，是必受了铁一般的事实所碾碎的啊！

绥远抗战的胜利，已为我们奠定下民族复兴稳固的基础了，我们应该本着英勇将士所昭示的伟大精神，更加努力，为国家民族的独立自由而奋斗、而流血，不特“有人要我们一块领土，须知这一块领土，必滴满了我们的血，绝对不容许轻易踏过的，也绝对不能踏过的”（汪先生在绥垣欢迎会上演词）。我们应以绥远抗战所得的实验，坚定了抗日必胜利的信心，巩固了统一抗日的联合战线，进以发动了整个民族解放斗争的焦土抗战，“直捣黄龙”，收复失地。

在被压迫民族反抗侵略的时候，全民族利害的一致，是能够显现出来的。所以我们从事民族解放运动的人，必定要抓住这一点，强化起来，使民族统一战线可以巩固；但在另一方面，我们也要了解全民族利害的一致，是有限度的，如果有人敢冒不韪，来拍卖民族的利益，把民族沾污了，我们就不应陷在机会主义的泥坑，要反过来执行肃清内奸的任务。努力吧！全国的英勇大众们！自由的大路已展开在我们的目前，等待着我们的迈步前进，我们要来个比绥远抗战更大规模的抗战，去获得比绥战胜利更为彻底的胜利，从抗战胜利中来永奠我民族自由独立的基石！

《创进》（半月刊）
桂林第四集团军总政训处
1937年1卷9期
（丁冉　整理）

绥东紧张与察北民众起义

林　撰

自从日寇在第一次侵绥战争中，遭受了第一次的未有之前的惨败，这便引起了中国内部的某些变化。首先由于绥东抗战的胜利，增长了中国民众特别是在日本强盗和汉奸统治之下的民众抗敌的力量，并诊治了若干人惧怕抗战和中国必败论的病症。然而却又有人以为绥战这一闷棒已经打倒了日本强盗企图整个灭亡中国的毒计，至少使日本帝国主义不得不暂时敛一下风。这样的看法刚好是错了。不错，日本强盗为了侵绥的失败，将会重新布置侵略的计划，但是这准备正是为了明天的侵略！果然，离第一次侵略绥东战争失败还不到三个月，就有消息说，日伪军二三十人一队潜入绥东活动。到了今年的五月三日以后就已有："匪伪除已向商都更调生力军一师外，并于南壕堑方面增加步兵两团，连同该地前驻蒙古骑兵二团，共有四团之众。复在南壕堑装置电台多具，揆其用意，似在窥我绥东兴和境！"不久又有匪伪军十七个团开到张北，"也拟向沽源集中待命！"又不久植田也飞来察北"视察（?）"，嘉卜寺的第二次侵绥会议也开过了！汽车将军用品由满洲、热河一车一车运了来，飞机又重新向绥省飞来飞去，并且在更不久之后，南壕堑、红格尔图一带"小的接触"已经开始了。这自然并不只〔止〕于是消息，而是真正的"战争"！日本帝国主义侵华的战争。

正在日本帝国主义作了这一切准备，拟一举下绥省，席内蒙，卷去整个中国的时候，发生了五月二十七日常子仪（原王英部手枪团团长）团的“揭旗抗日”、“枪杀日指导官”，和接连不断的五月三十日，六月一日，三日，五日，张北、陶庙、崇礼、南堑壕等地等时的察北民众大暴动！汉奸官吏被杀，“悬首城门”，匪伪军警被缴械，日本特务机关被围……。民众的暴动“继续不绝”向前发展。察北到处竖起了抗日的旗子，虽然日本强盗和汉奸们正在，或者已经到处“密令”，调集大军“剿办”，继续血的镇压，但是察北民众在积久的仇恨日本强盗和匪伪的愤懑之下，仍然继续不断地，将抗日的“暴动之火”向着整个日伪的统治燃烧过去，使日本强盗和匪伪不得不在察北民众的愤懑的“暴动之火”的前面，发抖起来。

绥东的“小接触”，日伪匪军的大事增□扩充，证明着绥东的第二次战争序幕已经发动了！植田的拼命在察北嘉卜寺一带飞来飞去，正正说明了军部如何地执行着“对华新认识”政策。察北民众在血腥恐怖底下英勇举起了斗争的拳头，证明着敌人疯狂的镇压丝毫没有能够压下群众抗日的斗争，这一抗日的游击战斗，正是我们今后群众的抗战战略的根据。群众有战斗的决心，有战斗的能力，问题是在怎样运用这个伟大的民众的抗敌决心，发扬民众的抗战的效力，有计划地组织他们，领导他们，并迅速的准备与发动全国规模的抗战！

绥东日见紧张了！我们准备好了没有？

察北民众发动了！我们准备好了没有？

敌人的“断然手段”又在开始了！我们准备好了没有？

《解放》（周刊）
延安解放周刊社
1937 年 1 卷 9 期
（朱宪　整理）

察北热边的自卫军

汪倜然　撰

近来华北的情形，表面似觉沉寂；宋哲元优游乐陵之后，外交上的所谓“商谈”都无从谈起，一时是颇显得清净了。但内在的危机并没有减少，某方经济侵略的工作与军事侵略的准备，也都只有加紧。尤其是冀东、察北民众的痛苦，水深火热，与日俱增。只看到华北苟安的表面伪装，与只迷信冀东叛逆组织可以取消的人，是不会注意到这种情况的。然而这是事实——是华北今日最可重视的事实。稍稍注意到北方消息的人，总看到近来报上常有被称为“民军”的一些新闻吧，这些民军就是被压迫而起来抗战的武装民众，他们现在正以他们的热血来洗刷他们的痛苦。在表面的沉寂之下，民众的抗战情绪却高涨着，展开于最近之热边、察北、冀东各地的，正是这些民军的英勇抗战。而且从敌人与匪伪张皇失措的情态中，我们很清楚地可以看出侵略者与汉奸们对于民众的抗战，是如何地畏惧胆寒。

察北、热边民军的动态，对目前的抗敌游击战及日后的对外作战，都有重要价值和意义，我们觉得有加以报道及检讨之必要。详细的资料现在是无从得到的，我们只能根据手头所有的消息，先作一个较为有点系统的纪叙。

察、热之有民军，还是六月里的事情，这是由民变而产生，由“揭竿起义”而组织成的。察北匪伪军自进攻绥边失败之后，却暂取整饬内部充实军备的方针，同时对民众的压迫更形加紧。热、察民众因不堪匪伪汉奸的压迫，首先起义自卫的，是崇礼陶濑庙的村民赵祥春等。以后化德、张北、商都各县村镇的乡民及民团等都闻风响应，参加武装自卫的行动。从六月一日发动，到了六月四日，察北就遍地悬起国旗，浩大的“人民自卫军”已经组织成功了。他们的口号是武装自卫，团结杀贼，他们的战略是以迅捷的袭击，占领要地。自卫军自十三日起开始活动，公推李庭芳为总司令，分四路进兵。进兵的路线及目标是：第一路总指挥李英，率武装民兵两千，由黑河川攻取沽源。第二路总指挥张仲英，率民兵五百趋南壕堑。第三路总指挥邢自强，联合唐卓群部，共骑兵三百余，进攻崇礼县城。第四路总指挥拉王松耶（译音，蒙人）率蒙汉民兵二千余，拟与张仲英部会合，经滂江直捣嘉卜寺。以上基干部队、分支部队及游击部队的武装实力，这时共计已达一万人左右。抗敌情绪的高涨，作战武力的浩大，以及民众响应的热烈，都使匪伪军极感恐慌，叛逆集团有即趋崩溃之势。可是不幸得很，察北民军底壮烈进攻，终于未能成功；虽给敌伪以打击，却不能成为致命的打击。这是因为自卫军起事以后，匪伪部众在某方加紧支持及指挥之下，各处防守极为严密，自卫军的袭击战略已难施行。同时自卫军因仓卒起义，绝无后继，给养的接济，弹药的储备，联络的计划等，都欠周密充实，因此作战效率大受影响。结果第一路进取沽源既不能立见功效，第三路围攻崇礼，亦相持多日，无法攻下，第二、第四路向南壕堑及滂江挺进，也都遭受阻力。同时匪伪军却正力持镇静，以逸待劳，想消灭自卫军的实力。因此各路民军就改取缓进的稳健战略，放弃在目前不易成功的正面战斗，分头四出从事于游击，分散匪伪军的精神及武力，并阻挠某方的接济，对他们加以直接的或间接的打击。同时分别积极扩充实力，准备弹药给养（一部分从敌人那里截击得来），退驻相当地点训练，待机再作大举。

至十八日止，各路民军的动态大致如此。可是我们不要以为这是民众自动抗战的失败，或是匪伪部队控制察北的胜利。相反地，这只是热、察民众自卫战斗中第一阶段的必然现象，民众的抗敌情绪在发动了实力之后，是需要有一个整饬进攻步骤，加厚作战能力的休养时期的。目前的察北虽又暂趋平静，但各路民军的实力却激增着。邢自强部现在崇礼县南东沟地方，人数已增至七百余。张仲英部在距商都三十里之天成营子一带，已有武装齐全的民众一千五百多人。李英部民军在热、察边境游弋，并在多伦、经棚间截留某方接济匪伪军火十余汽车，及机关枪、迫击炮等。拉王松耶仍在东西大庙附近，为蒙汉民众的混合武装集团，最近有某爱国马商赠以良马千余匹，因此声势愈盛，实力也最强。同时冀东战区各县民军正向察北挺进，拟与各路自卫军联合，自卫军不但声势益壮，实力也已超过两万了。

察北的民军现在正等着展开抗战的第二阶段，同时就是担任着保卫绥远的前哨任务。敌人图绥的阴谋已遭受阻挠，我们收复失地的能力却增添了一分，这是很可乐观的。不过，也不容过于乐观。第一，匪伪已加紧准备，也许会对民军转取攻势，企图消灭我抗战的民众武力。第二，各路民军救亡抗战的意识虽属一致，行动的步骤却并不统一，这在作战指挥上就很有缺陷。因之，如何强化抗战实力，如何统一内部组织，是当前最切要的问题。我们相信民众底自卫抗战的武力是不会消灭的，可是全国国民物质的济助及精神的鼓勉，却足以增加抗战的威力。每个关心救亡的人，不但对于这二三万孤立抗战于热、察荒壤的同胞应表示无限的关怀及同情，还应像援绥般地自动起来给他们以援助。

《国民》（周刊）
上海国民周刊社
1937年1卷10期
（朱宪 整理）

五个月来的绥远抗战

黄操良　撰

在敌人的嗾使下，——不，在敌人指挥下的蒙伪军，自从去年十一月间侵犯绥远，企图不战而胜，以遂其制造所谓“大元帝国”的美梦以来，已整整五个月了。不幸得很，这理想的美梦，终于变成泡沫了。傅作义将军在全国救亡运动展开之时，在全国要求抗敌之日，担负起守土卫国的责任，予敌人以迎头痛击，使得侵略者亦不得不承认中华民族“还是醒狮”，而“不是绵羊”。

但正当收复百灵庙、大庙子而完成肃清绥北的第一个任务，眨眼将转入收复察北的第二个任务以前，不期战争却暂时转入沉寂停止的状态中了。

绥远抗战所以只能停滞在第一个任务，它所以不能完成更伟大的使命，最大的原因，不外是战争限于局部化，而没有使它扩大成为全国的抗战。

一

谁都知道，从来侵略国家进攻殖民地最理想的方法，无过于使殖民地毫不抵抗，这样它就可以不费一兵一矢而取得整个的统治了。但如果不幸招致了抵抗，那么侵略国又必使这抵抗限于局部化，或以挑拨离间来使被侵略的民族互相敌视，竟至自相残杀，或利用被侵略国内奸细的卑鄙出卖，这样它也可以极少的牺牲，获得最大的收获了。这种唯一的政策，可以说是一切野心国家攫夺殖民地最巧妙的手段，我们现在用几个例子来加以说明吧。过去土肥原导演的“华北自治运动”，松室孝良写给关东军的秘密情报，正是运用了这种政策的。墨索里尼的征服阿比西尼亚，假令阿民族不发动全面的抗战，墨索里尼亦决不愿牺牲了几万万“里拉”和几十万人马，这样一股傻劲而蛮干的吧。英国的统治埃及，德国的想并吞捷克，亦何尝不是采取这一种战略呢？当西安事变之初，我们的友邦，自然是幸灾乐祸，以这样的一个机会，当然要尽其挑拨离间的能事，所以一方面与德、意法西斯报纸同声叫嚷谓西安事变是苏联所促成的，企图勾引我们加入所谓“反共协〔防〕共”，而失掉全世界主张和平与民治主义国家的同情与援助，以孤我之势，而便其对我的进攻。在另一方面，则策划德王之反正，停战通电，其唯一的作用，无非是想挑起中国的内战。在当时，日本报纸曾登载伪蒙军这样荒谬的声明说：“此次绥远战争，乃由于该军与晋绥当局防共意见不同而发生，西安事变发生以后，中国已站在‘容共’、‘排共’两大歧途上，所以停兵以促晋绥当局自动觉悟协力防共。”这还不够明白其所含的作用是什么吗？很明显的，德王的通电实为××欲用“以华制华”的手段，变中国为第二西班牙，所以表示暂愿放弃进攻绥远，不外是想等到中央与西安当局发生战争时，则它自然能很容易的占领绥远了。这正是日本对中国这一阴谋的具体表现哟！所以殖民地对帝国主义的侵略，如果只以局部的抗战，这正予敌人以机会，而中了它的诡计。绥远抗战，如果不限于绥远一隅，而爆发一个整个中华民族全面的抗战，说不定现在正是主力搏斗的时候。惟因限于局部化，所以当我们收复了百灵庙、大庙子，击溃了王英等伪部，敌就失却了进攻的能力，而不得不暂时陷入停顿的状态中了。

但是这种停止的现象，不消说是极暂时的。一旦伪军重行整顿以后，势必卷土重来，而大规模进攻的。现在这里先要将过去几个月来绥远的抗战作一全面的检讨，我相信过去的经验，一定会给予我们许多宝贵的教训吧！

在去年七月底，敌人已向我绥远进攻了。但一面由于敌人不明了我军的抵抗力量，所以战线也仅限于陶林、兴和一带，作试探性质的接触。一方面欲袭过去以伪蒙保安队占领察北的故智，以为它所指挥下的狗鼠，只要一入绥境，我方的守军一定会和以前察北的守军一样，向后撤退。而谁知绥远当局竟抱了“敌来即拼”卫国守土的决心呢？结果李守信、王英等，不得不狼狈遁去，这真太出敌人意料之外了。第一次失败之后，敌人即指定李守信等集中商都训练，而图第二次的进犯。

敌人既知道绥远地方当局誓与国土共生存的伟大精神之不可侮，自然要充分地注意和补充了。非但军队的数量方面增加，即在质量上亦要有大的改变，这次进攻规模的巨大，自然在吾人意料之中的。那时正当成都、北海、汉口、上海等偶发事件之后，中日关系更现得非常紧张，于是敌人认为是最好的时机，又嗾使李守信、包悦卿等大批汉奸再度向绥远进攻，目的自然是一面想威胁正在南京进行的中日谈判，逼使我当局就范，同时欲趁此一脚踏破华北最后的壁垒，而伸入陕、甘、宁、青，这样便能兑现其独霸东亚的幻梦。在十一月十日由日军率领下的蒙伪军，即开始从百灵庙向南进犯，同时日方飞机也开始向绥东侦察铁道和交通。十一日蒙伪军借飞机、大炮、坦克车的掩护，加紧侵犯绥北，同时绥东方面伪军亦向陶林进犯。十三至十五日，伪军即转向平地泉、陶林一带猛攻。很明显的，敌人是以声东击西的战略，而潜移匪伪军的主力于百灵庙，由绥北以压迫绥东，而使我战线延长，兵力愈弱，彼即直扑平地泉，以与侵略绥东之股会合，乘势而下我绥远全省。

但事实上却为敌人所意想不到的，绥远的守军非但不因多次的侵扰而失其沉着，并且亦决没有因其战线的拉长而失其集中。这原因很简单的，因为这正是为了抵抗敌人的侵略而战，为争取民族的生存而战，我能杀敌则生，否则即死，这正是中华民族生与死的分水岭哟！

从十七日红格尔图一败之后，蒙伪军心涣散，差不多已完全失却了战斗的能力。廿四日国军孙兰峰旅长经过了七次的冲锋，终于在晚八时克复了百灵庙，这正是收复失地的最光荣的第一页。敌人眼看着蒙伪军的屡犯不利，在这时实有逼得恼羞成怒，不得不亲自出马之势。这可以从十一月二十七日关东军与伪满会同发表了一个公告上看得出来。该公告称："如绥远局势危及'满洲国'安宁秩序，则日本与'满洲国'当局不得不取适当办法，以防患于未然。"同时跟着的即日方军队的大批出动。于十一月廿八日至十二月四日中，即以全力猛烈反攻百灵庙，不仅如此，敌人并且还采取着庞大的规模，进行多方面进攻的步骤。这里应该特别指出的，便是"青岛事件"。这正是敌人想借此占据胶济路的阴谋，谁能否认这和绥远战争没有密切的关系呢？同时在上海和天津的日军，连续不断的示威，这无非是在找机会制造事件而已。

这一次的战争，竟相持到一星期以上。但因蒙伪军在中央劝告之下的相继反正，加之我军抵抗力的强大，匪伪军终于在十二月十日不敌而大败了，我们因之顺利地进占了大庙。可以说这几次的战争，表面上虽我与伪蒙军战，但实际上正是我与敌人的直接战争。因为我们尝到的是最新式武器的屠杀，我们看到的在几千俘虏中，竟有几百名不会说中国话的"中国人"哟！说完了绥远在过去几个月的抗战历史，我们再来看一看目前敌人的动态吧。

二

据由察北得来消息："匪伪侵绥军事重心原在张北，因屡败之后，已移多伦。现张北、多伦大筑工事，商都为第一线，化德为第二线，数十里战壕现已完成，用作战争防守。惟观其为培植匪众，不惜蹂躏民财，并增调王静修、于芷山等逆部赴援，某方正规军亦节节西开，巨量飞机、坦克车、子弹补充前线，再度侵绥之心亦与日俱积云。"

又据确消〔息〕："伪匪军从康保到商都，已修筑长二百余里的防御工程，现更加紧补充，准备再谋大举进犯。"

又电传称："匪伪军领袖近来分在嘉卜寺、商都、张北等处举行会议，决以张万庆部侵绥东，李守信部犯绥北，另以小部匪军进扰兴和，并在南壕堑、尚义一带，建筑防御工程，某国浪人复敢公然在嘉卜寺组敢死队，担任突击任务。"

据二月廿六日张家口专电："某方现有新企图，以德王为蒙伪匪军总司令，李守信副之，联合共同侵犯绥东。"

据三月十二日张家口专电："察北伪军连日调动甚忙，驻沽源伪军有日内集中多伦讯，张北兵器厂、飞机场工人、技术员，已大半抵多伦，设备、机械工程等亦正在迁移中……多伦实为军事重心，张北特务机关最近运往军火甚夥云。"

够了，我们根据以上的材料，亦非常清楚敌方是在如何的布置其战略，不久的将来，更恶毒的炮火进攻的不能免，这是显而易见的事。但是有人在问，日本对华不是有了新认识吗？对华不是将放弃政治要求了吗？大批的"亲善使者"不是已经来华了吗？他们不是很响亮地在喊着以"平等"、"互惠"而谋东亚之安定吗？当我们看了这幅着色的图画，我们怎能不惊叹东洋艺术之美呢？

但这种老调已唱够了，这非但不会增加我们的好感，正适足暴露他们卑鄙丑恶的色相。就我们所知，他们连本国亦安定不了，如何还能安定东亚呢？这还不是想“独占中国”的掩饰词！这明明是这次新内阁看到了广田三原则之过分露骨，枪刺外交的一味蛮干，反促成中国大众的一致反抗，和中华民族的精诚团结，因而不得不采用了避名就实的技巧，想借用了一些甘言诱词，来缓和一下我国的敌意，来引我们钻进这“安定东亚”的圈套。这种企图，多么巧妙，所谓“安定两国民间的感情，企图国际关系的明朗化”，它闷葫芦里究竟是卖的什么药呢？但我们只要一看他说的：“日、满、华三国亲善，是我国不移的方针”，这还不够明显？即中国对日本的感情，要亲善到和伪满对日本一样，中国对日本的国际关系，要明朗到和伪满对日本一样。然而这颗有毒的糖饴不消说我们决不会再去尝味的，因为我们早已经尝够的了。所以不久它的獠牙一定仍会触破假面具而出现是无疑的。

三

过去所给予我们的经验是宝贵的，所以我们这一次的战略万万不能再忽略以下的几点：

一、我们必须以此次的战争为抗敌战争，决不能再以“剿匪”视之，因为那就正就中了敌人的奸计。我们应该大书特书：“中华民族的抗敌自卫战争”，因为“剿匪”二字，足以减低民众的抗敌情绪，也足以消灭民众的抗敌目标，甚至可以使前线战争，而后方却碰香槟，这难免不重蹈淞沪、长城的覆辙！

二、我们最要注意的，就是要以进攻代替防守，要以进攻来保障防御的胜利。因为不这样，一方给了敌人以补充的机会，一方又会给敌人以造谣中伤的机会，这样，胜利是很难保证的。在绥东方面，更应以进攻商都，尤其以收复察北为主要的目的。因为敌人的军事根据地正在察北。如果察北不收复，敌人的进攻很难阻止的。

三、收复失地，势必与敌军正面冲突。但我们正希望敌人亲自出马，我们不妨再给他们一次爽爽快快的血的洗礼。但和敌军的直接战争，未来之战争不似过去一般容易获胜了。不过我们坚信，在全国一致要求抗战的情势之下，胜利的条件是具备了的。这里，我以为必须与二十九军采取东西夹攻的战势，则胜利的前途是更有了把握的。

四、依关东军所定的计划，二十九军如果出动，那么日本的华北驻屯军将一变而为作战的主军，而平、津将一变而为决死的战场，这不是非牵动大局不可了吗？是的，我们要求发动中华民族的全面抗战，因为不这样，就休谈整个民族的解放，就休想中华民族的独立生存。“一二八”局部抗战的结果，是很值得作为我们前车之鉴的哟！我们要以全部的军力来应付这次抗敌战，更要动员全国的人力、物力、财力，来作为坚实的后盾！

几年来敌人的压迫，难道再能忍受吗？整个中国都将在蚕食鲸吞下，沦为××帝国主义的殖民地了，难道还能不起来作全面的抗战吗？如果再这样，那么中华民族的独立，是谁还能保证它不搬进到历史博物馆里去的呢？

我们决不能以过去绥边几次的战胜为满足，我们向前望吧，有察北六县，有热河全省，以及东北无边无际的沃野，那里有着数不清的我们的同胞，他们正挣扎在敌人的铁蹄下，他们正在敌人的绞杀下做着奴隶，那一时不在期待着祖国的援救哟！

我们再忍听着这血的哀号吗？我们再忍坐视自己的同胞永远沦为奴隶吗？不，我们战士的热血，在河冰山冻的塞北，早喷出万丈民族的火花，他们的热情，正期待着冲锋杀敌。我们必须把局部的武装改为全面的抗战，我们必须掀起整个中华民族解放的怒潮，让侵略我们的帝国主义从这个怒潮中死去吧！

《世界文化》（半月刊）
上海世界文化社
1937年1卷10期
（朱宪　整理）

绥远抗战的教训

赵克昂　撰

××帝国主义这一次在绥远的侵略，很快地遭受了严重的打击，这真是出乎日本军事法西斯蒂意料之外的。××帝国主义几乎忘记了一九三一年“一二八”上海战争的教训，它太过于轻视中华民族力量的成长，它依然用那一付“旧的历史的眼光”，来估计新的中国。“一二八”上海英勇的抵抗，已把××帝国主义的夸大的估计（二十四小时占领上海）打得粉碎，这一次绥远的抵抗，又给××帝国主义另一个夸大的估计以严重的打击！

请看××帝国主义翻开绥远血战历史第一页的时候，它做着怎样“甜蜜”的梦？

一、中国的冀察军与绥晋军同时迎击的场合，那么华北屯驻军就是作战的主力，伪匪军作为助力，战争的中心在察、冀，平、津成为决死场。

二、假使只有晋绥军迎战的场合，那么华北屯驻军就坐镇冀、察，取监视宋哲元的态度，以伪匪军进攻绥北、绥东，取包围的游击式作战方略，使晋绥军疲于应付，兵力散开，再集中起来猛攻。

三、目前作战，以不引起冀、察战争为主，等两个月再看。倘形势顺利，再图发动。但目前的进攻绥远，还是侦察的性质。

跟着，××帝国主义由老家增来了许多的大兵，一共一万多名，“坐镇冀察”，以“监视宋哲元”。在青岛的日本海军亦不久登陆，来威胁山东，牵制韩复渠〔榘〕，这样一来，它满认为立即可以把绥晋军陷于孤军苦战之境，于是以德王、李守信、王英这几个汉奸匪类为首的匪伪武装，大举进攻绥北、绥东，他们答应王英：“攻下绥远，就建立大元帝国，以王英为皇帝。”××帝国主义者满以为在此前后牵制、“以华制华”的政策之下，立即可以“粉碎”晋绥军，而占领绥远。正因为××帝国主义这一次进攻绥远还带有侦察的性质，所以这一次绥远战争的成败，对于中华民族的生死存亡有决定的意义。

但是，事可有大谬不然者，××帝国主义的这个估计完全错误。××帝国主义者，把侵略中国的战争，看成简单的对付中国几个军事当局者的战争，它虽然可以用威胁利诱等等的方法来“监视”个别的军事当局，但它却监视不了全体中国的民众，而且当此全国上下，均抱最大的决心抵御外侮的时候，个别地方的军事当局，也决不容易受任何侵略者的“监视”与“软化”的，因为他们“守土有责”。当着绥远的特务机关长羽山企图用一千万元的高价，来动摇绥远地方负责当局，要求放弃大青山的时候，却遭受了傅作义将军严词的申斥。这个光荣的申斥，反映了中华民族坚强的德性与正义。当此全国抗战怒潮汹涌澎湃之秋，××帝国主义还想用不抵抗政策来要求今日中国之边防重将，未免犯了历史的错误。当着匪伪军开始蠢动的时候，绥晋当局即提出了“守土抗战”的主张，而全国上下，亦卷起了援助绥远抗战之狂潮。虽然绥远战争开始，还只陷于“守土”和“剿匪”的阶段，然而这个阶段，正是收复失地及大规模的民族革命战争的起点。这一个光荣的神圣的战争，必然得到全国民众的拥护，而任何一个政治的负责者，只有坚持这个民族抵抗的原则，才能维持其政治的存在。正由于全国上下的一致抵抗，才决定了绥远战争胜利的基础。××帝国主义估计上最大的错误，正在于它不了解中华民族内部团结的力量与抗战意识的成长——这正是现阶段中国政治上基本的特点。

在这个错误估计之下，××帝国主义迷恋着历史上“以华制华”的传统政策，过于重视了汉奸的力量，它以伪匪军为进攻绥远的主力。然而几年以来××帝国主义侵略政策的破产，与夫中华民族团结力量的增长，已使汉奸队伍的内部发生了变化，特别在扩大民族对外抗战的时候，这种汉奸队伍内部的分化尤为明显，在这种分化的过程当中，发生了不断的汉奸队伍内部反正的潮流。大庙之捷，得力于王英部下金宪章、葛子厚、石玉山、安华亭、王子修等反正之力不少。我们听一听反正过来的葛子厚在太原“欢迎反正诸将领大会”上的演说：“自‘九一八’以来，我们对救国的观念，就与时俱增了，不过我们没有力量，不能依着我们的意志去做，在这种情形之下，不得不利用敌人‘以华制华’的手段，而骗取敌人的枪弹和金钱，在敌人是利用我们，殊不知今日的中华民族，已不似从前了，我们决然采取了最后的手段，而调转枪口来一致对外。”这些话是反映了汉奸队伍内部的分化，匪伪军中民族意识的成长。少数汉奸领袖，是没有办法控制这种情绪的发展的。××帝国主义虽然用“监视”、“改编”、“移调”、“屠杀”、“威胁”等等的方法，企图来净化这种汉奸队伍，然而这是不可能的，当着抗战的部队在壕沟中唤着“中国人不打中国人”的时候，这些汉奸队伍里的战斗情绪，将会如像狂风扫落叶一般地扫得一干二净。这种现象，使得××帝国主义“以华制华”的政策遭受了严重的威胁，××帝国主义的汉奸政策，已在绥远抗战中遭受了残酷的惨败！

这一次绥远的战争，又一次证明了殖民地民族解放战争中之特殊的规律。就是说，当着千百万不愿作亡国奴的人们，卷入到民族抗战的狂潮里的时候，侵略者优越的军事技术是不足靠的。绥远战争是在双方最不平等的军事技术之下开始的，然而得到了完全不同的战斗结果。去年八月二日红格尔图的第一次战后，敌军王道一部四千余人，携机枪等猛烈武器进攻，当时该地驻军只有赵承绶部第一师第二团团附张著所率的一、四两连，军民合计不过三百余人（里面包括当地人民的武装自卫队八队，计八十八人），所用的武器仅只原始的小土炮和简陋的步枪而已。然而在军队与民众结合一致，奋力抵抗之下，卒将匪军击溃，我方死伤不过数人，而匪则死伤三百余人。十一月红格尔图的第二次战役，虽然我方增加了援军（增援第一师第二团二、三两连，彭毓斌师部下骑兵四、五两团及董其武旅二个步兵团，另骑兵三团），然而匪军王英部却统率了四师之众，并有轰炸机及战斗机共十余架，重炮数十门，机关枪七十余挺，并携有毒瓦斯及毒瓦斯放射器等，参加作战。战斗结果，匪军死伤及逃亡共计一千余人，我方驻军仅伤八人，亡四人而已。两次战役结果表现了极不平等的战争，以极少的兵力抵抗几乎比它大十五倍以上的武力，又有更完备的武器和飞机的帮助，这使我们有了充分的勇气，来反对具有高级军事技术的我们民族敌人的武装。当时匪军采取“包围的游击式作战方略”以企图疲困晋绥军的应付，但是，当着军队与民众结合的时候，当着民众自动武装起来抵抗侵略者的时候，这种侵略者的游击战术，是会遭受惨败的，游击战术没有民众的联系，而且遭受民众抵抗的时候是要破产的。游击战术是被压迫者武装争取自己解放的最好的战术，然而到侵略者也企图利用它的时候，是会完全丧失效力的。十一月二十日，匪军进攻红格尔图的时候，另派一股约一千余人，绕道陶林县东北，前赴百灵庙，到了陶林县境东北大脑包村的时候，当时该村武装民众三十余人，携枪二十八枝，卒将一千余人的敌军击退，并打死了五百多人。用三十几个人，来当一千多人，卒得到了最后的胜利，这是“唯武器论”者所不能够了解的。他们不了解这不仅只是军队的抗战，而且也是民众的抗战，这正是一个不可战胜的力量。其他如三元井村、乌兰淖村、库伦图匪伪的游击骚扰，均遭受了民众严重的抵抗。十一月二十四日百灵庙之役，王英匪部三千余人，装甲汽车三十余部，飞机四架，我军三十五军曾延毅、骑兵师孙长胜、步兵旅长孙兰峰各部及七十师补充团，以极端英勇的精神，采用坚决的攻击战术，奋不顾身，驾驶百辆汽车冲入庙内，卒于翌晨占领百灵庙，此役敌军死伤七百以上，而我军伤亡不过三百左右。十二月十号的大庙之役，由于伪军石玉山、金宪章等的反正，我军卒占领大庙，而使伪匪军反攻百灵庙的企图，遭受了完全的失败。

这几次绥远的战役，即在军事技术上说来，也有许多最可宝贵的教训。第一，民众武力与军队抗战的结合，使敌人包围式的游击作战方略丧失了效力。第二，我军坚决的采用攻击战术，采取主动的地位，给敌人迅雷不及掩耳的打击，以免为敌人所疲惫，百灵庙的胜利，即由于此。第三，我军善于分化敌军的内部，使匪伪部队于决定的战线上突然瓦解，丧失其战斗力量，大庙的占领，即由于此。这就证明，虽然敌人具有高度的军事配备，然而只要我们会去运用其他的战斗因素，敌人的飞机、大炮总是会要丧失其效力的。

傅作义将军在与战地新闻记者的谈话中，讲到这次抗战的教训时说：“（一）绥战时伤兵一心卫国，不知创痛。（二）绥民与军队合力抵抗外侮。（三）以前战争都是下级兵士非难，上级军官提出种种抗议，要求改善待遇，这次战争兵士从不苛求衣食的好坏，英勇参战。（四）全国民众倾力援助。”是的，这些特点的由来，正因为这一次的战争是神圣的民族革命战争。

这些教训，是××帝国主义所意料不到的。然而我们却会从这些教训当中，去接受宝贵的经验，来争取自己民族的解放。

××帝国主义在绥远的“侦察”战，显然在我们民族抵抗之下失败了！目前的察、绥前线，似乎表示一种“弛缓”的局面，因此有些人认为绥远抗战已经告一段落，把援绥的工作也延缓了下去，这是完全错误的。实在说起来，目前察、绥前线是一种“外弛内紧”的局面，而形成这种局面的原因在哪里呢？第一，日方内部的准备尚未完成；第二，伪军不断反正，使日方不敢急驱此动摇之军队以作战；第三，晋绥将领因须得全国统一战略的决定，还没有能扩大局部的抗战，而仍坚守“守土抗战”的主张；第四，目前战争的中心在察北，这不只关乎绥远当局，而且牵涉到冀察当局的态度，从目前的情形看起来，冀察当局似乎还在顾虑特殊环境，避免积极抗战的策略；第五，我方进行陕变善后，还在着手于抗战准备的组织。但是，目前××帝国主义的军事准备却在积极进行，傀儡德王已在察哈尔北部组织“自治政府”，这一个傀儡政权，已成为日方再度进攻绥远的根据地。伪满为巩固其在察北之地位计，将在张北设立一“察北独立军事委事〔员〕会”，以伪满及伪蒙各首领如德王等当委员，受关东军部指挥，作为入寇察、绥的军事领导机关。目前商都已成为伪匪军队的大本营，张北亦已成为敌军之集中地点，这些事实，说明了××帝国主义对于华北的军事冒险政策绝未变更，一部分人误于日本“经济提携”之说，仿佛真可因此而使华北日本军部的冒险政策缓和下去，不是中了敌人的宣传，即是有意欺骗自己。我们现在虽然不拒绝与日方作“经济提携”的所谓和平商谈，我们尤其应该以武力的抵抗，向日方作收复失地的要求。我们绝不能放任着目前察北、冀东的危机不管，而来大谈其什么“经济合作”。绥远几日来抗战的经验，已经充分证明，只有用武力的抵抗，才能够保卫自己的主权，只有发动大规模的民族革命战争，才能收复已失的国土。——这就是绥远抗战之最基本的教训！

《世界文化》（半月刊）
上海世界文化社
1937年1卷10期
（朱宪　整理）